해석에 반하여

Against Interpretation

Copyright © 1961, 1962, 1963, 1964, 1965, 1966, The Estate of Susan Sontag
All rights reserved.

This edition is a translation authorized by The Wylie Agency.
Korean translation copyright © 2025 by Will Books Publishing Co.

이 책의 한국어판 저작권은 The Wylie Agency와 독점계약한 ㈜윌북에 있습니다.
저작권법에 의해 한국 내에서 보호를 받는 저작물이므로 무단 전재와 무단 복제를
금합니다.

해석에 반하여

수전 손택

Susan
Sontag

을유문화사

Against
Interpretation

을유

여는 글

창백한 해석을 넘어 뜨거운 사랑으로—
수전 손택, 여전히 뜨거운 열정의 용광로

정여울 (작가, 『데미안 프로젝트』 저자)

비평이 곧 사랑이 될 수 있을까. 가슴 뛰는 비평은 가능할까. 건조하고 논리적이고 해설적인 비평이 아니라, 읽는 것만으로도 가슴이 두근두근 뛰는, 뜨거운 사랑의 형식을 지닌 그런 비평. 오랫동안 그것은 불가능한 일이었다. '-이즘'에 사로잡힌, 각종 학파이 울타리 안에 갇힌 비평은 그런 사랑의 언어를 발명해 낼 수 없었다. 하지만 그가 나타난 후, '비평이 곧 사랑'이 될 수 있다는 도전적인 상상은 얼마든지 가능한 현실이 되었다. 그 가능성을 보여준 사람이 바로 수전 손택이다. 그의 모든 글은 예술에 대한 불타는 사랑이었고, 예술의 자유를 가로막는 세상을 향한 용감한 투쟁이었다.

그래서 나는 손택을 향해 그저 '좋아한다'고 말하지 못한다. 좋아한다는 말로는 내 마음을 다 표현할 수 없기에. 그를 사랑한다는 말조차도 너무 비좁고 상투적으로 느껴진다. 한 번도 만나 본 적 없는 누군가를, 그의 글만 보고 감히 사랑할 수 있다면, 그 첫 번째 자리에 수전 손택이 있을 것이다. 그는 내게 평론가도 얼마든지 작가가 될 수 있다는 것을 온몸으로 보여준 사람이다. 그의 글 덕분에 나는 행복한 평론가로 살 수 있었고, 마침내 평론가를 넘어 '작가'로 변신할 용기도 낼 수 있었다.

『해석에 반하여』는 수전 손택 비평의 정수이자, '글쓰기를 통해 진정한 나 자신이 되는 기쁨'을 가르쳐주는 눈부신 감수성의 보물창고다. 그토록 많은 문학작품을 읽으면서도, 그토록 많은 미술관과 영화관과 콘서트홀에 갔으면서도, 나는 오랫동안 내 느낌을 있는 그대로 말하는 것을 두려워했다. 뭔가 틀린 것을 말할까 봐. 혹시 비논리적인 감상을 털어놓을까 봐. 하지만 손택의 글을 읽으며 '나다움을 멈출 수 없는 나'를 발견했다. 권위 있고, 전문적이고, 지적 수사학을 남발하는 해석이 아니라, 오직 이 작품을 사랑하는 나의 야생적이고 꾸밈없는 언어로 작품에 대한 애정을 표현하는 것. 그런 소박하고도 투명한 열정을 표현하고 싶은 열망을 발견한 것이다. 위대한 평론가들이 과거에 어떤 이론의 프리즘을 거쳐 작품을 해석했는가보다 더 중요한 것은 '오늘, 바로 나와 당신이, 어떤 작품을 즐기고 공감하고 이야기하는' 순간의 아름다움이다.

수전 손택은 『해석에 반하여』에서, 그것도 무려 1964년에 이렇게 말했다. 자동차와 매연이 도시의 공기를 오염시키는 것처럼, 예술에 대한 온갖 '해석들'이 우리의 감성을 오염시킨다고. 지나치게 비대해진 지성이 에너지와 관능을 억누르는 현대사회에서, 해석은 지성이 예술에 가하는 복수라고. 그리하여 우리는 드러난 텍스트에는 반드시 뭔가 '숨겨진 의미'가 있을 거라고 믿는 모든 케케묵은 해석의 감옥 같은 상상력에서 예술 자체를 구해야 한다. 각양각색 화려한 지성의 언어로 예술을 조목조목 해석하는 것은 작품이 지닌 날것의 아름다움과 생생한 촉감을 삭제하고, 척박한 언어로 생동감 넘치는 세계를 은폐하는 것이 된다. 이러한 지성의 언어가 예술을 오염시키지 못하도록 우리는 새로운 언어를 창조해야 한다. 당신의 가슴 속에서 꿈틀거리는 진짜 사랑의 언어, 예술에 대한 '성애학erotics'을 되찾는 것. 그것이야말로 비평의 새로운 미션이다.

『해석에 반하여』는 단순한 비평서를 넘어선다. 이 책은 20세기 중반 서구 지성계를 뒤흔든 하나의 미학적 선언문이자, '예술을 향한 지성의 복수revenge'에 맞서는 가장 격렬한 저항의 기록이다. 격변하는 문화의 용광로가 끓어오르던 1962년부터 1965년 사이 손택이 쓴 글을 모은 이 책은 비평의 역할과 예술의 본질에 대한 근본적인 질문으로 가득하다. 문학, 미술, 음악, 그리고 영화에까지 그 공격적 마수를 뻗치는 '해석이라는 이름의 폭력'에 날카로운 대립각을 보인 손택은 이제 창백한 해석의 잣대가 아닌, 예술에 대한 사랑, 관능, 열정, 있는 그대로의 감수성이 숨쉴 수 있는 신명 나는 창조와 축제의 공간을 제안한다.

이제 카프카의 『변신』을 '아버지와의 오이디푸스적 갈등

(프로이트적 해석)'이나 '소외된 노동자 계급의 고통(마르크스적 해석)'으로 해석하는 낡은 담론은 힘을 잃었다. 대신 벌레로 변한 그레고르 잠자의 마음에 뜨겁게 공감하는 독자 한 명 한 명의 살아 있는 독서 체험이야말로 더욱 중요해졌다. 스타일은 단지 겉모양이 아니라 그 자체가 '영혼'이라는 장 콕토의 지적은 수전 손택의 글을 통해 더욱 뜨겁게 울려 퍼진다. 자기만의 스타일과 문체, 아우라를 지닌 작가, 화가, 감독, 작곡가의 작품을 있는 그대로 사랑하는 일이야말로 우리가 지켜내야 할 예술의 비무장지대가 아닐까.

『해석에 반하여』는 출간된 지 60여 년이 지났으나, 오히려 지금 더욱 절실한 통찰을 제공한다. 이 책은 예술을 분석의 대상으로 보고 '이 작품이 무엇을 말하려는가'를 따지기 전에, 먼저 그 작품이 '우리 곁에 어떻게 존재하는가'를 투명하게 바라보라는 격렬한 호소로 다가온다. 해석이라는 방패를 내려놓고 그저 존재하는 것, 눈에 보이는 것을 순수하게 받아들이는 날것의 감성을 회복할 때 비로소 우리는 수전 손택이 꿈꾼 미학적 해방을 경험할 수 있을 것이다. 이 책은 예술을 사랑하는 모든 이들에게, 사물과 세계를 바라보는 눈을 새롭게 뜨게 해줄, 영원히 살아 숨 쉬는 고전이다.

수전 손택은 느낌 그 자체를 소중히 여기는 법을 가르쳐준 감수성의 메신저다. 나는 '위대한 평론가들은 뭐라고 말했을까' 궁금해하던, 수동적이고 소극적인 감상자였다. 함부로 해석하지 말기. 손쉽게 떠들지 말기. 아무리 감동적인 문장이 떠올라도, 그저 마음속에서 혼자만 중얼거리기. 나는 나도 모르게 나 자신에게 그렇게 외치고 있었다. 내 문장보다는 교수님의 목소리가 중요했던 시절, 나만의 독창적인 아이디어보다는 학계의 분위기를 익히는 게 중요하던 시절이 있었다. 그때 나는 글을 쓸수록 내가 된다기보다는 남들과 비슷한 존재가 되는 기분이었다. 그러나 '그럴듯한 지식인과 평론가'의 모습으로 살아가는 게 그렇게 기쁘지가 않았다.

그렇게 숨죽여 살아가던 내게 수전 손택은 전사의 열정을 가르쳐주었다. 손택을 통해 나는 비로소 깨닫게 되었다. 글쓰기는 남과 비슷하게 살아가기 위한 모방의 도구가 아니며, 세상의 진짜 아름다움과 접신하는 무기라는 것을. 또한 끝내 '나 자신'으로 살아갈 수 있는 힘을 주는 최고의 무기라는 것을.

당신이 느끼고, 사랑하고, 지켜내고 싶은 모든 아름다움을 자신의 언어로 말하고, 쓰게 되기를. 그리고 그것을 사람들과 나누는 용기를 잃지 않기를. 우리들 한 사람 한 사람이 예술의 주체이고, 감수성의 주인이며, '아름다움을 사랑하는 영혼'의 전사임을 잊지 말기를. 글쓰기를 통해 나는 비로소 가장 용감한 나를 만났다.

일러두기

* 영화명은 한국영상자료원의 데이터베이스를 기준으로 표기했다. 미개봉작의 경우 번역 후 원제목을 병기했다.
* 텍스트는 『 』로, 실연된 극은 〈 〉로 구분했다. (예: 희곡 『리어 왕』과 연극 〈리어 왕〉)
* 본문 속 각주는 모두 저자의 것이다.

폴 텍에게

들어가며

이 책에 실린 비평과 리뷰는 내가 1962년에서 1965년 사이에 쓴 글들이다. 당시는 내 삶에서 뚜렷이 구분되는 시기였다. 1962년 초에 첫 번째 소설 『은인The Benefactor』을 완성했고 1965년 말에 두 번째 소설을 쓰기 시작했다. 비평에 쏟아부은 에너지와 불안에 시작과 끝이 있었던 셈이다. 『해석에 반하여』가 미국에서 출간된 1966년에도 탐색과 숙고와 발견의 시기가 이미 아득한 과거처럼 느껴졌는데, 한 해가 더 지나서 페이퍼백으로 재출간되는 지금 시점에는 더욱 그렇게 보인다.

여기 실은 에세이들에서 특정 예술 작품을 많이 거론하고 비평가의 임무에 대해서도 암시적으로 언급하긴 하나, 이 가운데 엄밀한 의미의 비평이라 할 만한 글은 거의 없다는 점도 안다. 저널리즘에 속하는 글 몇 편을 제외하고 대부분은 이른바 메타비평이 아닐까 싶다. 지나치게 거창한 명칭으로 느껴질 수는 있겠지만 말이다. 나는 열렬한 편파성을 품고 다양한 장르에 속하는 주로 동시대의 예술 작품이 나에게 제기한 **문제들**에 관해 썼다. 특정한 판단과 취향의 근간이 되는 이론적 가정을 끄집어내어 명확히 하고 싶었다. 애초에 예술이나 현대성에 관한 어떤 '입장'을 만들어내겠다는 생각은 없었으나, 어떤 작품에 대해서 글을 쓰든 점점 일반적 입장이 생겨나서 한층 강력하게 표출되는 듯했다.

    내가 쓴 글에 지금은 나도 동의하지 않는 부분이 있긴 하지만, 일부를 바꾸거나 고쳐서 해결할 수 있는 문제는 아니다. 여기에서 다룬 몇몇 작품의 가치를 과대평가하거나 과소평가했다는 생각은 들지만 뭔가 판단이 달라져서 현재의 생각과 어긋나게 된 것은 아니다. 어쨌든 이 글에 가치가 있다면(진화하는 **내** 감수성의 사례 연구를 넘어서는 가치가 있다면) 특정 작품에 대한 평가 때문이 아니라 여기에서 제기된 문제에 흥미로운 측면이 있기 때문일 것이다. 무엇보다 나는 예술 작품에 점수를 매기는 것을 좋아하지 않는다(내가 좋아하지 않는 것에 대한 글쓰기를 웬만하면 피하는 것도 그런 까닭이다). 애호가이자 지지자로서 글을 쓴 내가 지금에 와서 보니 좀 순진했던 듯도 하다. 즉각적인 '소통'의 시대에, 새롭거나 잘 알려지지 않은 활동에 대한 글이 얼마나 큰 파급력을 미칠 수 있는지 잘 몰랐다. 《파르티잔 리뷰》에 쓴 묵직한 글이 얼마나 빨리 《타임》의 짧은 '최신 정보'가 될 수 있는지 몰랐고 지금도 여전히 고통스럽게 알아가는 참이다. 내 글에서 호소조를 느끼는 독자도 있겠지만, 나 말고 다른 사람을 약속의 땅으로 끌고 가려는 의도는 없었다.

이 글들이 제 역할은 다했다고 생각한다. 세상을 새로운 눈으로 다르게 바라보면서 소설가로서 내 일에 대한 생각도 극단적으로 바뀌었다. 그 과정을 이렇게 설명해보겠다. 이 에세이들을 쓰기 전에는 여기에 담겨 있는 생각 가운데 스스로는 납득하지 못한 것도 많았다. 글을 쓸 때는 내가 쓴 것을 믿었으나, 나중에는 그 가운데 일부를 믿지 않게 되었다. 그건 이 에세이의 논증에서 참이었던 부분을 받아들이고 통합해서 생겨난 새로운 관점 때문이었다. 비평을 쓰는 일은 지적인 자기표현인 동시에 지적인 짐을 내려놓는 일이기도 했다. 나는 흥미로우면서 골치 아픈 문제 상당수를 해결하지는 못했을지라도 바닥을 봤다는 느낌을 받았다. 물론 이런 생각은 환상이다. 문제는 남아 있고, 다른 호기심 많고 사색적인 사람은 여전히 할 말이 많을 것이며, 어쩌면 예술에 관한 최근의 생각 일부를 모아놓은 이 책이 논의에서 어떤 의미를 지닐 수도 있을 것이다.

S.S.

차례

여는 글 · 5
들어가며 · 13

1부
해석에 반하여 · 20
스타일에 관하여 · 37

2부
고통받는 사람의 본보기로서 예술가 · 70
시몬 베유 · 83
카뮈의 『작가 수첩』 · 87
미셸 레리스의 『성년』 · 99
인류학자라는 영웅 · 109
루카치의 문학 비평 · 127
사르트르의 『성 주네』 · 142
나탈리 사로트와 소설 · 151

3부
이오네스코 · 170
『대리인』 고찰 · 184
비극의 죽음 · 195
극장 가기, 그리고 그밖의 것들 · 206
마라/사드/아르토 · 240

4부	브레송 영화의 정신적 스타일	258
	고다르의 〈비브르 사 비〉	284
	재앙에 관한 상상력	303
	잭 스미스의 〈황홀한 피조물들〉	327
	레네의 〈뮈리엘〉	335
	소설과 영화에 관한 소고	349
5부	내용 없는 경건	356
	정신분석과 노먼 O. 브라운의 『죽음에 맞선 삶』	365
	해프닝: 극단적 병치의 예술	375
	'캠프'에 관한 노트	391
	하나의 문화와 새로운 감수성	417

감사의 말	432
옮긴이의 말	435

1

파

해석에 반하여

내용은 무언가가 언뜻 비치는 것, 반짝하는 빛 같은 만남이다.
아주 작은— 작디작은, 내용.

— 빌럼 더코닝, 인터뷰에서

겉모습으로 판단하지 않는 사람은 얄팍한 사람이다.
세상의 신비는 눈에 보인다. 보이지 않는 것이 아니라.

— 오스카 와일드, 편지에서

    최초의 예술 **경험**은 주술적이고 마술적인 경험이었을 것이다. 예술은 의례의 도구였다(라스코, 알타미라, 니오, 라 파시에 등의 동굴벽화에서 보듯이). 고대 그리스에서 나온 가장 오래된 예술 **이론**은 예술을 미메시스mimesis, 곧 현실의 모방으로 봤다.
    이 지점에서 예술의 **가치**라는 특수한 문제가 발생한다. 미메시스 이론에 따르면 예술은 스스로를 정당화해야 하기 때문이다.

플라톤이 미메시스 이론을 제시한 까닭은 예술의 가치가 미심쩍다는 결론을 내리기 위해서였던 듯하다. 플라톤은 일상적 물체 역시 모방물이라고, 곧 초월적 형태나 구조의 모방이라고 생각했으므로 침대를 아무리 잘 그린다고 해도 침대 그림은 '모방의 모방'에 지나지 않는다. 플라톤은 예술이 특별히 유용하지도 않고(침대 그림은 잠을 자는 데 쓸 수 없으니까), 엄밀한 의미에서 진실하지도 않다고 봤다. 아리스토텔레스가 예술을 옹호하며 펼친 주장도, 모든 예술은 정교한 트롱프뢰유trompe l'oeil 실물처럼 정밀하게 묘사해서 착시 효과를 일으키는 그림—옮긴이이며 따라서 거짓이라는 플라톤의 생각에 근본적으로 도전하지는 않는다. 그러나 아리스토텔레스는 예술이 무용하다는 플라톤의 생각은 반박한다. 거짓이든 아니든 예술은 치유의 한 형태로서 가치를 지닌다고 아리스토텔레스는 말한다. 위험한 감정을 불러일으키고 정화한다는 점에서 의학적으로 유용하다는 것이다.

플라톤과 아리스토텔레스의 미메시스 이론은 예술은 언제나 구상적具象的이라는 가정과 밀섭하게 연결되어 있다. 그러니 미메시스 이론을 옹호한다고 해서 장식적이고 추상적인 예술에 눈을 감을 필요는 없다. 예술이 반드시 '리얼리즘'이어야 한다고 생각하는 오류는 미메시스 이론이 제시하는 문제의 틀 밖으로 나가지 않고도 수정하거나 폐기할 수 있다.

사실 예술에 관한 서구의 의식과 고찰은 전부 예술을 미메시스 또는 재현으로 보는 그리스 이론이 설정한 테두리 안에 머물러왔다. 이 이론에 따라 (특정 예술 작품을 넘어서) 예술 자체가 문제적인 것, 정당화가 필요한 것이 된다. 그리고 예술을 옹호하려다 보니 우리가 '형식'이라고 부르는 것을 '내용'이라고 부르는 것과 분리하는 기이한 시각 그리고 (좋은 의도에서) 내용을 본질로, 형식을 부수적인 것으로 만드는 움직임이 생겨난다.

현대에는 대다수 예술가와 비평가가 예술은 외적 현실의 재현이라는 이론을 폐기하고 예술은 주관적 표현이라는 이론으로 기울지만 그럼에도 미메시스 이론의 핵심은 남아 이어진다. 예술 작품을 그림picture 모델로 파악하든(현실의 그림으로서 예술) 또는 진술statement 모델로 파악하든(예술가의 진술로서 예술), 언제나 우선하는 것은 내용이다. 내용 자체가 달라졌거나 내용이 이제는 덜 구상적이고 덜 사실적일 수도 있다. 그럼에도 여전히 예술 작품은 그 내용과 같은 것으로 치부된다. 또는 오늘날 흔히 그러듯이 예술 작품은 정의상 무엇을 말한다고 가정한다('X가 말하는 것은…', 'X가 말하려는 바는…', 'X가 한 말의 의미는…' 기타 등등, 기타 등등).

2

이 모든 이론이 등장하기 이전, 예술이 스스로를 정당화할 필요가 없었던 때, 예술 작품이 무엇을 **말하는지** 또는 그것이 무엇을 **하는지** 아무도 몰랐기 때문에(또는 아무도 안다고 생각하지 않았기 때문에) 질문하지 않았던 순수 상태로 돌아갈 수는 없다. 지금부터 의식이 사라지는 순간까지 우리는 예술을 옹호하는 책무에서 벗어날 수가 없다. 어떤 옹호 방식이 옳으냐를 두고 다툴 뿐이다. 사실 우리에게는 예술을 옹호하고 정당화하는 수단 가운데 특히 둔감하거나 부담스럽거나 현대의 필요와 실천에 맞지 않는 것은 물리쳐야 할 의무가 있다.

오늘날 내용이라는 개념 자체가 바로 그런 것이 되었다. 과거에는 어떤 것이었든 간에 오늘날 내용이라는 개념은 대체로 방해물, 성가신 것, 은근하거나 노골적인 속물주의philistinism가 되었다.

여러 예술 분야의 실제적 발전이 예술 작품은 무엇보다 일단 내용이라는 생각에서 우리를 멀어지게 하는 듯 보일 수 있으나, 이런 생각은 여전히 대단한 헤게모니를 행사한다. 나는 이 생각이 예술을 경험하는 특정한 방식이라는 외피를 통해 영속화되기 때문이라고 말하고 싶다. 예술을 진지하게 받아들이는 사람 대부분이 이런 방식을 깊이 내면화하고 있다. 내용이라는 개념이 지나치게 강조되다 보니 **해석**은 영원히 완결되지 않는 한없는 프로젝트가 된다. 또한 역으로 예술 작품을 **해석**하려고 접근하는 습관이, 예술 작품에는 내용이라는 것이 실제로 있다는 환상을 지속시킨다.

3

물론 내가 의미하는 것이 가장 넓은 의미에서의(니체가 "사실은 없다. 해석만이 있을 뿐"이라고 (온당하게) 말하는 맥락에서의) 해석은 아니다. 여기에서 해석이란 말을 나는 특정한 코드, 해석의 어떤 '규칙들'을 보여주는 의식적 행위라는 뜻으로 썼다.

예술에서 해석은 전체 작품에서 어떤 요소들(X, Y, Z 등등)을 뽑아내는 일을 뜻한다. 해석이라는 일은 실질적으로 번역과 같은 일이다. 해석하는 사람은 이렇게 말한다. 봐요, X는 사실 A잖아요(또는 A를 의미하잖아요)? 저 Y는 사실 B이고, 저 Z는 사실 C라는 거 모르겠어요?

이런 식으로 텍스트를 변환하는 흥미로운 프로젝트는 어떤 상황에서 시작되었을까? 역사에서 답을 찾을 수 있다. 해석은 고대 후기에 처음 등장했다. 신화가 지녔던 힘과 신화에 대한 믿음이 과학적 계몽이 가져온 '사실적' 세계관에 따라 무너질 무렵이다. 신화적 세계관이 무너지고 종교적 상징의 **적절성**에 대한 의문이 제기된 후에는 고대 문헌을 있는 그대로 받아들이기가 어려웠다. 그리하여 고대의 문헌과 '현대'의 요구를 조화시키기 위해 해석이 필요했다. 그래서 스토아학파는 신은 도덕적이어야 한다는 관점에 맞추어 호메로스의 서사시에 나오는 제우스 무리의 난잡하고 상스러운 면모를 알레고리allegory로 해석했다. 호메로스가 제우스와 레토의 간통에 권력과 지혜의 결합이라는 의미를 담았다는 식으로 설명한다. 이와 유사하게 알렉산드리아의 철학자 필론은 구약 성경에 기록된 역사적 서사를 문자 그대로의 의미가 아니라 영적인 틀에서 해석했다. 필론은 이집트에서 탈출하여 40년 동안 사막에서 방랑하다가 약속의 땅으로 들어가는 이야기는 사실 개인 영혼의 해방, 시련, 궁극적 구원의 알레고리라고 했다. 이렇듯 해석은 텍스트의 분명한 의미와 (후대) 독자의 요구 간 괴리를 전제로 한다. 해석은 그 괴리를 해소하고자 한다. 어떤 텍스트가 모종의 이유로 받아들일 수 없는 것이 되었으나, 그렇다고 버릴 수도 없는 상황이다. 해석은 버리기에는 너무 소중한 낡은 텍스트를 보수해서 보존하는 극단적인 전략이다. 해석하는 사람은 텍스트를 삭제하거나 다시 쓰지 않고 **바꾸는** 셈이다. 그렇지만 그렇단 사실을 시인할 수는 없다. 그저 이해하기 쉽도록 진정한 의미를 밝히는 것일 뿐이라고 주장한다. 해석에 의해 텍스트가 얼마나 많이 달라졌든(악명 높은 사례로 명백히 에로틱한 아가雅歌를 유대교와 기독교에서 '영적'으로 해석한 사례가 있다), 이미 그 안에 존재하는 의미를 읽어낸 것일 뿐이라고 주장한다.

그런데 우리 시대의 해석은 그것보다 더 복잡하다. 오늘날 해석 프로젝트에 열의를 쏟는 까닭은 문제가 되는 텍스트에 공경심을 느껴서가 아니라(실은 텍스트에 대한 은폐된 공격성일 수도 있다) 외적인 것에 대한 노골적 적대감과 공공연한 경멸 때문이다. 과거의 해석 방식은 억지스러울지언정 존경을 잃지 않았다. 문자적 의미 위에 또 다른 의미를 얹는 방식이었다. 현대의 해석 방식은 속을 파내고 그러면서 파괴한다. 텍스트의 '이면'을 파헤쳐서 진정한 숨은 뜻을 찾아낸다. 가장 주목받고 영향력 있는 현대의 교리라고 할 수 있는 마르크스주의와 프로이트 이론은 사실상 정교한 해석학 체계다. 공격적이고 불경스러운 해석 이론이다. 관찰 가능한 현상은 전부, 프로이트의 말을 빌리면 **드러난 내용**manifest content이라고 할 수 있다. 이 드러난 내용을 샅샅이 조사하고 옆으로 치워서 그 아래에 있는 진정한 의미(**잠재된 내용**latent content)를 찾아야 한다. 마르크스에게는 혁명이나 전쟁 같은 사회적 사건이, 프로이트에게는 개인의 삶(신경증 증상이나 말실수 등)과 텍스트(꿈이나 예술 작품) 전부가 해석의 기회로 취급된다. 마르크스와 프로이트에 따르면 이런 사건은 이해할 수 있는 것처럼 **보일** 뿐 실제로는 해석 없이는 아무 의미가 없다. 이해하는 것은 **곧** 해석하는 것이다. 그리고 해석하는 것은 현상을 재진술하여 그에 상응하는 무언가를 찾는 것이다.

따라서 해석은 (사람들이 생각하듯) 절대적인 가치가 아니고 시간을 초월한 가능성의 영역에 있는 것도 아니다. 해석 자체를 인간 의식에 대한 역사적 관점에서 평가해야 한다. 어떤 문화적 맥락에서는 해석이 해방 행위일 수 있다. 죽은 과거를 수정하고 재평가하고 거기에서 벗어나는 수단이 된다. 그러나 다른 문화적 맥락에서는 반동적이고 무도하고 비겁하고 억압적인 것일 수 있다.

4

오늘날은 해석 프로젝트가 대체로 반동적이고 답답해진 시대다. 자동차와 중공업 공장 매연이 도시 대기를 더럽히듯이 오늘날 예술 해석이 넘쳐나며 우리의 감성을 오염시킨다. 그러지 않아도 지성이 지나치게 비대해져서 에너지와 관능성을 억누르는 문제를 안고 있는 문화에서 해석은 지성이 예술에 가하는 복수다.

그게 전부가 아니다. 해석은 지성이 세상에 가하는 복수이기도 하다. 해석한다는 것은 '의미'로 이루어진 그림자 세계를 구축하기 위해 세계를 척박하게 만들고 고갈시키는 것이다. **세계를 이 세계**로 바꾸는 일이다('이 세계'라고! 또 다른 세계가 있기라도 한 것처럼).

세계, 우리 세계는 고갈되고 척박해졌다. 우리가 가진 것을 다시 더 직접적으로 경험하게 되기 전까지 이런 복제물은 멀리해야 한다.

5

현대의 사례들을 보면 대체로 해석은 예술 작품을 그대로 내버려두지 않으려는 범속한 태도로 나타난다. 진정한 예술에는 우리를 불안하게 하는 힘이 있다. 예술 작품을 내용으로 축소하고 **그것**을 해석함으로써 우리는 그 작품을 길들인다. 해석은 예술을 다루기 쉽고 기대에 부합하는 것으로 만든다.

해석의 속물주의는 다른 어떤 예술 분야보다 문학에 만연하다. 수십 년 동안 문학 평론가들은 시나 희곡이나 장편, 단편소설의 요소를 다른 무언가로 해석하는 것을 자신의 임무로 여겨왔다. 때로 작가는 자기 예술의 적나라한 힘에 불안을 느끼고 작품 안에 (약간의 수줍음과 미묘한 아이러니를 가미해서) 명확하고 뚜렷한 해석을 집어넣기도 한다. 이렇듯 지나치게 협조적인 작가의 사례가 토마스 만이다. 더 고집스러운 작가에게는 비평가들이 기꺼이 그 일을 해준다.

예를 들어 카프카의 작품은 최소 세 부대의 비평가들에게 대대적으로 파헤쳐졌다. 카프카의 작품을 사회적 알레고리로 읽는 사람은 좌절감과 현대 관료주의의 광기 그리고 관료주의가 궁극적으로 전체주의 국가로 이어지는 사례 연구를 본다. 카프카를 정신분석학적 알레고리로 읽는 사람은 작품에 카프카의 아버지에 대한 두려움, 거세 불안, 불능감, 꿈에 예속된 상태가 절박하게 드러난다고 본다. 카프카를 종교적 알레고리로 읽는 사람은 『성』의 K는 천국에 도달하려고 하며, 『심판』의 요셉 K는 신의 가차 없고 알 수 없는 정의에 따라 심판을 받는다고 본다…. 또 해석자들을 각다귀 떼처럼 끌어들이는 작가 가운데 사뮈엘 베케트가 있다. 위축된 의식을 다룬(본질만 남기고 벗겨내고 깎아내어 종종 움직이지 못하는 상태로 재현되는) 베케트의 섬세한 드라마는 의미 또는 신에게 버림받은 현대인에 관한 진술이나 정신병리의 알레고리로 읽힌다.

프루스트, 조이스, 포크너, 릴케, 로런스, 지드…. 해석에 두툼하게 둘러싸인 작가들의 목록은 끝이 없다. 그러나 해석은 단순히 평범한 사람이 천재에게 표하는 경의가 아님을 알아두어야 한다. 실제로 무언가를 이해하는 **이런** 현대의 방식은 작품의 질과 관계없이 온갖 곳에 적용된다. 이를테면 〈욕망이라는 이름의 전차〉의 제작 노트에서 엘리아 카잔테네시 윌리엄스의 1947년 작 희곡을 1951년 엘리아 카잔이 영화로 만들었다— 옮긴이은 이 극을 연출하기 위해 스탠리 코왈스키는 우리 문화를 집어삼킨 육감적이고 분노에 불타는 야만성을 상징하는 한편 블랜치 드부아는 서양 문명, 시, 섬세한 의상, 희미한 조명, 세련된 감정 등을 (물론 닳아서 조금 망가지긴 했으나) 표상한다는 사실을 알아야 했다고 밝혔다. 테네시 윌리엄스의 강력한 심리적 멜로드라마가 이제 이해할 수 있는 것이 되었다. 이 극이 무언가에 **관한** 것, 곧 서양 문명의 쇠퇴에 관한 것이 되었다. 그러니까 이 작품이 스탠리 코왈스키라는 잘생긴 망나니와 블랜치 드부아라는 초라해진 왕년의 미녀에 관한 극인 상태로는 다룰 수가 없었으리라는 말이다.

6

예술가가 자기 작품이 해석되길 바라는지 아닌지는 중요하지 않다. 어쩌면 테네시 윌리엄스는 카잔이 해석한 〈욕망이라는 이름의 전차〉가 바로 자신이 의도한 바라고 생각했을 수도 있다. 장 콕토의 영화 〈시인의 피〉와 〈오르페우스〉 등을 프로이트적 상징과 사회 비판의 측면에서 치밀하게 읽는 것이 바로 콕토가 바란 일이었을 수도 있다. 그러나 이런 작품의 장점은 분명 '의미' 외의 다른 곳에 있다. 사실 윌리엄스의 희곡과 콕토의 영화가 이런 거창한 의미를 제시한다면 바로 그런 만큼 작품은 결함 있고 거짓되고 억지스럽고 확신 없는 것이 된다.

〈지난해 마리앙바드에서〉의 감독과 각본을 각각 맡은 알랭 레네와 알랭 로브그리예의 인터뷰를 보면 이들은 이 영화에 어떤 해석을 적용하든 제각각 그럴듯하게 보이게 의식적으로 설계한 듯하다. 그렇더라도 〈지난해 마리앙바드에서〉를 해석하려는 유혹은 뿌리쳐야 한다. 이 영화에서 중요한 것은, 몇몇 이미지의 말로 옮길 수 없는 순수한 감각적 직접성과 영화 형식에 관련된 몇몇 문제를 풀어가는 협소하지만 엄정한 해결책이다.

마찬가지로 〈침묵The Silence〉에서 잉마르 베리만은 텅 빈 밤거리에서 쿠르릉 소리를 울리며 다가오는 탱크로 남근을 상징하고자 했을 수도 있다. 하지만 만약 그랬다면, 어리석은 생각이었다("이야기하는 사람을 믿지 말고, 이야기를 믿어라." D.H. 로런스가 말했다). 탱크를 폭력적인 사물로, 즉 호텔에서 벌어지는 미스터리하고 급작스러우며 마치 갑각을 두른 듯한 일들에 대한 직접적이고 감각적인 등가물로 받아들인다면, 탱크가 등장하는 시퀀스는 영화에서 가장 충격적인 순간이 된다. 탱크를 프로이트적으로 해석하려 한다면 화면에 있는 것에 제대로 반응하지 못한다는 사실을 드러낼 뿐이다.

이런 유형의 해석은 언제나 (의식적이든 무의식적이든) 작품에 대한 불만, 작품을 무언가 다른 것으로 대체하려는 소망을 나타낸다.

작품이 내용 요소로 구성되어 있다는 의심스러운 이론에 기반한 해석은 예술을 침해한다. 예술을 실용적인 물건으로, 정신적 분류 체계 안에 배치할 수 있는 무엇인가로 만든다.

7

해석이 물론 늘 우위를 떨치는 것은 아니다. 사실상 오늘날 예술의 많은 부분은 해석에서 도피하려는 움직임으로 볼 수 있다. 해석을 피하기 위해 예술은 패러디가 된다. 또는 추상화한다. 또는 ('단순히') 장식적이 된다. 또는 비非예술이 된다.

해석의 기피는 특히 현대회화의 특징 가운데 하나인 듯하다. 추상회화는 일반적 의미에서 '내용'을 갖지 않으려는 시도다. 내용이 없으므로 해석도 있을 수 없다. 팝아트는 반대 수단으로 같은 결과를 얻는다. 내용을 너무나 뻔하게, 너무나 '있는 그대로' 사용함으로써 해석할 수 없는 것이 되고 만다.

현대시도 마찬가지다. 시에 침묵을 넣고 단어의 **마법**을 되살리는 프랑스 시의 위대한 실험(상징주의라는, 오해를 불러일으키는 이름으로 불리는 움직임을 포함한다) 이래로 시는 해석의 거친 손아귀를 상당히 벗어났다. 현대시에서 가장 최근에 일어난 취향의 혁명(T.S. 엘리엇을 밀어내고 에즈라 파운드를 드높인 혁명)은 시의 내용이라는 낡은 개념에서 고개를 돌렸음을 보여준다. 현대시가 해석하려는 열정의 먹잇감이 되는 것을 더는 참지 못한다는 것이다.

물론 내가 이야기하는 것은 주로 미국의 상황이다. 미국에서는 소설과 희곡 등 아방가르드적 혁신이 무시해도 좋을 만큼 미미한 분야에서 해석이 횡행한다. 미국 소설가와 극작가는 대부분 사실상 저널리스트이거나 아마추어 사회학자 또는 심리학자다. 이들은 말하자면 표제음악(어떤 생각이나 이야기, 사물, 분위기를 떠올리게 하는 음악. 제목이 내용을 암시한다— 옮긴이)에 해당하는 문학 작품을 쓰는 셈이다. 소설과 희곡에서 **형식**을 가지고 무엇을 할 수 있느냐 하는 감각이 발전도 활기도 없이 너무나 침체하다 보니, 내용이 정보나 뉴스가 아닐 때조차 희한할 정도로 잘 보이고 알기 쉽게 드러난다. (미국에서) 소설과 희곡은 시, 회화, 음악과 달리 형식 실험에 흥미나 관심을 보이지 않아 해석의 공격에 취약한 상태로 남아 있다.

그러나 내용을 버리고 형식으로 실험하는 체계적인 아방가르드주의만이 예술에 해석이 득시글거리는 현상을 막을 유일한 방도는 아니다. 적어도 나는 아니길 바란다. 왜냐하면 그러면 예술은 계속 달아나는 존재가 되어야 하기 때문이다(게다가 결국 허상에 불과한, 형식과 내용의 구분을 영속화하는 역할도 한다). 이상적으로 말하자면, 해석자들을 피할 다른 방법이 있다. 작품의 표면을 통일성 있게 깔끔하게 만들고, 추진력을 빠르게 유지하고, 직접적으로 말을 해서 작품이… 그저 그 자체일 수 있게 하는 것이다. 그게 지금 가능할까? 영화에서는 그렇게 되고 있다고 나는 생각한다. 그래서 영화가 오늘날 가장 살아 있고 가장 흥미진진하고 가장 중요한 예술 형식인 것이다. 어쩌면 어떤 예술 형식이 얼마나 살아 있는지는, 실수를 하고도 좋을 수 있는 허용 범위가 얼마나 되는지에서 알 수 있을 것도 같다. 예를 들어 베리만의 몇몇 영화는 현대적 정신에 관한 궁색한 메시지가 잔뜩 들어 있어 해석을 유도하기는 하지만, 그럼에도 감독의 가식적 의도를 뛰어넘는 성취를 보인다. 〈겨울빛〉과 〈침묵〉에 담긴 이미지의 아름다움과 시각적 정교함은 이야기와 대사의 어설픈 가짜 지성을 우리 눈앞에서 뒤집어엎는다(이런 불일치를 가장 잘 보여주는 사례가 D.W. 그리피스의 작품이다). 좋은 영화에는 우리를 해석 충동에서 완전히 해방해주는 직접성이 반드시 있다. 조지 큐커, 라울 월시, 하워드 호크스 등 무수한 옛 할리우드 감독의 영화에는 이렇듯 해방적인 반反상징주의적 특징이 있었다. 새로 등장한 유럽 감독의 최고작들은 말할 것도 없다. 이를테면 프랑수아 트뤼포의 〈피아니스트를 쏴라〉와 〈쥴 앤 짐〉, 장뤼크 고다르의 〈네 멋대로 해라〉와 〈비브르 사비〉, 미켈란젤로 안토니오니의 〈정사〉와 에르만노 올미의 〈약혼녀 I fidanzati〉 등.

영화에 해석이 들끓지 않는 것은 영화가 새로운 예술이기 때문이기도 하다. 또한 운 좋게도 영화는 상당히 오랫동안 그냥 영화일 수 있었다. 다른 말로 하면 영화는 고급문화가 아닌 대중문화의 일부로 여겨졌기 때문에 지식인들이 대체로 건드리지 않고 그냥 내버려두었다. 게다가 영화에는 내용 말고도 분석하고 싶은 사람이 매달릴 수 있는 무언가가 늘 있다. 영화는 소설과 달리 형식과 기법의 어휘를 갖추고 있다. 영화 제작의 일부인 카메라의 움직임, 편집, 프레임 구성 등에 관한 명확하고 정교하며 토론에 쓸 수 있는 어휘들이다.

8

오늘날 예술에는 어떤 비평이나 논평이 바람직할까? 내 말은 예술 작품을 말로 표현할 수 없다, 묘사하거나 다시 쓸 수 없다는 이야기가 아니다. 그럴 수 있다. 문제는 어떻게 그렇게 하느냐는 거다. 작품의 자리를 빼앗는 게 아니라 그 작품에 봉사하는 비평은 어떤 모습일까?

무엇보다 먼저 예술 형식에 더 관심을 기울일 필요가 있다. **내용**을 지나치게 강조하여 해석의 오만을 부추긴다면, **형식**을 더 세세하고 철저하게 묘사함으로써 해석을 침묵시킬 수 있다. 그러려면 어휘가 필요하다. 형식을 규정하는 어휘가 아니라 묘사하는 어휘다.♦ 최상의 비평은 내용에 대한 생각을 형식에 대한 생

♦ 형식에 관한 우리의 관념이 공간적이라는 데 한 가지 난점이 있다(형식을 가리키는 고대 그리스어의 은유는 모두 공간 개념에서 나왔다). 시간 예술보다 공간 예술의 형식과 관련된 어휘가 더 풍부한 것도 그 때문이다. 시간 예술 가운데 한 가지 예외는 연극일 것이다. 연극은 서사적(시간적) 형식이면서 무대 위에서 시각적·회화적으로 확장되기 때문이다…. 아직 우리에게 없는 것은 소설의 시학이다. 서사의 형식에 관한 명확한 개념이 없다. 어쩌면 영화 비평이 돌파구가 될지 모른다. 영화는 일차적으로 시각적 형식이지만 문학의 한 부문이기도 하기 때문이다.

각에 녹여내는 드문 유형의 비평이다. 영화·극·회화 각 장르에 관한 에세이로, 에르빈 파노프스키의 「영화에서 스타일과 매체Style and Medium in the Motion Pictures」, 노스럽 프라이의 「극 장르 개관A Conspectus of Dramatic Genres」, 피에르 프랑카스텔의 「조형 공간의 파괴The Destruction of a Plastic Space」가 떠오른다. 롤랑 바르트의 책 『라신에 관하여』와 로브그리예에 관한 에세이 두 편은 한 작가의 작품에 형식 분석을 적용한 예다(에리히 아우어바흐의 『미메시스』에서 「오디세우스의 흉터The Scar of Odysseus」를 비롯해 특히 뛰어난 글들도 이런 유형이다). 장르와 작가에 형식 분석을 동시 적용한 사례로 발터 벤야민의 「이야기꾼: 니콜라이 레스코프의 작품 고찰The Story-Teller: Reflections on the Works of Nicolai Leskov」을 들 수 있다.

또 작품의 외형을 정말로 정확하고 예리하게 애정을 담아 묘사하는 비평 행위도 그에 못지않게 소중하다. 이게 형식 비평보다 더 어렵게 느껴지기도 한다. 매니 파버의 영화 비평 일부, 도러시 반 겐트Dorothy Van Ghent의 글 「디킨스 월드: 토저스 씨 집에서 바라본 풍광The Dickens World: A View from Todgers」, 랜들 자렐이 월트 휘트먼에 관해 쓴 에세이가 내가 말하는 드문 사례다. 이 글들은 예술의 감각적 표면을 만지작거려 못쓰게 만들지 않고 있는 그대로 드러낸다.

9

투명성은 오늘날 예술에서 그리고 비평에서 최고의 가치이자 가장 해방적인 가치다. 투명성은 사물의 빛을 그 자체로, 있는 그대로 경험하는 것을 의미한다. 예를 들자면 로베르 브레송, 오즈 야스지로, 장 르누아르의 〈게임의 규칙〉 같은 영화에서 볼 수 있는 위대함이 바로 그런 것이다.

아주 옛날에는 (이를테면 단테에게는) 작품을 여러 층위에서 경험할 수 있게 설계한다는 게 혁명적이고 창의적인 시도였을 것이다. 지금은 그렇지 않다. 이제는 현대의 주된 병폐 가운데 하나인 불필요한 반복을 더할 뿐이다.

옛날에는 (고급 예술이 드물었던 시대에는) 예술 작품을 해석한다는 것이 혁명적이고 창의적인 행위였을 것이다. 지금은 아니다. 이제는 예술을 사상에, 또는 (더 나쁘게는) 예술을 문화에 통합할 필요가 전혀 없다.

해석은 예술 작품의 감각적 경험을 당연한 것으로 여기고 거기에서부터 나아간다. 하지만 이제는 감각 경험을 당연히 여길 수가 없다. 우리가 접할 수 있는 작품이 얼마나 폭발적으로 증가했는지, 게다가 도시에는 우리 감각을 두들기는 온갖 맛과 냄새와 볼거리가 얼마나 많은지 생각해보라. 우리 문화는 과잉과 과잉 생산을 기반으로 한다. 그 결과로 우리 감각 경험의 선명도는 꾸준히 떨어진다. 현대 생활의 모든 조건(물질적 풍요, 과밀)이 합해져 우리의 감각 기관을 둔화한다. 따라서 (이전 시대와 달라진) 우리의 감각과 감각 능력에 비추어 비평가의 임무를 평가해야 한다.

지금 중요한 것은 감각을 회복하는 것이다. 더 많이 **보고** 더 많이 **듣고** 더 많이 **느끼는** 법을 배워야 한다.

우리가 할 일은 예술 작품에서 내용을 최대한 찾아내는 게 아니며, 실제로 있는 것 이상의 내용을 작품에서 짜내는 것은 더더군다나 아니다. 우리가 할 일은 내용에 대한 관심을 줄여 작품을 있는 그대로 보는 것이다.

예술 비평의 목적은 예술 작품을(또한 그러면서 우리의 경험을) 더욱 생생한 것으로(그 반대가 아니라) 만드는 것이다. 비평의 기능은 **그것이 어떻게 그런지**를 또는 **그것을 있는 그대로** 보이는 것이지 **그게 무엇을 뜻하는지**를 보이는 것이 아니다.

10
우리에게는 해석학이 아닌 예술의 성애학이 필요하다.

(1964)

스타일에 관하여

오늘날 명망 있는 문학 평론가가 스타일과 내용을 대립항으로 보는 낡은 관념을 대놓고 옹호하는 모습을 보기는 어려울 것이다. 이 점에 대해서는 경건한 합의가 이루어졌다고 볼 수 있다. 누구라도 스타일과 내용은 분리될 수 없으며 중요 작가의 개성 있는 스타일은 작품의 유기적 일부이지 단순히 '장식적인' 무엇은 아니라고 서슴지 않고 단언할 것이다.

그렇지만 실제 비평 **관행**에서는 낡은 대립항이 여전히 굳건히 버티고 있다. 스타일이 내용의 보조물이라는 개념을 부인하는 비평가도 실제 작품을 다룰 때는 대체로 이 이분법을 고수한다. 실질적으로 비평 담론의 골조를 이루며 어떤 학문적 목표와 관심을 영속화해온 이분법을 벗어나기는 쉬운 일이 아니다. 이런 목표와 관심은 사실상 도전받지 않고 있으며 완전하게 구비된 대체물을 손에 넣기 전에는 포기하기 어렵기도 하다.

사실 어떤 소설이나 시의 스타일을 '스타일'로 논하면서 의도했든 아니든 스타일은 그저 장식적이고 부수적인 것이라고 암시하지 않기는 극히 어려운 일이다. 그 개념을 사용하는 것만으로 은연중에 스타일과 다른 무엇의 대립을 환기할 수밖에 없다. 이 점을 인식하지 못하는 비평가가 많은 듯하다. 많은 비평가가 내용에서 스타일을 거칠게 걸러내는 행위를 이론적으로 부인함으로써 안전해진다고 생각하지만, 작품을 평가하면서 이론적으로 부인하려 하는 바로 그것을 줄곧 강화하곤 한다.

비평 관행과 구체적 판단에서 낡은 이분법을 계속 유지하는 한 가지 방식으로, 상당히 훌륭한 작품에 대해 이른바 '스타일' 면에서 조악하고 엉성하긴 하나 그래도 좋은 작품이라며 옹호하는 흔한 경우가 있다. 여기에 더해 극히 복잡한 스타일을 양가적으로 바라보는 일도 잦다. 정교하고 비밀스럽고 까다로운('아름다운' 것은 물론이고) 스타일을 구사하는 현대 작가와 예술가는 아낌없는 찬사를 받는다. 그런 한편 이런 스타일이 진정성 부족을 나타낸다고 느껴질 때도 많다. 순수한 상태로 제시되어야 하는 소재에 예술가가 개입했다는 증거로 여겨지는 것이다.

『풀잎』1855년 판 서문에서 휘트먼은 '스타일'을 거부한다고 밝히며, 지난 세기부터 여러 예술 장르에서 이 스타일이라는 것이 새로운 양식적 어휘를 도입하기 위한 표준 책략으로 쓰였다고 말한다. "위대한 시인은 뚜렷한 스타일보다는 자기 자신을 자유롭게 쏟아내는 통로를 지녔다"고. 이 위대하고 스타일이 매우 확고한 시인은 주장한다. "위대한 시인은 예술에 이렇게 말한다.

나는 간섭하지 않을 것이다. 나는 나 자신과 그 밖의 것 사이에 우아함, 효과, 독창성 등이 커튼처럼 드리우게 하지 않을 것이다. 아무리 호사로운 커튼이라고 하더라도 그 사이를 가로막게 하지는 않을 것이다. 내가 말하는 것을 나는 정확히 있는 그대로 말할 것이다."

물론 누구나 알듯이(또는 안다고 주장하듯이) 완전히 중립적이고 투명한 스타일은 없다. 사르트르는 『이방인』을 다룬 탁월한 비평에서 카뮈 소설에서 상찬받는 '백색 스타일'(비개인적이고 설명적이고 명료하고 무감한 스타일)이 뫼르소가 보는 세계(부조리하고 우연한 순간으로 이루어진 세계)를 전달하는 수단임을 보였다. 롤랑 바르트가 '글쓰기의 0도 Le degré zéro de l'écriture'라고 부르는 것은 반反은유적이고 비인간적이려 함으로써 전통적 글쓰기 스타일 못지않게 까다롭고 인위적인 것이 된다. 그런데도 스타일 없는 투명한 예술이라는 관념은 현대 문화에서 가장 끈질기게 지속되는 환상 가운데 하나다. 예술가와 비평가들은 예술에서 인위성을 제거하는 것은 사람이 성격을 잃는 것만큼 있을 수 없는 일이라고 믿는 척한다. 그럼에도 스타일 없는 예술에 대한 열망, 스타일이 아찔한 속도로 **변화**하는 현대예술에 대한 불만은 지속된다.

스타일에 대해 말하는 것은 예술 작품의 전체성에 대해 말하는 한 가지 방법이기도 하다. 전체성을 논할 때와 마찬가지로 스타일에 대해 말할 때도 은유에 의존해야 한다. 그런데 은유는 오해를 일으킨다.

예를 들어 휘트먼이 사용한 물질적 은유를 생각해보자. 휘트먼은 스타일을 커튼에 비유함으로써 스타일을 장식과 혼동했고, 이 점을 여러 비평가에게 금세 지적받았다. 스타일을 걸리적거리는 장식으로 보면 커튼을 젖히고 내용을 드러낼 수 있다고 생각하게 된다. 아니면 은유를 조금 바꾸어 커튼을 투명하게 만들 수도 있을 것이다. 그러나 이 은유의 오류는 이것만이 아니다. 커튼의 은유는 스타일이 많고 적음(양), 두껍고 얇음(밀도)의 문제라는 암시도 담고 있다. 이런 생각은 예술가가 스타일을 가질지 아닐지를 선택할 수 있다는 환상만큼이나 잘못된 것이다. 스타일은 양을 따질 수 있는 것도 아니고 무언가에 덧붙여진 것도 아니다. 어떤 작품이 더 정교한 스타일(이를테면 일상 언어의 말씨나 억양과 거리가 먼 산문 등)을 택한다고 해서 스타일이 '더 많다'고 말할 수는 없다.

사실상 스타일에 관한 모든 은유는 내용을 안에, 스타일을 밖에 배치한다. 그런 은유를 뒤집는 편이 오히려 더 적절할 것이다. 질료나 주제는 밖에 있고, 스타일은 안에 있다고. 콕토는 이렇게 말한다. "장식적 스타일이란 존재한 적이 없다. 스타일은 영혼인데, 안타깝게도 우리에게는 영혼이 육신의 형태를 취한다." 설령 스타일을 겉으로 드러난 양식으로 정의한다고 하더라도 스타일과 '진정한' 존재를 반드시 대립시켜 생각해야 하는 것은 아니다. 사실 두 가지가 어긋나는 일은 매우 드물다. 거의 언제나 겉으로 드러난 양식이 바로 우리 존재의 양식이다. 가면이 곧 얼굴이다.

내가 위험한 은유라는 이야기를 했다고 해서 특정 스타일의 효과를 묘사하는 데 제한적이고 구체적인 은유를 사용하지 말아야 한다는 말은 아님을 분명히 해두어야겠다. 스타일에 관해 말할 때 '요란하다', '무겁다', '둔하다', '무미건조하다' 등 신체 감각을 나타내는 데 쓰는 투박한 표현을 빌리거나 논쟁의 이미지를 이용해 '일관성이 없다'고 말하더라도 무방할 듯하다.

'스타일'에 대한 반감은 언제나 특정 스타일에 대한 반감이다. 스타일이 없는 예술 작품은 있을 수 없다. 예술 작품은 저마다 다른, 더 복잡하거나 덜 복잡한 스타일 전통이나 관습을 따를 뿐이다.

다시 말해 스타일이라는 개념은 구체적이고 역사적 의미를 지닌다고 일반적으로 말할 수 있다. 스타일은 어떤 시간과 장소에 속할 뿐 아니라 우리가 어떤 예술 작품의 스타일을 인식할 때도 늘 작품의 역사성이나 계보에서 차지하는 위치를 의식한다. 그뿐 아니라 스타일을 볼 수 있다는 것 자체가 역사적 인식에 기반한 것이다. 우리가 아는 기존의 예술적 규범을 답습하거나 실험하지 않는 것이라면 새로운 스타일로 인식할 수 없을 것이다. 무엇보다, '스타일'이라는 개념 자체에 역사적으로 접근해야 한다. 스타일을 문제적이고 분리 가능한 요소로 인식하는 일은 특정한 역사적 순간에만 나타나는데, 이때 스타일 논쟁은 사실 겉 포장이고 그 뒤에서 다른 문제들, 궁극적으로 윤리적이고 정치적인 논쟁이 벌어진다. '스타일이 있다'는 개념은 르네상스 이후로 진실, 도덕적 정직성, 자연스러움 같은 오래된 관념을 위협하는 위기가 올

때마다 주기적으로 제시된 해결책 가운데 하나다.

일단 이 전부를 인정한다고 해보자. 그리고 모든 재현이 특정 스타일로 구체화된다고 해보자(이렇게 말하기는 쉽다). 따라서 엄밀한 의미의 리얼리즘 같은 것은 존재하지 않고, 리얼리즘도 하나의 스타일 관습에 지나지 않는다고 해보자(이렇게 말하기는 조금 더 어렵다). 그렇더라도 스타일은 어디에나 있다. 누구나 익숙히 아는 예술 사조는 (두 가지 예를 들면 16세기 후반에서 17세기 초에 등장한 매너리즘 회화, 회화·건축·가구·생활용품 등의 아르누보 등) 단순히 '스타일'을 지닌 것 이상이다. 파르미자니노, 야코포 다 폰토르모, 피오렌티노 로소, 일 브론치노 등의 화가 그리고 안토니오 가우디, 엑토르 기마르, 오브리 비어즐리, 루이스 티파니 등의 예술가는 뚜렷한 양식을 발전시켰다. 이 예술가들은 스타일 문제에 몰두하여 무엇을 말하는가보다는 어떻게 말할 것인가에 더 중점을 두는 것처럼 보인다.

내가 버려야 한다고 주장해온, 내용과 형식의 구분을 요구하는 듯한 이런 종류의 예술을 다루려면 '스타일화stylization'나 이와 비슷한 용어가 필요하다. '스타일화'는 예술가가 질료와 방식, 주제와 형식 사이에서 굳이 필요하지 않은 구분을 지을 때 예술 작품에 나타난다. 그렇게 하여 스타일과 주제가 구분돼 서로 대척할 때, 주제가 어떤 스타일로 다루어졌다(또는 잘못 다루어졌다)고 말할 수 있게 된다. 의도적으로 잘못 다루는 일이 더 흔한데, 예술의 질료가 '주제'로 생각되면 소진될 수 있는 것으로 느껴지기 때문이다. 그리고 어떤 주제에 이런 다양한 시도를 통한 소진 과정이 상당히 진행되었다고 생각되면 점점 더 스타일화할 수 있다.

예를 들어 요제프 폰 스턴버그의 무성영화 몇 편(〈구원의 사냥꾼Salvation Hunters〉, 〈암흑가Underworld〉, 〈뉴욕의 부두The Docks of New York〉)을 그가 1930년대 미국에서 마를레네 디트리히와 함께 만든 영화 여섯 편과 비교해보자. 스턴버그의 뛰어난 초기 영화는 매우 정교한 미적 표면이라는 두드러진 스타일적 특성을 갖는다. 그렇지만 우리는 〈뉴욕의 부두〉에 나오는 선원과 성매매 여성 이야기를 〈금발의 비너스Blonde Venus〉나 〈진홍의 여왕〉에 나오는 디트리히 캐릭터의 모험처럼 스타일의 구현으로 느끼지 않는다. 스턴버그의 후기작에는 주제(낭만적 사랑, 팜파탈)에 대해 아이러니한 태도가 있다. 주제가 과장되어 변형되었을 때, 곧 스타일화되었을 때만 흥미롭다고 판단하는 것이다…. 큐비즘 회화, 자코메티의 조각은 예술의 '스타일'과 구분되는 '스타일화'의 사례가 되기 어렵다. 인간의 얼굴과 형상을 아무리 왜곡하더라도 얼굴과 **형상을 흥미롭게** 만들려고 그렇게 하는 것은 아니다. 그러나 카를로 크리벨리와 조르주 드 라 투르의 회화는 내가 말하는 스타일화의 사례다.

예술 작품에서 '스타일화'는 스타일과 달리 주제에 대해 양가적 감정(경멸이 뒤섞인 애정, 아이러니가 가미된 집착)을 드러낸다. 이때 수사적 덧칠, 곧 스타일화를 통해 주제와 특별한 거리를 유지함으로써 이런 양가성을 다룬다. 하지만 그러다 보니 흔히 지나치게 편협하고 반복적이거나 어떤 부분은 서로 연결되지 않고 따로 노는 듯 보이게 된다(후자의 예로, 오슨 웰스의 〈상하이에서 온 여인〉의 시각적으로 탁월한 결말 부분이 영화 나머지 부분과 연결되지 않는 듯 보이는 것을 들 수 있다). 예술의 효용성(특히 도덕적 효용성)에 함몰된 문화에서 그리고 오락을 제공하는 예술과 진지한 예술을 구분해야 한다는 쓸데없는 필요에 시달리는 문화에서 스타일화된 예술의 기이함이 유효하고 소중한 만족감을 주는 것은 분명하다. 나는 이런 만족감을 다른 글에서 '캠프' 취향이라는 말로 설명한 적이 있다. 그러나 스타일화된 예술, 조화가 부족한 과잉의 예술이 가장 위대한 예술이 될 수 없음은 명백하다.

    오늘날 스타일이라는 개념을 논하려면 형식과 내용의 대립이란 것에서 영 벗어날 수가 없다. 형식이라는 개념과 같이 작동하는 '스타일'이 내용을 무너뜨리는 듯한 느낌을 어떻게 떨쳐버릴 수 있을까? 한 가지는 분명해 보인다. 내용의 개념을 재정립하지 않는다면, 스타일과 내용 사이의 유기적 관계를 확언하는 것만으로는 설득력을 갖기 힘들 테고, 이렇게 확언하는 비평가가 실제 담론을 재구성하도록 이끌지도 못할 것이다.

    비평가들은 대체로 예술 작품이 '스타일'로 장식된 일정 분량의 내용을(건축이라면 기능을) '담고' 있는 것은 아니라는 데 동의할 것이다. 그러나 스스로 동의한 것처럼 보이는 바가 어떤 긍정적 결과로 이어질지를 언급하는 사람은 없다. '내용'이란 무엇일까? 또는 더 엄밀히 말하자면, 스타일(또는 형식)과 내용의 이분법을 넘어섰을 때 내용이라는 개념에는 무엇이 남을까? 예술 작품이 '내용'을 갖는 것 자체가 상당히 스타일적인 관습이라는 사실에서 이 질문에 대한 답 일부를 찾을 수 있다. 그러니 비평 이론의 주요 과제는 주제의 **형식적** 기능을 면밀하게 살피는 것이다.

이 기능을 인지하고 제대로 탐구하지 않으면 비평에서 예술 작품을 '진술'로 취급하는 일을 피하기 어렵다(음악이나 회화나 무용 등 추상적이거나 추상의 방향으로 많이 나아간 예술에서는 이런 문제가 적다. 비평가들이 문제를 해결해서가 아니라 문제가 비평가의 손에서 치워졌기 때문이다). 물론 어떤 예술 작품은 진술로, 어떤 질문에 대한 답으로 간주될 **수** 있다. 아주 단순하게 말해서, 고야가 그린 웰링턴 공작 초상화는 '웰링턴은 어떻게 생겼는가'라는 질문에 대한 답으로 볼 수 있다. 마찬가지로 『안나 카레니나』를 사랑, 결혼, 불륜의 문제에 관한 탐구로 다룰 수도 있다. 예술이 실제 삶을 얼마나 적절하게 재현했느냐의 문제가 예컨대 회화 등의 분야에서는 거의 폐기되었지만 진지한 소설, 희곡, 영화 등을 평가할 때는 여전히 강력한 판단 기준이 된다. 비평 이론에서 이 개념은 매우 오랜 명맥을 유지하고 있다. 최소한 드니 디드로 이후부터 모든 예술 비평은 핍진성verisimilitude과 도덕적 올바름이라는 서로 달라 보이는 기준에 호소하는 전통을 이어왔고 그에 따라 예술 작품을 **예술 작품의 형식으로 이루어진 진술**로 다루었다.

예술 작품을 이런 식으로 다루는 게 전혀 엉뚱하기만 한 일은 아니다. 그렇지만 예술을 생각의 역사를 탐구하고 현대 문화를 진단하고 사회적 연대를 이루어내는 등의 실용적 목적으로 사용하는 방식임은 분명하다. 이런 접근은 예술적 감수성을 갖추었고 어느 정도 훈련을 받은 사람이 예술 작품을 제대로 바라볼 때 실제로 일어나는 일과는 무관하다. 예술 작품을 예술 작품으로 만나는 일은 어떤 경험이지 진술이나 질문에 대한 답을 얻는 것이 아니다. 예술은 무엇에 관한 것일 뿐 아니라 그 자체로 무엇이다. 예술 작품은 세상 **속** 하나의 사물이며, 세상에 **관한** 텍스트나 언급에 머물지 않는다.

예술 작품이 순전히 자기지시적인 세계를 만들어낸다는 말은 아니다. 예술 작품은(음악은 중요한 예외로 두고) 실제 세계 곧 우리의 지식, 경험, 가치 등을 가리킨다. 정보와 가치판단을 제시하기도 한다. 그러나 예술의 뚜렷한 특징은 (철학, 사회학, 심리학, 역사 등 담론적·과학적 지식의 뚜렷한 특징인) 개념 지식을 주는 게 아니라 흥분, 몰입 현상, 사로잡힌 상태에서의 판단 같은 것을 일으킨다는 점이다. 다시 말해 우리가 예술을 통해 얻는 지식은 무언가를 아는 형식이나 스타일의 경험이지 무언가(사실이나 도덕적 판단)에 대한 지식 자체가 아니다.

예술 작품에서 **표현성**이 중요한 까닭, 표현성 곧 스타일의 가치가 내용보다 우선하는 까닭(내용을 스타일에서 분리하는 오류를 범할 때 말이다)을 이렇게 설명할 수 있다. 우리가 『실낙원』을 읽으며 느끼는 만족감은 신과 인간에 관한 작품의 관점 때문이 아니라 이 작품에 구현된 탁월한 에너지, 활력, 표현성 때문이다.

또한 그렇기에 예술 작품은 아무리 표현적인 것이라고 할지라도 작품을 경험하는 사람의 협력에 크게 의존한다. 사람이 작품에서 '말하는' 것을 인지하고도 둔감해서 또는 몰입하지 않아서 감동을 받지 않을 수 있기 때문이다. 예술은 유혹일 뿐 강압이 아니다. 예술 작품은 고압적 특성을 드러내게 의도된 경험을 제공한다. 그러나 예술은, 경험하는 사람이 적극적으로 공모하지 않으면 유혹할 수 없다.

예술 작품을 진술로 생각하는 비평가는 필연적으로 '스타일'을 경계하게 된다. '상상력'을 치하하는 듯 보이더라도 마찬가지다. 이들이 보기에 상상력이란 '현실'을 극도로 민감하게 묘사한 것에 지나지 않는다. 그래서 예술 작품이 정신을 어떻게 변화시키는지보다는 예술 작품에 포착된 '현실'에 계속해서 초점을 맞춘다.

하지만 예술 작품을 진술로 보는 은유가 권위를 잃으면 '스타일'에 대한 양가적 감정도 해소될 것이다. 이 양가적 감정은 진술과 진술을 하는 방식 사이의 가정된 긴장을 반영한 것이기 때문이다.

그러나 결국 예술 작품을 보는 '적절한'(실용주의적 관점과 대비되는) 방식에 호소하는 것만으로 스타일에 대한 태도를 바꿀 수는 없다. 스타일에 대한 양가적 감정은 단순한 오류에 뿌리를 둔 것이 아니라(만약 그렇다면 쉽게 제거할 수 있을 것이다) 문화 전체가 공유하는 열정에 뿌리가 있기 때문이다. 이는 전통적으로 예술 '바깥'에 있다고 간주되던 가치를 보호하고 옹호하고자 하는 열정이다. 진실과 도덕성 같은 이런 가치는 언제나 또 한편으로는 예술로 손상될 위험에 처해 있다. 스타일을 향한 양가성의 이면에는 결국 예술과 도덕성, 미적인 것과 윤리적인 것의 관계를 둘러싼 서구의 유서 깊은 혼란이 있다.

　　　　예술 대 도덕성이라는 문제는 가짜 문제다. 이런 구분 자체가 함정이다. 윤리는 문제시하지 않고 미적인 것만 문제시하면서 그럴듯함을 유지한다. 이런 구분을 바탕으로 미적인 것의 자율성을 옹호하려 하면(나 역시 다소 불편해하면서도 그렇게 했다) 받아들여선 안 되는 것을 받아들이는 셈이 된다. 곧 미적인 것과 윤리적인 것 이렇게 두 가지 독립적인 반응이 존재하며, 우리가 예술 작품을 경험할 때 이 두 반응이 우리의 충성심을 놓고 경쟁한다고 인정하는 것이다. 마치 예술 작품을 경험하면서 책임감 있고 인도적인 행위와 유쾌한 의식의 자극 가운데 하나를 선택해야 한다는 듯이!

　　　　물론 예술 작품에 순전히 미적으로만 반응할 수는 없다. 선택하고 행동하는 인간의 모습을 묘사한 연극이나 소설에든, 심지어는 잭슨 폴록의 그림이나 고대 그리스 화병 같은 것에든(존 러스킨은 회화의 형식적 특성의 도덕적 측면을 다루는 예리한 글을 쓰기도 했다). 그렇지만 실제 삶의 어떤 행위에 반응하는 것과 똑같이 예술 작품 안의 무엇에 도덕적으로 반응하는 것은 온당하지 않다. 만약 내가 아는 누군가가 자기 아내를 살해하고도 (심리적·법적으로) 아무 처벌을 받지 않았다면 나는 매우 분개할 것이다. 그렇지만 나는 노먼 메일러의 『아메리카의 꿈An American Dream』 주인공이 아내를 살해하고 처벌받지 않았다고 해서 분노할 수는 없다(많은 비평가가 그러는 듯하기는 하나). 장 주네의 『꽃피는 노트르담』에 나오는 디빈, 미뇽을 비롯한 인물들은 우리가 집에 초대할지 말지를 결정해야 할 실존 인물이 아니고 상상의 풍경 속 등장인물들이다. 굳이 할 필요도 없는 당연한 말이겠지만, 현대문학(그리고 영화) 비평에서 고상한 도덕주의적 판단이 이토록 만연하니 반복해서 강조하게 된다.

   오르테가 이 가세트가 『예술의 비인간화』에서 지적했듯이 대부분 사람에게는 미적 쾌락이 일상적 반응과 본질적으로 구분되지 않는다. 사람들은 예술이란 흥미로운 인간사를 접하는 수단이라고 이해한다. 연극이나 영화나 소설에서 보는 인간의 운명에 슬퍼하거나 기뻐하는 것은 현실에서 이런 사건에 슬퍼하거나 기뻐하는 것과 실질적으로 다르지 않다. 예술에서 인간 운명을 경험할 때는 양가적 감정을 덜 느끼고 이해관계가 덜 얽혀 있고 고통스러운 결과를 직접 짊어질 필요가 없다는 차이를 제외하면. 이런 경험은 또 어떤 면에서 실제보다 강렬하기도 하다. 사람은 고통과 기쁨을 대리적으로 경험할 때 더 열렬해질 수 있다. 그러나 오르테가가 주장하듯 "(예술) 작품의 인간적 내용에 몰입하면 원칙적으로 미학적 판단을 내릴 수 없다."♦

♦ 오르테가는 이어 이렇게 말한다. "감상하는 사람이 존과 메리 또는 트리스탄과 이졸데의 운명만 따라가고 그것에 시선을 맞출 때 예술 작품은 시야에서 사라진다. 트리스탄의 슬픔은 그것을 실제로 받아들일 때만 공감을 불러일으킬 수 있다. 그러나 예술의 대상은 실제가 아닐 때만 예술적이다. … 그런데도 지각 기관의 초점을 유리창에 맞

나는 오르테가의 말이 전적으로 옳다고 생각한다. 그렇지만 오르테가가 그랬듯이 미적인 반응과 도덕적 반응을 암묵적으로 구분한 상태로 이 문제를 내버려두고 싶지는 않다. 나는 예술이 도덕성과 연결되어 있다고 본다. 연결의 한 가지 방식으로 예술이 도덕적 **쾌감**을 줄 수 있다는 점이 있다. 그러나 예술 특유의 도덕적 쾌감은 어떤 행위를 승인하거나 승인하지 않는 것과 무관하다. 예술에서 얻는 도덕적 쾌감은 예술이 수행하는 도덕적 기여와 마찬가지로 의식에서 일어나는 지적 충족에서 나온다.

'도덕성'은 습관적이고 만성적인 행동 유형(감정과 행위를 포함하여)을 의미한다. 도덕성은 행위와 판단의 규범이자 특정 방식으로 행동하는 습관을 강화하는 정서다. 도덕성은 우리가 다른 인간에게 **일반적으로**(다시 말해 인간으로 인지되는 모두에게) 사랑을 느끼는 듯 행동하라는 또는 행동하려고 노력하라는 기준을 제시한다. 말할 필요도 없지만 우리가 진정으로 사랑을 느끼는 대상은 실제로 아는 사람과 상상으로 아는 사람을 포함해 극히 소수의 인간뿐이다…. 도덕성은 행위의 **양식**이지 일련의 구체적 선택은 아니다.

추고 투명한 예술 작품을 볼 수 있는 사람은 많지 않다. 사람들은 대신 그 너머를 보고 작품이 다루는 인간의 현실을 즐긴다. … 19세기 예술가들은 너무나 순수하지 못한 방식으로 작업했다. 순전한 미적 요소를 최소한으로 줄이고 작품 거의 전부를 인간 현실을 허구화한 것으로 채웠다. … 낭만주의와 자연주의 등에 속하는 이 시기의 작품은 부분적으로만 예술 작품 또는 예술적 대상이다. … 19세기 예술이 그토록 인기가 있는 것도 당연한 일이다. … 예술이 아니라 삶에서 뽑아낸 추출물이니까."

도덕성을 이렇게 이해하면(세상에서 행동하고 존재하는 방식을 지시하는 인간 의지의 성취 가운데 하나로 이해한다면) 행동을 목표로 하는 의식의 형태인 도덕성과 의식의 자양분인 미적 경험 사이에 일반적 반목이 생길 리 없다. 예술 작품을 특정한 내용을 제안하는 진술로 축소하고 도덕성을 특정한 도덕성(게다가 특정한 도덕성은 어떤 것이든 제한적 사회적 이익과 계급적 가치를 옹호하는 데 그치는 요소를 포함하고 있다)과 동일시하기 때문에 예술 작품이 도덕성을 위협한다고 간주되는 것이다. 또 그렇게 할 때만 미적인 것과 윤리적인 것이 완전히 구분된다.

그렇지만 도덕성을 독자적인것, 즉 의식에서 이루어지는 일반적 결정으로 이해한다면 예술에 대한 우리의 반응은 바로 예술이 우리 감수성과 의식에 활기를 불어넣는다는 점에서 '도덕적'이라고 할 수 있다. 감수성이 도덕적 선택 능력을 기르고 행동하게 부추기기 때문이다. 우리가 의식적으로 선택을 하며(어떤 행위를 도덕적이라고 간주하기 위한 전제 조건이다) 단순히 맹목적으로 생각 없이 따르는 것이 아니라고 가정할 때의 이야기다. 예술은 이런 '도덕적' 역할을 수행한다. 왜냐하면 예술적 경험에 내재된 특질(중립적임, 숙고함, 주의를 기울임, 감정을 일깨움)과 예술적 대상에 내재된 특질(우아함, 지성, 표현력, 에너지, 감각)이 도덕적 반응을 이루는 기본 요소이기도 하기 때문이다.

예술에서 '내용'이란 본질적으로 **형식적**인 변형 과정에 의식을 끌어들이는 구실이며, 목적이자 미끼다.

그렇기에 '내용' 측면에서 보면 도덕적으로 거부감을 주는 예술 작품도 양심에 거리낌 없이 감상할 수 있는 것이다(『신곡』처럼 오늘날 독자에게 지적으로 이질적인 작품이라도 어렵지만 감상할 수 있는 것과 마찬가지다). 레니 리펜슈탈의 〈의지의 승리〉와 〈올림피아〉를 걸작이라고 한다고 해서 미학적인 관용을 베풀어 나치 선전물이라는 사실을 어물쩍 덮어버리자는 말은 아니다. 이 작품에는 나치 프로파간다가 분명히 들어 있다. 그런데 또 다른 것도 있어서, 그것마저 버리면 손실이다. 리펜슈탈의 이 두 영화는 지성과 우아함과 관능성의 복잡한 움직임을 보여주고 있어 (나치 예술 작품 가운데서 유일하게) 프로파간다나 심지어 르포르타주의 범주도 넘어선다. 그리하여 우리는 (다소 불편해하며) 히틀러가 아닌 '히틀러'를, 1936년 올림픽이 아닌 '1936년 올림픽'을 보게 된다. 영화감독 리펜슈탈의 천재성을 통해 이 '내용'은 (아마도 리펜슈탈의 의도와는 다르게) 순전히 형식적인 역할을 하게 된다.

예술 작품은 예술 작품인 이상은 (예술가의 개인적 의도가 어떻든 간에) 어떤 것도 옹호할 수 없다. 위대한 예술가는 숭고한 중립성을 획득한다. 호메로스와 셰익스피어를 생각해보라. 학자와 비평가들이 수 세대에 걸쳐 이들 작품에서 인간 본성, 도덕성, 사회에 관한 특정 '견해'를 끌어내리려 했으나 실패했다.

또 장 주네도 그렇다. 이 경우는 주네의 견해가 알려져 있기 때문에 내가 하는 주장에 근거를 추가할 수 있다. 주네의 작품을 읽으면 독자가 잔인성, 기만, 방탕, 살인에 수긍하도록 요구하는 듯 보일 수 있다. 그렇지만 작품을 생산할 때 주네는 어떤 것도 옹호하지 않는다. 자기 경험을 기록하고 흡수하고 변형할 뿐이다. 주네의 책에서는 바로 이 과정 자체가 뚜렷한 주제여서 주네의 책은 예술 작품일 뿐 아니라 예술에 관한 작품이기도 하다. 그렇지만 이 과정을 예술가가 전면에 내세워 보여주지 않더라도(대체로 그런다) 우리는 이런 경험의 처리 과정에 주의를 기울여야 한다. 주네의 인물들이 현실에서는 우리에게 불쾌감을 일으키는 사람이든 아니든 그건 전혀 중요하지 않다. 『리어왕』에 등장하는 인물들 대부분도 마찬가지다. 주네의 작품에서 흥미로운 점은 '주제'를 평온하고 지적인 상상력으로 압도하는 방식에 있다.

예술 작품이 '말하는' 바에 도덕적으로 시비를 가리는 것은 예술 작품에 성적으로 흥분하는 것만큼이나 본질과는 무관한 일이다(물론 두 가지 모두 매우 흔하게 일어나는 반응이다). 후자가 적절하거나 유의미하지 않다고 반박할 때의 근거를 전자에도 똑같이 적용할 수 있다. 사실 주제를 압도한다는 개념이, 예술이면서 에로틱한 문학·영화·회화와 (다른 적절한 표현이 없으므로) 포르노그래피라고 부를 수밖에 없는 것을 구분하는 유일하게 진지한 기준이다. 포르노그래피는 '내용'이 있고 우리가 그 내용과 (역겨움 또는 욕망으로) 연결되도록 만들어져 있다. 삶을 대신하는 것이기도 하다. 그러나 예술은 흥분시키지 않고, 흥분시킨다고 하더라도 미적 경험 안에서 흥분을 가라앉힌다. 모든 위대한 예술은 역동적인 사색을 불러일으킨다. 독자나 청취자나 관객이 예술 작품 안에 있는 것을 실제 삶과 잠정적으로 동일시하여 흥분을 느낀다고 할지라도, 그 작품을 예술 작품으로 대하고 반응한다면 궁극적으로는 초연하고 평온하고 관조적이고 감정적으로 자유로워지고 분노나 시비를 넘어설 것이다. 흥미롭게도 주네는 최근에 자기 책이 독자들을 성적으로 자극한다면 "잘못 쓰인 것"이라고 말했다. "시적 감정이 강력하면 어떤 독자도 성적으로 자극받지 않을 것이기 때문이다. 내 책의 포르노그래피적인 면을 거부한다는 말은 아니다. 그저 우아함이 부족했다고 하겠다."

예술 작품은 온갖 종류의 정보를 담을 수 있고 새로운 (때로는 바람직한) 관점을 가르칠 수도 있다. 단테를 읽으며 중세 신학과 피렌체 역사를 배울 수도 있고, 쇼팽 작품에서 열정적 우울을 처음으로 경험할 수도 있고, 고야의 작품을 통해 전쟁의 야만성을, 드라이저의 『아메리카의 비극』에서 사형 제도의 잔혹성을 확신할 수도 있다. 그러나 작품을 예술 작품으로 대하는 한, 작품이 주는 만족감은 다른 차원의 것이다. 그것은 인간 의식의 특질이나 형식을 경험하는 일이다.

이런 접근이 예술을 한낱 '형식주의'로 격하시킨다는 비판을 허용해서는 안 된다(형식주의라는 말은 시대에 뒤떨어졌거나 고갈된 방식을 기계적으로 되풀이하는 예술 작품을 가리킬 때만 써야 한다). 예술 작품을 살아 있는 것으로, 의식의 자율적인 모델로 간주하는 접근에 문제가 있는 듯 비친다면, 그것은 오직 형식과 내용의 얄팍한 구분을 버리기를 거부하는 탓이다. 예술 작품에 내용이 없다는 생각은 세상에는 내용이 없다는 생각과 다르지 않다. 예술이든 세상이든 그저 존재하는 것이다. 둘 다 정당화할 필요가 없고, 정당화할 수도 없다.

스타일의 과잉 발전, 예를 들어 매너리즘 회화나 아르누보 등은 세상을 미적 현상으로 경험하는 강력한 형식이다. 그렇지만 억압적이고 교조적인 리얼리즘에 대한 반작용으로 일어난 특히 강력한 형식일 뿐이다. 모든 스타일은(다시 말해 모든 예술은) 이렇게 주장한다. 세상은 궁극적으로 미적 현상이다.

다시 말해 세상(존재하는 모든 것)은 궁극적으로 정당화될 수 없다. 정당화는 세상의 한 부분을 다른 부분과 연관 지어 생각할 때만 이루어질 수 있는 정신 작용이다. 존재하는 모든 것을 생각할 때는 정당화가 있을 수 없다.

우리가 예술 작품에 온전히 몰입한다면 그 작품은 우리에게 전적인 또는 절대적인 영향력을 행사한다. 예술의 목적은 특정하고 역사적인 진실이든 영구한 진실이든, 진실을 보조하는 것은 아니다. 로브그리예가 말했듯이 "예술이 어떤 것이라고 말할 수 있다면, 예술은 모든 것이라고 하겠다. 따라서 예술은 그 자체로 자족적이고 그 이상의 무엇도 없다."

그런데 이런 관점이 쉽게 오독되곤 한다. 우리는 세상에 살고 있고 세상에서 예술 작품이 만들어지고 향유되기 때문이다. 내가 주장해온 예술 작품의 자율성(아무것도 '의미'하지 않을 자유)은 예술의 효과나 영향이나 기능을 아예 고려하지 않는다는 말이 아니다. 예술의 예술로서의 기능에서 미적인 것과 윤리적인 것의 분리가 무의미함을 인정하기만 하면 된다.

나는 예술 작품을 양분 공급 방식에 빗대는 은유를 지금까지 여러 차례 사용했다. 예술 작품에 몰입하면 필히 자신을 세상과 분리하는 경험을 하게 된다. 그러나 예술 작품은 그 자체로 역동적이고 마술적이고 모범적이어서, 우리는 결국 어떤 면에서는 더욱 열려 있고 풍부한 세상으로 돌아오게 된다.

레몽 바예는 이렇게 썼다. "모든 미적 사물이 우리에게 부과하는 것은 적절한 리듬으로 이루어지는 에너지 흐름의 독특하고 특별한 공식이다. … 모든 예술 작품은 진행·정지·탐색의 원칙, (그 예술가) 특유의 에너지 또는 휴식의 이미지, 쓰다듬거나 파괴하는 손의 손자국을 구현한다." 이것을 작품의 인상 또는 리듬이라고 부를 수도 있는데, 나는 스타일이라고 부르고 싶다. 물론 스타일의 개념을 역사적으로 보고 작품을 유파나 시대로 분류하면 개별 스타일의 특성을 지우게 될 수 있다. 그렇지만 미적 관점에서(개념적 관점과 반대의 의미에서) 작품을 접할 때는 그런 경험을 하지 않는다. 그럴 때는, 어떤 작품이 탁월하고 여전히 우리와 소통할 힘을 지니고 있다면, 우리는 스타일의 개성과 특수한 연관성만을 경험한다.

우리 삶도 마찬가지다. 우리 삶을 바깥쪽에서 보면 사회과학과 정신의학의 확산에 영향을 받아 점점 더 자신을 일반성의 한 사례로 보게 되고, 그럼으로써 자신의 경험과 인간성에서 깊고 고통스럽게 분리된다.

윌리엄 얼이 최근에 말했듯이 『햄릿』이 무언가에 '관한' 것이라면 그것은 햄릿에 관한 것, 햄릿의 특수한 상황에 관한 것이지 인간 조건에 관한 것은 아니다. 예술 작품은 의식에 구체적 형태를 부여하며 보여주고 기록하고 목격하는 방식이다. 예술의 목적은 무언가를 뚜렷하고 명료하게 만드는 것이다. 일반화하지 않고는 (도덕적으로, 개념적으로) 판단을 내릴 수 없다는 말이 옳다면, 예술 작품과 예술 작품이 재현하는 것의 경험이 판단을 넘어선다는 말도 옳다. 작품 자체를 예술로서 판단할 수는 있겠지만 말이다. 우리가 『일리아스』나 톨스토이의 소설이나 셰익스피어의 희곡 같은 위대한 예술의 특징으로 인식하는 것이 바로 그런 것이 아닌가? 이런 예술은 인물이나 행위를 좋거나 나쁜 것으로 손쉽게 가름하는 우리의 옹졸한 판단을 넘어선다. 또한 예술이 그럴 수 있다는 것은 참 좋은 일이다(도덕성을 위해서도 그렇다).

도덕성은 예술과 달리 삶을 더욱 인간적인 것으로, 모두에게 살기 좋은 것으로 만든다는 효용으로 정당화된다. 그러나 의식은(과거에 상당히 편향적으로 사색의 능력이라고 불리던 것은) 행위보다 더 광범위하고 다양할 수 있다. 의식은 예술과 사변적 사고를 양분으로 삼는다. 이런 것들은 그 자체로 의미가 있어 정당화가 필요 없다고 묘사되는 활동이다. 예술 작품은 우리가 무언가 독특한 것을 보거나 이해하게 하지 판단하거나 일반화하게 하지는 않는다. 이런 이해 그리고 그에 따르는 쾌감이 예술 작품의 유일하게 타당한 목적이며 그 자체로 충분히 정당화된다.

예술을 경험한다는 것은 어떤 것인지, 예술과 인간 감정과 행위는 어떤 관련이 있는지 명확히 설명하려면 의지라는 개념을 떠올리는 게 가장 좋을 듯하다. 의지는 단순히 의식의 특정 태도나 열의를 띤 의식만을 뜻하는 것이 아니라 유용한 개념으로 쓸 수 있다. 의지는 주체가 세상을 대하는 태도이기도 하다.

예술 작품에 구현되고 예술 작품으로 전달되는 이런 복잡한 의지는 세상을 무너뜨리는 동시에 매우 강렬하고 특별한 방식으로 세상과 맞닥뜨린다. 의지의 이런 양면성을 레몽 바예는 이렇게 간결하게 표현했다. "모든 예술 작품은 도식화되고 분리된 의지의 기억을 제공한다." 도식화되고 분리된 데다가 기억이니, 예술 속의 의지는 세상과 거리를 두게 된다.

이런 논지는 니체의 『비극의 탄생』에 나오는 유명한 말을 떠올리게 한다. "예술은 자연의 모방이 아니라 자연을 극복하기 위해 나란히 길러진 형이상학적 보완물이다."

모든 예술 작품은 작품이 재현하는 실제 현실과 거리를 두고 만들어진다. 이 '거리'는 정의상 비인간적이거나 비개인적일 수밖에 없다. 예술로 인식되려면 '가까움'에서 비롯되는 정서적 개입이나 감정적 관여를 제한해야 하기 때문이다. 이 거리와 거리의 관습을 조정하고 조작하는 것이 예술 작품의 스타일을 이룬다. 결국, '스타일'이 **곧** 예술이다. 예술은 스타일화되고 비인간화된 재현의 다양한 방식 그 이상도 이하도 아니다.

그러나 오르테가 이 가세트 등이 설명한 이런 관점은 잘못 해석되기 쉽다. 그 자체의 기준을 추구하는 예술은 현실과 무관하며 무력한 장난감일 뿐이라고 암시하는 듯 보이기 때문이다.

오르테가가 예술을 감상할 때 일어나는 자아와 세계 사이의 다양한 변증법적 과정을 생략한 탓에 이런 오해가 더해졌다. 오르테가는 예술 작품이 정신적으로 귀족적인 나름의 향유 기준이 있는 특정한 사물이라는 개념에 지나치게 방점을 두었다. 예술 작품은 무엇보다 사물이지 모방이 아니며 모든 위대한 예술은 거리에, 인위성에, 스타일에, 오르테가가 비인간화라고 부른 것에 기반한다는 것은 옳은 말이다. 그러나 거리라는 개념은(비인간화라는 개념도 마찬가지다) 세상에서 멀어지는 움직임인 동시에 세상을 향해 가는 움직임이라는 점을 덧붙이지 않으면 오해를 일으킬 수 있다. 예술에서 세상을 극복하거나 초월하는 방식은 세상에 참여하고 세상에 속하려는 의지를 기르거나 교육하는 방식이기도 하다. 오르테가나 더 최근에 같은 입장을 옹호한 로브그리예마저 어쩌면 아직도 '내용'이라는 개념의 마법에서 완전히 풀려나지는 못한 것 같다. 예술의 인간적 내용을 제한하려면, 예술을 도덕적·사회적 사상의 도구로 삼는 휴머니즘이나 사회주의 리얼리즘 같은 낡은 이데올로기를 거부하려면 예술의 기능을 부시하거나 경시해야 한다고 느끼는 듯하다. 그렇지만 예술은 궁극적으로 내용이 없는 것으로 인식되더라도 목적이 없지는 않다. 예술의 형식적 본질을 옹호하는 오르테가와 로브그리예의 주장은 설득력이 있음에도 추방된 '내용'의 유령이 계속 논쟁 언저리를 맴돌면서 '형식'을 활기 없고 속이 텅 빈 허울로 보이게 한다.

     추방된 유령 없이, 상실감 없이 '형식' 또는 '스타일'을 생각하게 되지 않는 한 논쟁은 끝나지 않을 것이다. 폴 발레리가 아예 뒤집어서 "문학. 다른 사람에게 '형식'이 나에게는 '내용'이다"라고 대담하게 선언했으나 이것으로 문제가 해결되지는 않는다. 몸에 배어버렸고 자명해 보이는 이분법을 벗어나서 생각하기는 쉽지 않다. 그러려면 의지라는 개념처럼 다른 관점, 더 유기적이고 이론적인 관점을 채택해야만 할 것이다. 이런 관점에서 예술의 이중성을 제대로 다룰 필요가 있다. 사물이자 기능이며, 인공물이자 살아 있는 의식의 형태이며, 현실을 극복하고 보완하는 방식이자 현실을 직면하는 명시적 방식이며, 독자적·개인적 창조물이자 역사에 종속된 현상으로서.

예술은 의지를 구현하고, 또 자극하거나 일깨우는 사물이나 공연이다. 예술가의 관점에서 보면 예술은 의지를 구현하는 것이며, 관객의 관점에서는 의지를 구현할 가상의 배경을 창조하는 것이다.

사실상 예술의 역사 전체를 의지에 대한 다양한 태도의 역사로 다시 쓸 수도 있다. 니체와 슈펭글러가 이 주제를 선구적으로 탐구했다. 최근의 시도 가운데에서는 18세기 회화와 건축을 주로 다루는 장 스타로뱅스키의 책 『자유의 발명』이 주목할 만하다. 스타로뱅스키는 이 시기의 예술을 자아 극복과 세계 극복에 관한 새로운 개념이라는 관점에서 살펴 자아와 세계의 새로운 관계를 드러낸다. 예술을 '감정에 이름 붙이기'로 보는 관점이다. 감정, 갈망, 야망 등은 이름이 붙여짐으로써 예술로 발명되고 널리 퍼졌다고 할 수 있다. 18세기에 정원에 인공 폐허를 만드는 유행이 '감상적 고독'이란 것을 불러일으킨 예를 들 수 있겠다.

나는 예술을 의지의 상상적 풍경 또는 배경으로 보며 예술의 자율성을 설명했는데, 그렇다고 예술 작품을 역사적 구체성을 지닌 현상으로 보지 말라는 말은 아닐뿐더러 오히려 그렇게 보라고 부추기고 있음이 이제 명백해졌으리라고 생각한다.

이를테면 현대미술의 복잡한 스타일은 분명 기술 발전에 따른 인간 의지의 전례 없는 **기술적** 확장과 끝없이 변화하는 새로운 사회·심리적 질서에 대한 인간 의지의 막대한 헌신에 영향을 받는다. 그런 한편 바로 이런 기술의 폭발적 발전 가능성과 현대 사회에서 자아와 사회의 혼란이, 특정 역사적 순간에 예술 작품으로 발명되고 확산되었고 이제는 영구한 인간 본성의 '현실적' 관점으로 인식되기에 이른 의지에 대한 태도에 달려 있다는 점 또한 말해두어야겠다.

스타일은 예술 작품에서 결정의 원칙이자 예술가의 의지를 드러내는 특징적 표식이다. 인간 의지가 무한히 많은 형태를 취할 수 있듯이 예술 작품에도 무한히 많은 스타일이 존재할 수 있다.

바깥쪽에서, 곧 역사적으로 볼 때, 스타일과 관련된 결정은 언제나 역사적 발전과 연관시킬 수 있다. 문자의 발명, 활자의 발명, 악기의 발명 또는 개조, 조각이나 건축에 쓸 수 있는 새로운 재료의 등장 등. 이런 역사적 관점이 타당하고 중요하긴 하나 '시대', '전통', '유파' 등을 언급하며 뭉뚱그려 말할 수밖에 없다는 한계가 있다.

안쪽에서, 곧 개별 예술 작품을 살펴 그 가치와 효과를 설명하려고 하면, 스타일과 관련된 결정은 아무리 그럴 만한 이유가 있는 듯 비치더라도 자의적인 면이 있다. 예술이 의지가 펼치는 궁극의 게임이라면 '스타일'은 이 게임을 하는 일련의 규칙으로 구성된다. 또 이 규칙들은 결국에는 언제나 인위적이고 자의적인 제약이 된다. 그것이 형식의 규칙이든(예로 3운구법terza rima, 12음계, 정면성 등) 어떤 '내용'이 들어가야 한다는 것이든 간에. 예술에서 자의적이고 정당화할 수 없는 것의 역할은 지금까지 충분히 인지된 적이 없다. 아리스토텔레스의 『시학』에서 비평이 시작된 이래로 비평가들은 예술에서 필연적인 것을 강조하는 데 홀려 있었다(아리스토텔레스가 역사보다 시가 철학적이라고 한 말은, 시 곧 예술이 사실적이고 특정하고 묘사적인 진술의 일종으로 간주되는 것을 막으려 했다는 점에서 옳았다고 할 수 있다. 그렇지만 이 말은 예술이 철학처럼 논증을 제공한다고 암시함으로써 오해를 불러일으켰다. 예술 작품을 전제와 결론이 있는 '논증'으로 보는 비유가 이후로 죽 비평에 큰 영향을 미쳤다). 보통 예술 작품을 칭찬하고자 하는 비평가는 각 부분이 정당하며, 이럴 수밖에 없었음을 입증해야 한다고 느낀다. 그런데 정작 예술가들은 자기 작품에 우연, 피로, 한눈팔기 등이 개입했다는 것을 알기 때문에 비평가가 하는 말이 거짓이며 반드시 이렇게 되지 않을 수도 있었음을 안다. 위대한 예술 작품에서 느껴지는 필연성의 감각은, 그 작품의 부분 부분이 필연적이고 필수적이라서 생기는 것이 아니라 작품 전체에서 오는 것이다.

다시 말해 작품에서 필연적인 것은 스타일이다. 어떤 작품이 적절하고 온당하며 (손실이나 손상 없이) 다른 모습으로는 상상할 수 없다고 느껴질 때, 우리는 뛰어난 스타일에 반응하는 것이다. 우리를 사로잡는 예술 작품은 예술가가 철저히 자기 스타일에 집중하여 다른 선택의 여지는 없었다는 환상을 불러일으키는 작품이다. 『마담 보바리』와 『율리시스』의 강제적이고 힘겹고 인위적인 구성과 그만큼 야심 찬 작품인 『위험한 관계』나 『변신』의 편안한 조화를 비교해보라. 앞의 두 소설도 분명 위대한 작품이다. 그렇지만 가장 위대한 예술은 고심해서 짜맞춰지는 것이 아니라 자연스레 만들어지는 듯하다.

예술가의 스타일이 이런 권위와 확신과 자연스러움과 필연성의 특질을 갖는다고 해서 자동으로 작품이 최고의 경지에 도달하는 건 아니다. 그런 특질은 레몽 라디게 『육체의 악마』 등의 소설을 썼으나 젊은 나이에 세상을 떴다 ─ 옮긴이의 소설 두 권도 바흐 못지않게 갖추고 있다.

내가 '스타일'과 '스타일화'를 나눈 것이 의지와 고집의 차이와 유사하다고도 말할 수 있다.

예술가의 스타일은 기술적 관점에서 봤을 때는 예술가가 예술 **형식**을 사용하는 특정한 양식에 지나지 않는다. 그렇기에 '스타일' 개념에서 나오는 문제가 '형식'의 개념에서 제기되는 문제와 겹치며, 해결 방법도 비슷하다.

예를 들어 스타일의 한 가지 기능은 새뮤얼 콜리지와 발레리가 말하는 형식의 중요한 기능과 일치하는데 형식을 더 개별화·구체화한 것이 스타일이기 때문이며, 그 기능이란 머릿속에서 만들어낸 것을 잊지 않게 보존하는 것이다. 원시적 구전문학의 운율적 특성에서 이런 기능이 잘 드러난다. 운율이라든가 음보, 대구, 대조 등 정교한 시적 형식 요소는 물적 기호(문자)가 발명되기 전에 말이 잘 기억되도록 거드는 수단이었다. 그래서 고대에는 기억하고 싶은 모든 것을 시의 형태로 만들었다. 발레리는 "작품의 형식은 지각 가능한 특징의 총합이다. 이 특징들의 물리적 움직임은 인식을 강요하며 부주의, 망각, 머릿속에서 제기되는 비판 등 다양한 원인으로 생각의 표현을 위협하는 붕괴에 저항한다"라고 말했다.

따라서 특정한 스타일로 이루어진 형식은 감각적 각인의 설계도이자 직접적 감각 인상과 기억(개인적인 것이든 문화적인 것이든) 사이를 연결하는 매개체다. 모든 스타일이 반복 또는 중복의 원칙에 의존하거나 그런 관점에서 분석될 수 있는 까닭은 이렇듯 기억을 돕는 기능이 있기 때문이다.

또 현대예술이 마주한 어려움도 이것으로 설명할 수 있다. 오늘날에는 스타일이 천천히 발전하여 오랜 시간에 걸쳐 점진적으로 서로를 계승해서 관객이 예술 작품의 토대가 되는 반복의 원칙을 완전히 받아들일 수 있게 하지 않고 관객이 미처 적응할 시간도 없이 숨 가쁘게 서로 교대되어버린다. 작품이 어떻게 반복되는지를 파악하지 못하면 그야말로 지각할 수 없고 이해할 수 없는 것이 된다. 반복을 인식해야만 예술 작품을 이해할 수 있다. 작품의 '내용'이 아니라 변화와 반복의 원칙(과 균형)을 파악하지 못한다면 머스 커닝햄의 무용 〈겨울 가지Winterbranch〉도, 찰스 워리넌의 실내 협주곡도, 윌리엄 버로스의 『네이키드 런치』도, 애드 라인하르트의 '검은색' 그림도 지루하거나 추하거나 혼란스럽게 보이거나 아니면 셋 다로 느껴질 수밖에 없다.

스타일에는 방금 이야기한 넓은 의미에서 기억을 돕는 장치로서의 기능 말고 다른 기능도 있다.

예를 들어 모든 스타일은 인식론적 결정, 곧 우리가 인식하는 방식과 대상에 대한 해석을 구현한다. 모든 예술이 그러하지만 자의식이 강한 현대예술에서 가장 쉽게 볼 수 있다. 로브그리예 소설의 스타일은 사람과 사물 사이의 관계에 관해 편협할지언정 완벽히 유효한 통찰을 드러낸다. 말하자면 사람 또한 사물이며 사물은 사람이 아니라는 것이다. 로브그리예가 사람을 행동주의 관점에서 다루고 사물을 '의인화'하기를 거부한 것은 사물의 시각적·표면적 속성을 정확히 설명하고 시각을 제외한 감각 방식을 사실상 배제하려는 스타일상 결정이다. 시각이 아닌 감각을 묘사할 때 쓰이는 언어는 정확성과 중립성이 떨어지기 때문일 것이다. 거트루드 스타인의 『멜랑타Melanctha』에 나타나는 순환적 반복 스타일은 직접적 인식이 기억과 기대 탓에 어떻게 흐려지는가(스타인은 이런 현상을 '연상'이라고 부른다)에 대한 관심을 드러낸다. 말의 시제 때문에 언어는 더욱 모호해진다. 스타인은 경험의 현재성을 내세우고, 이런 주장이 현재 시제를 고수하고 짧고 흔한 어휘를 골라 쓰고 단어들을 끊임없이 반복하고 극도로 느슨한 구문을 사용하고 구두점 대부분을 생략하기로 하는 등의 결정으로 나타난다. 모든 스타일은 무언가를 내세우는 수단이다.

스타일 관련 결정은 무언가에 관심을 집중시키기 때문에 주의를 좁혀 다른 것을 보지 못하게 한다고 볼 수도 있다. 그렇지만 어떤 작품이 다른 작품보다 흥미롭다면, 작품의 스타일 관련 결정에 따라 우리가 집중하게 되는 것이 많아서가 아니라 집중의 범위는 좁더라도 관심의 강도와 권위와 지혜가 특별하기 때문이다.

엄밀한 의미에서 의식의 내용은 말로 표현할 수 없다. 가장 단순한 감각조차 완전히 총체적으로 묘사할 수는 없다. 따라서 모든 예술 작품은 표현된 무엇으로서가 아니라 표현할 수 없는 것을 다루는 방법으로 이해되어야 한다. 가장 위대한 예술에서는 언제나 ('데코럼decorum' 점잖고 적절하다고 간주되는 것을 지시하는 규칙이나 관습— 옮긴이의 규범에 어긋나기 때문에) 말할 수 없는 것, 표현과 표현할 수 없는 것의 존재 간 모순을 인식하게 된다. 스타일의 장치는 회피의 기술이기도 하다. 예술 작품에서 가장 강력한 요소는 침묵일 때가 많다.

스타일에 관해 지금까지 내가 한 말은 주로 예술 작품에 대한 오해를 해소하려는 목적이 있었다. 그러나 스타일은 어떤 경험에든(경험의 형식이나 특성에 대해 말할 때 언제든) 적용될 수 있는 개념이라는 점 또한 말해둘 필요가 있겠다. 강력하게 우리를 사로잡는 많은 예술 작품이 내가 제안한 기준에 엄밀하게 들어맞지 않는 한편, 예술 작품이라고 할 수 없는 우리 경험 중에도 예술 작품의 특질을 지닌 것이 많다. 어떤 말이나 움직임, 행동이나 사물이 직접적이고 실용적이고 무감한 표현이나 존재에서 벗어난 특질을 보인다면, 그것에 '스타일'이 있다고 볼 수 있고 그 자체로 독자적이며 탁월하다고 할 수 있다.

(1965)

2

파

고통받는 사람의
본보기로서 예술가

가장 풍부한 스타일은 중심인물의 합성된 목소리다.

— 파베세

　　이탈리아 소설가 체사레 파베세는 1930년 무렵 글을 쓰기 시작했는데 미국에 번역 출간된 소설(『언덕 위의 집La casa in collina』, 『달과 불』, 『여자들끼리Tra donne sole』, 『언덕 위의 악마Il diavolo sulle colline』)은 전부 1947년에서 1949년 사이에 썼다. 그러니 영어판만 읽은 독자가 파베세의 작품 세계 전체를 일반화하여 말하기는 어려울 것이다. 그렇지만 이 네 권만 보아도 파베세의 주된 미덕은 섬세함, 경제성, 절제임을 느낄 수 있다. 문체는 단조롭고 건조하고 감정이 없다. 주제가 폭력적일 때가 많은데도 소설이 냉담하게 느껴지기도 한다. 작품의 진짜 주제는 폭력적 사건(예를 들면 『여자들끼리』의 자살, 『언덕 위의 악마』의 전쟁 등)이 아니라 서술자의 조심스러운 주관성이기 때문일 것이다. 파베세 작품의 주인공은 주로 명료함을 얻으려 애쓰지만, 소통이 되지 않는다는 고질적인 문제를 겪는다. 이 소설들은 양심의 위기 그리고 이런 위기를 인정하지 않는 거부를 다룬다. 감정의 위축, 정서와 활력의 쇠약이 소설의 바탕에 깔려 있다. 일찍 환멸에 빠진 지식인이 고뇌하며 아이러니 또는 자신의 감정을 가지고 우울한 실험을 번갈아 하는 모습은 낯설지 않다. 그러나 지난 80년 동안 프랑스 소설과 시가 탐구해온 이런 현대적 감성과 다르게, 파베세의 소설은 선정적이지 않고 정숙하다. 중심 사건은 무대 밖에서 벌어지거나 과거의 일이며 성애적 장면은 특이할 정도로 기피한다.

    작품 속 인물들 사이의 냉담한 관계를 보상이라도 하려는 듯 파베세는 이들이 장소와 깊은 관련을 맺게 한다. 대개 파베세가 대학 시절과 성인기 대부분을 보낸 토리노의 도시 지역이나 어린 시절을 보낸 피에몬테 시골이 대상이 된다. 하지만 이렇듯 장소에 대한 감각과 장소의 의미를 찾고 회복하려는 욕망이 있다고 해서 파베세 소설이 지역 소설의 특징을 띠는 건 아니다. 그래서 이냐치오 실로네나 알베르도 모라비아보다 훨씬 재능 있고 독창적인 작가임에도 영어권 독자들에게 이들만큼 열렬한 반응을 불러일으키지 못한 것일 수도 있다. 장소와 사람에 대한 파베세의 감각은 우리가 이탈리아 작가에게 기대함 직한 것과 맞지 않는다. 파베세가 북부 이탈리아 사람이라 그렇기도 하다. 외국에서 꿈꾸는 이탈리아는 북부 이탈리아가 아니다. 토리노는 외국인들을 끌어당기는 역사적 울림이나 관능성이 없는 거대 산업도시다. 파베세의 토리노나 피에몬테에는 기념물도 지역색도 토속적 매력도 없다. 거기 있지만 다가갈 수 없고 특징이 없는 비인간적인 장소다.

　　　파베세가 보여주는 사람과 장소의 관계(사람이 장소의 비개인적 힘에 사로잡히는 방식)는 알랭 레네 영화나 특히 미켈란젤로 안토니오니의 영화 〈여자 친구들Le Amiche〉(파베세의 걸작 『여자들끼리』를 각색한 것이다), 〈정사〉, 〈밤〉 등을 본 사람에게는 익숙할 것이다. 그러나 파베세 소설의 미덕은 사람들에게 인기 있는 미덕이 아니다. 안토니오니 영화의 미덕이 그런 것처럼(안토니오니의 영화를 좋아하지 않는 사람은 영화가 '문학적'이라거나 '너무 주관적'이라고 말한다). 안토니오니 영화처럼 파베세의 소설도 정교하고 생략적이며(그러나 모호하지는 않다) 조용하고 극적이지 않고 자족적이다. 파베세는 안토니오니처럼 주류 예술가는 아니지만, 그래도 영국과 미국에서 지금까지 받은 관심보다는 훨씬 더 많은 관심을 받아야 할 작가다.♦

♦　또 다른 이탈리아 작가 토마소 란돌피Tommaso Landolfi도 마찬가지다. 란돌피는 단편과 장편 등 소설 여러 편을 썼고 파베세와 같은 해(1908)에 태어났으나 아직 살아서 글을 쓰고 있다. 지금까지 영어 번역본이 딱 한 권밖에 안 나왔는데, 아홉 편의 단편을 묶은 『고골의 아내Gogol's Wife and Other Stories』라는 책이다. 란돌피는 파베세와 매우 다르고, 가장 탁월할 때는 파베세보다도 더 강력하게 글을 썼다. 병적인 위트, 준엄한 지성, 재앙에 대한 초현실적인 관념 등에서는 호르헤 루이스 보르헤스나 이자크 디네센 등의 작가와 유사성이 보인다. 그러나 란돌피와 파베세의 소설은 오늘날 영국이나 미국에서 나오는 주류 소설과 다르고, 그래서 소설 독자들의 흥미를 끌지 못하는 공통점이 있다. 이들은 중립적이고 억제된 글쓰기를 한다. 이런 글에서는 이야기를 들려주는 행위가 무엇보다 지성적인 행위로 비친다. 이야기를 들려주는 일은 명백히 지성을 사용하는 일이다. 유럽과 라틴아메리카 소설의 특징인 서사의 통일성은 서술자의 지적 통일성에서 나온다. 하지만 오늘날 미국에서 이루어지는 소설 쓰기는 이만큼 인내심을 가지고 끈질기고 소박하게 지성을 사용하는 일이 드물다. 미국 작가들은 그냥 사실을 선언하고

파베세가 1935년부터 마흔두 살의 나이로 자살한 1950년까지 쓴 일기가 최근에 영어로 출간되었다.♦♦ 파베세의 소설을 접한 적이 없더라도 이 책은 읽어볼 만한데, 작가의 일기, 수기, 일지 등의 제목을 달고 나오는 현대 특유의 문학 장르의 한 사례로 가치가 있다.

　　우리는 왜 작가의 일기를 읽을까? 작품에 대해 알게 해주니까? 하지만 그러지 않을 때도 많다. 그보다는 일기라는 형식이 주는 날것 그대로의 느낌 때문에 읽게 된다. 앞날에 출간되리라는 것을 염두에 두고 쓴 일기라고 해도 마찬가지다. 일기에서는 작가를 일인칭으로 만나고 작품 속 자아의 가면 뒤에 숨어 있던 자아를 본다. 일인칭 소설이든 작가 자신을 투명하게 드러내는 삼인칭 소설이든 소설에서는 이런 친밀감을 경험할 수 없다. 영어로 번역된 네 권을 포함해 파베세의 소설은 대부분 일인칭으로 서술된다. 하지만 우리는 파베세 소설의 '나'가 파베세 본인과 같지 않음을 안다. 『잃어버린 시간을 찾아서』의 서술자 마르셀이 프루스트가 아니고 『심판』과 『성』의 K가 카프카와 같지 않듯이. 그러니 만족할 수가 없다. 현대 독자는 벌거벗은 작가를 원한다. 종교와 신앙의

저절로 해석되기를 바란다. 서술자의 목소리는 완벽히 무지성적이거나 과할 정도로 영리하고 통통 튀는 목소리인 경우가 많다. 미국의 글쓰기는 지극히 수사적이라(그러니까 목적보다는 수단이 과잉 생산되고 있다고 하겠다), 삼가고 궁극적으로 중립적 투명성을 목표로 하는 유럽의 전통적인 반수사적 글쓰기와는 대조적이다. 파베세도 란돌피도 이 반수사적 전통에 굳게 자리하고 있다.

♦♦　『불타는 낙인: 1935~1950년 일기The Burning Brand: Diaries 1935~1950』.

시대가 인간 속죄양을 요구했던 것처럼.

일기는 작가의 영혼의 작업장을 보여준다. 우리는 왜 작가의 영혼에 관심을 갖나? 작가 개인에게 관심이 있어서가 아니라 심리에 대한 오늘날의 끝없는 집착 때문이다. 심리에 대한 집착은 사도 바울과 성 아우구스티누스가 시작한 기독교 성찰 전통의 유산이 현대에 강력하게 발현된 것으로, 자아의 발견을 고통받는 자아의 발견과 동일시한다. 현대적 인식에서는 예술가가 (성인 대신) 수난받는 자의 본보기다. 또 예술가 중에서도 특히 작가, 언어로 작업하는 사람이 고통을 가장 잘 표현할 수 있으리라고 기대된다.

작가는 고통의 가장 깊은 바닥을 찾았고 또 고통을 승화할 (프로이트적 의미가 아니라 문자적 의미로) 직업적 수단을 찾았으므로 고통받는 자의 본보기다. 인간으로서 작가는 고통받는다. 작가로서 고통을 예술로 바꿔낸다. 작가는 예술의 경제에서 고통의 효용을 발견하는 사람이다. 성인이 구원의 경제에서 고통의 효용과 필요를 발견했듯이.

파베세 일기에서 하나의 통일성을 이루는 주제는 고통을 어떻게 사용하고 그것에 어떻게 반응할지에 관한 숙고다. 문학이 그 쓰임새 가운데 하나다. 다른 하나는 고립인데, 예술을 불러일으키고 완성하기 위한 기법이면서 그 자체로 가치가 있다. 고통의 세 번째 쓰임새는 자살이다. 자살은 고통의 끝이 아니라 고통을 활용하는 궁극적인 방법이다.

그리하여 이런 놀라운 생각의 연쇄가, 1938년 일기에 나타난다. 파베세는 이렇게 썼다. "문학은 삶의 공격에 맞서는 방어다. 문학은 삶에 이렇게 말한다. '넌 날 속일 수 없다. 난 너의 습성을 알고 너의 반응을 예측하고 관찰하며 즐기고 너의 정상적 흐름을 막아서는 교묘한 방해에 널 끌어들여 네 비밀을 훔친다.' … 이 모든 것에 대한 또 다른 방어책은 침묵이다. 침묵하면서 우리는 다시 도약할 힘을 모은다. 그러나 우리는 침묵을 스스로 부과해야지 타인이 우리에게 부과하도록 하면 안 된다. 죽음으로라도. 스스로 고통을 선택하는 것이 그 고통에 대한 유일한 방어책이다. 본성상 완전히, 전적으로 고통받을 수 있는 사람은 우위에 있다. 이렇게 우리는 고통의 힘을 무장해제하고 그것을 우리가 만든 것, 우리의 선택으로 만든다. 고통에 굴복하라. 자살에 대한 정당화."

 작가의 일기라는 현대적 형식의 핵심 사례 몇 가지를 살펴보면 흥미로운 진화 과정이 드러난다. 스탕달, 보들레르, 지드, 카프카, 파베세까지. 억제되지 않은 자기중심주의의 표출이 점차 자아의 소멸을 향한 영웅적 추구로 이양된다. 파베세에게는 지드가 지닌 자기 삶이 예술 작품이라는 프로테스탄트적 감각, 자신의 야망에 대한 존중, 감정에 대한 확신, 자기애 같은 것이 전혀 없다. 또는 카프카처럼 자신의 고통을 조롱하지 않고 고통에 푹 빠질 수도 없다. 파베세는 소설에서는 '나'를 거리낌 없이 썼지만 일기에서는 자신을 '너'로 지칭한다. 자신을 묘사하지 않고 자신에게 말을 건다. 파베세는 아이러니하게도 자기 자신을 타이르고 타박하며 관찰한다. 자신을 이렇게 괄호 안에 넣고 바라보다 보면 필연적 귀결은 자살인 듯 보였을 것이다.

 파베세의 일기는 사실상 계속되는 자기 평가와 자기 취

조다. 일상이나 주변에서 일어난 일 따위는 전혀 기록하지 않는다. (지드의 일기와 달리) 가족, 친구, 연인, 동료나 공적 사건에 대한 반응도 없다. 파베세 일기에서 작가의 일기에 으레 기대할 법한 내용은 (콜리지의 수기나 또 지드의 일기처럼) 문체와 작문과 관련된 일반적 문제의 고찰, 읽은 책에 관한 풍부한 기록 들이다. 파베세는 상당히 '훌륭한 유럽인'이었다. 이탈리아 밖으로 나가본 적은 없으나, 일기를 보면 유럽 문학과 사상 전반에 통달했고 특히 미국 문학에 관심이 많고 조예가 깊었음을 알 수 있다. 그는 소설가이기만 한 게 아니라 '우오모 디 쿨투라uomo di cultura(교양인)'였다. 시인이자 소설가, 단편 작가, 문학 평론가, 번역가이며 이탈리아 유수의 출판사 에이나우디Einaudi의 편집자이기도 했다. 일기의 많은 부분을 '문인이자 작가'로서의 자아가 차지한다. 평생 리그베다Rigveda부터 에우리피데스, 대니얼 디포, 피에르 코르네유, 잠바티스타 비코, 키르케고르, 어니스트 헤밍웨이에 이르기까지 엄청나게 다양한 책을 읽고 통찰력 있고 섬세한 비평을 남겼다. 그러나 내가 살펴보려는 것은 일기의 이런 부분이 아니다. 작가의 일기에서 현대 독자가 특별히 관심을 느낄 부분이 아니기 때문이다. 그래도 파베세가 자기 글에 대해 논할 때 작가로서가 아니라 독자나 비평가로서 그렇게 했다는 점은 짚어둘 필요가 있다. 파베세는 일기에 작업 중인 작품을 언급하는 일이 없고 앞으로 쓸 단편, 장편, 시 등의 계획이나 밑그림을 잡아놓지도 않았다. 파베세는 오직 이미 완성된 작품만 논했다. 일기에서 또 한 가지 찾아볼 수 없는 것은 자신의 정치 활동과 관련된 생각이다. 반파시스트 활동 때문에 1935년 열 달 동안 투옥되었고, 공산당에 오래 참여하며 양가감정에 시달리다가 결국 환멸을 느끼고 멀어졌음에도 정치적인 언급은 없다.

일기에 두 페르소나가 있다고 할 수도 있을 것이다. 인간 파베세와 비평가이자 독자인 파베세. 또는 앞날을 생각하는 파베세와 과거를 반추하는 파베세. 첫째로 자신의 감정과 작업을 스스로 타박하거나 타이르는 분석이 있는데 이럴 때는 작가로서, 연인으로서, 장래에 자살할 사람으로서 자신의 재능에 생각의 초점을 맞춘다. 그런 한편 과거를 돌아보는 말들이 있다. 자신의 완성된 책과 그 책이 작품 세계에서 차지하는 위치에 대한 분석, 읽은 책에 대한 기록 등. 파베세의 '현재' 삶이 일기에 적힐 때는 주로 자신의 능력과 전망에 대한 숙고의 형태로 펼쳐진다.

글쓰기 말고 파베세가 계속 떠올리는 두 가지 전망이 있다. 한 가지는 자살인데 대학 시절부터(가까운 친구 두 명이 목숨을 끊었다) 파베세는 그 유혹에 시달렸고 일기의 대부분 페이지에서 이 주제가 발견된다. 또 다른 하나는 낭만적 사랑과 성적 실패에 대한 전망이다. 파베세는 깊은 성적 무능감 때문에 괴로워하는 모습을 보이고 이 무능감을 성적 테크닉, 사랑의 불가능성, 성의 전쟁 등등에 관한 온갖 이론으로 포장한다. 여자를 유린하거나 착취하는 것 등에 대한 언급이 사랑이나 성적 만족을 주는 데 실패한 경험의 고백과 뒤섞여 있다. 파베세는 결혼하지 않았고 일기에 오래 이어진 연애나 가벼운 성적 경험에 대한 반응 등을 종종 기록했는데 보통 문제가 일어날 듯할 때나 사실상 파탄이 난 뒤에 기록했다. 여자들은 한 번도 묘사하지 않았고 관계에서 일어난 일들은 언급조차 하지 않았다.

이 두 주제는 밀접하게 연결되어 있고 파베세 본인도 그렇다는 것을 경험했다. 생을 마감하기 몇 달 전, 미국 영화배우와의 불행한 연애 도중에 이렇게 썼다. "여자를 사랑했는데 실패해서 자살하는 게 아니라 사랑은(어떤 사랑이든) 우리의 헐벗음, 비참함, 취약성, 무존재성을 드러내기 때문에 그렇게 된다. … 가슴속 깊은 곳에서 내가 이 떠나가는 놀라운 사랑을 붙잡지 않았던가. … 오래된 생각으로(오래전부터 지속되어온 유혹으로) 되돌아가려고, 다시 생각할 평계를 얻으려고, 사랑과 죽음을. 이것은 유전적 패턴이다." 또는 아이러니한 어조로 이렇게 말한다. "여자 생각을 하지 않는 것은 가능하다. 죽음 생각을 하지 않는 것처럼." 파베세는 여자와 죽음에 언제나 매혹을 느꼈는데 두 가지가 같은 정도의 불안과 병적 상태를 일으켰다. 두 경우 다 파베세의 문제는 자기가 그걸 감당할 수 있느냐는 것이었기 때문이다.

파베세가 사랑에 관해 하는 말은 낭만주의적 이상화의 익숙한 반대 면이다. 파베세는 스탕달처럼 사랑은 본질적으로 허구임을 재발견한다. 사랑이 이따금 실수를 저지르는 게 아니라 사랑은 본질적으로 실수다. 다른 사람에 대한 애착이라고 생각한 것도 가면을 벗겨보면 고독한 자아의 춤에 지나지 않는다. 사랑에 관한 이런 시각은 작가의 현대적 소명과 희한하게 잘 맞아떨어진다. 예술을 모방으로 보는 아리스토텔레스적 전통에서 작가는 자기 바깥에 있는 진실을 묘사하는 매개체 또는 전달 수단이었다. 그러나

(대략 루소 이후) 예술을 표현으로 보는 현대적 전통에서 예술가는 자기 자신에 관한 진실을 말한다. 따라서 자신의 경험이나 고백으로서 사랑의 이론을, 사랑하는 대상의 가치를 경험하거나 드러내는 것으로 위장해서 제시할 수밖에 없었다. 예술이 그렇듯, 사랑은 자기표현의 매체가 되었다. 그러나 여자를 만드는 것은 소설이나 시를 짓는 것처럼 혼자 할 수 있는 일이 아니니 실패할 수밖에 없다. 오늘날 진지한 문학과 영화의 지배적 주제는 사랑의 실패다(이와 반대되는 진술을 접할 때, 예를 들면 『채털리 부인의 연인』이나 루이 말의 영화 〈연인들〉 등을 접할 때 우리는 '동화'라고 부르기도 한다). 사랑은 죽는다. 탄생 자체가 오류였으므로. 그러나 이 오류는 반드시 필요한 것이다. 파베세의 말대로 세상을 '이기심의 정글'로 바라본다면. 고립된 자아는 끝없이 고통받는다. "삶은 고통이고 사랑의 기쁨은 마취제다."

    현대에 성애적 애착은 본질적으로 허구라고 믿게 되면서 또 한편으로는 짝사랑의 피할 수 없는 매혹을 의식적으로 받아들이게 되었다. 사랑은 고독한 자아가 느끼는 감정이 착오로 바깥쪽에 투영된 것이므로, 사랑하는 이의 자아가 난공불락이라는 점이 오히려 낭만적 상상력을 홀리듯 사로잡는다. 짝사랑의 매혹은 파베세가 '완벽한 행위'라고 부른 것과 강하고 철저히 고립되었으며 무심한 자아를 동일시하는 데서 나온다. "완벽한 행위는 완전한 무관심에서 나온다." 파베세는 1940년 일기에 이렇게 썼다. "그래서 우리는 자기를 무관심으로 대하는 사람을 미친 듯이 사랑하는 것일 터이다. 그 사람은 '스타일', '품격'의 매혹 등 모든 바람직한 것을 상징한다."

　　파베세가 사랑에 관해 한 말들은 드니 드 루즈몽 같은, 서구의 상상력을 연구한 역사가들의 논지를 뒷받침하는 사례의 역사처럼 보인다. 이들은 서구에서 성적 사랑의 이미지가 트리스탄과 이졸데 이후로 '낭만적 고통', 즉 죽음에 대한 욕망으로 진화해왔음을 추적한다. 그런데 파베세의 일기에는 '글쓰기', '섹스', '자살' 같은 단어들이 놀랍게도 수사적으로 얽혀 있어 이런 감성이 현대에는 더욱 복잡하게 나타남을 보여준다. 루즈몽의 이론은 서구에서 사랑을 지나치게 높이 평가하는 것을 새로운 관점에서 보게 하지만, 사랑과 관능적 만족은 불가능한 기획이라는 현대의 비관주의를 설명하지는 못한다. 루즈몽이 파베세의 이런 말을 빌렸더라도 좋았을 것이다. "사랑은 가장 값싼 종교다."

　　나는 현대의 사랑 숭배는 루즈몽이 말하듯 기독교 이교(영지주의, 마니교, 카타리파) 역사의 일부가 아니라 감정의 상실에 대한 현대 특유의 집착을 표현하는 것이라고 본다. 파베세는 "우리가 소설 속 인물인 것처럼 자신을 보는 기술"을 연마하여 "건설적으로 사고하고 이득을 얻을 수 있는 위치에 놓고자" 한다며, 일기 다른 곳에서는 끝없는 슬픔의 원천이었던 자기소외를 긍정적으로 말한다. 다른 날 일기에 적었듯 "삶은 몸에서 시작"하므로, 파베세는 몸이 정신에 가하는 비난에 계속 목소리를 부여한다. 만약 '문명'이 인간의 삶에서 몸이 객관적으로 문제가 되는 단계로 정의될 수 있다면, 현재 우리가 사는 문명의 순간은 우리가 주관적으로 이 문제를 인식하고 이 문제에 붙들려 있다고 느끼는 단계라고 할 수 있다. 오늘날 우리는 육체의 삶을 갈망하고 유대교와 기독교의 금욕적 전통을 거부하지만 여전히 종교적 전통이 우리에게 부여한 전반적 감성에 제약을 받는다. 그래서 우리는 불평한다. 우리는 체념하고 거리를 둔다. 다시 불평한다. 파베세는 엄격한 은둔과 고독의 삶을 살아갈 힘을 달라고 끊임없이 기도하는데("유일한 영웅적 원칙은 혼자 있고, 혼자 있고, 혼자 있는 것"), 이 기도는 자신의 무감함에 대해 되풀이되는 불평과 전적으로 같은 것이다(예를 들어 가장 친한 친구이자 저명한 교수이며 레지스탕스 지도자였던 레오네 긴츠부르그가 1940년 파시스트 정권의 고문으로 사망했을 때 아무 감정을 느끼지 못한다고 언급한 것을 보라). 바로 이 자리에 현대의 사랑 숭배가 들어온다. 이것을 통해 얼마나 강한 감정을 가질 수 있는지 시험하고 결국 자신의 부족함을 알게 된다.

우리가 고대 그리스인이나 고대 동양인에 비해 남녀 간의 사랑에 대해 훨씬 더 강렬한 생각을 가지고 있음은 분명하다. 사랑에 대한 현대적 관점은 약화되고 세속화되긴 했으나 기독교 정신의 연장이다. 하지만 사랑 숭배는 루즈몽이 주장하듯 기독교 **이교**에서 이어진 것이 아니다. 기독교는 시초(바울)부터 낭만적 종교였다. 서구의 사랑 숭배는 고통 숭배의 한 면이고, 고통은 십자가라는 전형적인 예가 보여주듯 진심의 궁극적 지표다. 고대 헤브루, 그리스, 동양에서는 사랑에 그만한 가치를 두지 않았는데 고통에 긍정적인 가치를 부여하지 않았기 때문이다. 고통은 진심의 보증수표가 아니었고 오히려 고통을 피하거나 초월하는 능력, 평온과 평정을 이루는 능력으로 진심을 가늠했다. 대조적으로 오늘날 서구에서 우리가 물려받은 감성은 영성과 진심을 격동, 고통, 열정과 동일시한다. 2000년 동안 기독교와 유대교에서는 고통 속에 있는 것이 영적으로 유행이었다. 그러니 우리가 지나치게 높이 평가하는 것은 사랑이 아니라 고통이다. 더 정확히 말하면 고통의 영적 가치와 혜택이다.

  이런 기독교적 감성에 더해 현대에는 예술 작품 창작과 성적 사랑의 추구를 가장 고상한 고통의 원천으로 삼았다. 작가의 일기에서 우리는 이런 것을 찾으려 한다. 파베세는 그것을 불안할 정도로 풍부하게 제공한다.

(1962)

시몬 베유

우리가 사는 자유주의 부르주아 세계의 문화적 영웅은 반자유주의적·반부르주아적이며 반복적이고 강박적이고 무례한 작가들이다. 이들은 작가의 개인적 권위를 담은 어조와 지적 열정의 힘을 통해서만이 아니라 예리한 개인적·지적 극단성으로도 감동을 준다. 광신자, 미치광이, 자아 파괴자…. 이들이 우리가 사는 지나치게 예의 바른 시대를 증언하는 작가들이다. 결국은 어조의 문제다. 제정신이고 비개인적인 어조로 전달된 생각에는 믿음이 가지 않는다. 어떤 시대는 너무 복잡하고 역사적·지적 경험의 모순에 귀가 먹어 제정신인 목소리는 듣지 못한다. 제정신은 타협이고 회피이고 거짓이 된다. 우리 시대는 의식적으로는 건강을 추구하지만 오직 질병의 현실만을 믿는다. 우리는 고통에서 나온 진실만을 존중한다. 작가가 고통받으며 얼마나 많은 희생을 치렀느냐로 진실을 측정한다. 작가의 말에 담긴 객관적 진실을 기준으로 삼는 것이 아니라. 우리의 진실에는 순교자가 필요하다.

괴테의 노년에 젊은 하인리히 폰 클라이스트가 "마음으로 무릎을 꿇고" 독일 문학의 원로에게 자기 작품을 바쳤을 때, 괴테가 그의 작품에서 거부감을 느낀 까닭은 병적이고 히스테릭하고 불건강한 느낌, 그의 희곡과 이야기의 바탕이 되는 고통에의 탐닉 때문이었다. 그런데 오늘날 우리는 바로 그런 것들을 높이 평가한다. 요즘 사람들은 클라이스트를 즐거이 읽고 괴테는 대체로 수업 시간에 억지로 읽는 따분한 작가로 여긴다. 마찬가지로 키르케고르, 니체, 도스토옙스키, 카프카, 보들레르, 랭보, 주네(그리고 시몬 베유) 같은 작가들이 우리에게 중요한 것은 바로 그 불건강한 분위기 때문이다. 불건강함이 곧 건전함이며, 거기에서 설득력이 나온다.

어쩌면 현실 감각이 더 깊어지고 상상력이 확장되는 것만큼 진실이 절실하지 않은 시대도 있는 듯하다. 일단 나는, 세상에 대한 제정신인 시각이 진정한 시각임을 의심하지는 않는다. 그러나 우리가 언제나 진실을 원하던가? 진실에 대한 요구는 일정하지 않다. 휴식에 대한 요구가 그러하듯. 왜곡된 생각이 진실보다 더 큰 지적 돌파력을 가질 수도 있고 변화하는 정신의 요구에 더 잘 봉사할 수도 있다. 진실은 균형이지만 진실의 반대인 불균형은 거짓이 아닐 수 있다.

그러니 내가 시류를 비판하려는 것은 아니다. 다만 예술과 사상에서 취향이 극단적인 것으로 쏠리는 이면에 존재하는 동기를 강조하고자 한다. 중요한 것은 위선을 저지르지 않는 것이다. 우리가 왜 시몬 베유를 읽고 존경하는지를 인식해야 한다는 것이다. 시몬 베유 사후에 출간된 책을 읽은 수만 명 가운데 정말 베유의 사상에 공감하는 사람은 얼마 되지 않으리라고 생각한다. 사실 그럴 필요도 없다. 시몬 베유와 가톨릭교회 사이의 결국 이루어지지 않은 고통스러운 사랑에 공감하거나, 신이 부재한다는 영지주의 신학을 받아들이거나, 육신을 부인하는 이상을 채택하거나, 로마 문명과 유대인에 대한 격하고 부당한 증오에 동조할 필요는 없다. 키르케고르와 니체에 대해서도 마찬가지다. 현대에 이들을 숭앙하는 사람들 대부분이 이들의 사상을 받아들이지 않고, 그럴 수도 없다. 우리는 매서운 독창성을 지닌 이 작가들을 개인적 권위 때문에, 모범적 진지함 때문에, 진리를 위해 자신을 희생하고자 하는 뚜렷한 의지 때문에 읽고 또 (아주 약간은) 그들의 '견해' 때문에 읽는다. 타락한 알키비아데스가 소크라테스를 따르면서 자신의 삶을 바꿀 수는 없었고 그럴 의지도 없었지만 그래도 소크라테스에게 감화받아 풍요로워지고 사랑으로 가득 찼던 것처럼, 민감한 현대 독자는 자신의 것이 되지 않을 것이며 될 수도 없는 수준의 영적 실재에 경의를 표한다.

어떤 삶은 모범적이고 어떤 삶은 그렇지 않다. 모범적인 삶 가운데는 우리더러 따라 하라고 부추기는 삶이 있는가 하면 우리가 혐오감, 동정심, 경외감이 뒤섞인 감정으로 거리를 두고 바라보는 삶도 있다. 이것을 영웅과 성인(이 말을 종교적 의미가 아니라 미학적 의미로 쓸 수 있다면)의 차이라고 할 수도 있을 것이다. 과장이나 자기파괴의 정도가 터무니없을 정도인(클라이스트나 키르케고르가 그랬듯) 이런 삶이, 바로 시몬 베유의 삶이었다. 베유의 광신적 금욕주의, 쾌락과 행복에 대한 경멸, 고귀하지만 우스꽝스러운 정치적 행동, 정성스러운 극기, 끝없는 고통의 추구 등을 말하는 것이다. 베유의 소박한 겉모습, 신체적 둔함, 편두통, 결핵도 빼놓을 수 없다. 삶을 사랑하는 사람은 베유 같은 순교의 삶을 따르고 싶지 않을 것이며 자기 자식이나 사랑하는 사람이 그러길 바라지도 않을 것이다. 그러나 우리는 삶만큼이나 진지함을 사랑하기 때문에 그 삶에 감동받고 자양분을 얻는다. 이런 삶에 경의를 표하며 세상에 신비가 존재함을 인정한다. 객관적 진리를 안정적으로 소유할 수 있다는 생각이 부인하는 그런 신비가. 이런 면에서 모든 진리는 피상적이다. 어떤(전부는 아니지만) 진실의 왜곡은, 어떤(전부는 아니지만) 광기는, 어떤(전부는 아니지만) 불건강은, 어떤(전부는 아니지만) 삶의 부정은 진실을 주고, 제정신을 부여하고, 건강을 증진하고, 생기를 드높인다.

(1963)

카뮈의 『작가 수첩』

위대한 작가는 남편이거나 연인이다. 어떤 작가는 신뢰성, 명료성, 관대함, 점잖음 등 남편의 미덕을 제공한다. 한편 연인처럼 도덕적 선함보다는 기질을 안겨주는 작가도 있다. 여자들은 남편이라면 참아주지 않을 기질(변덕, 이기심, 믿을 수 없음, 잔인함 등)도 연인이라면 용인한다. 흥분과 강렬한 감정을 불러일으키는 대가로. 비슷하게 독자도 이해할 수 없고 강박적이고 고통스러운 진실, 거짓, 문법 오류를 참는다. 그에 대한 대가로 특별한 감정과 위험한 감각을 맛보게 해준다면. 그리고 삶에서와 마찬가지로 예술에서도 남편과 애인 둘 다 필요하다. 둘 중 하나를 택해야만 한다면 아쉬울 것이다.

  또 삶에서와 마찬가지로 예술에서도 애인은 보통 두 번째 자리로 밀려난다. 위대한 문학의 시대에는 남편이 애인보다 훨씬 많았다. 그러니까, 지금 우리 시대를 제외한 위대한 문학의 시대에는 그랬다. 현대문학의 뮤즈는 이상성異狀性이다. 오늘날 소설의 집에는 미친 애인, 신이 난 강간범, 거세된 아들이 넘쳐나지만 남편은 거의 없다. 남편들은 양심에 거리낌을 느끼고 다들 애인이 되고 싶어 한다. 토마스 만처럼 남편답고 견실한 작가도 도덕에 대해 양가감정을 느꼈고 그것을 부르주아지와 예술가 사이의 갈등으로 가장해 끝없이 묘사했다. 그러나 대부분 현대 작가는 토마스 만이 겪은 문제를 인정조차 하지 않는다. 작가마다 문학 사조마다 기질, 집착, 특이함을 엄청나게 전시하며 앞 세대의 작가들과 경쟁한다. 현대문학에는 천재 광인이 넘쳐난다. 그러니 천재는 아니더라도 매우 재능이 뛰어난 작가가 제정신인 목소리를 내는 역할을 대범하게 받아들인다면, 순수하게 문학적으로 이룬 성취 이상의 찬사를 받을 것은 당연한 일이다.

     내가 말하는 작가는 당연하게도 현대문학의 이상적 남편인 알베르 카뮈다. 현대인이다 보니 카뮈도 광인의 주제인 자살, 무감함, 죄책감, 극도의 공포 같은 주제를 다루어야 했다. 그렇지만 이 주제들을 합리적으로 적정한 수준에서 힘들이지 않고 우아하게 거리를 둔 채 다루었다는 점이 남들과 다르다. 카뮈는 흔한 허무주의의 전제에서 출발해 자신의 조용한 목소리와 어조의 힘만으로 전제에서 자연스레 도출되지 않는 인간주의적이고 인도주의적인 결론으로 독자를 움직여간다. 이렇듯 허무주의의 심연을 뛰어넘는 비논리적인 비약이 독자들이 카뮈에게 고마워하는 선물이다. 이렇게 해서 카뮈는 독자들에게 진정한 애정의 감정을 불러일으킨다. 카프카는 연민과 공포를, 조이스는 경외를, 프루스트와 지드는 존경을 불러일으키지만 내가 떠올릴 수 있는 현대 작가

중에서 애정을 불러일으키는 작가는 카뮈뿐이다. 1960년 카뮈의 죽음은 문학계 전체에 개인적 상실감을 안겨주었다.

카뮈에 관해 이야기할 때는 언제나 개인적·도덕적·문학적 판단이 뒤섞인다. 카뮈를 거론하면서 그의 인간적 선함과 매력을 칭찬하거나 아니면 최소한 암시라도 하지 않는 일은 없다. 그러니 카뮈에 관해 글을 쓰려면 작가의 이미지와 작품 사이의 관계를 살펴봐야만 하는데, 그것은 도덕성과 문학의 관계를 고찰하는 것과 다르지 않다. 카뮈 본인이 늘 독자들에게 도덕적 문제를 들이밀었기 때문만은 아니다(카뮈의 단편이든 희곡이든 장편이든 한결같이 책임 있는 정신의 경로 또는 그것의 부재를 다루기는 한다). 문학적 성취로만 보면 카뮈의 작품이 독자들이 쏟아붓고 싶어 하는 찬사의 무게를 감당할 만큼 대단하지는 않기 때문이다. 우리는 카뮈가 진정으로 위대한 작가이기를 **바란다**. 그냥 아주 뛰어난 작가인 것으로는 모자란다. 그런데 카뮈는 위대하지 않다. 카뮈를 조지 오웰이나 제임스 볼드윈 같은 또 다른 '남편 같은' 작가들, 예술가의 역할을 시민적 양심과 결합하려 시도한 작가들과 비교해보면 알 수 있다. 오웰과 볼드윈 둘 다 소설보다는 에세이를 더 잘 쓰는 작가다. 이런 격차를, 이들보다 훨씬 더 중요한 작가인 카뮈에게서는 찾아볼 수 없다. 그러나 카뮈의 소설이 언제나 어떤 지적 개념을 강조한다는 것은 사실이고, 이런 개념을 더 잘 설명할 수 있는 장르는 에세이다. 카뮈의 소설은 예시적이고 철학적이다. 소설 속 인물들(뫼르소, 칼리굴라, 얀, 클라망스, 리유 박사 등)이 중요한 게 아니라 무고함과 죄, 책임과 허무주의적 무관심의 문제가 중요하다. 카뮈의 소설 세 권, 단편, 희곡은 얄팍하고 뼈대만 있는 듯한 느낌이 있어 예술의 기준에서 판단할 때 절대적으로 최고라고 하기는 어렵다. 카프카의 소설은 가장 예시적이고 상징적인 소설이라도 자율적 상상력으로 움직여가는데, 카뮈의 소설은 지성적 관심사 때문에 자꾸 근원을 배신한다.

    카뮈의 에세이, 정치 기사, 연설문, 문학 비평, 저널리즘은 어떨까? 물론 빼어나게 뛰어난 글들이다. 그러나 카뮈가 중요한 사상가였나? 그 답은 '아니요'다. 사르트르는, 영어권 독자들은 불편하게 느낄 정치 성향을 일부 지니고 있음에도, 강력하고 독창적인 사고로 철학적·심리적·문학적 분석을 한다. 카뮈의 정치적 성향은 매우 매력적이지만 사르트르처럼 하지는 못했다. 카뮈의 유명한 철학적 에세이(『시지프 신화』, 『반항하는 인간』)는 탁월한 재능과 지성으로 쓰인 아류다. 사상사나 문학 비평 분야에서도 마찬가지다. 카뮈는 실존주의(니체, 키르케고르, 도스토옙스키, 하이데거, 카프카 등)의 짐을 벗어버리고 자기 자신의 목소리로 말할 때 가장 빛난다. 사형 제도에 반대하는 위대한 에세이 「단두대에 관한 고찰Réflexions sur la guillotine」을 쓸 때나, 알제·오랑 등 지중해 지역을 묘사하는 가벼운 글을 쓸 때 그랬다.

    카뮈의 작품에서는 예술성도 걸출한 사상도 찾을 수 없다. 카뮈 작품의 특별한 매력은 다른 종류의 아름다움, 곧 20세기 작가들은 거의 추구하지 않는 도덕적 아름다움에서 나온다. 카뮈보다 정치적으로 더 많이 참여하고 더 도덕적인 작가들도 있었으나 도덕적 관심사를 카뮈만큼 아름답고 설득력 있게 표현해낸 사람은 없었다. 다만 안타깝게도 예술에서 도덕적 아름다움은 인간의 육체적 아름다움만큼이나 쉽게 쇠락한다. 예술적 아름다움이나 지적 아름다움만큼의 지속성을 지니지 못한다. 도덕적 아름다움은 급속도로 쇠퇴해서 훈계조라거나 시대에 맞지 않는다는 느낌을 주게 되곤 한다. 카뮈처럼, 주어진 역사적 상황에서 모범적인 인간은 어떠해야 하느냐는 한 세대의 이미지에 직접적으로 호소하는 사람은 그렇게 되기 마련이다. 비범한 예술적 독창성을 지니지 않은 한 작가의 사후에는 작품의 가치가 갑자기 헐벗겨지는 듯 보일 수 있다. 카뮈가 아직 살아 있을 때 이미 이런 쇠퇴가 시작되었음을 느낀 사람도 있다. 사르트르와 카뮈의 우정이 끝장난 그 유명한 논쟁에서 사르트르는 카뮈가 늘 '휴대용 디딤대'를 지니고 다니다가 툭하면 그 위에 올라선다며, 잔인하지만 정곡을 찌르는 말을 했다. 그다음에 노벨상이라는 치명적 영예가 찾아왔다. 카뮈가 사망하기 직전에 한 비평가는 카뮈가 아리스티데스고대 그리스 아테네의 정치가로 별명이 '정의로운 사람'이었으나 도편추방으로 물러나게 되었는데, '항상 정의로운 사람이라고 지칭되는 게 짜증 나서' 도편에 그의 이름을 적은 사람도 있었다고 한다—옮긴이와 같은 운명을 따르게 되리라고, 그러니까 그가 '정의로운 사람'으로 불리는 게 지겨워지리라고 예상했다.

어쩌면 작가가 독자에게 감사의 마음을 불러일으키는 것이 위험할 수도 있다. 감사는 가장 강력한 감정이면서 지속 기간이 가장 짧은 감정이기도 하기 때문이다. 그러나 이런 야박한 발언을 단순히 감사함을 느꼈던 사람의 반발심이라고만 볼 수는 없다. 카뮈의 도덕적 진지함이 때로 매력을 잃고 짜증을 유발한다면 거기에 어떤 지적 결함이 있기 때문이다. 제임스 볼드윈에게서처럼 카뮈에게서도 전적으로 진실하고 역사적으로 유의미한 열정을 느낄 수 있다. 그러나 다시 또 볼드윈이 그랬던 것처럼 이런 열정은 너무 쉽게 웅장한 언어로, 끝없는 자기 반복적 웅변으로 변질되는 듯하다. 견딜 수 없는 역사적·형이상학적 딜레마를 완화하는 방법으로 제시된 도덕적 명령(사랑, 절제 등)은 너무 일반적이고 너무 추상적이고 너무 수사적이다.

    카뮈는 글을 아는 세대 전체에게 영원한 정신적 혁명의 상태에 있는 영웅적 인물로 여겨진 작가다. 그러나 카뮈는 순응적 허무주의, 한계를 인지하는 절대적 반항이라는 역설을 지지한 사람이기도 하다. 그러면서 이 역설을 선량한 시민이 되기 위한 지침으로 바꾸었다. 얼마나 복잡한 선량함인가! 카뮈의 글에서 선은 올바른 행위와 그것을 정당화하는 이유 둘 다를 동시에 찾아야만 한다. 저항도 마찬가지다. 1939년, 젊은 카뮈는 막 시작된 전쟁을 고찰하다가 생각을 멈추고 『작가 수첩』에 이렇게 적었다. "나는 지금껏 어떤 것으로도 정당화하지 못한 내 반항의 이유를 찾고 있다." 카뮈의 급진적 입장은 그것을 정당화하는 이유를 앞선다. 그로부터 10년 남짓 후인 1951년에 카뮈는 『반항하는 인간』을 발표했다. 이 책에서 카뮈가 반항을 반박한 것은 기질에서 나온 제스처이자 자기 자신을 설득하기 위한 행위였다.

    카뮈의 섬세한 기질을 생각해보면 그가 그토록 열성을 다해 행동하고 실제적 역사적 선택을 할 수 있었다는 게 대단하게 느껴진다. 카뮈가 짧은 생애 동안 적어도 세 차례나 중대한 판단을 내려야 했다는 사실을 기억해야 한다. 카뮈는 프랑스 레지스탕스에 참여하고, 공산당과 결별하고, 알제리 독립 전쟁에서 어느 쪽도 편들지 않았다. 내가 보기에 이 셋 중 둘은 훌륭한 처신이었다. 카뮈가 말년에 겪은 문제는 종교에 심취했다거나 부르주아적 인도주의에 빠져들었다거나 사회주의적 기질을 잃었다는 것이 아니다. 그보다는 자신이 옹호한 미덕의 덫에 빠지고 말았다는 게 문제였다. 대중의 양심 역할을 하는 작가는 권투 선수 같은 비범한 대담성과 날카로운 본능을 갖춰야 한다. 시간이 지나면 본능적 직감은 무뎌지게 마련이다. 대중적 인물은 감정적으로도 강인해야 하는데, 카뮈는 그러지 못했다. 적어도 사르트르 같지는 못했다. 1940년대 후반에 프랑스 지식인 대다수가 지지한 공산주의와 절연하려면 대단한 용기가 필요했으리라는 점은 인정한다. 그때 카뮈의 판단은 도덕적으로 옳았고, 스탈린의 죽음 이후 정치적으로도 옳았음이 여러 차례 확인되었다. 그러나 도덕적 판단과 정치적 판단이 언제나 기분 좋게 일치하는 것은 아니다. 알제리 문제에서 확실한 입장을 표하지 못한 카뮈의 고통스러운 무능이(알제리인이자 프랑스인으로서 누구보다 발언할 자격이 있었음에도) 그의 도덕적 미덕의 최종적이며 불행한 증거가 되었다. 1950년대 내내 카뮈는 사적인 충성심과 감정 때문에 단호하게 정치적 판단을 내릴 수가 없다고 말했다. 왜 작가에게 그렇게 많은 것을 기대하냐며 푸념하기도 했다. 카뮈가 침묵을 고수하는 동안, (카뮈를 따라 공산주의 문제로《탕 모데르느Temps Modernes》동인을 탈퇴한) 메를로퐁티는 사르트르와 함께 알제리 전쟁에 반대하는 두 건의 역사적 선언에 참여할 영향력 있는 서명자를 모았다. 카뮈와 정치적·도덕적 견해가 매우 비슷했던 메를로퐁티와 10년 전에 정치적 진실성이 부족하다고 카뮈에게 호된 비판을 받았던 사르트르가 양심 있는 프랑스 지성을 피할 수 없는 입장, 유일한 입장, 모두가 카뮈가 택하기를 바랐던 입장으로 이끌고 갔다는 사실은 가혹한 아이러니가 아닐 수 없다.

몇 해 전에 라이어널 에이블이 카뮈의 책 한 권을 예리하게 비평하며 카뮈를 '고귀한 행위'가 아니라 '고귀한 감정'을 체현하는 사람이라고 칭했다. 전적으로 옳은 말이지만, 그렇다고 해서 카뮈의 도덕성에 위선이 있다는 의미는 아니다. 행동이 카뮈의 첫째 관심사가 아니라는 말이다. 카뮈에게 행동하는 능력 또는 행동을 자제하는 능력은 감정을 느끼는 능력 또는 무능력보다 덜 중요했다. 카뮈는 지적 입장보다는 깊이 느끼라고 독려하는 것에 공을 들였는데, 그러다 보면 정치적 무력감이 따를 위험이 있다. 카뮈의 작품에서는 개인적 기질이 특정한 상황을 추구하고 고귀한 감정이 고귀한 행위를 추구한다. 바로 이런 감정과 행위 사이의 괴리가 카뮈의 소설과 철학적 에세이의 주제다. 이들 작품에서는 극히 고통스러운 사건에 관한 묘사에 어떤 태도(고귀하고 금욕적이며 거리를 두면서 공감하는 태도)의 처방을 덧붙인다. 이런 태도, 곧 고귀한 감정은 실제 사건과 진정으로 연결되지 않는다. 그것은 사건에 대한 반응이나 해결이 아니라 초월이다. 카뮈의 삶과 작품은 도덕성을 다룬다기보다는 도덕적 입장의 비애를 다룬다. 이 비애가 카뮈의 현대성이다. 그리고 비애를 품위 있고 사내답게 느끼는 능력 때문에 독자들은 카뮈를 사랑하고 존경한다.

다시 한번, 큰 사랑을 받았지만 어떤 사람인지는 거의 알려지지 않은 남자에게로 돌아가 보자. 카뮈의 소설에는 뭔가 육신과 분리된 느낌이 있다. 유명한 에세이의 차분하고 고요한 목소리도 그렇다. 뚜렷이 기억에 남는 카뮈의 사진들에 담긴 아름답고 편안한 존재감과는 대조적이다. 사진 속 카뮈는 입술에 담배 한 개비를 물었고, 트렌치코트 차림이거나 스웨터와 셔츠 차림이거나 양복을 입었다. 여러 면에서 거의 이상적인 얼굴이다. 소년 같고, 잘생겼지만 너무 잘생기진 않았고, 말랐고, 까칠하고, 강렬하면서 동시에 겸손한 표정이다. 이 사람을 알고 싶어진다.

『작가 수첩 1935~1942 Notebooks, 1935~1942』(프랑스어 원서를 필립 토디가 영어로 번역했다)은 카뮈가 1935년부터 사망할 때까지 쓴 노트를 모아 출간한 세 권 중 첫 번째 책이다. 카뮈를 좋아하는 사람들은 당연히 카뮈에 관해, 자신에게 감동을 준 책에 관해 알게 되기를 바라며 이 책을 펼칠 것이다. 안타깝지만, 일단 필립 토디의 번역이 부실하다는 것을 말해두어야 할 것 같다. 부정확한 부분이 많고 때로 카뮈가 뜻한 바를 심각할 정도로 오해했다. 번역이 무거워 카뮈의 압축적이고 즉흥적이고 유려한 문체를 영어로 재현하지 못했다. 이 책에는 주석 따위 성가신 학술적 장치도 있는데 이게 문제가 되지 않는 독자도 있겠지만 나한테는 거슬렸다(카뮈의 말투가 영어로 어떻게 들려야 하는지 알고 싶다면 2년 전《인카

운터Encounter》에 실린 앤서니 하틀리의 정확하고 예민한『작가 수첩』발췌 번역을 찾아보면 되겠다). 하지만 어떤 번역도, 충실한 번역이든 음감이 없는 번역이든,『작가 수첩』을 실제보다 더 흥미롭지 않거나 더 흥미롭게 만들 수는 없다. 이 책은 카프카나 지드의 일기만큼 위대한 문학이 아니다. 카프카의『일기』처럼 작열하는 지적인 빛이 없고 지드의『일기』같은 문화적 세련미, 예술적 성실성, 인간적 밀도도 없다. 어쩌면 체사레 파베세의『일기』에 비견될 수 있을 테지만, 파베세만큼 개인을 노출하거나 심리적 친밀감을 주지도 못한다.

     카뮈의『작가 수첩』에는 온갖 것이 들어 있다. 글쓰기 연습장이자 글감 채석장이며, 글 도막이나 지나가며 들은 대화의 일부, 단편소설 아이디어, 때로는 나중에 소설이나 에세이에 들어갈 단락을 끼적여놓기도 했다. 간략한 단상들이라 카뮈 소설의 팬이라고 하더라도 크게 흥미가 생길지는 모르겠다. 역자가 열정적으로 주석을 달고 출간된 작품과 연관 관계를 밝혀놓긴 했지만.『작가 수첩』에는 다소 좁은 범위의(슈펭글러, 르네상스 역사 등) 독서 기록도 있고(『반항하는 인간』을 집필하는 데 바탕이 된 방대한 독서는 여기 기록되지 않았다), 심리적·도덕적 주제에 관한 격언과 숙고도 담겨 있다. 이 숙고 가운데 일부는 대담하고 우아해서 읽을 만하다. 카뮈의 최근 이미지 가운데 하나, 즉 독일 철학에 미쳐 있다가 뒤늦게 '지중해식' 미덕이라는 이름으로 앵글로색슨 경험주의와 상식으로 개종한 레몽 아롱과 비슷한 인물로 여겨지는 이미지를 불식하는 데 도움이 될 것이다.『작가 수첩』에서 최소한 첫째 권은 온순한 니체주의 같은 사랑스러운 분위기를 풍긴다. 젊은 카뮈는 프랑스의 니체가 되어 니체가 격렬할 때 카뮈는 울적하고, 니체가 날뛸 때 카뮈는 금욕적이고, 니체가 개인적이고 주관적인 광기를 드러낼 때 카뮈는 비개인적이고 객관적 어조를 유지한다. 또 『작가 수첩』에는 개인적 발언이 가득하지만 그것들은 선언과 결심이라고 부르는 게 적절할 정도로 뚜렷하게 비개인적이다.

어쩌면 비개인성이 카뮈 『작가 수첩』의 가장 큰 특징일 듯하다. 이 책은 극히 반反자전적이다. 『작가 수첩』을 읽을 때는 카뮈가 (대다수 작가와 달리) 내적으로뿐 아니라 외적으로도 매우 흥미로운 삶을 살았다는 걸 잊게 된다. 이 흥미로운 삶의 어떤 부분도 이 책에는 담기지 않았다. 매우 가까웠던 가족에 관한 이야기도 없다. 이 시기에 다른 곳에서 있었던 일들, 테아트르 드 레퀴프 Théâtre de l'Équipe 극단과의 작업, 첫 번째와 두 번째 결혼, 공산당 가입, 알제리에서 좌파 신문 편집자로 일했던 때도 언급되지 않는다.

당연하지만 작가의 노트를 사적 일기의 기준으로 판단해서는 안 된다. 작가의 노트는 작가가 작가로서 정체성을 한 도막 한 도막 쌓아 올리는 장의 역할을 한다. 대개 작가의 노트에는 의지에 관한 진술이 가득 담기기 마련이다. 쓰려는 의지, 사랑하려는 의지, 사랑을 포기하려는 의지, 계속 살아가려는 의지 등. 이 노트는 작가가 자신을 영웅으로 느끼는 공간이고 그 안에서 작가는 인식하고 고통받고 몸부림치는 인간으로만 존재한다. 그렇기에 카뮈의 노트에서는 개인적 발언도 본질적으로는 비개인적이며, 일상 속 사건이나 사람들이 철저히 배제되는 것이다. 카뮈는 자신을 고독한 인물로서만, 즉 고독한 독자, 관찰자, 태양과 바다 숭배자, 세상의 산책자로만 그린다. 노트에서 카뮈는 전적으로 작가로서 존재한다. 고독은 현대 작가의 의식에서 빼놓을 수 없는 메타포이므로 파베세처럼 자신을 감정적 부적응자로 선언한 사람뿐 아니라 카뮈처럼 사교성 있고 사회적 의식이 있는 사람에게도 고독이 필요하다.

      그리하여 『작가 수첩』은 푹 빠져 읽을 수 있는 책이긴 하나 카뮈가 지니는 불멸의 위상에 관한 의문을 해소하거나 인간으로서 카뮈를 깊이 이해하게 해주지는 않는다. 카뮈는, 사르트르의 말을 빌리면 "인물, 행동, 작품의 경탄스러운 결합"이었다. 오늘날에는 그 가운데 작품만 남아 있다. 인물, 행동, 작품의 결합이 수많은 독자와 추종자의 마음에 불러일으켰던 것을 작품을 읽는 것만으로 온전히 되살릴 수는 없다. 카뮈의 『작가 수첩』이 작가 사후에 인간 카뮈에 대해 더 많은 것을 알 수 있게 해주었다면 정말 소중하고 행복한 일이겠지만, 안타깝게도 그러지는 못한다.

(1963)

미셸 레리스의 『성년』

1963년에 처음 번역 출간된 미셸 레리스의 눈부신 자전적 서사 『성년』은 일단은 조금 혼란스럽다. 영어로는 『남성성Manhood』이라는 제목으로 아무 해설도 없이 출간되었다. 그러니 독자는 레리스가 이제 60대에 접어들었고 (영어로 번역된 것은 지금까지 없었으나) 스무 권 남짓 책을 썼으며 중요한 시인이자 1920년대 파리 초현실주의 세대의 일원이었으며 저명한 인류학자라는 사실을 알 수 없다. 그뿐 아니라 미국판은 『성년』이 최근작이 아니라 사실은 1930년대 초에 쓰여 1939년에 출간되었으며 1946년에 「투우를 통해 고찰한 문학론De la littérature considérée comme une tauromachie」이라는 서문과 함께 재출간되면서 엄청난 논란을 일으키고 명성을 얻었다는 사실도 밝히지 않는다. 저자에게 원래 관심이 없었거나 관심을 가질 이유가 없었더라도 자서전 자체가 흥미로울 순 있으나, 이 책은 레리스 필생의 작품이기도 하지만 삶의 이야기이기도 한 터라 레리스가 미국에 전혀 알려지지 않은 작가라는 점은 곤란한 일이다.

1929년에 레리스는 심각한 정신적 위기를 겪었고 발기부전을 앓았고 1년 남짓 정신과 치료를 받았다. 1930년 서른네 살 때 『성년』을 쓰기 시작했다. 당시에 레리스는 기욤 아폴리네르와 그의 친구 막스 자코브에게 큰 영향을 받은 시집을 이미 여럿 출간한 시인이었다. 첫 번째 시집은 『시뮬라크르Simulacre』(1925)이고, 『성년』을 쓰기 시작한 해에 초현실주의 양식으로 『오로라Aurora』라는 출중한 소설을 썼다. 그러나 『성년』을 쓰기 시작하고 얼마 지나지 않아(1935년에야 탈고했다) 레리스는 인류학자로서 새로운 경력을 시작했다. 1931~1933년 아프리카(다카르와 지부티)로 현지 조사를 갔고, 파리로 돌아와 인류 박물관Musée de l'Homme에 들어가서 지금까지도 이곳에서 중요한 큐레이터 직책을 맡고 있다. 보헤미안이자 시인에서 학자이자 박물관 관리자로 변모한 이 굉장한 변화의 흔적이 『성년』의 내밀한 고백에는 전혀 기록되지 않았다. 이 책에는 시인이나 인류학자로서 이룬 성취에 대한 언급이 없다. 당연히 그럴 수가 없었을 것이고, 그런 것을 기록했다면 이 책에 담긴 실패의 느낌을 망가뜨렸을 것이다.

레리스는 자기 삶의 역사를 기록하는 대신 한계를 나열한다. 『성년』은 '나는 언제 어디에서 태어났다'로 시작하는 게 아니라 자신의 신체에 대한 무덤덤한 묘사로 시작한다. 처음 몇 페이지에서 우리는 레리스의 머리가 벗어지기 시작했으며, 만성 눈꺼풀 염증, 빈약한 성적 능력, 앉을 때 어깨를 구부리는 습관, 혼자 있을 때 항문을 긁는 버릇, 어릴 적 편도선 수술로 인한 트라우마,

마찬가지로 트라우마가 된 음경 감염, 그로 인한 건강염려증, 조금만 위험한 일이 있어도 겁을 내는 소심함이 있고, 유창하게 말할 수 있는 외국어가 없고, 몸을 쓰는 운동에 딱할 정도로 취약하다는 것을 알게 된다. 성격 또한 약점 측면에서 묘사된다. 레리스는 일반적 육체와 특히 여성에 대한 병적이고 공격적인 환상에 '잠식'되어 있다. 『성년』은 비천함의 교본 같다. 부분 마취된 상태로 호기심에서 자기 상처를 만져보는 남자의 어조로 일화, 환상, 언어적 연상, 꿈 등을 적어 내려간다.

  레리스의 책을 프랑스 문학 특유의 오랜 전통인 진정성에 대한 집착의 특히 강력한 예로 볼 수도 있을 것이다. 몽테뉴의 『수상록』과 루소의 『고백록』부터 시작해 스탕달의 일기, 현대의 지드, 마르셀 주앙도, 주네의 고백에 이르기까지 위대한 프랑스 작가들은 내밀한 감정 특히 섹슈얼리티와 야망과 관련된 감정을 거리를 두고 서술하는 데 각별히 몰두했다. 프랑스 작가들은 진정성이라는 이름으로, 자서전 형태나 소설(뱅자맹 콩스탕, 피에르 쇼데를로 드 라클로, 프루스트 등) 형태로 성애적 광기를 냉정히게 탐구하고 감정적 거리두기의 기법을 발전시켰다. 이런 진정성에 대한 유서 깊은 집착은 단순한 감정 표현을 넘어서 낭만주의 시기 프랑스 작품 대부분에 엄격함과 심지어 고전주의적인 느낌마저 부여했다. 그러나 레리스의 책을 이런 전통의 관점에서만 보는 건 부당하다. 『성년』은 이런 계보의 작품들보다 더 기이하고 더 가혹하다. 근친애적 감정, 가학성, 동성애, 피학성, 성적 문란함 등을 기록하는 프랑스의 위대한 자전적 문헌에서 발견되는 어떤 고백보다도 레리스가 인정하는 것은 더 외설적이고 혐오스럽다. 레리스의 행위가 충격을 주는 것은 아니다. 레리스는 행동에 강한 사람이 아니고 그의 악덕은 행동보다는 무서울 정도로 차가운 관능적 기질이다. 노골적인 행위보다 벌레 먹은 실패와 결핍이 더 큰 충격을 준다. 충격을 완화할 최소한의 자존감조차 느껴지지 않기 때문이다. 이런 자존감과 자기 존중 결여가 무엇보다 외설적이다. 다른 프랑스 문인들의 위대한 고백적 작품은 자기애에서 나온 것이며 자신을 옹호하고 정당화하려는 목적이 뚜렷하다. 그런데 레리스는 자신을 혐오하며, 자신을 옹호할 수도 정당화할 수도 없다. 『성년』은 뻔뻔함의 연습이자 비겁하고 병들고 상처 입은 기질의 끝없는 자기 폭로다. 레리스가 서술 과정에서 어쩌다 보니 자신의 역겨운 면을 드러내게 된 것이 아니다. 역겨운 것이 바로 이 책의 **주제**다.

그런 데 관심 둘 사람이 어디 있느냐고 물을 수도 있을 것이다. 『성년』은 임상 문서로 분명한 가치를 가진다. 정신이상 연구자가 관심을 가질 만한 이야기가 가득하다. 그렇더라도 문학적 가치가 없다면 관심을 기울일 필요가 없을 것이다. 나는 문학적 가치가 있다고 생각한다. 여러 현대문학 작품이 그러듯 반反문학의 길로 가고 있기는 하지만 말이다(실제로 현대예술의 많은 움직임이 반反예술로 나타난다). 역설적이지만 바로 문학이라는 개념에 대한 적개심이, 아름답지는 않을지라도 신중하게 쓰이고 섬세하게 구성된 책인 『성년』을 문학으로서 흥미롭게 한다. 이와 마찬가지로 레리스는 『성년』에서 자기 이해라는 합리주의적 기획을 암묵적으로 거부함으로써 그 기획에 기여한다.

레리스가 『성년』에서 답한 질문은 지성적인 것이 아니다. 우리는 심리적이라고 하고 프랑스인들은 도덕적이라고 하는 질문이다. 레리스는 자신을 이해하려는 게 아니다. 또한 용서나 사랑을 받기 위해 『성년』을 쓴 것도 아니다. 레리스는 경악을 자아내기 위해, 독자들에게 강력한 감정이라는 선물을 받기 위해서 썼다. 이 감정은 그가 독자들에게 불러일으키려 하는 분노와 역겨움에서 자신을 방어하기 위해 필요하다. 문학은 심리적 기술技術의 한 형태가 되었다. 레리스가 서문으로 쓴 에세이 「투우를 통해 고찰한 문학론」에서 설명했듯 작가나 문인이 되는 것만으로는 충분하지 않다. 그것은 지루하고 시시하다. 위험이 결여되어 있다. 글을 쓸 때 레리스는 소뿔에 받힐 위험이 있음을 아는 투우사와 같은 심정이어야 한다. 그래야만 글쓰기가 의미 있다. 그러나 작가가 어떻게 치명적인 위험이 가까이에 있다는 생생한 감각을 얻을 수 있을까? 레리스의 답은 이렇다. 자기 노출을 통해, 자신을 옹호하지 **않음**으로써. 예술 작품을 만들어내고 자신을 대상화해서가 아니라 자기 자신을 직접 사선死線에 내놓음으로써 그렇게 한다. 그러나 우리 독자들, 이 피비린내 나는 행위의 관객은 이 일이 잘 수행되면(투우가 주로 미학적이고 의례적인 행위로 거론되는 것을 보라) 아무리 문학을 부정하더라도 그것이 바로 문학이 된다는 것을 안다.

　　레리스와 비슷한 길을 가서 자학과 자기 노출로 뜻하지 않게 문학을 만들어낸 작가로 노먼 메일러가 있다. 메일러는 몇 해 전부터 글쓰기를 유혈 스포츠로 간주하며(투우보다는 권투 이미지에 가깝다) 더 대담하고 더 많은 위험을 감수하는 작가가 더 나은 작가라고 주장했다. 그러다 보니 메일러는 자기 자신을 주제로 삼은 에세이와 반¥허구 소설quasi-fiction을 점점 더 많이 쓰게 되었다. 그러나 메일러와 레리스 사이에는 중대한 차이가 있는데, 이 차이가 시사하는 점이 있다. 메일러에게서는 위험을 향한 열정이 과대망상이나 다른 작가들에 대한 지겨운 경쟁심 같은 저열한 형태로 나타날 때가 많다. 그에 비해 레리스는 글에서 문학계나 다른 작가들, 더 황홀한 위험을 두고 경쟁하는 동료 투우사를 의식하지 않는다(레리스는 작가건 화가건 예술계에 모르는 사람이 없었음에도 친구의 작품이나 성품을 거론할 때는 오히려 극도로 공손하다). 메일러의 글은 사실상 위험보다는 성공에 더 관심이 있고, 위험은 성공의 수단일 뿐이다. 레리스는 글에서 성공에 아무런 관심을 보이지 않는다. 메일러는 최근 에세이나 대중 강연에서 자신을 '문학의 강한 도구' 이미지로 완성하는 과정을 보여주었다. 메일러는 끝없이 단련하며 언제라도 미사일 발사대에서 스스로 솟구쳐 올라 드높고 아름다운 궤적을 그릴 준비를 하고 있다. 메일러에게는 실패도 곧 성공으로 바뀔 수 있는 무엇이다. 레리스는 자기 남성성의 패배를 기록한다. 신체 활동에는 완전히 젬병이고 끝없이 자기를 소멸시키려고 한다. 성공조차 레리스에게는 실패로 여겨진다. 어쩌면 대부분 미국 작가는 낙관적이고 대중적인 기질을 띠는 반면 최고의 유럽 작가들은 극도의 소외감을 기본 태도로 삼는 데서 오는 본질적 차이일지도 모르겠다. 레리스는 메일러보다 훨씬 더 주관적이고 덜 이데올로기적인 작가다. 메일러는 자신의 사적 노력과 약점이 어떻게 공적 작업의 강점이 되는지를 보여주며 이 변화의 과정에 독자를 끌어들이고자 한다. 그러나 레리스는 자신의 공적 자아가 아무리 대단하건 아니건 사적 약점과 어떤 관련이 있다고 보지 않는다. 메일러가 자기 노출을 하는 이유를 정신적인 것으로(물론 세속적이기도 하지만), 반복적 고통으로 자신을 입증하고자 하는 욕망으로 설명할 수 있다면, 레리스의 동기는 더 절박하다. 자신이 영웅임을 입증하려는 것이 아니라 그저 자신이 존재한다는 것을 입증하려는 것이다. 레리스는 자신의 신체적 비겁함과 무능함을 혐오한다. 그러나 추악한 결함을 사면받고 싶은 게 아니라 이 불만족스러운 육체와 꼴사나운 성격이 진짜로 존재한다는 사실을 스스로 받아들이고 싶은 듯하다. 세상과 또 나아가 자기 자신에 대한 비현실감에 시달리며 레리스는 강력하고 분명한 감정을 찾으려 한다. 그러나 보통 교과서적 낭만주의자가 그러하듯 레리스가 인지하는 유일한 감정은 죽음의 위험을 수반하는 것이다. "자신을 구원하는 데 필요한 것은 오직 어떤 열렬함이며 이 세상에는 내가 목숨을 바칠 만한 것이 없음을, 전에는 몰랐던 쓰라린 마음으로 이제야 깨달았다." 레리스는 『성년』에 이렇게 썼다. 레리스에게 감정은 치명적이거나, 아니면 아무것도 아니다. 진정한 것은 죽음의 위험을 지닌 것으로 정의된다. 책을 읽으면 레리스가 수차례 자살 기도를 했음을 알 수 있다. 레리스에게 삶은 자살의 위협 아래에 놓여 있을 때만 생생하다. 문학의 소명에 관해서도 마찬가지다. 레리스의 관점에서 문학은 남성성을 강화하는 수단 또는 자살의 수단으로서만 가치가 있다.

    말할 필요도 없지만 문학은 둘 다 하지 못한다. 문학은 문학을 낳을 뿐이다. 『성년』의 자기 노출이 어떤 치유적 가치가 있었든 간에 레리스는 자기 자신을 해부하기를 이 책으로 끝내지 않았다. 전쟁 이후의 작품은 『성년』에서 제시한 문제의 해결이 아니라 오히려 합병증을 보여준다. 레리스는 어린 시절의 감각 기억, 사적인 죽음의 이미지, 성적 환상, 단어의 연상적 의미 등을 탐구하는 일련의 에세이를 『게임의 규칙 La règle du jeu』이라는 제목으로 펴냈다. 『성년』보다 더 두서없고 복잡한 자전적 글이다. 또 3부작으로 기획된 책 가운데 두 권이 출간되었다. 『삭제 Biffures』가 1948년에, 『잡동사니 Fourbis』가 1961년에 나왔다. 조롱조의 제목이 모든 것을 말해준다. 『잡동사니』에서는 이전의 불만을 다시 마주하게 된다. "사랑에서든 취향에서든 내가 죽음을 감수할 만한 것이 없다면, 나는 그저 허공을 휘젓고 있는 것이며, 모든 것은, 나 자신을 포함해, 스스로 말소된다." 이 주제가 최근작인 『살아 있는 재, 무명 Vivantes cendres, innommées』에서도 이어진다. 이 책은 1958년 자살 시도 '일지'인 연작시로, 친구 자코메티가 그린 선화線畵가 삽화로 들어 있다. 레리스가 마주한 최대의 문제는 자신의 감정이 자꾸만 약화되는 것이기 때문이다. 레리스가 책을 쓸 때마다 낱낱이 해부하는 삶은 그가 "다른 모든 것의 원천이 되는 거대한 권태의 능력"이라고 부르는 것과 병적인 환상, 어린 시절 상처의 기억, 처벌에 대한 공포, 도무지 편안히 받아들일 수 없는 거추장스러운 신체 등의 막대한 짐으로 양극화되어 있다. 자신의 약점에 대해 글을 쓰면서 레리스는 자신이 두려워하는 처벌을 간구하고 지금까지는 불가능했던 용기를 끌어낼 수 있기를 바란다. 오직 폐가 계속 숨을 들이마시게 하려고 자신을 채찍질하는 사람처럼 느껴진다.

하지만 『성년』의 어조는 열렬함과는 거리가 멀다. 레리스는 책에서 자기가 영국 옷을 좋아하며 "약간 뻣뻣하고 장례식에 어울리는" 차분하고 정확한 스타일을 자주 입는다고 말했다. "내 기질에 아주 잘 맞는 것 같다." 이 책의 문체에 대한 묘사로도 나쁘지 않다. 레리스는 자기 성적 기질의 극단적 냉담함이 여성적이고 유동적이고 감정적인 것에 대한 깊은 혐오감으로 이어진다고 말한다. 그의 반복적인 환상 가운데 하나는 자기 몸이 석화되고 결정화되고 광물화되는 것이다. 레리스는 무엇이든 비개인적이고 차가운 것에 매료된다. 이를테면 성매매의 제의적 성격 때문에 성매매에 이끌리며 "유곽은 박물관과 같다"라고 말한다. 레리스가 인류학을 업으로 택한 이유도 같은 취향 때문인 듯하다. 레리스는 원시사회의 극단적 **형식주의**에 매혹을 느낀다. 2년간의 현지 조사를 기록한 책 『아프리카 환상 L'Afrique fantôme』(1934)이나 여러 편의 탁월한 인류학 논문에서 분명히 드러난다. 『성년』의 냉담하고 절제된 문체에도 나타나는 형식주의에 대한 애호가 겉으로는 역설처럼 보이는 부분을 설명해준다. 가차 없는 자기 노출에 전념하는 사람이 아프리카 종교 제의에 쓰이는 가면을 주제로 탁월한 논문을 썼다는 점은 분명히 시사하는 바가 있다(「곤다르 에티오피아인의 신들림과 연극적 측면 La Possession et ses aspects théâtraux chez les Éthiopiens du Gondar」, 1958). 또 솔직함을 가장 고통스러운 한계까지 밀어붙인 사람이 비밀 언어라는 개념을 전문적으로 파고든 것도 마찬가지다(『상가 도곤족의 비밀 언어 La Langue secrète des Dogon de Sanga』, 1948).

이런 냉정한 어조와 뛰어난 지성, 깊이 있는 동기 탐구 등이 결합했으니 『성년』은 상당히 친숙한 의미에서 매력적인 책이다. 그러나 다른 면은 여러 기대를 저버리기 때문에 성마른 반응을 일으킬 수 있다. 탁월한 서문을 제외하고 『성년』의 나머지 부분은 이리저리 구불구불 돌아가고 다시 제자리로 돌아온다. 결말에는 당위성이 없는데 이런 종류의 통찰은 원래 끝이 나지 않는 법이다. 이 책은 움직임도 방향성도 없고, 절정도 완결도 없다. 『성년』은 삶이라는 프로젝트의 일부로서만 완전히 이해될 수 있는 매우 현대적인 책이다. 우리는 이 책을 다른 행동으로 이어지는 하나의 행동으로 보아야 한다. 이런 종류의 문학을 작품 세계 전체의 일부로 보지 않고 따로 떼어놓고 본다면 비밀스럽고 모호하고 때로 지루하게 느껴진다. 물론 비밀주의나 모호함이 극도로 밀도 높은 문학의 조건이라고 옹호할 수도 있다. 그렇다면 지루함은 어쩌나? 그것도 정당화될 수 있나? 때로는 그럴 것으로 생각한다(위대한 예술은 한없이 흥미로워야만 하나? 그렇지는 않다고 생각한다). 우리는 지루함을 현대문학에서 가장 창의적인 스타일 요소의 하나로 인식해야 한다. 전통적으로 추하고 혼란스럽게 여겨지던 것이 현대회화의 필수 소재가 되고(안톤 베베른 이후) 침묵이 현대음악의 확실한 구조적 요소가 되었듯이.

(1964)

인류학자라는 영웅

어떤 문화가 다른 문화와 교류를 적게 할수록 서로 오염시킬 가능성은 작아지지만, 그런 한편 이런 조건일수록 문화의 사절단들이 다양한 문화의 풍부함과 의미를 이해하기 어려워진다는 역설은 풀리지 않는 문제다. 그러니 나는 둘 중 하나일 수밖에 없다. 고대의 여행자가 되어 도무지 이해할 수 없어서 경멸이나 역겨움마저 불러일으키는 엄청난 광경을 직면하거나, 아니면 내가 사는 시대를 여행하며 이미 시러진 현실을 찾아 발길을 재촉하거나. 두 경우 다 나는 실패자가 될 수밖에 없다. … 오늘날 나는 그림자 사이에서 신음하면서 현재 벌어지는 스펙터클을 놓칠 수밖에 없기 때문이다.

—『슬픈 열대』

우리 시대의 진지한 사유는 대개 집을 잃은 듯한 느낌에 시달린다. 역사적 변화가 비인간적으로 가속화되면서 인간 경험을 믿을 수 없게 되었고 그러다 보니 민감한 지성은 저마다 일종의 메스꺼움, 지적 현기증을 기록하게 되었다. 이런 영적 메스꺼움을 치료할 방법은, 그것을 일단은 더 악화시키는 것뿐인 듯하다. 현대 사상은 타자에게서 자신을 찾는 일종의 응용 헤겔주의에 몰두한다. 유럽은 이국적인 것에서— 곧 아시아에서, 중동에서, 전문자前文字 민족에게서 또는 신화적 미국에서 자신을 찾으려 한다. 지친 이성은 섹스의 황홀경이나 약물로 인한 비인격적 에너지에서 자신을 찾으려 하고, 의식은 무의식에서 의미를 구하고, 인문학적 과제는 과학적 '가치 중립성'과 수량화에서 망각을 추구한다. '타자'는 '자아'를 가혹하게 정화하는 과정에서 경험된다. 그러나 동시에 '자아'는 모든 낯선 경험을 부지런히 식민지화한다. 현대적 감수성은 서로 모순적으로 보이지만 실제로는 연관되어 있는 두 충동 사이에서 움직인다. 이국적이고 낯선 타자에 굴복하려는 충동과 이국적인 것을 주로 과학을 통해 길들이려는 충동이다.

철학자들이 이런 정신적으로 집이 없는 상태를 표현하고 이해하는 데 도움을 주었으나(나는 그런 철학자들만이 우리의 관심을 받을 자격이 있다고 본다) 시인, 소설가, 몇몇 화가는 이 고통스러운 영적 충동을 의도된 광기, 자기 유배, 강박적인 여행 등을 통해 진정으로 **살아냈다.** 이 밖에 삶의 조건상 낯선 것에 대한 아찔한 매혹을 증언하게 된 다른 직업인도 있다. 조지프 콘래드는 소설로, T.E. 로런스와 생텍쥐페리와 앙리 드 몽테를랑은 글뿐만 아니라 삶으로도 모험가라는 일을 정신적 소명으로 승화했다. 35년 전 앙드레 말로는 고고학자라는 직업을 선택하고 아시아로 갔다. 더욱 최근에는 클로드 레비스트로스가 인류학자라는 직업을 발명해 창조적 예술가나 모험가나 정신분석학자와 비슷하게 정신적 헌신을 요구하는 전인적인 직업으로 제시했다.

앞서 언급한 작가들과 달리 레비스트로스는 문인이 아니다. 레비스트로스의 글은 대체로 학술적이고 그는 늘 학계의 일부로 여겨진다. 레비스트로스는 1960년부터 지금까지 콜레주 드 프랑스에 새로 만들어진 사회인류학 석좌 교수라는 매우 장대한 학문적 직책을 맡고 있고 자금이 풍부한 큰 연구소를 이끌고 있다. 그러나 학문적 인정과 연구소 규모만으로 오늘날 레비스트로스가 프랑스 지성계에서 차지하는 막강한 위상을 가늠하기는 어려운 일이다. 프랑스에서는 지적 추구에 수반하는 모험이나 **위험**에 대한 인식이 높아서 어떤 사람이 전문가인 동시에 대중적·지적 관심과 논란의 주제가 될 수 있다. 그래서 진지한 문학 학술지나 중요한 대중 상연에서 레비스트로스의 생각과 영향력을 극찬하거나 공격하는 일이 거의 달이면 달마다 일어난다. 지칠 줄 모르는 사르트르와 사실상 침묵하는 말로를 제외하면, 레비스트로스는 오늘날 프랑스에서 가장 흥미로운 지성이다.

레비스트로스는 미국에 지금까지는 거의 알려지지 않았다. 인류학 방법론과 개념을 주제로 여기저기 발표한 에세이를 모아 1958년에 출간한 『구조인류학』과 『오늘날의 토테미즘』(1962)이라는 책이 작년(1962년)에 미국에서 번역되었다. 더 철학적인 에세이 모음집인 『야생의 사고』(1962)와 1952년 유네스코에서 출판한 『인종과 역사Race et Histoire』, 원시 민족의 친족 제도를 다룬 탁월한 연구 『친족의 기본 구조Les Structures Élémentaires de la Parenté』(1949)는 아직 번역되지 않았다.♦ 이 저작 가운데 일부는 평균적인 교양 독자에게 기대할 만한 수준 이상의 인류학, 언어학, 사회학, 심리학 지식을 요구한다. 그렇긴 하나 레비스트로스의 번역서가 전문 독자층에만 읽힌다면 큰 손실이 될 것이다. 레비스트로스는 인류학의 관점에서 흥미롭고 유효한 일반적 지적 입장을 통합해내는 드문 일을 해냈기 때문이다. 그리고 저서 가운데 한 권은 걸작이다. 타의 추종을 불허하는 책 『슬픈 열대』는 1955년 프랑스에서 출간돼 베스트셀러가 되었으나 1961년 영어로 번역되어 미국에 출간되었을 때는 안타깝게도 주목을 받지 못했다. 『슬픈 열대』는 이 세기의 가장 위대한 책 가운데 한 권이다. 사상적으로 엄밀하고, 섬세하고, 대담하다. 글은 아름답다. 그리고 모든 위대한 책이 그러하듯 개인적 인장이 뚜렷이 찍혀 있다. 이 책은 인간의 목소리로 말한다.

『슬픈 열대』는 외형적으로 저자의 '현지' 경험 기록인데, 정확히 말하면 그 일이 있은 지 15년 넘게 지난 후에 쓴 회고록이다. 인류학자들은 현지 조사를 원시사회에서 구성원 지위를 얻기 위해 치르는 사춘기 통과의례에 비유하곤 한다. 레비스트로스의

♦ 또한 1965년 레비스트로스는 『날것과 익힌 것Le Cru et le Cuit』을 출간했다. 원시 부족의 음식 준비 '신화'에 관한 두툼한 연구서다.

통과의례는 제2차 세계대전이 발발하기 전 브라질에서 이루어졌다. 1908년에 태어나 사르트르, 보부아르, 메를로퐁티, 폴 니장과 같은 세대이자 같은 지적 서클에 속했던 레비스트로스는 1920년대 후반 철학을 공부했고 그들처럼 지방 고등학교에서 잠시 교편을 잡았다. 철학에 만족하지 못한 그는 교직을 그만두고 파리로 돌아와 법학을 공부하다가 인류학으로 진로를 바꾸었고 1935년에는 상파울루로 가서 인류학 교수로 부임했다. 1935년에서 1939년 사이, 11월부터 3월까지 대학의 긴 방학 기간에 그리고 한번은 1년 넘게 그는 브라질 내륙 원주민 부족과 함께 살았다.『슬픈 열대』는 이들 부족과의 만남을 기록한 글이다. 유목 부족이자 선교사를 살해하는 낭비크와라족, 어떤 백인도 접한 적이 없는 투피-카와이브족, 물질적으로 풍요로운 보로로족, 의식을 중시하며 엄청난 분량의 추상회화와 조각을 생산하는 카두베오족 등. 그러나『슬픈 열대』의 위대함은 이 글이 세심한 르포르타주라는 데만 있는 게 아니라 레비스트로스가 경험을 **사용**하는 방식에 있다. 레비스트로스는 경험을 바탕으로 풍경의 본실, 육체적 고초의 이미, 구세계와 신세계의 도시, 여행이라는 개념, 일몰, 근대성, 문자와 권력의 관계 등을 고찰한다. 이 책의 핵심은 6장 '나는 어떻게 인류학자가 되었나'다. 이 장에서 레비스트로스는 직업 선택의 경로에서 인류학자가 처하곤 하는 독특한 정신적 위험의 사례를 발견한다.『슬픈 열대』는 극도로 개인적인 책이다. 몽테뉴의『수상록』이나 프로이트의『꿈의 해석』처럼 이 책은 지적 자서전이며, 인간 조건에 관한 포괄적 시각과 정서를 상술하는 개인적 역사다.

『슬픈 열대』는 깊고 지적인 공감을 담고 있어 원시 부족의 삶을 기록한 다른 수기들을 불편하고 옹색하며 편협해 보이게 한다. 그런데 이 글의 공감은 힘겹게 얻은 무감함을 통해 조율된다. 시몬 드 보부아르는 자서전에서 젊은 철학 교생이었던 레비스트로스가 "무덤덤한 목소리와 무표정한 얼굴로⋯ 열정의 어리석음"을 설명하던 모습을 회고한다. 『슬픈 열대』의 첫머리에 루크레티우스의 『사물의 본성에 관하여』를 인용한 데는 그럴 만한 이유가 있다. 레비스트로스의 목표는 루크레티우스와 매우 흡사하다. 루크레티우스는 그리스 문화에 크게 영향을 받은 로마인으로 자연과학 연구를 윤리적 심리치료의 한 방식으로 제안했다. 그가 추구한 것은 과학 지식 자체가 아니라 정서적 불안을 줄이는 것이었다. 그는 인간을 성적 쾌락과 감정적 고통 사이에서 갈등하는 존재, 종교에서 비롯된 미신에 사로잡힌 존재, 육신의 쇠락과 죽음에 대한 공포에 시달리는 존재로 봤다. 그래서 지적 거리두기와 평정심을 가르쳐주는 과학적 지식 추구를 권했다. 루크레티우스에게 과학적 지식은 심리적 균형을 이루는 하나의 방식이다. 내려놓는 법을 익히는 길이다.

　　레비스트로스도 인간을 루크레티우스처럼 비관적으로 바라보고 루크레티우스처럼 지식이 위안이자 거리두기에 필요한 것이라고 생각했다. 그러나 레비스트로스를 괴롭히는 악령은 육신이나 식욕이 아니라 역사였다. 한때 신비롭게 조화로웠던 과거의 구조가 우리 눈앞에서 망가져 무너져 내린다. 그래서 열대는 **슬프다.** 1915년 백인 선교사들이 처음 왔을 때는 벌거벗고 궁핍하고 잘생긴 유목 민족 낭비크와라 인구가 약 2만 명이었다. 1938년 레비스트로스가 도착했을 때는 2000명밖에 남지 않았다. 오늘날에는 비참하고 추한 모습으로 매독에 시달리며 소멸 직전의 위기에 놓여 있다. 인류학이 역사적 불안을 줄여줄 수 있으면 좋을 것이다. 레비스트로스가 자신이 열일곱 살 때부터 마르크스를 열렬히 추종했다고 말하는 점은 흥미롭다("사회학이나 민족학 문제에 접근할 때마다 나는 언제나 먼저 『루이 보나파르트의 브뤼메르 18일』이나 『자본론』을 한두 페이지 읽으면서 마음을 가다듬는다"). 레비스트로스의 제자 중에도 한때 마르크스주의자였던 사람이 많은데, 그러니까 이들은 미래에 믿음을 쌓아 올릴 수가 없으니 과거의 제단에 경의를 바치기로 했다고 할 수 있겠다. 인류학은 죽음의 연구가 되었다. '가서 원시인들을 연구하자.' 레비스트로스와 제자들은 이렇게 말한다. '그들이 사라지기 전에.'

이 과거의 마르크스주의자들, 한때의 철학적 낙관주의자들이 무너져 내리는 선사적 과거라는 우울한 광경에 몸을 맡긴다고 생각하니 이상한 기분이 든다. 이늘은 낙관주의에서 비관주의로 넘어갔을 뿐 아니라 확실성에서 체계적 의심으로 이행했다. 레비스트로스의 말에 따르면 현지 조사는 "모든 민족학 탐구가 시작되는 곳이며, 최고의 철학적 태도인 의심의 어머니이자 유모"이기 때문이다. 『구조인류학』에서 제시한 실제 인류학자의 작업 방식은 데카르트적 회의를 항구적 불가지론으로 확립했다. "이런 '인류학적 의심'은 아무것도 모른다는 것을 인식하는 데 그치지 않고, 아는 것이며 모르는 것을 자신이 가장 소중히 여기는 생각과 습관에 가장 강력하게 반대하며 제기된 모욕과 부정에 단호하게 노출하는 것까지 포함한다."

따라서 인류학자가 된다는 것은 자신의 의심과 지적 불확실성에 대해 무척 영리한 입장을 취하는 것이다. 레비스트로스는 이런 입장이 뚜렷이 **철학적**이라는 점을 분명히 한다. 동시에 인류학은 다른 여러 개인적 요구를 조화시키는 학문이기도 하다. 인류학은 남성성을 희생하지 않아도 되는 드문 지적 작업 가운데 하나로 두뇌는 물론 용기, 모험심, 신체적 강건함도 필요하다. 또 지성의 고통스러운 부산물인 소외감에 대한 해결책도 제시한다. 인류학은 지성을 제도화함으로써 소외를 극복한다. 인류학자에게 세계는 직업적으로 '집'과 '저 바깥'으로 나뉜다. 친숙한 것과 낯선 것, 도시의 학계와 열대 지방으로. 인류학자는 그저 중립적인 관찰자가 아니다. 인류학자는 자신의 지적 소외감을 통제하고 심지어 의식적으로 활용하는 사람이다. 레비스트로스는 『구조인류학』에서 이런 것을 유배의 기술technique de dépaysement이라고 불렀다. 레비스트로스는 현대과학의 '가치 중립성'이라는 범속한 공식을 당연히 여긴다. 그러면서 이 중립성을 세련되고 귀족적인 버전으로 제시한다. 현지의 인류학자는 '집에서는 비판자'이지만 '다른 곳에서는 순응자'인 20세기적 의식의 모범이 된다. 레비스트로스는 이런 역설적 정신 상태 때문에 인류학자는 시민이 되지 못함을 인정한다. 인류학자는 자신의 나라에 관한 한 정치적으로 무력해진다. 권력을 추구할 수 없고, 비판하고 반대하는 목소리밖에는 낼 수 없다. 레비스트로스 본인도 일반적이고 매우 프랑스적인 방식으로 좌파지만(알제리 전쟁에 반대하는 시민 불복종을 권고하는 유명한 121인 선언에 서명했다) 프랑스 기준에서 보면 탈정치적인 인간이다. 레비스트로스의 관념에서 인류학은 정치적 분리의 기술이며, 인류학자의 일은 완전한 거리두기를 전제로 할 것을 요구한다. "인류학자는 어디에서든 '집'이라고 느낄 수가 없다. 인류학자는 심리적으로 수족이 잘려 나간 사람이다."

전문자 민족을 처음 찾아온 방문자들은 거리두기를 할 줄 몰랐다. 당시에 민족학이라고 불렸던 분야의 최초 현지 연구자들은 선교사였고, 무지한 야만인을 일깨우고 개화된 기독교도로 만드는 데 노력을 쏟았다. 여자들이 가슴을 가리게 하고, 남자들은 바지를 입게 하고, 모두 주일학교에 가서 복음을 암송하게 하는 것이 요크셔에서 온 엄격한 독신 여성과 미국 중서부 농촌 출신 강골強骨 부대의 목표였다. 이들의 뒤를 이어 종교와 무관한 인문학자들이 등장했는데, 이들은 중립적이고 정중하고 개입하지 않는 관찰자들로 야만인들에게 기독교를 팔러 온 게 아니라 자국의 부르주아 독사들에게 '이성', '관용', '문화적 다원주의' 따위를 가르치는 게 목적이었다. 그리고 자국에서는 제임스 조지 프레이저, 허버트 스펜서, 윌리엄 로버트슨 스미스, 프로이트 등이 인류학적 자료를 엄청나게 빨아들여 합리주의적 세계관을 구축하려 했다. 그러나 인류학은 항상 연구 대상에 대한 강렬한 매혹과 혐오감을 동시에 느끼며 그 사이에서 씨름해왔다. 원시적인 것에 대한 공포(프레이저와 뤼시앵 레비브륄이 사용한 표현이다)가 인류학자의 의식에서 영영 떠나지 않고 남아 있다. 레비스트로스는 이런 혐오감을 극복하는 데 가장 멀리까지 나아간 사람이다. 레비스트로스는 완전히 새로운 유형의 인류학자다. 최근 미국의 인류학자들처럼 겸허히 자료만 수집하는 '관찰자'가 아니며, 기독교든 합리주의든 프로이트주의든 어떤 의제를 추구하지도 않는다. 기이하고 야심 찬 지적 카타르시스를 통해 자기 자신의 영혼을 구원하려 할 뿐이다.

인류학자는 **목격자**이고, 레비스트로스에 따르면 이 점이 사회학자와의 본질적 차이다. "인류학을 순수하게 이론만으로 배울 수 있다는 생각은 순전한 착각이다"(이 말을 들으면 막스 베버가 고대 유대교나 공자 시대 중국에 관해 쓰는 것은 괜찮은데 프레이저가 필리핀 타구바누아 부족의 희생 제의를 묘사한 것은 왜 안 된다는 건지 의문이 들 것이다). 왜일까? 레비스트로스에게 인류학은 정신분석학처럼 지극히 개별적인 지적 훈련이기 때문이다. 현지에서 일정 기간을 보내는 것은 정신분석학자가 되려는 사람들이 분석 훈련을 받는 것과 마찬가지다. 레비스트로스는 현지 조사의 목적이 "인류학자 수련의 결정적 전기가 되는 심리적 혁명을 일으키는 것"이라고 한다. 인류학자가 되려는 사람이 "현지 조사 경험을 통해 진정 새사람으로 거듭나는 내적 혁명을 과연 이루었는지, 이루었다면 언제 이루었는지"는 필기시험으로는 알 수 없고 같은 심리적 시련을 겪은 바 있는 "이 분야의 경험 있는 구성원"만이 판단할 수 있다.

그러나 레비스트로스가 이렇듯 인류학자의 소명을 다시 태어나는 영적 모험으로, 자신의 뿌리를 뽑는 일déracinement로 문학적으로 개념화하기는 하나, 글을 쓸 때는 분석과 조사라는 극히 비문학적인 방법론을 고수한다는 점이 중요하다. 『구조인류학』에 포함된 신화에 관한 중요한 글에서 레비스트로스는 신화의 요소를 컴퓨터로 처리할 수 있게 분석하고 기록하는 방법을 개괄한다. 미국에서 '사회과학'이라고 불리는 분야에서는, 유럽의 연구가 실증적 자료가 부족하고 은근히 문화 비평을 하려는 '인문주의적' 약점이 있으며 정량화를 필수 연구 방식으로 받아들이지 않기 때문에 유용하지 않다고 평가한다. 그러나 『구조인류학』에 실린 글들은 이런 한계를 확실히 벗어난다. 레비스트로스는 전통적 문제를 정확히 정량적으로 측정하려는 미국의 경향을 멸시하기는커녕 오히려 미국 방식에서 충분히 정교하거나 방법론적으로 엄밀하지 못한 부분을 지적한다. 레비스트로스는 『구조인류학』에서 자신과 가까운 프랑스 학파(에밀 뒤르켐이나 마르셀 모스와 추종자들)를 제쳐두고 미국 인류학자들(로베르트 로위, 프랜츠 보애스, 앨프리드 크로버 등)의 작업을 크게 칭찬한다.♦ 하지만 레비스트로스는

♦ 레비스트로스는 『슬픈 열대』에서 자신이 프랑스 인류학·사회학 저술을 오래전부터 많이 읽긴 했으나 철학에서 인류학으로 분야를 바꾸게 된 계기는 1934년인가 1935년에 읽은 로위의 『원시사회Primitive Society』때문이었다고 말한다. "이렇게 해서 영미 인류학과와 친밀한 관계가 이어지게 된다. … 나는 뒤르켐주의에 대한 반대를 선언하고 사회학을 형이상학적 목적에 적용하려는 모든 시도에 맞서며 연구를 시작했다." 그렇긴 해도 레비스트로스는 자신을 뒤르켐-모스 전통의 진정한 사도로 여긴다는 점을 분명히 했고 최근에는 자기 작업을 마르크스, 프로이트, 사르트르가 제기한 철학적 문제와 주저 없이 연관시켰다. 또한 기술적 분석에서 프랑스 학자들에게 진 빚을 분명히 인지한다. 특히 뒤르켐과 모스의 『분류의 몇몇 원시적 형태에 관한 에세이Essai sur Quelques Formes Primitives de Classification』(1901~1902)와 모스의 『증여론Essai sur le Don』(1924)에서 영

그보다도 경제학, 신경학, 언어학, 게임 이론 등과 같은 더 새로운 방법론에 더욱 친연성을 느낀다. 레비스트로스는 인류학은 인문학이 아니라 과학이 되어야 한다고 생각한다. 문제는 어떻게 그렇게 될 것이냐. "여러 세기 동안 인문학과 사회과학은 자연과학 등 정밀한 학문의 세계는 자기들이 결코 들어가지 못할 낙원이라고 보고 체념했다"라고 레비스트로스는 말한다. 그러나 최근에 로만 야콥슨을 비롯한 언어학자들이 그 낙원으로 가는 문 하나를 열었다. 이제 언어학의 문제를 재구성해서 "공학자가 만든 기계를 가지고 자연과학 실험과 전적으로 유사한 실험을 해 가설이 옳은지 아닌지 검증"할 수 있게 되었다. 인류학은 언어학을 비롯해 경제학, 게임 이론 등에서 "구체적 데이터에 지나치게 익숙해짐으로써 발생하는 혼란에서 벗어날 방법"을 찾았다.

따라서 도시의 지식인으로 느끼는 자신의 내면적 소외감을 확인하고자 이국적인 것에 몰두하는 사람은 연구 대상을 순전히 형식적 코드로 번역하여 정복하려 하게 된다. 이국적이고 원시적인 것에 대한 양가감정은 결코 극복되지 않고 단지 복잡하게 다시 진술될 뿐이다. 인류학자는 한 인간으로서 자신의 영혼을 구원하는 데 몰두한다. 그러는 한편 연구 대상을 고도의 형식적 분석

향을 많이 받았다. 첫 번째 글에서는 『야생의 사고』에서 사용한 분류학과 원시사회의 '구체적 과학' 연구의 출발점을 도출했다. 또 모스가 『증여론』에서 펼친 친족 관계, 경제적·의례적 교환 관계, 언어 관계는 근본적으로 같은 체계를 지니고 있다는 주장을 근간으로 레비스트로스는 『친족의 기본 구조』에서 구현된 접근 방식을 발전시켰다. 레비스트로스는 "이른바 원시적이라고 하는 사고는 양적인 사고"라는 결정적 통찰은 뒤르켐과 모스에게서 온 것이라고 반복해서 말한다.

으로(레비스트로스가 '구조적' 인류학이라고 부르는 방법으로) 기록하고 이해하는 데 전념하여 개인적 경험의 흔적을 지우고 연구 대상인 원시사회의 인간적 특성을 제거하고 만다.

『야생의 사고』에서 레비스트로스는 자신의 사고가 "일화逸話적이고 기하학적"이라고 말한다. 『구조인류학』에 수록된 글은 대체로 그의 사고가 기하학적임을 보여준다. 친족 제도, 토테미즘, 성인식, 신화와 의식의 관계 등 전통적 주제에 엄밀한 형식주의를 적용한 것이다. 인류학에 대한 대대적 정화 작업이 진행 중이며, 여기에서 모든 것을 쓸어버리는 빗자루는 '구조'라는 개념이다. 레비스트로스는 브로니슬라브 말리노프스키와 앨프리드 래드클리프 브라운 같은 인물이 주도하는 영국 인류학의 '자연주의' 기조와 분명한 거리를 둔다. 영국 인류학은 '기능 분석'을 줄기차게 주창하며 여러 관습을 보편적인 사회적 목적을 달성하기 위한 다양한 전략으로 해석한다. 그래서 말리노프스키는 한 원시사회를 실증적으로 관찰하면 다른 모든 사회에 존재하는 '보편적 동기'를 이해할 수 있다고 봤다. 레비스트로스는 말도 안 되는 주장이라고 생각했다. 인류학은 실제 대상 말고 그 이상을 이해하려고 해선 안 된다. 인류학 연구에서 심리학이나 사회학적 통찰을 얻을 수는 없다. 인류학 연구로 연구 대상인 사회에 관한 완전한 지식을 얻기란 불가능하기 때문이다. ('기능'이 아니라 '구조'에 관한 비교 연구로서) 인류학은 설명적 학문도 귀납적 학문도 될 수 없고, 한 사회를 다른 사회와 구분하는 형식적 특성에 주목할 뿐이다. 생물학적 기반이나 심리학적 내용, 제도나 관습의 사회적 기능에는 별 관심이 없다. 그래서 이를테면 말리노프스키와 래드클리프 브라운은 생물학적 관계에서 모든 친족 관계 모델이 나왔다고 주장하는 한편, 레비스트로스 같은 구조주의자는 크로버와 로위의 뒤를 따라 친족 규칙이 인위적으로 구성되었음을 강조한다. 구조주의에서는 친족 관계를 수학적 처리가 가능한 개념으로 논하는데 비해 레비스트로스와 구조주의자들은 말하자면 사회를 하나의 게임으로 본다. 이 게임을 하는 옳은 방식은 한 가지가 아니며, 사회마다 플레이어에게 다른 행동 방식을 부여한다. 인류학자는 의식이나 금기를 단순히 일련의 규칙으로 간주하고 "이런 규칙을 따라 움직이는 참여자(개인이건 집단이건)의 특성"은 크게 고려하지 않는다. 레비스트로스가 원시사회와 믿음을 분석할 때 가장 즐겨 사용하는 메타포 또는 모델은 언어다. 인류학과 언어학의 유사성이 『구조인류학』에 실린 글들을 관통하는 주제이기도 하다. 레비스트로스는 모든 행위는 언어이자 어휘와 문법 체계라고 본다. 인류학은 인간의 본성에 대해 아무것도 밝혀낼 수 없다. 질서가 필요하다는 점을 제외하고는. 이를테면, 종교와 사회구조의 관계에 보편적 진리 같은 것은 없다. 다만 둘 사이 관계의 다양성을 드러내는 모델이 있을 뿐이다.

레비스트로스의 이론적 불가지론에서 일반 독자에게 가장 충격적으로 다가오는 지점은 신화에 대한 관점일 듯하다. 레비스트로스는 신화를 심리적 내용이나 의례와는 필연적 연관이 없는 순수하게 형식적인 정신 작용으로 다룬다. 특정 신화는 사회적 게임의 규칙을 설명하고 이 규칙 때문에 긴장이나 모순이 발생했을 때 완화하려는 논리적 기획으로 분석된다. 레비스트로스는 신화적 사고의 논리가 현대과학의 논리 못지않게 엄밀하다고 본다. 다만 논리가 적용되는 문제가 다를 뿐이다. 원시 종교 이론 분야에서 레비스트로스와 대립적인 위치에 있는 저명한 학자 미르체아 엘리아데와 달리, 레비스트로스는 내용에 형식을 부여하는 사고 작용은 고대와 현대를 막론하고 인간의 근본적인 사고 과정이라고 주장한다. 레비스트로스는 오늘날 '역사' 시대의 과학적 사고와 선사 공동체의 신화적 사고 사이에 질적인 차이가 없다고 본다.

레비스트로스가 역사와 역사의식을 얼마나 악마적이라고 보는지는 사르트르를 예리하고 가차 없이 공격하는 『야생의 사고』 마지막 장에서 가장 잘 드러난다. 나는 레비스트로스의 사르트르 비판에 동의하지는 않는다. 그렇지만 메를로퐁티 사후에 사르트르의 실존주의와 현상학에 가장 흥미롭고 도전적인 비판을 가한 사람이 레비스트로스임은 인정할 수밖에 없다.

사르트르는 사상뿐 아니라 정서 자체가 레비스트로스와 정반대다. 철학적·정치적 독단주의, 지칠 줄 모르는 독창성과 복잡성을 지닌 사르트르는 늘 열광하는 사람의 태도(나쁜 태도일 때가 많다)를 보인다. 사르트르가 가장 크게 열광한 작가가 장 주네라는 사실이 이를 잘 보여준다. 주네는 바로크적으로 화려하고 교훈적이고 불손한 작가로 그의 자아는 모든 객관적 서사를 지워버리고, 인물들은 자위적 환상의 여러 단계를 보여주며, 게임과 인위적 장치와 은유와 기교가 가득한 과도하게 풍부한, 스타일의 대가다. 그러나 프랑스적 사고와 정서에는 또 다른 전통이 있다. 초연함을 숭배하는 기하학적 정신l'esprit géometrique이다. 누보로망 계열에 속하는 나탈리 사로트, 알랭 로브그리예, 미셸 뷔토르 등이 대표하는 전통으로, 이들은 주네와 달리 무한한 정밀성, 좁고 건조한 주제와 냉철하고 미시적인 스타일을 추구한다. 영화에서는 알랭 레네가 여기 속한다. 사르트르를 주네와 묶어 구분하듯 나는 레비스트로스를 이 전통에 포함하는데, 이 전통의 공식은 파토스와 냉철함의 혼합이다.

'새로운 소설'과 영화의 형식주의자들처럼 레비스트로스는 '구조'를 강조하고 극단적 형식주의와 지적 불가지론을 내세우는데 이것은 막대하지만 철저히 억제된 파토스와 나란히 놓인다. 그것이 때로 『슬픈 열대』 같은 역작으로 탄생하기도 한다. 이 책의 제목 자체가 축소 어법이다. 열대는 그냥 슬픈 정도가 아니다. 고통 속에 있다. 강간의 공포, 오늘날 전 세계에서 벌어지는 전문자 사회의 돌이킬 수 없는 파괴가 레비스트로스 책의 진정한 주제다. 이 주제는 일정한 거리, 즉 15년 전의 경험이라는 거리를 두고 분명한 감정과 사실로 전달되고, 이런 서술은 독자의 감정에 오히려 더 큰 자유를 부여한다. 그러나 이 책을 제외한 다른 책에서는 명쾌하면서 고통에 시달리는 관찰자가 이론의 엄격함을 기반으로 한층 절제되고 정화된 모습으로 다듬어져 나타난다.

로브그리예가 전통적 소설의 경험적 내용(심리, 사회적 관찰)을 거부한 것과 마찬가지로 레비스트로스도 경험주의적 인류학의 전통적 내용에 '구조적 분석' 방식을 적용한다. 관습, 의례, 신화, 금기는 하나의 언어. 언어에서 단어를 구성하는 소리 각각은 아무 의미를 띠지 않듯이 관습이나 의례나 신화의 개별 요소도 (레비스트로스에 따르면) 그 자체로는 의미가 없다. 예를 들어 오이디푸스 신화를 분석한다면, 신화의 각 부분(잃어버린 아이, 교차로의 노인, 어머니와의 결혼, 자기 눈알을 뽑음 등)은 의미가 없다고 레비스트로스는 주장한다. 전체 맥락 안에서 합해져야만 (논리적 모델에서처럼) 부분들이 의미를 갖는다. 지적 불가지론이 이 정도에 이른다는 것은 정말 대단한 일이다. 그리고 이 방법에 이의를 제기하기 위해 프로이트식의 신화 해석이나 사회학적 해석까지 가져오지 않아도 된다.

그러나 레비스트로스를 진지하게 비판하려면 무엇보다 그의 극단적 형식주의가 도덕적 선택이며 (더욱 놀랍게도) 완벽한 사회에 대한 비전이라는 사실을 다루어야 한다. 레비스트로스는 극단적인 반역사주의자라 '선사' 사회와 '역사' 사회를 구분하기를 거부한다. 원시사회에도 역사가 있었다. 우리에게 알려지지 않았을 뿐. 그리고 레비스트로스는 사르트르를 비판하며 (원시인들에게는 없는) 역사의식이 더 높은 형태의 인식이 아니라고 주장한다. 레비스트로스에게는 오직 '뜨거운' 사회와 '차가운' 사회의 구분이 있을 뿐이다. 뜨거운 사회는 현대사회, 곧 역사적 진보라는 망령에 기반해 움직이는 사회다. 차가운 사회는 원시적 사회로, 고정되어 있고 결정체를 이루며 조화롭다. 레비스트로스의 관점에서 유토피아에 도달하려면 역사적 온도를 크게 낮추어야 한다. 콜레주 드 프랑스 취임 연설에서 레비스트로스는 후기 마르크스주의적 자유의 비전을 제시했다. 인간이 마침내 진보의 압박에서, "진보를 이루기 위해 인간을 노예화했던 오랜 저주"에서 벗어난 미래다. 그렇게 되면

> 역사는 독립된 채로 존재하고 사회는 역사를 넘어 역사 바깥에 존재하면서, 잘 보존된 원시사회가 가르쳐주듯 인간성과 모순되지 않는 규칙적이고 결정체에 가까운 구조를 다시 이룰 것이다. 이런 유토피아적인 시각에서 사회인류학의 존재 가치를 찾을 수 있다. 사회인류학이 연구하는 삶과 생각의 형식이 단순히 역사적이고 상대적인 관심사에 그치는 게 아니라 인간의 영원한 가능성이 될 것이기 때문이다. 특히 인류의 가장 암울한 시기에 사회인류학에는 이를 지켜야 할 사명이 있다.

따라서 인류학자는 원시인들의 차가운 세계를 애도하는 데 그치지 않고 그 세계를 지키려 한다. 인류학자는 그림자 사이에서 한탄하며 진정한 고대와 그렇지 않은 것을 구분하려 고군분투하는 사람으로서, 영웅적이고 성실하며 복잡한 현대적 비관주의의 상징이 된다.

(1963)

루카치의 문학 비평

헝가리 철학자이자 문학 비평가 루카치 죄르지는 오늘날 공산 사회에 살아 있는 원로 작가이자, 마르크스주의자가 아닌 사람도 진지하게 받아들일 수 있게 마르크스주의에 관해 발언하는 인물이다.

나는 (많이들 생각하듯) 루카치가 오늘날 마르크스주의를 **가장** 흥미롭고 설득력 있게 전하는 사람이라고 생각하지는 않고, (흔히 그렇게 부르듯) '마르크스 이후 가장 위대한 마르크스주의자'라고 생각하지도 않는다. 그렇지만 루카치가 우리가 주목해야 할 만한 대단한 명성을 획득한 것은 의심할 바가 없다. 루카치는 동유럽과 러시아에서 일어난 새로운 지적 운동의 중요한 멘토일 뿐 아니라 마르크스주의자 서클 밖에서도 오랫동안 중요한 위치를 차지했다. 예를 들어 초기 저작은 (예술, 문화, 지식의 사회학에 관한) 카를 만하임의 여러 사상에서 토대가 되었고, 그를 통해 현대사회학 전반에 영향을 미쳤다. 또 루카치는 사르트르에게도 큰 영향을 끼쳤고, 그를 통해 프랑스 실존주의에도 영향을 주었다.

루카치는 1885년 헝가리에서 태어났는데 최근 작위를 받은 부유한 유대인 은행가 집안 출신이었다. 지식인으로서의 경력은 처음부터 비범했다. 10대 때부터 글을 쓰고 대중 강연을 하고 극단을 설립하고 진보 잡지를 창간했다. 독일로 건너가서 베를린대학교와 하이델베르크대학교에서 수학했고, 막스 베버와 게오르크 지멜 등 위대한 스승을 명민함으로 놀라게 했다. 주요 관심사는 문학이었지만 그 밖의 모든 것에도 관심이 있었다. 1907년에 쓴 박사 논문 제목은 「비극의 형이상학Metaphysik der Tragödie」이었다. 1908년에는 첫 번째 주요 저서인 『근대연극 발전사A modern dráma fejlődésének története』를 두 권으로 펴냈다. 1911년에는 문학 평론집 『영혼과 형식』을 출간했고 1916년에는 『소설의 이론』이 나왔다. 제1차 세계대전 동안에 신칸트주의에서 헤겔주의로 방향을 바꾸었고 이어 마르크스주의에 경도되었다. 1918년 공산당에 가입했다(이때 자기 이름에 들어 있던 '폰'이라는 귀족 칭호를 떼어냈다).

이후 루카치의 경력은 점점 폐쇄적 성격이 강해지는 이념에 헌신한 자유로운 지식인이, 지식인의 말과 글에 매우 큰 무게를 부여하는 사회에서 살아가기가 얼마나 어려운 일인지를 보여주는 충격적인 증거가 된다. 처음부터 루카치의 마르크스주의 해석은 자유롭고 사변적이었기 때문이다.

공산당에 들어간 지 얼마 지나지 않았을 때 루카치는 혁명에 참여하는데, 이것이 루카치가 살면서 가담한 두 번의 혁명 중 첫 번째였다. 루카치는 헝가리로 돌아가 1919년 쿤 벨러의 단명한 공산당 독재정권 기간에 교육부 장관이 되었다. 쿤 정권이 무너진 뒤에 루카치는 빈으로 탈출하여 여기에서 10년 동안 살았다. 이 시기의 가장 중요한 저서는 마르크스주의 이론을 철학적으로 고찰하여 이제 전설이 되다시피 한 『역사와 계급의식』(1923)이다. 루카치의 책 중에서 마르크스주의자가 아닌 사람들에게 가장 높이 평가받는 책이며 이 책 때문에 루카치는 공산주의 진영 내에서 뜨거운 공격을 끊임없이 받게 되었다.

이 책을 둘러싼 논란은 루카치가 빈에 망명해 있던 시절 헝가리 공산당 당권을 두고 쿤과 벌인 다툼에서 패배했음을 뜻한다. 위로는 레닌, 부하린, 지노비예프에서 시작해 공산 세계 전체의 공격을 받은 후 루카치는 헝가리 공산당 중앙위원회에서 축출되었고, 자신이 만든 잡지 《공산주의Kommunismus》 편집장 자리에서도 물러나야 했다. 그래도 루카치는 자기 책을 옹호했고 어떤 것도 철회하지 않고 꿋꿋이 버텼다.

그러나가 베를린에서 1년을 보낸 후 1930년 모스크바로 가서 유명한 마르크스-엥겔스 연구소에서 1년간 연구한다(이 연구소의 소장이었던 D. 랴자노프D. Ryazanoff는 1930년대 후반 숙청으로 사라진다). 이 시기에 루카치의 내면에서 무슨 일이 일어났는지는 알려지지 않았다. 알려진 사실은 루카치가 1931년 베를린으로 돌아갔다가, 1933년 히틀러가 집권하자 다시 모스크바로 갔고, 같은 해에 『역사와 계급의식』을 포함해 자기가 그때까지 쓴 책 전부를 '부르주아 관념주의'에 물들었다며 극히 비굴한 표현을 동원해 공개적으로 부인했다는 것이다.

루카치는 난민 신분으로 모스크바에서 12년 동안 살았다. 이전 의견은 철회하고 자신의 작업을 공산주의 정통에 더 가까이 일치시키려는 시도를 계속했음에도 눈 밖에 난 상태에서 벗어날 수는 없었다. 그렇긴 해도 랴자노프와 달리 숙청당하지 않고 살아남았다. 그의 탁월한 저서 중 한 권인 『청년 헤겔Der junge Hegel』이 이 시기에 쓰였고(1938년에 썼으나 10년이 지난 후에야 출간되었다), 현대철학을 비열하게 단순화하여 비판하는 『이성의 파괴』(1945)도 이 시기의 산물이다. 이 두 권의 현격한 차이가 루카치의 후기 저작에 나타나는 엄청난 질적 편차를 보여주는 전형적 사례다.

1945년 전쟁이 끝나고 헝가리에 다시 공산주의 정권이 들어서자 루카치는 고국으로 영구 귀국하여 부다페스트대학교에서 교편을 잡았다. 이후 10년 동안 쓴 책으로는 『괴테와 그의 시대 Goethe und seine Zeit』(1947), 『토마스 만Thomas Mann』(1949)이 있다. 그리고 일흔한 살의 나이에 두 번째로 혁명의 한복판에 뛰어드는 믿기 어려울 정도로 활동적인 모험을 시작한다. 루카치는 1956년 **혁명헝가리 정부의 소련 종속 정책에 반대하는 전국적인 혁명으로 12일 만에 소련군의 전차부대에 진압되었다 — 옮긴이**의 지도자가 되었고 너지 임레 정부에서 장관으로 임명되었다. 혁명이 진압된 후 루카치는 루마니아로 추방되어 가택 연금에 처해졌으나, 넉 달 뒤에 사면을 받아 다시 부다페스트로 돌아와 강의를 계속했고 헝가리와 서유럽에서 책을 출간할 수 있었다. 루카치가 워낙 노령인 데다가 국제적인 명성이 있어서 너지 임레처럼 처형되는 운명은 피할 수 있었던 듯하다. 여하튼 루카치는 혁명 지도자 가운데 유일하게 재판을 받지 않았고 공식적으로 신념을 철회한 적도 없다.

혁명 직후에 루카치는 『우리 시대의 리얼리즘』(1956)을 출간했고 작년(1963년)에는 오래 기다려왔던 『미학』 1부를 두툼한 책 두 권으로 출간했다. 루카치는 문화 관료와 원로 공산주의 비평가들에게 계속 공격을 받고 있다. 점점 자유화되어가는 야노시 카다르 정권 아래 헝가리에서보다는 동독 쪽에서 더 많은 비판을 받고 있긴 하다. 마르크스의 초기 저작에 새로이 관심이 높아지면서 (루카치가 여전히 완강하게 부정하는) 루카치 초기 저작이 영국과 서유럽, 라틴아메리카에서 널리 연구되고 있다(프랑스어와 스페인어로 다수가 번역되었다). 반면 동유럽 신진 학자들은 루카치의 후기 저작을 스탈린주의 사상과 실천을 신중하면서도 철저하게 떨쳐버리기 위한 중요 지침으로 삼는다.

루카치가 개인적으로나 정치적으로나 뛰어난 생존력을 지녔음은 분명하다. 다양한 사람들에게 다양한 면을 보여줄 수 있었기 때문일 것이다. 루카치는 주변부 지식인으로 살기가 너무나 어려운 사회에서 주변적인 동시에 중심적인 위치를 차지하는 어려운 일을 해낸 셈이다. 그러나 이런 균형을 이루기 위해서 삶의 오랜 기간을 어떤 형태로든 망명 상태로 보내야 했다. 앞에서 이야기한 외적 망명뿐 아니라 내적 망명도 계속되고 있었음이 루카치가 선택한 책의 주제에서 드러난다. 루카치가 가장 깊이 몰두한 작가는 괴테, 발자크, 월터 스콧, 톨스토이다. 루카치는 나이 덕에 그리고 공산주의 문화의 정전이 등장하기 전에 형성된 감수성을 지닌 덕에, (지적으로) 현재에서 벗어남으로써 자신을 보호할 수 있었다. 현대 작가 가운데 루카치가 무조건적으로 인정하는 작가는 토마스 만, 존 골즈워디, 고리키, 로제 마르탱 뒤 가르 등 기본적으로 19세기 소설 전통을 이어가는 작가들뿐이다.

그러나 19세기 문학과 철학에 대한 루카치의 헌신은 단순한 미학적 선택이 아니다(사실 마르크스주의나 기독교 또는 플라톤주의 관점에서 순전히 미학적 선택이란 없다). 루카치는 도덕적 기준으로 현대를 판단하는데, 이 기준이 과거에서 가져온 것이라는 점이 중요하다. 루카치가 말하는 '리얼리즘'은 과거에 존재했던 관점의 총체성이다.

또 루카치가 어떤 언어로 책을 썼는지에서도 현재와 거리를 두는 방식을 볼 수 있다. 루카치는 첫 책 두 권은 헝가리어로 썼다. 나머지 책 서른 권 남짓과 평론 쉰 편 정도는 독일어로 썼다. 오늘날 헝가리에서 계속해서 독일어로 글을 쓴다는 것은 명백히 논쟁적인 행동이다. 루카치는 19세기 문학에 초점을 맞추고 독일어를 집필 언어로 고집함으로써 (민족주의자나 교조주의자가 아니라) 공산주의자이자 범유럽인이자 인문주의자로서 가치를 주장한다. 그리하여 공산주의 변방 국가에 살면서도 유럽의 진정한 지식인으로 자리할 수 있었다. 말할 필요도 없지만, 루카치는 미국에도 진작에 널리 알려졌어야 한다.

그러나 아쉽게도 미국에 소개된 루카치의 저작 두 권은 모두 문학 비평이고 '초기' 루카치가 아니라 '후기' 루카치다.♦ 『유럽 리얼리즘 연구』는 발자크·스탕달·톨스토이·졸라·고리키 등을 주로 다루는 여덟 편의 에세이 모음집으로, 루카치가 1930년대 후반 숙청이 진행 중이던 러시아에 있을 때 썼기에 그 끔찍한 시절의 상처가 생경한 정치적 색채로 군데군데 남아 있다. 루카치는 이 책을 1948년에 출간했다. 『우리 시대의 리얼리즘』은 더 짧은 책으로 1950년대에 썼는데 덜 학술적이고 더 가볍고 논리 전개가 빠르다. 이 책에 포함된 세 편의 에세이에서 루카치는 오늘날 문학의 대안을 검토하고 '모더니즘'과 '사회주의 리얼리즘' 양자를 거부하고 '비판적 리얼리즘'이라는 것을 옹호한다. 사실상 19세기 소설 전통에 속하는 소설을 가리키는 말이다.

내가 이런 책들만 소개되어 아쉽다고 한 까닭은, 이 책들이 접근하기 쉽고 루카치의 철학서만큼 난해하지 않긴 하지만 여기서는 문학 비평가로서의 면밖에 볼 수 없기 때문이다. 문학 비평가로서 루카치만의 가치와 특징은 무엇일까? 허버트 리드는 루카치를 극찬했고 토마스 만은 "오늘날 가장 중요한 문학 비평가"라고 했고 조지 스타이너는 루카치가 "우리 시대 유일한 중요 독일 비평가"로 "루카치가 다루는 문학의 폭에 필적할 사람은 샤를 생트뵈브와 에드먼드 윌슨"뿐이라고 했다. 앨프리드 케이진은 루카치를 19세기 소설의 위대한 전통으로 안내하는 매우 유능하고

♦   『유럽 리얼리즘 연구Studies in European Realism』, 『우리 시대의 리얼리즘』. 『토마스 만에 관한 에세이Essays on Thomas Mann』가 1964년 영국에서 번역 출간되었다. 1936년 집필한 『역사 소설론』도 최근에 번역되었다.

견실하고 중요한 길잡이라고 평했다. 그런데 현재 나와 있는 책 두 권이 이런 주장을 뒷받침하나? 나는 아니라고 생각한다. 최근의 루카치 유행은 스타이너나 케이진이 영역본 서문으로 쓴 열렬한 에세이가 촉발한 것이며 엄격한 문학적 기준보다는 문화적 선의를 바탕으로 만들어진 게 아닌가 하는 생각이 든다.

루카치에 열광하는 사람들에게 공감하기는 쉽다. 나도 지난 10여 년 동안 마르크스주의를 진지하게 논하지 못하게 한 냉전 시기의 지적 불모에 항의하는 의미에서라도 루카치를 일단 너그러이 보고 싶다. 그렇지만 '후기' 루카치에게 관대해지려면 루카치를 진지하게 여기지 않고 그의 도덕적 열정을 미학적으로, 곧 사상이라기보다는 스타일로 취급하며 미묘하게 깎아 대할 수밖에 없다. 나는 루카치가 한 말을 말 그대로 받아들이고 싶다. 그런데 루카치가 도스토옙스키, 프루스트, 카프카, 베케트 등 현대문학 대부분을 거부했다는 사실은 어떻게 하나? 스타이너가 서문에서 말하듯이 "루카치는 빅토리아 시대 비평가처럼… 급진적 도덕주의자다. … 이 위대한 마르크스주의자 안에는 구식 청교도가 있다"라고 얼버무리는 것으로는 충분하지 않다.

이처럼 피상적으로 다 아는 듯 말하며 악명 높은 극단주의를 길들이는 비평은 사실상 판단의 유보나 다름없다. 루카치가 (마르크스나 프로이트처럼) 도덕적으로 관습적이고 심지어 얌전을 빼는 듯하다는 점을 귀엽고 매력적이라고 느낄 수는 있으나, 그런 생각의 바탕에는 급진 사상가를 괴물처럼 여기는 진부한 고정관념이 있다. 중요한 점은 루카치가 실제로 문학을 도덕적 논증의 일부로 사용한다는 것이다. 루카치가 설득력 있고 효과적으로 그렇게 하고 있나? 이런 방법으로 예민하고 감식안 있고 진정한 문학적 판단이 이루어질 수 있나? 나는 개인적으로 루카치의 1930년대, 1940년대, 1950년대 저작에는 중대한 결함이 있다고 생각한다. 마르크스주의가 개입해서가 아니라 논증 자체가 거칠기 때문이다.

당연히 어떤 비평가라도 잘못된 판단을 내릴 수 있다. 그러나 어떤 종류의 오판은 감성 자체가 근본적으로 잘못되었음을 보여준다. 루카치처럼 니체를 나치즘의 전조라고 치부하며 밀어내버리고 콘래드가 "삶의 총체성을 묘사하지 않았다"라고 폄하한다면(루카치는 콘래드를 "소설가라기보다 단편 작가다"라고 말한다) 단순히 개별적 판단 오류를 저지른 것이 아니라 받아들여서는 안 될 기준을 제시한 것이라고 할 수 있다.

또 나는 케이진이 서문에서 암시하듯이 루카치가 틀린 부분도 있지만 옳은 부분에서는 믿음직하다는 데 동의할 수 없다. 19세기 리얼리즘 소설 전통이 루키치 말대로 대단하긴 하나, 루카치가 제시하는 대단함의 기준은 너무 투박하다. 루카치는 "비평가의 임무는 이데올로기(세계관 Weltanschauung이라는 의미에서)와 예술적 창조 사이의 관계에 있다"라는 관점에서 모든 것을 평가한다. 루카치의 모방 이론은 지나치게 허술하다. 책은 '초상'이어서 '묘사'하고 '그림을 그리며', 예술가는 '대변인'이라고 한다. 위대한 리얼리즘 소설 전통은 굳이 이런 말로 옹호할 필요가 없다.

현재 나온 두 권의 '후기' 저작은 지적 섬세함이 부족하다.

그 두 권 중에서는 『우리 시대의 리얼리즘』이 훨씬 뛰어나다. 특히 첫 번째 에세이 「모더니즘의 이데올로기」는 여러 면에서 눈부시고 설득력 있는 비판이다. 모더니즘 문학(루카치는 카프카, 조이스, 모라비아, 고트프리트 벤, 베케트 등등을 전부 한데 쓸어 담는다)은 본질적으로 알레고리라는 게 루카치의 논지다. 그러고 나서 알레고리와 역사의식의 거부를 연관 짓는다. 그다음 글인 「프란츠 카프카냐 토마스 만이냐」는 같은 주장을 더 조악하고 재미없게 반복하는 글이다. 마지막 글인 「비판적 리얼리즘과 사회주의 리얼리즘」에서는 스탈린 시대의 예술적 교리를 마르크스주의의 관점에서 반박한다.

그렇긴 하나 이 책에도 실망스러운 점이 많다. 첫 번째 글의 알레고리 개념은 발터 벤야민의 개념을 바탕으로 하는데, 알레고리를 다룬 벤야민의 글에서 인용한 부분이 지면에서 루카치의 글보다 훨씬 뛰어난 문재文才와 추론을 보이며 빛을 발한다. 아이러니하게도 1940년에 사망한 벤야민은 '초기' 루카치에 영향을 받은 비평가 가운데 한 명이었다. 그러나 어쨌든 간에 벤야민은 위대한 비평가였고('우리 시대 유일한 중요 독일 비평가'라는 칭호를 들을 자격이 있는 사람은 벤야민이다) '후기' 루카치는 그렇지 않다. 벤야민은 루카치가 될 수도 있었을 문학 비평가의 모습을 보여준다.

프랑스의 사르트르나, 벤야민, 테오도르 아도르노, 허버트 마르쿠제 등 걸출한 독일 네오마르크스주의 비평가들은 마르크스주의(더 정확히 말하면 급진적 헤겔주의) 관점을 현대문학의 특정 측면을 정당히 다룰 수 있는 철학적·문화적 분석 방식으로 발전시켰다. 루카치는 이런 작가들과 비교되어야 마땅하고, 이들에 비해 부족하다. 나는 루카치의 반동적인 미적 감수성의 바탕에 어떤 이유와 경험이 있었는지 이해하고 공감한다. 심지어 루카치의 고질적 도덕주의나 그가 속물주의에 대처하기 위해 용감하게 짊어지는 이데올로기의 짐을 존경하기도 한다. 하지만 그 취향의 지적 전제나 그에 따르는 결론은 받아들일 수 없고 현대문학의 위대한 작품을 도매금으로 비판하는 것도 받아들일 수 없으며, 마찬가지로 이런 점이 루카치의 후기 비평 전체를 망가뜨리지 않는 척 눈을 돌릴 수도 없다.

루카치에 입문하는 미국 독자들에게 루카치를 제대로 소개하려면 초기 저작 『영혼과 형식』(이 책에는 비극에 관한 논문이 포함되어 있다), 『소설의 이론』 그리고 당연히 『역사와 계급의식』이 번역되어야 할 것이다. 여기에 더해, 마르크스주의적 예술관의 활력과 범위를 제대로 이해하려면 앞에서 언급한 독일과 프랑스 비평가들의 책이 번역되어야 하나. 특히 벤야민은 빼놓을 수 없다. 이 비평가들의 주요 저작을 함께 보아야만 예술과 문화를 보는 마르크스주의적 관점을 정당하게 평가할 수 있을 것이다.

(1964)

후기

카를 만하임은 루카치의 『소설의 이론』 서평(1920)에서 이 책을 "소설이라는 미학적 현상을 역사 철학이라는 더 높은 관점에서 해석하려는 시도"라고 표현했다. 만하임은 "루카치의 책은 옳은 방향으로 가고 있다"라고 평했다. 옳은가 그른가 하는 판단은 제쳐두고, 이런 방향에는 한계가 있다고 나는 말하고 싶다. 더 정확히 말해 예술에 관한 마르크스주의적 관점의 강점과 한계는 둘 다 이 '더 높은 관점'에 매달리는 데 있다. 내가 앞서 언급한 비평가들(초기 루카치, 벤야민, 아도르노 등)의 글은 예술 자체를 특정 도덕적 역사적 경향에 편협하게 억지로 복무시키지는 않았다. 그렇지만 이들 비평가도 궁극적으로는 어떤 이데올로기를 영속화하는 데 기여한다는 생각에서 벗어나긴 어렵다. 이데올로기는 윤리적 의무를 지시한다는 점에서는 긍정적으로 여겨질 수 있으나 그것을 고수하다 보면 현대사회의 질감과 특질, 독특한 관점을 잘 파악하지 못하고 교조적이고 비판적인 방식으로만 바라보게 된다. 내가 말하는 이데올로기는 '휴머니즘'이다. 네오마르크스주의 비평가는 역사적 진보라는 개념에 헌신하지만 사회주의 국가 외부의 흥미롭고 창의적인 문화에는 특이할 정도로 무감한 모습을 보인다. 아방가르드 예술에는 대체로 관심이 없고, 특색도 의미도 다양한 현대예술과 삶을 ('소외된', '비인간화', '기계화' 등의 말로) 싸잡아 비난하며 매슈 아널드, 존 러스킨, 야코프 부르크하르트 등 19세기의 보수적 비평가들과 정신적으로 크게 다르지 않은 모습을 보인다. 이들보다 오히려 마셜 매클루언 같은 극히 탈정치적인 비평가가 현대의 현실을 훨씬 더 잘 파악한다는 사실은 매우 기이하고 불편한 일이다.

    네오마르크스주의 비평가들의 다양한 판단의 면면을 보

면 이들이 내가 말한 것처럼 일치하는 감수성을 지녔다고 말할 수는 없을 듯도 하다. 그렇지만 여러 비평가가 무언가를 칭찬할 때 같은 말을 반복하는 것을 보면 실상 큰 차이가 없는 것으로 보인다. 이를테면 아도르노는 『신음악의 철학』에서 쇤베르크를 '진보'라는 이름으로 옹호한다(아도르노는 쇤베르크를 옹호하는 논리를 보충하려고 스트라빈스키를 비판하는데, 스트라빈스키를 신고전주의라는 한 시대에만 속한 것으로 파악한 것은 부당하다. 스트라빈스키는 과거를 털어서 음악적 패스티시pastiche를 만든다는 이유로(피카소도 이런 이유로 비판할 수 있다) '반동'이며 따라서 '파시스트'로 규정된다). 그런데 루카치가 비판한 카프카의 특질은 음악사로 바꾸어 아도르노의 관점에서 생각하면 '진보적'이라고 불릴 만한 것이었다. 루카치는, 카프카는 알레고리적이고 따라서 탈역사적인 글을 썼으므로 반동적인 반면 토마스 만은 리얼리즘과 역사의식이 있으므로 진보적이라고 평한다. 그러나 패러디와 아이러니가 가득한 토마스 만의 구식 글쓰기를 다른 관점에서는 반동적이라고 평할 수도 있는 것이다. '반동'이란 어떤 관점에서는 과거와의 진정성이 없는 관계이고 다른 관점에서는 추상성이다. 어떤 기준을 따르든 (개인적 취향에 따른 예외는 있지만) 이들 비평가는 대체로 현대예술에 부정적이거나 둔감한 듯 보인다. 대체로 어쩔 수 없는 경우가 아니면 가까이 가려 하지 않는다. 이를테면, 프랑스 네오마르크스주의 비평가 뤼시앵 골드만이 비중 있게 다룬 현대소설가는 앙드레 말로가 유일하다. 비범한 벤야민조차 괴테, 니콜라이 레스코프, 보들레르에 관해서는 훌륭한 글을 썼으나 20세기 작가는 다루지 않았다. 벤야민은 또 20세기의 새로운 주요 예술 형식인 영화를 중요한 에세이에서 비중 있게 다루기는 했으나 크게 오해하고 과소평가했다(벤야민은 영화가 전통과 역사의식의 폐기를 구현한다고 생각했고 따라서 (이것 또한!) 파시즘이라고 봤다).

헤겔과 마르크스를 이어받은 문화 비평가들은 하나같이 예술이 (역사적으로 해석 가능할 뿐 아니라) 독자적인 형식이기도 하다는 점을 인정하지 않으려 한다. 오늘날 예술의 움직임은 바로 예술의 형식적 속성의 힘(정서적 힘을 포함하여)을 재발견하는 데서 동력을 얻는데, 이들 비평가는 '내용'을 통하지 않고는 현대예술에 공감하기가 어려운 입장이다. 역사주의 비평가들은 형식조차 일종의 내용으로 취급한다. 루카치의 『소설의 이론』이 명확히 보여주는데, 이 책에서는 사회 변화에 대한 태도가 형식으로 구현된다고 설명하면서 서사시, 서정시, 소설 등 여러 문학 장르를 분석한다. 여러 미국 문학 비평가의 글에서도 덜 노골적이기는 하나 비슷한 편견이 드러난다. 마르크스의 영향도 있으나 주로 사회학에서 헤겔주의를 이어받은 비평가들이다.

역사주의적 접근은 분명 가치 있는 통찰을 제공한다. 그러나 형식을 내용의 일종으로 해석할 수 있다면 내용을 형식의 장치로 보는 것도 마찬가지로 옳은 일이다(그리고 지금 더 강조되어야 할 점은 이쪽일 것이다). 역사주의 비평가와 그 후예들이 예술 작품을 (사회학적·문화적·도덕적·정치적 자료가 아니라) 예술 작품 자체로 볼 수 있어야 20세기의 수많은 위대한 예술 작품을 더 광범위하게 포용할 수 있을 것이며 '모더니즘' 예술의 문제와 목표에 개입할 수 있을 것이다. 오늘날 책임 있는 비평가라면 반드시 해야 할 일이다.

(1965)

사르트르의 『성 주네』

『성 주네Saint Genet』는 암 덩어리 같은 책이다. 기괴할 정도로 장황하고 끈적할 정도로 장중하고 끔찍하게 반복되는 어조로 눈부신 아이디어를 전달한다. 원래 사르트르는 갈리마르 출판사에서 출간한 주네 전집에 들어갈 서문을 (50페이지 정도 분량으로) 쓰기 시작했다. 그런데 쓰다 보니 양이 점점 불어나서 결국 그 글이 1952년에 별개의 책으로, 주네 전집의 첫 권으로 출간되었다. 이 책을 읽으려면 주네의 산문을 잘 알아야 하는데 대부분은 아직 영어로 번역되지 않았다. 더 중요한 점은 사르트르가 텍스트를 설명하는 방식에 독자가 공감할 준비가 되어 있어야 한다는 것이다. 사르트르는 전통적 비평의 범절이나 규칙을 싹 무시한다. 어떤 기준도 없이 그냥 깊이 몰입해서 비평한다. 이 책은 그냥 주네 안으로 풍덩 뛰어들 뿐 사르트르의 논증에는 눈에 보이는 구조가 없고 어떤 것도 쉽고 명료하게 정리되지 않는다. 사르트르가 625페이지까지만 쓰고 멈춘 것을 고마워해야 할지도 모르겠다. 그가 주네를 두고 행하는 지칠 줄 모르는 문학적·철학적 해부는 1000페이지를 넘어 얼마든지 계속될 수 있었을 테니 말이다. 그렇긴 하나, 사르트르의 속 터지는 책에는 주목할 만한 가치가 있다. 『성 주네』는 진정으로 위대한 미친 책은 아니다. 그러기에는 너무 길고 언어가 너무 학술적이다. 그렇지만 굉장하고 심오한 생각이 잔뜩 담겨 있다.

글의 분량이 점점 늘어난 까닭은 철학자 사르트르가 (존경하는 마음에서 그러긴 했으나) 시인 주네를 자꾸 밀어내고 자기를 들이밀 수밖에 없었던 탓이다. 처음에는 비평적 경의를 표하며 부르주아 문학 독자들이 '주네를 잘 활용'하도록 안내하려는 의도로 시작한 글이 점점 야심 찬 무엇으로 변모했다. 사르트르의 기획은 특정 인물에 대해 글을 쓰며 (데카르트에서 후설과 하이데거로 이어지는 현상학적 전통에 프로이트와 수정 마르크스주의를 넉넉히 혼합한) 자신의 철학적 스타일을 드러내는 것이었다. 이 경우에는 사르트르가 주네의 행위를 재료로 삼아 철학적 어휘의 의미를 산출한다. 1947년에 사르트르는 좀 더 소화하기 쉬운 길이로 이미 '실존주의적 정신분석'을 시도한 적이 있는데 그때는 재료가 보들레르였다. 이 에세이에서 사르트르는 보들레르와 어머니의 관계, 혹은 애인과의 관계 등 심리적인 문제에 특히 집중했다. 최근의 주네 연구는 더 철학적이다. 직설적으로 말하자면 사르트르가 보들레르는 존경하지 않았지만 주네는 존경하기 때문이라고 할 수 있다. 사르트르가 보기에 주네는 정신분석을 넘어서 철학적 진단을 할 가치가 있는 인물이다.

이 책의 방대함과 다급한 호흡은 철학적 딜레마 탓이다. 사르트르도 알다시피 모든 사고는 보편화된다. 사르트르는 구체적이기를 원한다. 자신의 끝없는 지적 능력을 발휘하는 데 그치지 않고 주네가 어떤 사람인지 드러내고 싶어 한다. 그러나 그럴 수 없다. 사르트르의 기획은 근본적으로 불가능하다. 진정한 주네를 포착할 수는 없다. 주네는 고아, 도둑, 호모섹슈얼, 자유롭고 의식이 또렷한 개인, 작가의 범주로 계속 되돌아간다. 사르트르도 이 점을 인식하고 있으며 그래서 고통스럽다. 『성 주네』의 방대한 분량과 쉼 없이 달려가는 속도는 이런 지적 고뇌의 산물이다.

철학자는 행동에 의미를 부여하려 하기 때문에 고뇌에 빠진다. 실존주의의 핵심 개념인 자유는 『존재와 무』에서보다 『성 주네』에서 오히려 더 뚜렷하게 세상을 가만히 두지 못하고 의미를 부여하려는 강박으로 드러난다. 사르트르의 행동현상학에 따르면 행동하는 것은 세상을 바꾸는 것이다. 인간은 세상에 시달리며 행동한다. 어떤 목적이나 이상을 염두에 두고 세상을 바꾸려고 행동한다. 따라서 행동은 우연한 것이 아니라 의도적인 것이며, 우연은 행동으로 간주되지 않는다. 성품에 따른 행위도 예술 작품도 단순히 경험하는 것으로는 충분하지 않다. 이해되어야 하고, 세상을 바꾸려는 행위로 해석되어야 한다. 그래서 사르트르가 『성 주네』에서 내내 설교를 하는 것이다. 사르트르는 주네의 행위를 가지고 설교한다. 사르트르의 책이 쓰인 시기가 주네가 주로 소설을 쓰던 시기였고(주네의 희곡 중에서는 첫 두 편인 『하녀들』과 『엄중한 감시』만 나왔을 때였다), 소설이 전부 자전적인 데다 일인칭으로 쓰였기 때문에 사르트르는 개인적인 행위와 문학적 행위를 구분할 필요를 느끼지 않는다. 주네와 가까이 지내며 알게 된 일도 이따금 언급하긴 하지만 사르트르가 말하는 주네는 거의 전적으로 책을 통해 드러난 인간이다. 그 인간은 현실적인 동시에 초현실적인 괴물 같은 인물이며, 사르트르는 그의 모든 행위에서 의미와 의도를 해석한다. 그래서 『성 주네』가 밀도가 높으면서도 허깨비 같은 느낌을 주는 것이다. 책에서 '주네'라는 이름이 수천 번 반복됨에도 전혀 실존 인물의 이름이라는 느낌이 없다. 그저 무한히 복잡한 철학적 변형 과정을 가리키는 이름처럼 느껴진다.

사르트르의 저의를 생각해보면, 그러고도 주네를 이만큼 잘 그려냈다는 것은 놀라운 일이다. 주네 본인도 뚜렷이 명시적으로 글쓰기를 통해 자신을 변화시키려고 한 인물이기 때문일 것이다. 범죄, 성적·사회적 타락, 무엇보다 살인이 주네에게는 영광으로 여겨진다. 그러니 주네의 글은 타락에 대한 탐구를 영적 방식의 하나로 고안하여 확장한 것이라는 사르트르의 주장이 특별한 통찰은 아니다. 자신의 다락과 세상의 상상적 소멸에 관한 자위적 명상을 통해 만들어진 '성스러움'이 주네의 산문 작품의 명시적 주제이기 때문이다. 사르트르는 주네의 작품에 뚜렷이 보이는 것에서 의미를 끌어내기만 하면 된다. 주네는 데카르트나 헤겔, 후설을 읽은 적이 없었을 수도 있다. 그러나 사르트르가 주네에게서 데카르트나 헤겔, 후설 사상과의 연관성을 찾아낸 것은 전적으로 옳다. 사르트르는 이런 탁월한 통찰을 한다. "자신을 바닥으로 끌어내리는 타락은 데카르트적 회의나 후설의 '에포케epoché(판단중지)'와 같은 방법론적 전환이다. 이런 철학적 방법은 세상을 마치 신처럼 바깥쪽에서 거리를 두고 닫힌계처럼 응시하게 한다. 타락이 회의나 판단중지보다 우월한 점은 고통 및 자부심과 함께 경험된다는 점이다. 따라서 주네는 후설처럼 초월적이고 보편적인 인식이나 스토아철학의 형식적이고 추상적인 사고 또는 데카르트의 실체적인 코기토cogito(생각)에 이르는 것이 아니라 긴장과 명징성이 최고에 달한 개별적 실존에 이른다."

앞에서 언급했듯이 사르트르의 저작 가운데『성 주네』와 비교할 수 있는 유일한 작업은 보들레르 연구다. 보들레르는 평생을 나쁜 믿음mauvaise foi 실존주의의 개념으로, 사회적 강요로 자유와 책임을 포기하고 자신을 기만한다는 의미 ― 옮긴이으로 산, 반항하는 인간으로 분석된다. 보들레르의 자유는 반항적이었을 수는 있으나 창조적이지는 않다. 자신만의 가치 체계를 찾지 못하기 때문이다. 보들레르의 방탕한 삶에는 그것을 비판하고 규탄할 부르주아 사회의 도덕성이 필요했다. 반면 주네는 진정한 혁명가다. 주네는 자유 자체를 위해 자유를 구한다. 주네의 승리, 주네의 '성스러움'은 엄청난 장애를 넘어 사회적 제약을 무너뜨리고 자기 자신의 도덕성을 수립했다는 데 있다. 사르트르는 주네가 악le mal에서 명징하고 일관된 체계를 구축했음을 보여준다. 보들레르와 달리 주네는 자기기만에서 벗어났다.

『성 주네』는 자유의 변증법에 관한 책이며 최소한 형식적으로는 헤겔 철학의 틀을 따른다. 사르트르는 주네가 평생 행동과 사색을 통해 명징한 자유 행위를 성취하려 했음을 보이고자 한다.

주네에게는 태어날 때부터 타자, 버려진 자의 역이 주어졌으나 주네는 자기 자신을 선택했다. 이 독창적 선택은 세 가지 변신 형태로 나타난다. 범죄자, 탐미주의자, 작가. 각 역할은 자신을 넘어서라는 자유의 요구를 충족시키기 위해 반드시 필요하다. 자유의 다음 단계에 이르면 자신에 대한 새로운 지식을 얻는다. 따라서 주네에 관한 논의 전체가 헤겔의 자아와 타자 간 관계 분석의 암울한 모방이라고 볼 수도 있을 것이다. 사르트르는 주네의 작품 하나하나가 다 헤겔『정신현상학』의 축소판이라고 말한다. 터무니없게 들리지만 사르트르의 말이 맞다. 하지만 마찬가지로 사르트르의 모든 저작도 헤겔의 위대한 책에 대한 변주, 수정, 주석, 풍자라고 할 수 있다. 이게 바로 사르트르와 주네 사이의 기묘한 연결점이다. 이 두 사람만큼 서로 판이한 사람은 상상하기 어려울 텐데도.

사르트르는 주네에게서 이상적인 주제를 발견했다. 그리고 그 안에 푹 빠져 헤어나지 못했다. 여하튼 『성 주네』는 도덕적 언어와 도덕적 선택에 관한 진실이 가득한 대단한 책이다(한 예로 "악은 구체적인 것을 추상적인 것으로 체계적으로 대체하는 것이다"라는 통찰을 보라). 또 주네의 소설과 희곡에 대한 분석도 날카롭다. 주네의 가장 대담한 책『장례식 Pompes funèbres』을 특히 탁월하게 다루었다. 또 사르트르는 설명만 하는 게 아니라 평가에서도 능력을 보여준다. 이를테면 "꿈의 시, 허무의 시인『꽃피는 노트르담』의 문체는 일종의 자위적 만족감 탓에 약간 손상되었다. 이후 작품에서 볼 수 있는 활력이 없다"라는 평은 지극히 정당하다. 물론 사르트르는 이 책에서 어리석고 불필요한 말도 많이 한다. 그렇지만 이 책에는 주네에 관해 할 수 있는 진실하고 흥미로운 통찰이 전부 들어가 있다.

또한 이 책은 사르트르가 정점에 있을 때의 작업이라는 점에서도 중요하다. 『존재와 무』 이후에 사르트르는 선택의 기로에 섰다. 철학과 심리학에서 윤리학으로 나아갈 수도 있었다. 아니면 철학과 심리학에서 정치학, 집단행동과 역사 이론으로 나아갈 수도 있었다. 누구나 알듯, 많은 이들이 안타까워하듯, 사르트르는 두 번째 길을 택했고 그 결과물이 1960년에 출간된 『변증법적 이성 비판』이다. 『성 주네』는 그가 가지 않은 방향을 가리키는 복잡한 몸짓이다.

헤겔 전통에 속하는 모든 철학자 중에서(나는 하이데거를 여기 포함한다) 사르트르는 헤겔 『정신현상학』의 자아와 타자의 변증법을 가장 흥미롭고 유용한 방식으로 이해한 사람이다. 그러나 사르트르를 단순히 육신에 대한 지식이 있는 헤겔이라고 하거나 하이데거의 프랑스 제자라고 치부해버릴 수는 없다. 사르트르의 위대한 책 『존재와 무』가 헤겔, 후설, 하이데거의 언어와 문제의식에 크게 빚지고 있음은 분명하다. 그렇지만 의도에서는 이들과 근본적으로 다르다. 사르트르의 작업은 사색적이지 않고 엄청난 심리적 긴박감으로 움직인다. 전쟁 전에 쓴 소설 『구토』가 사르트르의 작품 전체를 이해하는 열쇠다. 이 책에는 역겹고 끈적끈적하고 공허하고 과하게 실재적인 세계를 어떻게 받아들일 것인가 하는 근본적인 문제가 담겨 있는데, 이는 사르트르의 모든 저작을 추동하는 문제이기도 하다. 『존재와 무』는 혐오감에 시달리는 의식을 다루고 그 몸짓을 기록할 언어를 개발하려는 시도다. 이 역겨움, 물질적 과다와 도덕적 가치의 과잉에 대한 경험은 심리적 위기인 동시에 형이상학적 문제다.

사르트르의 해결책은 그저 도발적이다. 원시인의 식인 anthropophagy 의식儀式, 즉 인간을 먹는 행위에 대응하는 철학적인 식계cosmophagy, 즉 세계를 먹는 행위가 있다. 사르트르가 계승한 철학 전통은 의식意識을 유일한 출발점으로 삼는 것이 특징이다. 존재의 가혹한 현실에 직면한 의식의 고뇌에 사르트르는 의식으로 세상을 삼키는 식계를 해결책으로 제시한다. 더 정확히 말하면, 의식이 세계를 구성하는 동시에 세계를 삼키는 것으로 이해된다. 사르트르는 모든 관계를(특히『존재와 무』의 가장 탁월한 부분에서는 성애적 관계를) 타자를 전유하여 끝없이 자기를 정의하려는 자아의 의식적 행위로 본다.

『존재와 무』에서 사르트르는 도스토옙스키, 니체, 프로이트와 어깨를 나란히 할 만한 최고이 심리힉자로 부상한다. 보들레르 에세이의 핵심은 보들레르의 작품과 삶을 기저의 심리적 행위를 드러내는 증상처럼 다루는 것이었다. 『성 주네』가 보들레르 에세이보다 더 흥미로운 이유는 (더 읽기 어렵기도 하지만) 사르트르가 주네를 고찰하며 행위를 심리적 자기 보호의 방식으로 생각하는 수준을 넘어섰기 때문이다. 주네를 통해 사르트르는 미학적 자율성을 엿볼 수 있었다. 다시 말해 미학적 차원과 자유의 연관성을 칸트가 주장한 것과는 다른 방식으로 다시 보여주었다고 할 수 있다. 『성 주네』에서는 책의 주제인 예술가를 심리적으로 파헤치고 끝내지 않는다. 사르트르는 주네의 작품을 구원의 의식儀式, 의식意識의 의례儀禮로 해석한다. 이 의례가 본질적으로 자위적이라는 사실이 희한하게도 적절하다. 데카르트 이후 유럽 철학에서는 세계 창조가 의식의 주된 활동이었다. 그런데 여기에서 데카르트의 한 후예가 세계 창조를 세계를 낳는 행위로, 자위행위로 해석한 것이다.

사르트르는 주네의 작품 가운데 영적으로 가장 야심 찬 작품 『장례식』을 "성변화聖變化 기독교 성찬식에서 빵과 포도주가 예수 그리스도의 실제 몸과 피로 변화한다는 개념— 옮긴이를 이루려는 막대한 노력"이라고 정확히 묘사한다. 주네는 자신이 세계 전체를 죽은 연인 장 드카르넹의 시신으로 어떻게 바꾸었는지, 그리고 이 젊은 시신을 어떻게 자신의 성기로 바꾸었는지 이야기한다. "사드 후작은 자신의 정액으로 에트나 화산의 불을 끄는 꿈을 꿨다." 사르트르는 이렇게 말한다. "주네의 오만한 광기는 한발 더 나아간다. 주네는 자위로 우주를 분출한다." 아마도 모든 철학과 모든 추상적 사고는 그런 것일 터이다. 강렬하고 아주 사교적이지는 않은 쾌락, 계속 반복하고 반복해야만 하는 것. 사르트르 자신의 의식 현상학에 대한 상당히 괜찮은 묘사다. 그리고 분명 주네에 관한 묘사로도 극히 정당하다.

(1963)

나탈리 사로트와 소설

새로운 방식의 교훈주의가 예술을 정복했고 예술의 '현대적' 요소가 되었다. 이 생각의 중심 교리는 예술이 진화해야 한다는 믿음이다. 그러다 보니 장르의 역사적 진전과 기법의 혁신을 주된 목표로 삼는 작품들이 나온다. 전위avant-garde니 후위arrière-garde니 하는 군사적 이미지에서 새로운 교훈주의가 확연히 느껴진다. 예술은 한없이 새롭고 점점 막강해지는 기법의 지원을 받아 인간 감성이 미래를 향해 거침없이 전진하는 군대다. 이렇듯 개인적 재능과 전통을 대체로 대립적 관계에 놓다 보니, 새로운 기술 요소와 새로운 재료는 눈 깜짝할 사이에 자동으로 낡은 것이 되어버리고, 익숙한 즐거움을 주는 예술이란 개념은 사라지며, 주로 교훈적이고 훈계적인 작품이 양산된다. 이제 모두가 알듯이 뒤샹의 〈계단을 내려가는 누드〉에서 핵심은 무언가를 재현하는 게 아니고, 당연히 누드도 아니고, 자연적 형태가 어떻게 움직이는 평면으로 나뉠 수 있는지에 관한 교훈을 주는 것이다. 거트루드 스타인과 베케트가 쓴 글의 핵심은 어휘, 구두점, 구문, 서사구조를 어떻게 재구성하여 지속적이고 비개인적인 의식 상태를 표현할 것인가 하는 것이다. 안톤 베베른과 피에르 불레즈 음악의 핵심은 이를테면 침묵이 리듬의 기능을 할 수 있다거나 음색이 구조적 역할을 할 수 있음을 보이는 것이다.

현대적 교훈주의는 음악과 회화에서 가장 완전한 승리를 거두었다. 이 분야에서 가장 추앙받는 작품은 처음 듣거나 봤을 때 (그 분야에 극히 해박하지 않은 사람에게는) 거의 즐거움을 주지 않지만 이 분야의 기법적 혁명에서 중요한 진전을 이뤄낸 작품이다. 음악이나 회화와 비교하면 소설은 영화와 함께 전장에서 한참 후위로 뒤처져 있다. 추상 표현주의 회화나 구체음악musique concrète 1948년 피에르 셰페르가 시도한 초기 전자음악—옮긴이에 비견할 만한 '난해한' 소설은 비평적으로 높이 평가받는 소설의 영역을 점유하지 못했다. 오히려 모더니즘의 최전선에 나서려는 몇몇 용감한 소설적 시도는 그곳에 고립된 채로 남고 말았다. 아무도 용감한 진두 지휘관의 뒤를 따라가 지원해주지 않기 때문에 몇 해가 지나면 그냥 기이한 책이 된다. 그런데 어려운 정도나 가치가 지안 카를로 메노티의 음악이나 베르나르 뷔페의 회화 정도로 온건한 수준인 소설은 최고의 칭송을 받는다. 접근하기 쉽고 투철함이 부족하다는 점이 음악과 회화에서는 아쉽게 여겨지지만 고집스럽게 후위에 남아 있는 소설에서는 전혀 그렇게 여겨지지 않는다.

소설이 중산층의 예술로 여겨진다고 할지라도 소설이야

말로 어느 장르보다 지속적으로 재검토하고 개선할 필요가 있다. 소설은 (오페라와 더불어) 19세기의 전형적인 예술 형태로 이 시기의 철저히 세속적인 현실 개념, 드높은 정신성의 결여, '흥미로운 것'(다시 말해 흔하고 비본질적이고 우연적이고 사소하고 일시적인 것)의 발견, 에밀 시오랑이 '소문자로 쓴 운명'이라고 부른 것을 완벽하게 표현한다. 소설은 사회 속의 인간을 다루며, 소설을 드높이는 비평가들은 이 사실을 우리에게 끊임없이 상기시키고 이 길에서 벗어나는 현대 작가들을 비난한다. 소설은 세상의 한 덩이에 생명을 부여하고 '인물들'을 그 세계 안에 배치한다. 물론 소설을 서사시나 피카레스크picaresque 16세기 스페인에서 기원한 서사 양식으로 주로 악당인 주인공의 모험을 에피소드식으로 이어간다. 근대 소설의 전신으로 일컬어지기도 한다—옮긴이를 계승한 장르라고 할 수도 있다. 그러나 이런 영향 관계는 피상적이다. 과거의 서사 양식에서는 소설에 생명을 부여하는 어떤 것을 전혀 찾아볼 수 없다. 그것은 바로 심리의 발견, 곧 인물의 동기를 '경험'으로 바꾸는 것이다. 이렇듯 '경험'을 기록하고 사실을 추구하려는 열정 때문에 소설은 어떤 예술 장르보다 개방적인 예술 형식이 되었다. 모든 예술 형태는 어떤 것이 고상하며 어떤 것은 저속한가에 관한 암묵적 기준이 있으나 소설은 그렇지 않다. 소설에는 어떤 언어든 어떤 플롯이든 어떤 생각이든 어떤 정보든 들어갈 수 있다. 그러나 그러다 보니 진지한 예술 형식으로 여겨지지 않게 되었다. 시간이 흐르며 감식안이 있는 독자는 개인의 사적인 삶을 적나라하게 펼쳐놓는 한가한 '이야기'에 관심을 갖지 않게 되었다(이런 이야기는 영화가 오히려 더 자유롭고 활력 있게 보여주고 있기도 하다). 음악이나 조형 예술, 시가 예술이 진보라는 개념에 열렬히 헌신하고 새로운 양식과 새로운 재료를 숨 가쁘게 추구하며 19세기의 '리얼리즘'이라는 부적합한 신조에서 힘들게 떨어져 나온 반면, 소설은 20세기에 소설이라는 이름으로 수행된 어떤 진정한 성취도 정신적 야심도 제대로 통합하지 못했다. 그리하여 소설은 범속한 무교양에 크게 (구제 불가능한 수준은 아닐지라도) 영향을 받는 수준으로 전락했다.

　　프루스트, 조이스, 『교황청의 지하실』의 지드, 카프카, 『황야의 이리』의 헤세, 주네 같은 거장들 그리고 이들에는 못 미치지만 위대한 작가인 마샤두 지 아시스, 이탈로 스베보, 버지니아 울프, 거트루드 스타인, 초기 너새니얼 웨스트, 루이페르디낭 셀린, 나보코프, 초기 보리스 파스테르나크, 『나이트우드』의 주나 반스, 베케트 등등을 생각하면 작가는 문을 열기보다는 문을 닫는 사람이다. 이들에게서 배울 수는 없고, 모방할 수는 있겠으나 그러다 보면 이미 이룬 것을 반복할 위험이 있다. 예술 형식의 발전이나 쇠퇴를 비평가들 탓으로 치부하고 비난하거나 칭찬하기는 어렵다. 그렇긴 하나 소설이 (단발적으로가 아니라) 일반적으로 진지한 예술 형태로 여겨지려면 19세기의 전제로부터 지속적으로 거리를 두어야 한다고 결론 내릴 수밖에 없다(지난 30여 년 동안 영국과 미국에서 문학 비평이 붐을 일으켰고 시 비평에서 시작해 소설 비평으로 넘어갔으나 이런 가치 재정립은 이루어지지 **않았다.** 영미권에서 이루어진 비평은 '리얼리즘'의 위엄을 질문도 비판도 없이 받아들인, 철학적으로 순진한 비평이었다).

소설이 성장하려면, 예술은 '진보'라는 생각이나 아방가르드라는 메타포로 표현되는 도전적이고 공격적인 이데올로기 등 온갖 의심스러운 개념에 헌신해야 할 것이다. 그런다면 독자가 이제 소설에서 새로운 즐거움(예를 들면 문제 해결의 즐거움 같은 것)을 받아들여야 하고 이런 즐거움을 받아들이는 방법을 배워야 하므로 독자의 범위가 좁아진다(예를 들면 소설을 눈으로만 읽는 게 아니라 소리 내어 읽어야 할 수도 있고 완전히 이해하고 판단하려면 마땅히 여러 차례 읽어야 할 수도 있다. 현대의 시, 회화, 조각, 음악 분야에서는 반복해서 보고 들어야 한다는 생각이 이미 받아들여졌다). 그러다 보면 형식을 진지하게 실험하려는 사람은 모두 자의식적인 미학자이자 교훈적 탐험가가 되어야 할 것이다(모든 '현대' 예술가는 미학자다). 이렇게 소설이 쉽고 접근하기 편한 글이기를 포기하고 구식 미학을 저버린다면 분명 엄청나게 따분하고 허세 가득한 책이 잔뜩 나올 것이다. 그러다 보면 예전의 자의식 없는 소설이 그립다고 할지도 모른다. 그러나 어쩔 수 없이 치러야 하는 대가다. 새로운 비평가 세대는 온갖 유혹적인 수사와 사기를 동원해서라도 독자가 밥맛 없는 소설을 억지로 삼키도록 강요해 이런 변화의 필연성을 인식하게 해야 한다. **빠를수록 좋다.**

소설의 '현대적' 전통을 **이어가지** 못한다면 실험적인 소설가들은 진공상태에서 작업해야 할 것이다(비평가들이 'novel(소설)'이라는 단어 대신 'prose fiction(허구적 산문)'이라는 말을 쓰게 될지 아닐지는 중요하지 않다. 회화에서든 음악에서든 시에서든 이름은 중요하지 않다. 다만 'sculpture(조각)'라는 단어는 한계가 있어서 이제는 'construction(구성)'

이나 'assemblage(조합)'라는 말을 더 많이 쓴다). 버려진 탱크처럼 벌판에 널려 있는 괴물 같은 덩어리들이 계속 생겨날 것이다. 일테면, 아마 가장 위대한 예로 『피네간의 경야』를 들 수 있을 것이다. 여전히 거의 읽히지 않고 읽을 수도 없고 학자들의 전유물이 된 책이다. 학자들이 우리에게 이 책을 해독해줄 수 있을지는 모르나 왜 이 책을 읽어야 하는지, 여기에서 무얼 배울 수 있는지는 말해줄 수 없다. 평생을 헌신해야 읽을 수 있는 책을 써낸 조이스가 독자들에게 터무니없는 요구를 하는 게 아닌가 싶지만, 작품의 특이함을 생각해보면 지당한 일이기도 하다. 조이스의 마지막 책인 이 소설의 뒤를 따라 이 책만큼 방대하지는 않더라도 마찬가지로 줄거리가 없는 책들(이를테면 스타인, 베케트, 버로스의 책들)이 영어권에서 여럿 나왔을 때도 반응은 시큰둥했다. 이 책들이 섬뜩할 정도로 평온한 전장에서 홀로 돌격하고 있는 듯 보이는 것도 그럴만하다.

하지만 최근에 상황이 바뀌는 듯하다. 프랑스에서 중요하고 도전적인 소설 일군―群(아니 일군―軍이라고 해야 하나)이 나왔다. 사실 두 차례의 물결을 이루며 등장했다. 첫 번째 물결은 모리스 블랑쇼, 조르주 바타유, 피에르 클로소프스키가 이끈 것으로 대부분 1940년대에 쓰인 소설이고 아직 영어로 번역되지 않았다. 이보다 더 잘 알려져 있고 번역도 많이 된 '두 번째' 물결은 1950년대에 쓰인 소설들로 미셸 뷔토르, 알랭 로브그리예, 클로드 시몽, 나탈리 사로트 등이 여기 속한다. 의도나 성취 면에서 큰 차이가 있는 작가들이지만 공통점이 있다. '소설'이란 이야기를 들려주고 인물을 그리는 것이라는 19세기 리얼리즘 전통에 따른 개념을 거부한다. 이들이 거부하는 것 전체를 '심리'라는 개념으로 요약할 수 있다. 하이데거의 현상학을 통해(현상학에 영향을 많이 받았다) 심리를 넘어서려 하건 행동주의적·외적 묘사를 통해 심리를 약화하려 하건 결과는 비슷하다. 이 소설들은 소설이 택할 수 있는 새로운 형식에 관해 유용한 사실을 말해주겠다고 하는 첫 번째 작품군이다.

하지만 이보다도 프랑스에서 이루어진 가장 소중한 성취는 이 누보로망 소설가들이 촉발한(일부는 직접 쓰기도 한) 무수한 비평 작업일 것이다. 소설이라는 장르에 대해 체계적으로 생각해보려는 매우 인상적인 시도가 이루어지고 있다. 모리스 블랑쇼, 롤랑 바르트, 에밀 시오랑, 알랭 로브그리예, 나탈리 사로트, 미셸 뷔토르, 미셸 푸코 등이 쓴 평론은 오늘날 가장 흥미로운 문학 비평이다. 영어권 소설가들도 소설의 전제를 재검토한 이 비평가들의 탁월한 작업에서 영감을 얻는 한편 프랑스 소설가들과 전혀 다른 소설 직업을 하지 못할 이유는 없다. 소설보다도 이들 비평이 더 가치 있는 까닭은, 지금껏 어떤 작가도 실현하지 못한 충만하고 야심 찬 기준을 제시했기 때문이다(예를 들어 로브그리예는 자기 소설은 자신이 평론에서 펼친 진단과 제언의 사례로 충분하지 못함을 인정한다).

그래서 나는 소설 쓰기 이론을 제시한 나탈리 사로트의 평론집 『의혹의 시대 L'Ère du soupçon』가 영어로 번역 출간되었다는 사실을 매우 중요하게 여긴다. 사로트의 소설을 좋아하든 아니든

(나는 『알려지지 않은 남자의 초상Portrait d'un inconnu』과 『플래니타리움 Le Planétarium』만 좋아한다) 사로트가 자신이 주장하는 바를 실제로 실천하든 안 하든(핵심적인 부분에서 실천하지 않는다고 나는 생각한다) 이 책에 실린 에세이들은 전통적 소설에 대한 여러 비판을 제기하는데, 이 지점들이 미국에서도 진작에 이루어졌어야 할 이론적 재고의 출발점으로 손색이 없다고 생각한다.

영어권 독자가 사로트의 주장을 이해하기에 가장 좋은 방법은 소설이 어떠해야 하는가에 관한 다른 소설가들의 선언인 버지니아 울프의 「미스터 베넷과 미시즈 브라운Mr. Bennett and Mrs. Brown」, 메리 매카시의 「허구 속의 사실The Fact in Fiction」과 비교해보는 것일 듯싶다. 사로트는 버지니아 울프가 현대소설가는 자연주의와 객관적 리얼리즘을 버리고 '심리의 어두운 면'을 탐구해야 한다고 한 것을 '순진하다'고 일축한다. 그런데 사로트는 메리 매카시의 글도 마찬가지로 통렬하게 비판한다. 메리 매카시는 실제 세계를 펼쳐놓고 실재감을 부여하고 인상적인 인물을 만들어내는 등 과거 소설의 미덕으로 회귀해야 한다고 주장하여 버지니아 울프를 반박한 것으로 읽힐 수 있는데도 말이다.

사로트의 리얼리즘 비판은 설득력 있다. 현실은 그렇게 명백하지 않다. 삶은 그렇게 생생하지 않다. 소설에서 사실적인 것을 쉽게 바로 알아볼 수 있다면 의심해야 한다(진실로, 사로트가 말하듯 이 시대의 눈부신 탁월함은 의심이다. 탁월함이 아니라면, 빠지기 쉬운 악덕이라고 말할 수도 있다). 나는 사로트가 전통적 소설에 가하는 비판에 전적으로 동의한다. 최근에 새커리의 『허영의 시장』과 토마스 만의 『부덴브로크가의 사람들』을 다시 읽었는데 여전히 경탄스러웠으나 한편으로는 움찔하지 않을 수 없었다. 전지적 작가가 삶이란 이런 것이라고 보여주면서 독자가 공감하며 눈물짓도록 만드는 것을 이제 견디기 힘들었다. 요란한 아이러니, 자신의 인물을 속속들이 안다는 넘치는 자신감, 또 독자인 나도 이 인물들을 안다고 믿게 만들어가는 게 불편했다. 나는 이제 이해하고자 하는 나의 열정을 완전히 충족시켜주는 소설을 믿지 않는다. 어떤 장면을 제공하고 인물을 묘사하고 움직여가는 소설의 전통적 메커니즘은 이제 유효하지 않다는 사로트의 말도 옳다. 방 안의 가구가 어떤지, 그 사람이 담배에 불을 붙였는지 안 붙였는지, 짙은 회색 정장을 입었는지 아닌지, 자리에 앉아 타자기에 종이를 끼우기 전에 타자기 덮개를 벗겼는지 말았는지 하는 것에 누가 정말로 관심이 있나? 위대한 영화는 순전한 신체적 움직임(안토니오니의 〈정사〉에서 가발을 바꾸어 쓰는 것처럼 순간적이고 사소한 행동이든 〈빅 퍼레이드〉에서 숲속으로 군대가 전진하는 것처럼 중요한 움직임이든 간에)으로 말로 할 수 있는 것보다 훨씬 더 직접적이고 마법적인 효과를 낼 뿐 아니라 훨씬 더 경제적으로 그렇게 할 수 있음을 보여주었다.

그렇지만 소설의 심리적 분석도 마찬가지로 구시대적이고 잘못된 것이라는 사로트의 주장은 더 복잡하고 문제적이다. 사로트는 "오늘날 어떤 작가라도 '심리'라는 단어가 자신과 관련해 언급되면 눈을 돌리고 얼굴을 붉히지 않을 수 없다"라고 말한다. 사로트가 말하는 소설의 심리란 울프, 조이스, 프루스트 등을 가리킨다. 감추어진 생각과 행동 이면에 있는 감정의 기층을 탐구하고, 인물과 플롯에 관심을 쏟는 대신 심리를 묘사하는 소설이다. 조이스가 이 깊은 바닥에서 끌어올린 것은 한없이 흘러나오는 말의 줄기밖에 없다고 사로트는 말한다. 프루스트 역시 실패했다. 프루스트의 정교한 심리적 해부는 결국 현실적인 인물로 재구성되므로, 숙련된 독자는 "자기에게 의존하는 가난한 여자를 사랑하는 돈 많고 경험 많은 남자, 저명하지만 어설퍼서 잘 속아 넘어가는 의사, 벼락부자 부르주아, 고상한 체하는 '귀부인' 등의 인물을 바로 알아볼 수 있고 이 인물들 모두 곧 프루스트의 상상 속 박물관에 있는 방대한 허구적 인물 컬렉션에 자리 잡을 것이다"라고 한다.

사실 사로트의 소설은 본인이 생각하는 것처럼 조이스(그리고 울프)의 소설과 크게 다르지 않고 심리를 완전히 거부했다고 말하기도 힘들다. 사로트가 추구하는 것은 사실 '인물'과 '플롯'으로 다시 돌아가지 않는(이게 사로트가 프루스트에게서 못마땅하게 여기는 점이다) 심리 탐구다. 사로트가 심리적 **해부**에 반대하는 까닭은, 해부는 해부할 몸이 존재한다고 가정하는 것이기 때문이다. 사로트는 새로운 수단으로 과거의 목적을 달성하려는 잠정적 심리학에 반대한다. 오직 플롯을 진행시키기 위한 장치로 이따금 심리학의 현미경을 들이대서는 안 된다는 말이다. 그러려면 소설을 근본적으로 바꾸어야 한다. 소설가는 이야기를 들려주면 안 될 뿐 아니라 살인이나 위대한 사랑 같은 중대 사건으로 독자의 주의를 흩뜨리면 안 된다. 사건은 더 사소할수록, 덜 선정적일수록 좋다(그래서 사로트의 소설 『마르트로Martereau』는 실내장식가인 이름 없는 젊은이의 회고로 이루어져 있는데, 젊은이는 자기와 같이 사는 예술가 숙모와 부유한 사업가인 삼촌, 부유하지 않은 마르트로라는 노인, 어떤 상황에서 이들과 같이 있을 때 편안하고 그 이유는 무엇인지, 왜 그리고 언제 이들의 성격과 이들 주위에 있는 사물의 힘에 압도된다고 느끼는지 등등 자질구레한 것들을 반추한다. 시골에 집을 사려는 숙모와 삼촌의 계획이 이 책의 유일한 '액션'이고, 마르트로가 집 문제로 삼촌에게 사기를 친 게 아닌가 하는 의심이 잠시 제기되지만 결국에는 모든 의혹이 해소된다. 한편 『플래니타리움』에서는 무슨 일이 일어난다. 출세 지향적인 젊은이가 부유하고 허영심 많고 매우 유명한 여성 작가의 사교 서클에 들어가려고 뻔뻔스러운 수작을 부리고 자신을 총애하는 어수룩한 이모의 방 다섯 개짜리 아파트를 빼앗는다). 그렇지만 사로트의 인물은 실제로 행동하지는 않는다. 일상의 사소한 일들 속에서 계략을 짜고, 가슴을 두근거리고, 몸을 떤다. 행동 이전의 예비 작업과 더듬거림이 이 소설의 진정한 주제다. 분석이 없으므로, 끝 말하고 해석하는 작가가 없으므로 사로트의 소설은 자연히 일인칭으로만 쓰인다. 내적 사색이 '그녀'나 '그' 같은 삼인칭 대명사를 주어로 쓰일 때도 마찬가지다.

    사로트가 제안하는 소설은 끊임없는 독백으로 쓰인 소설로, 인물들 사이의 대화는 독백의 기능적 확장이며 '진짜' 발화는 침묵의 연장이라고 할 수 있다. 이런 종류의 대화를 사로트는 '잠재 대화sub-conversation'라고 부른다. 작가가 개입하거나 해석하지 않는다는 점에서 연극의 대화와 비슷하지만, 뚜렷이 구분되는 인물들에게 나뉘어 할당되지 않았다는 점은 연극의 대화와 다르다(사로트는 소설에 수없이 나오는 '그가 말했다', '그녀가 대답했다', '누가 선언했다' 따위의 낡은 말을 특히 신랄한 말로 조롱한다). 대화는 그 대신 "대화를 추동하고 확장하는 미세한 내적 움직임에 따라 살아서 부풀어 오르는 것"이 되어야 한다. 소설은 심리학의 전통적 수단인 내적 성찰을 거부하고 그 대신 몰입으로 나아가야 한다. 소설은 독자를 "땅 밑에서 흐르는 극劇의 물살에 빠뜨려야 한다. 프루스트는 그 흐름을 높은 곳에서 잠시 조감鳥瞰할 기회밖에 없었고 관찰한 것을 움직임 없는 대략적 윤곽선으로밖에 그리지 못했다." 소설은 소설가의 '나'가 경험하는 사물이나 사람과의 직접적이고 순수하게 감각적인 접촉을 논평 없이 기록해야 한다. 소설은 재현을 자제하고(사로트는 이 일은 영화에 넘겨준다) "행위자가 자신의 행위에 대해 늘 느끼는 불확실성, 불투명성, 불가사의의 요소"를 보존하고 추구해야 한다.

    소설이 어떠해야 한다는 사로트의 제안은 인간 감정과 감각의 복잡성을 무한히 고집스레 존중한다는 점에서 짜릿하게 느껴진다. 그렇지만 내 생각에는 치료법이 지나치게 교조적이면서 모호한 심리 진단을 기반으로 하고 있어 논리에 약점이 있다. "우리 내면 메커니즘의 섬세한 작동을 분해하려는 헨리 제임스나 프루스트의 노력"을 삽과 곡괭이를 휘두르는 일로 본다면 심리적 섬세함의 기준을 엄청나게 높게 설정하는 것이다. 사로트가 감정을 어떤 것이든 대부분 포함하는 거대하고 움직이는 덩어리라고 표현한 것이나, 어떤 이론, 더더군다나 정신분석학 같은 암호 해독으로는 감정의 움직임을 전부 설명할 수 없다고 한 것을 누가 반박할 수 있을까? 그러나 사로트가 소설에서 심리를 공격하는 까닭은 더 나은, 더 자세한 심리적 묘사 기법을 옹호하기 위해 그러는 것일 뿐이다.

    사로트의 감정과 감각의 복잡성에 관한 시각과 소설이 어떠해야 한다는 구상은 별개로 보인다. 동기를 설명하려다 보면 단순화될 수밖에 없는 것은 사실이다. 그 점을 인정하더라도, 소설가는 동기를 더 세밀하고 더 미시적으로 표현할 방법을 찾는 것 말고 다른 선택을 할 수 있다. 예를 들면 세세한 감정은 건너뛰고 어떤 큰 그림을 제공하는 것도 사로트가 비판의 논리적 귀결로 제시하는 대화와 내레이션 기법 못지않게 유효한 해결책이 될 수 있다. 인물이 (사로트가 주장하듯) 조수와 물줄기와 소용돌이가 합류하는 바다일 수는 있지만 나는 거기에 빠져드는 데 과연 어떤 특별한 가치가 있는지 모르겠다. 깊이 잠수하는 것도 의미가 있지만, 사로트가 멸시하듯 '조감'이라고 부르는 해양 지도 제작에도 나름의 의미가 있다. 사람은 지표에서 살게 되어 있는 생명체이고, 깊은 곳으로(땅속 깊은 곳이든, 바닷속 깊은 곳이든, 정신적인 심연이든) 들어가려면 위험을 무릅써야 한다. 나는 물처럼 무정형인 경험의 깊이를 단단한 물질로 바꾸고 윤곽을 부여하고 고정된 형태와 감각적인 몸을 세상에 제공하려는 소설가의 노력을 폄하하는 사로트에게 동의하지 않는다. 옛날 방식으로 그렇게 하는 것이 따분한 일임은 두말할 필요 없다. 하지만 그렇다고 아예 하지 말아야 한다고는 생각하지 않는다.

사로트는 작가가 동시대인들을 즐겁게 하거나 개선하거나 가르치거나 그들의 해방을 위해 싸우려는 욕구에 저항해야 하고, 모순을 다듬거나 누그러뜨리거나 극복하지 말고 '현실'(사로트의 표현이다)을 보이는 그대로, 가능한 한 최대로 진지하고 날카로운 시선으로 제시해야 한다고 주장한다. 여기에서 내가 소설이 즐겁게 하고 개선하고 가르쳐야 하는지 아닌지를 논하지는 않겠지만(예술 작품으로서 존재 가치를 입증할 수만 있다면 그렇게 해선 안 될 이유가 없지 않나?) 사로트가 제시하는 현실의 정의가 한쪽으로 쏠려 있다는 점은 지적해야겠다. 사로트에게 현실이란 "현실을 둘러싸고 있는 선입견과 이미 만들어진 이미지"가 제거된 현실을 의미한다. "누구나 쉽게 볼 수 있고 그래서 누구나 사용하는 표면적 현실"에 대비되는 개념이다. 사로트는 작가가 현실과 접촉하려면 "지금까지 알려지지 않은 것, 자기가 세상에서 처음 봤다고 여길 만한 무언가에 이르러야 한다"라고 한다.

그러나 현실을 이렇게 여럿으로 나누는 데 어떤 의미가 있나? 사로트는 현실을 단수가 아니라 복수로 적었어야 했다. 작가들이 각각 "자기만의 현실의 파편을 드러내야" 한다면, 게다가 고래와 상어는 전부 분류되어 목록으로 만들어졌고 이제는 새로운 종의 플랑크톤을 추적해야 한다면, 작가는 파편을 만들어내는 사람이자 자신에게 주관적으로 독창적인 것밖에는 내세울 수 없는 처지가 되고 만다. 작가가 아주 작고 아직 분류되지 않은 해양생물 표본을 담은 병을 들고 문학의 장으로 들어온다면 그를 과학의 이름으로(해양 생물학자로서의 작가) 환영해야 할까, 아니면 스포츠의 이름으로(심해 다이버로서의 작가) 환영해야 할까? 이 사람에게 귀를 기울일 이유가 있나? 소설의 독자에게는 얼마나 많은 현실의 파편이 필요한가?

현실이라는 개념을 들고나오면서 사로트는 불필요하게 자신의 논증을 제한하고 약화한 셈이다. 예술 작품을 현실의 재현으로 보는 비유는 잠시 접어두자. 이 비유가 역사적으로 지금껏 예술 작품을 분석하는 데 유용하게 쓰이긴 했으나 이제는 중요한 문제에 다가가지 못한다. 예술을 현실의 재현으로 보는 사로트의 관점은 안타깝게도 '주관 대 객관', '독창성 대 선입견 또는 상투성'이라는 낡은 이분법에 계속 생명을 불어넣는 결과를 낳는다. 소설가가 모든 사람이 이미 본 것을 새로이 구성하고 변형하면 안 될 이유는 없다. 심지어 선입견과 상투적 이미지만 가지고 그렇게 할 수도 있다.

사로트는 지표가 아니라 심층에 있는 현실이라는 다소 공허한 헌신 개념을 고수함으로써 불필요하게 암울한 어조로 경고를 보내게 된다. 사로트는 작가가 독자들에게 '미적 즐거움'을 제공할 수 있다는 가능성을 냉담하게 일축하지만, 이런 말은 단순한 수사에 불과한 데다 사로트 본인이 대변하는 입장을 심각하게 약화한다. 사로트는 작가는 "즐거움을 위해 '아름답게' 쓰려는 욕망, 자기 자신과 독자에게 미적 기쁨을 주려는 욕망"을 전부 버려야 한다고 주장한다. 스타일은 "운동선수의 몸짓이 아름답다고 말할 때처럼 목적에 부합할 때만 아름답다." 사로트가 말하는 목적은 알려지지 않은 현실을 작가만의 독특한 인식으로 포착하여 기록하는 것이다. 그렇지만 정의상 모든 예술 작품이 주려 하는 '미적 즐거움'을 하찮고 장식적이고 단순히 '아름다운' 스타일 등과 동일시할 이유는 전혀 없다. … 사로트가 소설의 모델로 염두에 둔 것은 과학 또는 차라리 스포츠에 가깝다. 사로트가 제시하는 소설가가 추구해야 하는 목적은, 모든 도덕적·사회적 목적에서 벗어나서 과학자처럼 진실(또는 진실의 파편)을 그리고 운동선수처럼 기능적 숙련을 추구한다는 점에서 최종적으로 정당화된다. 그리고 원칙적으로 이런 모델에 이의를 제기할 만한 부분은 없다. 사로트 자신이 이것을 어떻게 해석하느냐의 문제를 제외하면. 구식 소설에 대한 사로트의 비판은 기본적으로 타당하지만 사로트는 여전히 소설가가 '진리'와 '현실'을 좇게 하고 있다.

　　사로트의 선언문은 그러니 자기가 지지하는 입장을 충분히 공고하게 옹호하지 못했다고 결론 내릴 수 있다. 이런 입장을 더 엄밀하고 철저히 다룬 글로 로브그리예의 「몇 가지 오래된 개념에 대하여 Sur quelques notions périmées」와 「자연, 휴머니즘, 비극 Nature, humanisme, tragédie」이 있다. 이 글은 각각 1957년과 1958년에 발표되었는데, 사로트의 평론집은 1950년에서 1955년 사이에 발표한 글을 모아 1956년에 출간한 것이다. 로브그리예가 사로트를 인용한 것을 보면 같은 입장을 사로트의 뒤를 이어 옹호하고 있다고 비칠 것이다. 그렇지만 로브그리예는 비극과 휴머니즘의 개념을 정교하게 비판하고 형식 대 내용이라는 낡은 관념을 명쾌한 논리로 무너뜨리고(이를테면 소설은 예술의 영역에 속하는 한 내용이라는 게 없다고 대담하게 선언한다) 자신이 선택한 기법과 크게 다른 기술 혁신을 자신의 미학과 양립시키면서 주장을 사로트보다 훨씬 높은 수준으로 끌고 간다. 로브그리예의 글은 진정으로 급진적이며, 이 글의 가정 중 단 하나만 받아들이더라도 강력하게 설득되어 결론에 이르게 될 것이다. 사로트의 글은 프랑스에서 시작한 전통적 소설에 대한 비판을 영어권 독자에게 소개하기에는 유용할 수 있으나 결국은 얼버무리며 타협하고 만다.

분명 많은 사람이 프랑스 비평가들이 제시한 소설의 전망이 암울하다고 느낄 것이다. 그리고 예술의 군대가 다른 전선에서 싸우고 소설은 그냥 내버려두길 바랄 수도 있다(같은 심정으로 우리 시대 지식인의 짐인 고통스러운 심리적 자의식은 좀 덜어냈으면 좋겠다고 생각하는 사람도 있을 것이다). 그러나 예술의 한 형태로서 소설이 다른 대부분 예술 분야를 이미 휩쓸고 간 혁명에 동참함으로써 잃을 것은 없고 얻을 것만 있다. 이제는 소설도 미국과 영국에서 드물고 띄엄띄엄한 예를 제외하면 지금까지 되지 못했던 다른 것이 될 때가 됐다. 다른 예술 분야에 진지하고 세련된 취향을 가진 사람들이 진지하게 받아들일 수 있는 예술 형식이 될 때다.

(1963, 1965 수정)

3

파

이오네스코

상투적인 것을 신성시하는 작품을 써서 높이 평가받는 극작가가 연극에 관해 쓴 글을 모은 책에 진부한 표현이 잔뜩 들어 있는 것은 당연한 일이다.♦ 아무 데나 골라서 인용해보겠다.

> 교훈주의는 무엇보다 정신의 태도이며 지배하려는 의지의 표현이다.
>
> 예술 작품은 본질적으로 정신의 모험이다.
>
> 보리스 비앙의 『제국의 건설자들Les Bâtisseurs d'empire』이 내 작품 『아메데Amédée』에 영향을 받았다고 말하는 사람들이 있다. 사실은 누구도 누구에게서 영감을 받지 않고 오직 자기 자신과 자신의 고통에서 영감을 받을 뿐이다.
>
> 나는 사고의 위기가 언어의 위기로 현현된 것을 느낀다. 말이

♦ 『노트와 반노트』, 외젠 이오네스코.

이제 의미를 잃었다.

어떤 사회도 인간의 슬픔을 없애지 못했다. 어떤 정치 체계도 삶의 고통에서, 죽음의 공포에서, 절대적인 것에 대한 갈망에서 우리를 구원할 수 없다.

이렇게 고귀하면서도 진부한 시각을 어떻게 받아들여야 할까? 이것만으로는 충분하지 않은 듯, 이오네스코의 에세이에는 쓸데없는 자기변명과 번지르르한 자아도취가 가득하다. 다시 몇 개를 골라본다.

대중도 비평가도 나에게 어떤 영향도 미치지 않았다고 단언할 수 있다.

어쩌면 나는 나도 모르게 사회적 의식을 갖게 되었을지도 모른다.

나의 극작품은 전부 자기분석의 일종으로 생겨난다.

나는 이념적이지 않다. 솔직하고 객관적이기 때문에.

세상이 나의 관심을 너무 많이 불러일으키면 안 된다. 그런데 나는 사실 세상에 집착한다.

기타 등등, 기타 등등. 이오네스코의 연극 에세이는 이렇게 아마 의도하지 않았을 재미를 많이 준다.

물론 『노트와 반노트』에 담긴 어떤 생각은 새겨볼 가치가 있다. 다만 그게 이오네스코의 독창적 생각은 아니다. 한 가지는 연극을 실재를 뒤틀어서 현실 감각을 새로이 하는 도구로 보는 것이다. 연극이 이런 기능을 하려면 새로운 연출법은 물론 새로운 작품들이 필요하다. "명작은 이제 없다." 앙토냉 아르토가 현대연극 분야에서 가장 대담하고 심오한 선언문인 『연극과 그 이중』에서 이렇게 말했다. 아르토처럼 이오네스코도 과거의 '문학적' 극을 비꼰다. 셰익스피어와 클라이스트를 읽는 것은 즐겁지만 극으로 보고 싶지는 않다고 하고, 코르네유·몰리에르·입센·스트린드베리·피란델로·지로두 등은 책으로든 극으로든 지겹다고 한다. 이오네스코는 구식 작품을 꼭 무대에 올려야겠다면 (아르토가 그랬듯) 특별한 방법을 쓰라고 한다. 텍스트를 '거슬러서' 공연하라는 것이다. 부조리하고 와자지껄 우스꽝스러운 작품을 심각하게 형식적으로 연출하거나, 엄숙한 텍스트를 익살극의 정신으로 다루는 식으로. 플롯과 인물을 중심으로 하는 문학적 연극을 거부하는 한편 이오네스코는 또 심리를 철저히 거부할 것을 주문한다. 심리는 '리얼리즘'이며 리얼리즘은 따분하고 상상력을 제한하기 때문이다. 심리를 거부하자 모든 비재현적 연극 전통의 공통 장치(회화로 치면 단순한 그림의 정면성그림에서 **인물이나 사물이 보는 사람을 정면으로 마주 보게 제시함** — 옮긴이에 해당하는 것이다)가 되살아나게 되어 인물이 모두 관객을 마주 보고(서로를 보는 게 아니라) 자기 이름, 정체성, 습관, 취향, 행위… 등을 진술한다. 물론 전부 아주 친숙한 것으로, 현대연극의 정석적 연출법이다. 『노트와 반노트』에 담긴 흥미로운 생각 대부분은 아르토를 희석한 버전이다. 또는 아르토를 단장해 매력 있고 싹싹하게 만들었다고 할 수 있겠다. 증오가 없는 아르토, 광기가 없는 아르토로. 이오네스코의 말 중 가장 독창적이라고 할 수 있는 것은 유머에 관한 것인데, 가련한 미친 아르토는 전혀 이해하지 못했던 유머를 이오네스코는 이해한다. 아르토의 잔혹극은 광포한 장면, 멜로드라마적으로 과장된 행위, 피투성이 유령, 비명, 도취 등 환상의 어두운 측면을 강조한다. 이오네스코는 어떤 비극이든 속도를 높이기만 하면 희극이 된다는 점을 알아차리고 희극적인 것에 격렬하게 몰두했다. 이오네스코는 작품의 무대를 동굴이나 궁전이나 신전이나 황야가 아니라 주로 거실로 설정했다. 이오네스코의 희극적 지형은 '집'의 상투성과 억압성이다. 독신 남성의 가구 딸린 방이든, 학자의 서재든, 부부의 응접실이든. 이오네스코는 일상적인 삶의 형태 안에 광기가 있고 개인성의 말살이 있음을 보여준다.

하지만 내가 보기에 이오네스코의 극에는 딱히 설명이 필요하지 않다. 이오네스코 작품에 관한 해설을 읽고 싶다면, 1961년 영국에서 『작가와 비평기』 시리즈로 발간된 리처드 N. 코 Richard N. Coe의 짧고 탁월한 책이 좋은 선택이다. 『노트와 반노트』에 실린 어떤 글보다도 이오네스코의 극을 일관성 있고 간명하게 설명한다. 이오네스코의 책이 흥미로운 까닭은 그의 연극론이 담겨 있기 때문이 아니라 이오네스코 연극의 이해하기 힘든(주제의 풍부함을 고려할 때) 얄팍함에 관해 시사하는 바가 있기 때문이다. 『노트와 반노트』의 어조가 많은 부분을 말해준다. 이오네스코는 연극에 관해 이야기하는 글에서 자기중심주의를 꾸준히 드러내는데(자기가 둔감한 비평가, 우매한 대중과 끝없이 싸운다고 표현한다), 사실 하염없이 불만을 쏟아낸다고 볼 수 있다. 이오네스코는 사람들이 자기를 이해하지 못한다고 쉴 새 없이 주장한다. 그러면서 이 책 앞부분에서 말한 내용을 뒤에 가서는 철회하기를 반복한다(이 글들은 1951년에서 1961년 사이에 쓰였지만 그사이에 논지가 전혀 발전하지 않았다). 자신의 연극은 아방가르드 극이라고 했다가, 아방가르드 극이란 존재하지 않는다고 한다. 자신의 글은 사회 비평이라고 했다가, 자기는 사회 비평은 쓰지 않는다고 한다. 자기는 휴머니스트라고 했다가, 나중에는 도덕적·정서적으로 인간에게서 멀어졌다고 말한다. 이오네스코는 내내 (다른 사람이 무어라고 하든, 자기 자신이 무어라고 하든) 자신의 진정한 재능이 이해받지 못한다고 확신하며 글을 쓴다.

이오네스코의 성취는 무엇일까? 기준을 극도로 엄격하게 잡고 판단한다면, 『자크 또는 복종Jacques ou la soumission』(1950)이라는 정말 대단하고 아름다운 극을 한 편 썼고, 탁월하지만 그만은 못한 첫 번째 희곡 『대머리 여가수』(1948년~1949년에 쓰임)가 있고, 같은 소재를 날카롭게 반복한 효과적인 단막극 몇 편(「수업La leçon」(1950), 「의자Les chaises」(1951), 「새로운 세입자Le nouveau locataire」(1953) 등)이 있다. 이 작품은 전부(이오네스코는 다작하는 작가였다) '초기' 이오네스코다. 후기 작품은 극적 목적이 분산되고 자의식이 점점 비대해지면서 망가졌다. 특히 『의무의 희생자』(1952)에서 목적이 희미해지는 것이 뚜렷이 보인다. 이 작품에도 강력한 부분이 몇 군데 있긴 하나 안타깝게도 지나치게 노골적이다. 아니면 이오네스코의 최고작인 『자크 또는 복종』과 이 극의 등장인물을 다시 활용한 짧은 후속작 『미래는 알 속에 있다 L'avenir est dans les œufs』(1951)를 비교해볼 수도 있다. 『자크』에는 기발하고 논리적이고 눈부시고 가혹한 환상이 가득하다. 이오네스코의 작품 가운데 오직 이 작품만이 아르토의 기준에 부합하는 무언가를 이룬다. 희극으로 구현한 잔혹극. 그러나 『미래는 알 속에 있다』에서 이오네스코는 후기 작품으로 이어지는 재앙의 길을 걷기 시작한다. '견해들'이란 것을 격하게 비난하고, 인물들이 연극의 현 상태, 언어의 본질 등등에 대해 따분한 고민을 늘어놓게 한다. 이오네스코는 대단한 재능을 지닌 예술가이지만 '사상'에 희생되고 말았다. 작품은 사상에 푹 절여졌고 재능은 무뎌졌다. 『노트와 반노트』에는 극작가이자 사상가로서 자신을 해명하고 정당화하려는 부단한 노력이 큼직한 덩어리로 들어가 있다. 이런 내용은 이오네스코의 극 『알마의 즉흥극』 전체를 차지하고 『의무의 희생자』와 『아메데』에서는 극작에 관한 거슬리는 발언으로, 『킬러 Tueur sans gage』, 『코뿔소』에서는 현대사회에 대한 지나치게 단순화된 비판으로 나타난다.

원래 이오네스코의 초기 창작 동력은 상투적 일상에서 시를 발견하는 것이었다. 첫 번째 작품 『대머리 여가수』는 이오네스코의 말에 따르면 거의 우연히 쓰였다고 한다. 이오네스코는 영어 공부를 하려고 아시밀 숙어집을 구입했는데 그 책의 예문에서 스미스 부부와 마틴 부부를 발견했다. 이후 작품도 클리셰를 서로 주고받으며 시작한다는 점에서는 다르지 않다. 이렇듯 클리셰에서 시를 발견하는 것이 무의미에서 시를 발견하는 것으로 이어진다. 모든 단어는 서로 변환할 수 있는 것이 된다(『자크』의 끝부분에서 고양이chat라는 말이 끝없이 반복되는 것이 한 예다). 이오네스코의 초기 극은 무의미에 '관한' 것이라거나 소통 부재에 '관한' 것이라고 말하기도 한다. 그러나 현대예술에서는 더 이상 전통적 의미의 주제를 논할 수 없다는 중요한 사실을 간과한 말이다. 주제는 기법이 된다. 이오네스코가 이룬 대단한 업적은 현대시의 위대한 기술적 발견 가운데 하나, 곧 모든 언어를 바깥에서, 외부인의 관점에서 볼 수 있다는 점을 극에 적용했다는 것이다. 이오네스코는 지금까지는 현대시에 국한되어 있던 이런 태도의 **극적** 가능성을 밝혀냈다. 이오네스코의 초기 극은 무의미에 '관한' 것이 아니다. 무의미를 연극적으로 사용하려는 시도였다.

　　이오네스코가 클리셰를 발견했다는 것은 언어를 의사소통이나 자기표현의 도구로 보기를 거부하고, 대체 가능한 개인이 (일종의 무아지경 상태에서) 분비한 진기한 물질처럼 간주했다는 것이다. 이오네스코의 다음 발견 역시 현대시에서는 오래전부터 알려져 있던 사실인데, 언어를 만질 수 있는 무언가로 취급할 수 있다는 것이다(그래서 「수업」에 나오는 선생은 '칼'이라는 단어로 학생을 죽인다). 언어를 사물로 만드는 핵심 장치는 반복이다. 이런 언어적 반복은 이오네스코 극에 반복적으로 나타나는 또 하나의 모티프인 사물의 암적이고 비이성적인 증식을 통해 한층 더 극화된다(『미래는 알 속에 있다』의 알, 「의자」의 의자, 「새로운 세입자」의 가구, 『킬러』의 상자, 『의무의 희생자』의 컵, 『자크』에 등장하는 로베르타 2세의 무수한 코와 손가락, 『아메데』의 시신 등). 이런 반복되는 단어, 악마처럼 증식하는 사물은 꿈에서처럼 소멸시켜야만 떨쳐버릴 수 있다. 논리적으로, 시적으로 (이오네스코가 개인과 사회의 본질에 대해 갖는 '사상' 때문이 아니라) 이오네스코의 극은 음악의 다 카포da capo처럼 반복되며 끝나거나 아니면 엄청난 폭력으로 끝을 맺을 수밖에 없다. 예를 들면 (『대머리 여가수』의 결말로 제안된) 관객의 학살이오네스코는 이 극의 결말로 저자나 극장 매니저가 관객을 비난하는 것, 기관총으로 관객을 학살하는 것 등도 고려했으나 그냥 처음으로 다시 돌아가 순환을 이루게 하기로 했다고 밝힌 바 있다—옮긴이, 자살(「의자」), 매장과 침묵(「새로운 세입자」), 이해할 수 없는 말과 짐승 같은 신음(『자크』), 극심한 신체적 강제(『의무의 희생자』), 무대 붕괴(『미래는 알 속에 있다』) 등으로 극이 끝난다. 이오네스코의 극에 반복해서 나타나는 악몽은 꽉 막혀 흘러넘치는 세계다(「새로운 세입자」의 가구나 『코뿔소』의 코뿔소가 이런 악몽을 뚜렷이 보여준다). 그래서 연극은 혼돈이나 비존재, 파괴 또는 침묵으로 끝날 수밖에 없다.

  클리셰의 시와 사물로서의 언어가 이오네스코에게는 특별한 연극적 재료가 되었다. 그러자 개념이 생겨났고, 무의미한 극의 의미에 관한 이론이 이오네스코의 작품에 자리 잡았다. 이오네스코는 최신 유행의 현대적 경험을 가지고 왔다. 이오네스코와 그를 옹호하는 사람들은 이오네스코가 현대적 삶의 무의미함을 경험한 데서 시작해 그것을 표현하기 위해 클리셰의 연극을 발전시켰다고 주장한다. 하지만 그보다는 이오네스코가 진부함의 시를 발견하고 그다음에 (안타깝게도) 그것을 정당화하기 위한 이론을 만들었을 가능성이 더 커 보인다. 이 이론은 소외, 획일화, 비인간화 등 '대중사회'에 관한 가장 끈질긴 클리셰를 한데 모아놓은 것이다. 지나치게 익숙한 이런 불만들을 하나로 요약한 말이자 이오네스코가 가장 좋아하는 비하어는 '부르주아' 또는 '프티부르주아'다. 이오네스코의 부르주아 개념은 좌파 수사에서 가져온 것일 테지만 좌파 담론에서 비난하는 대상과는 공통점이 거의 없다. 이오네스코에게 '부르주아'란 자기가 싫어하는 모든 것을 가리킨다. 연극의 '리얼리즘'(브레히트가 '아리스토텔레스적'이라고 부른 것과 비슷하다), 이데올로기, 체제 순응주의 등등. 물론 이런 것들이 이오네스코가 자기 작품에 관해 이야기할 때만 쓰인다면 문제가 되지 않을 것이다. 문제는 사상이 작품에 점점 영향을 미치게 되었다는 점이다. 이오네스코는 점점 더 자주 자기가 무얼 하는지를 노골적으로 '가리키곤' 했다(「수업」의 끝부분에서 교수가 학생의 시신을 처리하기 전에 스와스티카 완장을 착용하는 장면을 보면 움찔할 수밖에 없다). 이오네스코는 언어의 꼭두각시가 사는 세계의 환상에서 출발했다. 이때는 아무것도 비판하지 않았고 초기 에세이에서 '언어의 비극'이라고 부른 것을 발견하려 하지도 않았다. 단지 언어가 사용될 수 있는 하나의 방법을 추구했을 뿐이다. 그다음에 이런 예술적 발견에서 조악하고 단순한 태도, 현대의 획일화와 비인간화에 대한 태도가 나왔고, 모든 것이 '부르주아', '사회' 등과 같은 괴물 인형의 탓으로 돌려졌다. 그러고 나서 마침내 이 괴물에 맞서는 개인을 긍정할 때가 되었다. 그래서 이오네스코의 작품은 불운하고도 익숙한 2단계 발전을 거친다. 처음에는 반연극, 패러디였다가 다음에는 사회적으로 건설적인 연극으로 나아갔다. 후기 작품들은 빈약하다. 이오네스코의 작품 가운데 가장 부실한 것은 베랑제라는 인물이 나오는 극들이다. 이오네스코는 『킬러』(1957), 『코뿔소』(1960), 『공중의 보행자 Le piéton de l'air』(1962) 등에 자신의 분신이자 에브리맨 Everyman 보편적 인간의 경험을 대표하는 인물로 문학에서 주로 도덕성, 인간성, 존재의 고뇌 같은 보편적 주제를 탐구한다—옮긴이, 곤경에 처한 영웅, '인간을 연결하기 위한' 인물로서 베랑제라는 인물을 창조해 등장시켰다고 말했다. 문제는 도덕에서건 예술에서건 단지 의지만으로 인간을 옹호할 수는 없다는 것이다. 그저 의지만 내세운다면 설득력 없고 가식적으로 느껴질 수밖에 없다.

　　이런 점에서 이오네스코의 발전 과정은 브레히트와 정확히 반대다. 브레히트의 초기 작품(『바알』, 『도시의 정글 속에서』)은 이후에 걸작인 '긍정적인' 극으로 변모한다. 『사천의 선인』, 『코카서스의 백묵원』, 『억척어멈과 그 자식들』 등. 그렇지만 (이들이 대변하는 이론과는 별개로) 브레히트는 그냥 이오네스코보다 더 뛰어난 작가다. 당연히 이오네스코에게는 브레히트가 최대의 적이자 궁극의 부르주아다. 이오네스코는 브레히트를 정치적이라고 비난한다. 그러나 브레히트와 브레히트주의자들 그리고 정치적인 연극에 가하는 이오네스코의 공격은 허술하다. 브레히트의 정치적 태도는 휴머니즘을 추구하는 계기일 뿐이며, 그는 이를 통해 극에 집중하고 극을 발전시킬 수 있었다. 이오네스코는 정치 옹호와 인간 옹호 사이에서 하나를 선택해야 한다고 주장하는데, 이런 주장은 잘못되었을 뿐 아니라 위험하기도 하다.

　　브레히트, 주네, 베케트와 비교하면 이오네스코 최고의 작품도 이들에게 미치지 못한다. 이들만큼의 무게감, 혈기, 위엄, 의미를 지니지 못한다. 물론 이오네스코의 극, 특히 (이오네스코의 재능에 가장 잘 맞는 형식인) 단막극에는 상당한 미덕이 있다. 매력, 재치, 기분 좋은 으스스함, 무엇보다 연극성이 있다. 그렇지만 흔들리는 정체성, 사물의 터무니없는 증식, 함께 있다는 것의 끔찍함 같은 반복되는 주제가 더 감동적이거나 충격적일 수 있을 텐데도 그렇게 되지 못했다. 어쩌면 (환상이 맘껏 이끌도록 내버려둔 『자크』를 예외로 하면) 끔찍한 것이 언제나 어떻게 해서든 귀여운 것으로 억제되기 때문일지도 모르겠다. 이오네스코의 병적인 소극笑劇은 아방가르드 감성의 불르바르 코미디comédie de boulevard 19세기와 20세기 초 파리에서 주로 상연되던 가볍고 코믹하고 상업적인 연극. 조르주 페이도의 작품이 대표적이다— 옮긴이다. 한 영국 비평가가 지적했듯이 이오네스코의 순응성 풍자와 페이도의 불륜 유머는 별 차이가 없다. 둘 다 능란하고 무심하고 자기지시적이다.

　　이오네스코의 희곡과 연극에 관한 글은 분명하게 감정을 열렬히 드높인다. 이를테면 이오네스코는 『대머리 여가수』가 "내면의 삶이 없기 때문에 아무것도 말하지 않음"에 대한 작품이라고 말한다. 이 극의 스미스 부부와 마틴 부부는 사회적 맥락에 완전히 함몰된 인간, "감정의 의미를 망각한" 인간을 나타낸다. 그렇지만 이오네스코가 『노트와 반노트』에서 자신이 감정을 느끼지 못한다고 하면서 이런 무감정이 자신을 대중적 인간으로 만들지 않고 구원한다고 수없이 묘사한 것은 어떻게 설명하나? 이오네스코를 움직이는 것은 열정 없음에 대한 저항이 아니고 일종의 인간 혐오다. 이오네스코는 그것을 문화 진단이라는 유행하는 클리셰로 포장한다. 이오네스코의 연극 저변에는 깐깐하고 방어적이며 성적 혐오감으로 얼룩진 감성이 있다. 혐오야말로 이오네스코 극의 강력한 원동력이다. 이오네스코는 혐오에서 불쾌함의 코미디를 만들어낸다.

　　　인간의 조건에 대한 혐오는 예술의 훌륭한 재료가 된다. 그렇지만 사상에 대한 재능이 없는 사람이 표현한 사상에 대한 혐오라면 또 다른 문제다. 바로 그것이 이오네스코의 극을 망치고 연극론 모음집을 재미없고 불쾌하게 만든다. 이오네스코는 사상을 인간의 불쾌한 군더더기 같은 것으로 여기며 이 반복적인 책에서 모든 입장을 받아들였다가 거부했다가 하며 허우적거린다. 『노트와 반노트』를 관통하는 주제는 입장이 아닌 입장, 관점이 아닌 관점을 고수하고자 하는 바람이다. 다시 말해 지적으로 공격당할 수 없는 위치에 있으려는 바람이다. 그러나 불가능한 일이나. 이오네스코는 처음에는 사상을 클리셰로만 인식한다. "사고의 체계는 어떤 면에서 보든 현실(이 단어도 클리셰다)을 우리에게서 감추기 위한 알리바이에 불과하다." 그러나 논리가 끔찍하게 나아가면서 사상은 정치와 동일시되고 정치는 파시스트적 악몽과 동일시된다. 이오네스코는 "나는 우리를 갈라놓는 것은 사회 그 자체 또는 정치라고 생각한다"고 하면서 정치적 견해보다는 오히려 반지성주의를 드러낸다. 이 책의 가장 흥미로운 부분(87~108페이지)인 이른바 런던 논쟁이 뚜렷이 보여준다. 이오네스코가 브레히트적 관점을 대표하는 평론가 케네스 타이넌과 주고받은 에세이와 편지 모음으로 1958년 영국 주간지 《옵저버 The Observer》에 처음 실렸다. 이 논쟁의 정점은 오슨 웰스가 쓴 고상하고 유려한 편지다. 웰스는 일부 사회를 제외하면 예술과 정치의 분리는 잘 이루어질 수 없고 사실상 아예 불가능하다고 지적한다. 웰스는 이렇게 말한다. "가치 있는 것은 무엇이든 낡아 때가 묻은 이름을 갖고 있기 마련입니다." 그리고 모든 자유는 (정치에 의구심을 표명할 이오네스코의 특권을 포함해) "어느 시점에서 이루어진 정치적 성취였습니다. … 예술의 최대 적은 정치가 아니라 중립성입니다. … 중립성은 다른 어떤 것 못지않은 정치적 입장입니다. … 정말 우리가 파멸할 운명이라면, 이오네스코 씨가 우리 모두와 함께 싸우게 합시다. 그에게는 우리의 진부한 가치를 포용할 용기가 있을 겁니다."

이오네스코의 작품에서 불편한 부분은 그것이 조장하는 지적 안일함이다. 나는 아무 사상도 담지 않은 작품에는 아무 불만이 없다. 가장 위대한 작품 중에 오히려 그런 작품이 많다. 현대의 사례로 오즈 야스지로의 영화, 알프레드 자리의 『위뷔 왕』, 블라디미르 나보코프의 『롤리타』, 장 주네의 『꽃피는 노트르담』 등을 생각해보라. 지적 공백은 문제가 되지 않고 종종 유익할 수 있지만, 지적 투항은 전혀 다르다. 이오네스코의 경우에는 투항한 지성이 전혀 흥미롭지 못하다. 세계를 전적으로 괴물적인 것과 전적으로 진부한 것 사이의 대립으로 설정하는 관점에 기반하기 때문이다. 처음에는 괴물적인 것의 괴물스러움에서 즐거움을 느낄 수 있을지라도, 결국에는 진부함의 진부함밖에는 남지 않는다.

(1964)

『대리인』고찰

현대 역사에서 가장 비극적인 사건은 유럽에서 600만 명의 유대인이 학살된 일이다. 수많은 비극이 있었던 시대이지만 이 일은 규모, 단일한 주제, 역사적 의미, 순전한 이해 불가능성이란 면에서 넘볼 수 없는 지위를 지닌다. 아무도 이 일을 이해하지 못한다. 600만 명이라는 유대인의 학살은 개인적·공적인 열정이든 오류든 광기든 도덕적 실패든 압도적이고 저항 불가능한 사회적 힘이든, 무엇으로도 완전히 설명할 수 없다. 스무 해 남짓 지난 지금, 이전 어느 때보다 격한 논란이 일고 있다. 무슨 일이 있었던 것인가? 어떻게 그런 일이 일어났나? 어떻게 그런 일이 일어나도록 그냥 둘 수 있었나? 누구의 책임인가? 이 막대한 사건은 치유되지 않는 상처다. 이해라는 위안조차 우리는 구할 수 없다.

    그러나 더 잘 알게 된다고 해서 그것으로 충분하지는 않을 것이다. 이 사건이 '비극적'이라고 말하면서 우리는 이 일에 대해 사실적·역사적 이해 이외의 다른 것을 요구할 수 있다. 비극적이라고 함은 극도로 슬프고 무시무시한 일이며, 원인이 복잡하게 중층결정되어overdetermined 있고, 본보기가 될 만한 성격을 지녀 생존자들에게 똑바로 마주하고 내면화할 엄숙한 의무를 부과하는 사건임을 말한다. 600만 명의 죽음을 비극이라고 부를 때 우리는 그것을 이해하고자 하는 지적 동기(무엇이 어떻게 일어났는지를 아는 것) 또는 도덕적 동기(범죄자를 잡아서 법의 심판을 받게 하는 것)를 넘어서는 무엇이 있음을 인정한다. 이 일이 어떤 면에서는 이해 불가능함을 인정한다. 결국 우리가 할 수 있는 일은 이 일을 계속 마음에 두고 기억하는 것뿐이다. 기억의 짐을 짊어지는 것이 늘 실질적으로 도움이 되는 것은 아니다. 때로는 기억이 슬픔과 죄책감을 덜어주지만 때로는 더 악화시킬 수도 있다. 기억해봐야 좋은 일이 없을 때도 많다. 그렇지만 그것이 **옳고**, 적절하고, 정당하다고 느낄 수는 있다. 기억의 이런 도덕적 기능은 지식, 행위, 예술이라는 서로 다른 영역을 가로지른다.

우리는 비극이 예술의 형태가 아니라 역사인 시대에 산다. 극작가들은 이제 비극을 쓰지 않는다. 그러나 우리에게는 이 시대의 막대한 역사적 비극을 반영하거나 다루려는 예술 작품이 있다(그런 노력이 항상 예술로 인식되는 것은 아니다). 현대에 이런 목적으로 고안되어 완성되었으나 예술로 인정받지 못하는 것으로 정신분석 세션, 의회 토론, 정치 집회, 정치 재판 등이 있다. 현대의 가장 비극적인 사건은 600만 명의 유럽 유대인 학살이며 지난 10년간 가장 흥미롭고 감동적인 예술 작품 가운데 하나로는 1961년 예루살렘에서 열린 아돌프 아이히만 재판을 들 수 있다.

한나 아렌트를 비롯한 여러 사람이 지적했듯이 아이히만 재판의 법적 근거, 제시된 증거의 유효성, 절차의 정당성 등은 순전히 법적 관점에서 보면 논란의 여지가 있다. 아이히만 재판은 그러나 법적 기준만을 따르지 않았고 그럴 수도 없었다는 것이 진실이다. 심판대에 세워진 것은 아이히만 한 사람이 아니었다. 아이히만은 이중의 역할로 재판을 받았다. 특정인이자 일반인으로. 끔찍하고 구체적인 죄를 지은 사람이자, 상상조차 할 수 없을 희생으로 극치에 달한 반유대주의 역사 전체의 상징으로.

이 재판은 이해할 수 없는 것을 이해하려는 시도였다. 이런 목적을 위해, 무표정하고 안경을 쓴 아이히만은 방탄유리 부스 안에 앉아 있고(입을 굳게 다물고 있으나 그 점을 제외하면 프랜시스 베이컨의 회화에서 들리지 않는 비명을 지르는 기괴한 인물〈**벨라스케스의 교황 인노첸시오 10세의 초상을 본뜬 습작**〉(1953) 등— 옮긴이과 다르지 않다) 법정에서는 엄청난 집단적 애도가 펼쳐졌다. 유대인 절멸에 관한 사실이 기록으로 쌓여갔고 역사적 고통에 대한 격한 반응이 문서로 남겨졌다. 말할 필요도 없지만 법적으로 이를 정당화할 방법은 없었다. 이 재판의 기능은 비극의 기능과 같았다. 판단이나 처벌을 넘어 카타르시스를 위한 것.

이 재판이 정당한 절차라는 현대적 감각에 호소했음은 의심할 바 없지만, 극장과 법정 사이에는 고대부터 이어져 온 더욱 오래된 관계가 있다. 재판은 현저하게 연극적인 형식이다(사실 재판에 관한 역사상 가장 오래된 언급은 극에서 찾을 수 있다. 아이스킬로스의 『오레스테이아』 3부작의 세 번째 극 『자비로운 여신들』에 나온다). 재판이 연극적 형식이라면, 극장은 법정이다. 고전적 극은 언제나 주인공과 적대자 간의 대결이고, 극의 결말은 행동에 대한 '평결'이다. 모든 위대한 비극은 이렇듯 주인공의 재판이라는 형식을 취한다. 비극에서 이루어지는 심판의 특징은, 주인공이 재판에서 질 수는 있으나(정죄를 받거나, 시련을 겪거나, 죽는다) 그럼에도 일종의 승리를 거둔다는 점이다.

    아이히만 재판은 그런 극이었다. 그 자체로 비극은 아니지만 극적으로 비극을 다루고 해결하려는 시도였다. 가장 심오한 의미에서의 연극이었다. 그러므로 법과 도덕적 기준만으로 평가될 수는 없다. 아이히만 재판의 목적은 사실을 역사적으로 조사하고 유죄 여부를 판단하고 형벌을 부과하려는 것이 아니었기 때문에 이 재판이 내내 '제대로' 이루어졌다고 할 수는 없다. 그러나 아이히만 재판의 문제는 법적 결함이 아니라 사법적 형식과 극적 기능의 모순이었다. 해럴드 로젠버그는 이렇게 지적했다. "이 재판은 비극적 시의 기능, 처참하고 끔찍한 과거를 마음속에 되살리는 기능을 맡았다. 그러니 이 기능을 실용직 규범이 지배하는 세계 무대에서 수행해야 했다." 이것이 아이히만 재판의 근본적 역설이었다. 이 재판은 근본적으로 기억과 슬픔을 되새기기 위한 행위였으나 법적 절차와 과학적 객관성이라는 형식을 입고 있었다. 재판은 사건에 어떤 잠정적 중립성을 부여하는 연극적 형식이며 결론은 정해지지 않은 채로 남아 있다. 'defendant(피고)'라는 단어는 defense(방어)가 가능함을 암시한다. 따라서, 결국 아이히만이 모든 사람이 기대한 대로 사형 선고를 받긴 했지만 재판의 형식 자체는 아이히만에게 우호적이었다. 아마도 그랬기 때문에 많은 사람이 돌이켜보면서 이 재판이 용두사미로 끝난 실망스러운 경험이었다고 느끼는 것일지 모른다.

우리가 더 잘 아는 예술 형식, 중립성을 가장할 필요가 없는 예술이 더 효과적일지는 아직 두고 보아야 할 문제다. 아이히만 재판과 같은 역사적 기억의 역할을 하는 예술 작품 중에서 가장 두드러지는 것으로 젊은 독일 극작가 롤프 호흐후트의 장편 희곡 『대리인Der Stellvertreter』을 꼽을 수 있다. 이 작품은 우리가 잘 아는 형식의 예술이다. 법정이라는 엄숙한 공적 무대가 아니라 익숙한 극장에서 저녁 8시 30분에 막이 오르고 중간휴식이 있는 극이다. 진짜 살인자와 지옥에서 살아남은 진짜 생존자들이 아니라 배우들이 있다. 그렇지만 이 극과 아이히만 재판을 비교하는 것이 무리는 아니다. 무엇보다 『대리인』은 실제 기록을 취합해 만들었기 때문이다. 극에 아이히만을 비롯해 이 시기의 실존 인물 여럿이 등장하고, 인물들이 하는 대사는 역사적 기록에서 가져왔다.

현대에는 극장을 공적·도덕적 판결의 장으로 삼는 일은 사라졌다. 현대연극은 대체로 개인적 갈등과 고통의 장이 되었다. 대부분 현대극에서 사건을 통해 인물에게 내려지는 평결은 연극 안에서만 의미가 있다. 『대리인』은 현대연극의 이런 사적인 경계를 무너뜨린다. 아이히만 재판을 예술 작품으로 평가하기를 거부하는 것이 지나치게 편협한 태도일 수 있듯이, 『대리인』을 단순히 예술 작품으로만 본다면 지나치게 피상적인 관점이 될 것이다.

전부는 아니지만 일부 예술은 **진실을 말하는 것**을 주된 목표로 삼는다. 이런 예술은 진실에 얼마나 충실한지, 작품이 이야기하는 진실이 얼마나 유의미한지에 따라 판단되어야 한다. 이런 기준에 따르면 『대리인』은 중요한 극이다. 나치당, 나치 친위대, 독일 재계 엘리트, 독일 국민 대부분(호흐후트는 이 중 누구도 가벼이 넘기지 않는다)의 책임은 너무나 잘 알려져 있고 누구의 동의도 구할 필요가 없다. 그런데 『대리인』은 독일 가톨릭교회와 교황 비오 12세도 공모자임을 강조하는데 이 부분이 논란의 대상이 되었다. 나는 이 극의 주장이 정당하며 설득력 있다고 생각한다(극 말미에서 호흐후트가 제공하는 풍부한 문헌 자료나 군터 루이의 책 『가톨릭교회와 나치 독일 The Catholic Church and Nazi Germany』을 보면 이해할 수 있을 것이다). 현재 시점에서, 이 받아들이기 힘든 진실의 역사적·도덕적 중요성은 아무리 강조해도 지나치지 않다.

『대리인』의 독일어판에는 이 극을 베를린에서 초연한 연출가 에르빈 피스카토르가 쓴 서문이 있는데(아쉽게도 번역본에는 실려 있지 않다), 피스카토르는 호흐후트의 극을 셰익스피어와 실러의 역사극과 브레히트 서사극의 계승자로 본다. 작품의 가치는 논외로 하더라도, 이 극을 고전 역사극과 역사적 주제를 다루는 서사극과 비교하는 데는 오해의 소지가 있다. 호흐후트 극의 핵심은 소재에 거의 손을 대지 않고 그대로 썼다는 점이다. 셰익스피어, 실러, 브레히트의 극과 달리 호흐후트의 극은 역사적 진실에 얼마나 철두철미하게 충실하냐에 성패가 달려 있다.

그런데 진실의 기록이라는 다큐멘터리적 의도가 이 극의 한계이기도 하다. 모든 예술 작품이 양심을 기르거나 이끌려는 목적으로 만들어지지는 않듯이, 도덕적 기능을 성공적으로 수행하는 예술 작품 전부가 예술로서 만족스러운 건 아니다. 『대리인』과 같은 극적 유형의 작품 가운데 도덕적 행위이자 예술로서 동시에 만족감을 주는 작품은 알랭 레네의 단편영화 〈밤과 안개〉 하나밖에 떠오르지 않는다. 〈밤과 안개〉 역시 600만 명의 비극적 죽음을 추모하는 영화인데, 극히 선별적이고 감정적으로 강력하고 역사적으로 신중하고 (이렇게 말해도 된다면) 아름답다고 말하고 싶다. 『대리인』은 아름다운 극이 아니다. 그래야 한다고 요구할 수도 없을 것이다. 그럼에도, 이 극에 쏠리는 엄청난 관심과 도덕적 중요성을 고려한다면, 미학적 질문을 피할 수는 없다. 『대리인』은 도덕적 사건으로서는 어떤지 모르지만, 극작의 최고 기준에 도달하지는 못한다.

    이를테면 길이의 문제가 있다. 나는 『대리인』의 길이가 딱히 거슬리진 않는다. 어쩌면 이 극도 드라이저의 『아메리카의 비극』이나 바그너의 오페라, 유진 오닐의 최고 희곡들처럼 과도한 길이에서 힘을 얻는 예술 작품에 속할 수도 있다. 그러나 언어는 진짜로 문제가 있다. 이 극 영어 번역본의 언어는 단조롭고, 격식적인 것도 아니고 그렇다고 아주 구어체도 아니다("공사관은 치외법권이오. 꺼져요. / 안 그러면 경찰을 부를 테니"). 호흐후트가 대사를 자유시처럼 행을 나누어 배열한 것은 주제의 심각성을 강조하기 위해서이거나 나치 수사의 진부함을 드러내기 위해서일 수도 있다. 그렇지만 (어느 쪽이든) 저자가 의도한 효과를 내도록 이 대사를 **말하는** 그럴듯한 방법이 있을 것 같지 않다. 더 큰 예술적 결함은 호흐후트가 극에 뭉텅이로 집어넣은 두툼한 문서 뭉치다. 『대리인』에는 소화되지 않은 설명이 가득하다. 몇몇 장면이 매우 강력한 것은 사실이다. 특히 악마 같은 나치 친위대 의사가 나오는 장면이 그렇다. 그렇지만 극에서 인물들이 서로 대면하는 주된 이유가 종종 '서로에게 무언가를 알려주기 위해서'라는 전혀 극적이지 않은 이유라는 문제가 있다. 수백 개의 이름, 사실, 통계, 대화 기록, 최신 뉴스 등이 대사에 욱여넣어져 있다. 『대리인』을 읽고 (공연은 아직 보지 못했다) 엄청난 감동을 받았다면, 그것은 주제의 무게감 때문이지 스타일이나 극작법 때문은 아닐 것이다. 『대리인』의 스타일과 극작법은 극히 관습적이다.

  『대리인』을 무대에서 보면 매우 만족스러울 수 있으리라고 생각한다. 그렇지만 연출가가 특별한 도덕적·미학적 기지를 지니고 있어야 연극적 효과를 제대로 살릴 수 있을 것이다. 내 생각에는 『대리인』을 잘 연출하려면 창의적인 양식화가 필요할 것 같다. 연출가는 사실주의적인 것보다 의례적인 것에 치우친 현대 연극의 지원을 활용하면서도 사실의 권위와 구체적 역사성에 기반한 이 극의 힘을 약화시키지 않도록 주의를 기울여야 할 터이다. 그런데 호흐후트가 『대리인』 연출에 관해 한 제안에, 의도하지는 않았겠지만 그럴 위험이 내포된 듯하다. 호흐후트는 배역을 열거하면서 단역들을 몇몇 그룹으로 분류한 다음, 한 그룹에 속하는 여러 역을 같은 배우가 맡게 하라고 했다. 그러면 한 배우가 비오 12세와 제3 제국 무기 연합의 루타 남작 둘 다를 연기하게 된다. 또 교황청 공사관의 신부, 나치 친위대 하사관, 유대인 카포나치 수용소에서 나치의 앞잡이 노릇을 하며 수감자 관리를 맡은 유대인—옮긴이도 전부 한 배우가 연기한다. 그 까닭을 호흐후트는 이렇게 설명한다. "보편 징병제 시대에는 어떤 제복을 입는지 또는 희생자의 편에 서는지 박해자의 편에 서는지는 칭찬받을 일도 비난받을 일도 아니고 심지어 성품의 문제도 아닐 수 있음을 현대사가 우리에게 가르쳐주었다." 호흐후트가 사람이나 역할이 이렇게 바뀔 수 있다는, 손쉽고 유행하는 생각을 진심으로 지지한다고는 믿을 수 없다(호흐후트의 극은 바로 이런 관점을 정확히 반박하고 있으니 말이다). 호흐후트의 제안대로 무대에 올려진다면 정말 실망할 것 같다. 그렇지만 피터 브룩이 파리에서 이 극을 무대에 올리면서 고안한 연출 아이디어는 표면적으로는 비슷하지만 이걸 반박할 이유는 없다. 피터 브룩은 배우들이 전부 똑같은 파란색 면 옷을 입고 필요에 따라 주교의 붉은 외투, 신부의 수단, 나치 장교의 스와스티카 완장 등을 걸치게 했다.

호흐후트의 극이 고故 비오 12세가 공개적으로 또는 은밀한 외교 채널을 통해 교회의 영향력을 행사해 나치의 유대인 정책에 반대하기를 거부했다고 묘사했다는 이유로 베를린, 파리, 런던 등 이 극이 상연된 도시들에서 모두 폭동이 일어났다. 이것은 『대리인』이 예술과 삶 사이에서 중요한 자리를 차지하고 있다는 반박할 수 없는 증거다(로마에서는 개막일에 경찰이 공연을 중단시키기까지 했다).

교회에서 이의를 제기했더라면 많은 목숨을 구할 수 있었으리라고 생각할 근거는 충분하다. 독일에서 히틀러가 추진하던 노인과 불치병 환자의 안락사 프로그램(유대인 문제 '최종 해결책'의 시범사업 같은 것이었다)은 가톨릭 지도층이 강력하게 반대하자 중단되었다. 또 바티칸은 정치적 중립을 핑계로 댈 수도 없다. 러시아의 핀란드 침공 같은 국제 정치 문제에 강력한 성명을 발표한 바가 있기 때문이다. 이 극이 비오 12세에 대한 부당한 중상이라는 주장에 가장 큰 타격을 입힐 근거는, 교황이 당시 유럽의 여러 보수적 지도자와 마찬가지로 히틀러의 대對러시아 전쟁을 지지했고 그랬기 때문에 독일 정부에 적극적으로 반대하기를 주저했음을 보여주는 실제 문서다. 이 사실을 묘사한 장면 때문에 여러 가톨릭교도가 호흐후트의 극을 반가톨릭 선전이라고 비방했다. 그러나 호흐후트가 전하는 내용은 사실이거나, 아니면 사실이 아니다. 호흐후트가 사실(그리고 자신의 기독교적 용기)에 기반하고 있다면, 신실한 가톨릭 신자가 반드시 르네상스 시대의 방탕한 교황들을 존경할 필요가 없듯이 비오 12세의 행위 전부를 비호할 의무도 없는 것이다. 단테는 『신곡』에서 첼레스티노 5세 교황을 지옥에 갖다 놓았는데 그렇다고 해서 단테가 반가톨릭이라고 비난할 사람은 없을 것이다. 현대 기독교도가(호흐후트는 루터교 신자다) 베를린의 베른하르트 리히텐베르크 목사(설교단에서 공개적으로 유대인을 위해 기도했고 유대인들과 함께 다하우 수용소로 가겠다고 자원했다)나 프란치스코회 수도사 막시밀리안 콜베 신부(아우슈비츠에서 처참하게 죽었다) 등의 행동을 현직 신의 대리인의 기준으로 제시하면 왜 안 된다는 건가?

여하튼 교황에 대한 공격이 『대리인』의 유일한 주제는 아니니다. 교황이 등장하는 장면은 단 하나뿐이다. 극의 액션은 두 명의 영웅, 즉 예수회 사제 리카르도 폰타나(리히텐베르크 목사를 모델로 콜베 신부를 일부 첨가해 만든 인물)와 베를린 주재 교황청 대사에게 전달할 정보를 수집하기 위해 나치 친위대에 들어간 쿠르트 게르슈타인이라는 두 인물을 중심으로 전개된다. 호흐후트는 게르슈타인과 폰타나 역은 한 배우가 다른 역할과 함께 연기하도록 그룹으로 묶지 않았다. 이 둘은 서로 교환할 수 있는 사람들이 아니다. 그러니 『대리인』의 핵심 주제는 비난이 아니다. 독일 가톨릭 교회 고위층과 교황과 그 주변 인물들에 대한 공격이기도 하지만, 그보다는 사람이 진정한 명예와 품위(그것이 순교를 가져올지라도)를 이룰 수 있으며 기독교도라면 마땅히 그래야 한다는 진술이다. 그 길을 선택한 독일인들이 있었기에, 우리에게는 그 길을 택하기를 거부하고 침묵한 사람들의 용서할 수 없는 비겁함을 비난할 권리가 있다고 호흐후트는 말한다.

(1964)

비극의 죽음

현대에 비극의 가능성에 관한 논의는 문학 분석보다는 다소 위장된 형태의 문화 진단으로 이루어진다. 문학이라는 주제는 경험주의자와 논리학자들이 철학에서 엄밀하지 않은 개념을 제거하기 전까지 철학에 투입되던 에너지 상당 부분을 끌어오게 되었다. 이제 감정, 행위, 신념 등에 관한 현대의 딜레마는 문학의 영역에서 탐구된다. 예술은 특정 역사 시기에 인간의 역량을 반영하는 거울로 간주되며, 문학가 스스로를 정의하고 명명하고 극화하는 주요한 형식이 되었다. 특히 문학 형식의 죽음에 관한 질문이 오늘날에는 매우 중대한 의미를 지닌다. 장편 서사시가 여전히 가능한가, 아니면 이 장르는 소멸했나? 소설은? 운문극은? 비극은? 문학 형식을 땅에 묻는 행위는 도덕적 행위이며, 정직이라는 현대적 도덕성이 이룰 수 있는 드높은 성취다. 이 행위는 자기 정의의 행위이며 결국 자기 자신을 매장하는 것이기도 하기 때문이다.

  이런 매장에는 관습적으로 애도 표현이 뒤따른다. 우리는 이제 소멸한 형식이 구현했던 사라진 감수성과 태도를 그리며 우리 자신의 죽음을 애도한다. 『비극의 탄생』에서(이 책은 사실 비극의 죽음에 관한 책이다) 니체는 고대 그리스에서 소크라테스와 함께 지식과 의식적 지성이 새로이 중요한 위치로 부상하며, 비극을 가능하게 했던 본능과 현실 감각은 쇠퇴했다고 말했다. 이후 이 주제에 관한 논의는 전부 유사하게 애조를 띠거나 비극을 옹호하려 한다. 비극의 죽음을 애도하거나 아니면 입센, 체호프, 유진 오닐, 아서 밀러, 테네시 윌리엄스의 자연주의-감상주의 연극으로 '현대적' 비극을 만들어내려 한다. 라이어널 에이블Lionel Abel의 책 『메타극Metatheatre』의 독특한 장점 가운데 하나는 이런 흔한 애도의 어조가 없다는 점이다. 이제 아무도 비극을 쓰지 않는다고? 좋다. 에이블은 독자들에게 장례식장에서 떠나 파티로 오라고, 우리 것이며 사실상 지난 300년 동안 우리 것이었던 극 형식을 축하하는 파티로 오라고 초대한다. 바로, 메타극이다.

사실상 애도할 이유가 없다. 죽은 것은 먼 친척이기 때문이다. 에이블은 비극은 서구 극의 전형적 형식이 아니고 그랬던 적도 없으며, 비극을 쓰려고 매달렸던 서구 극작가 대부분은 실패했다고 말한다. 왜일까? 한마디로, 자의식 때문이다. 첫째로는 극작가 자신의 자의식 때문이고 그다음에는 주인공의 자의식이 문제가 된다. "서구 극작가는 자의식이 부족한 인물을 생생하게 그려낼 수 없다. 자의식 결여가 안티고네·오이디푸스·오레스테스 같은 인물의 특징이라면, 서구 메타극의 독보적 존재인 햄릿의 특징은 자의식이다." 따라서 자의식적 인물의 자기 극화를 묘사하며, 삶은 꿈이고 세상은 무대라는 은유를 중심으로 하는 연극인 메타극이 서구의 극적 상상력을 사로잡았다. 고대 그리스의 극적 상상력이 비극에 사로잡힌 것과 마찬가지다. 이 명제에서 두 가지 중요한 역사적 소견이 도출된다. 하나는 비극은 일반적으로 생각하는 것보다 훨씬 드물다는 점이다. 그리스 비극들과 셰익스피어의 극 가운데 하나(『맥베스』) 그리고 라신의 극 몇 편 정도에 한정된다. 엘리자베스 시대의 극이나 스페인 연극의 전형적 형식은 비극이 아니다. 엘리자베스 시대의 진지한 극은 실패한 비극이거나(『리어왕』, 『파우스투스 박사』) 아니면 성공한 메타극이다(『햄릿』, 『폭풍』). 둘째는 현대극과 관련된 관점이다. 에이블은 셰익스피어와 칼데론이 버나드 쇼, 피란델로, 베케트, 이오네스코, 주네, 브레히트의 '현대' 연극에서 영광스럽게 되살려진 전통의 위대한 양대 원천이라고 본다.

    에이블의 책은 문화 진단의 일환으로서 낭만주의 시인과 헤겔에서 시작해 니체, 슈펭글러, 초기 루카치, 사르트르로 이어진 주관과 자의식의 시련에 관한 숙고라는 서내한 내륙적 서통에 속한다. 이들의 문제의식과 어휘가 에이블의 간명하고 소박한 글에 담겨 있다. 유럽인들은 묵직하지만, 에이블은 가볍고 각주도 없다. 유럽인들이 두툼한 책을 쓸 때 에이블은 짧은 에세이 몇 편을 썼다. 유럽인들은 암울하지만 에이블은 산뜻하고 쾌활하다. 다시 말해 에이블은 유럽 대륙의 논쟁을 미국식으로 펼쳤다. 최초의 미국식 실존주의 소고를 쓴 셈이다. 에이블의 논증은 깔끔하고 호전적이고 구호를 잘 내세우는가 하면 지나치게 단순하다. 그리고 대체로 지극히 옳다. 이 책은 파스칼, 라신, 비극의 개념을 다룬 (그리고 에이블이 참고했으리라고 생각되는) 뤼시앵 골드만의 걸작 『숨은 신』처럼 장황하게 (그럼에도 실제로 깊이 있게) 심연을 탐구하지는 않는다. 그러나 이 책에는 엄청난 미덕이 있고, 명쾌함과 간결함도 빼놓을 수 없는 장점이다. 루카치, 골드만, 브레히트, 프리드리히 뒤렌마트 등에 익숙하지 않은 영어권 독자에게 에이블이 제기하는 문제들은 분명 새로운 깨달음을 줄 것이다. 조지 스타이너의 『비극의 죽음』이나 마틴 에슬린의 『부조리극』보다 이 책이 훨씬 큰 지적 자극을 준다. 최근 영미권에서 어떤 작가도 연극에 관해 이만큼 흥미롭고 수준 높은 글을 쓰지 못했다.

앞에서 말했듯이 에이블이 『메타극』에서 제기하는 진단, 곧 현대의 인간은 점점 커가는 주관성의 짐을 지고 살아가며 그로 인해 현실 감각을 잃는다는 진단은 새로운 것이 아니다. 또한 이런 태도나 이와 관련해 이성의 역할을 자기조작self-manipulation과 역할 연기로 보는 생각이 연극에서만 드러나는 것은 아니다. 이런 태도를 보여주는 위대한 두 작품으로 몽테뉴의 『수상록』과 마키아벨리의 『군주론』이 있다. 둘 다 '공적 자아'(역할)와 '사적 자아'(진정한 자신) 사이의 간극을 가정하는 전략 매뉴얼이다. 이런 진단을 극에 바로 적용했다는 것이 에이블 책의 강점이다. 이를테면 셰익스피어의 극 대부분이, 셰익스피어 본인도 이후 다른 사람도 모두 비극이라고 불렀음에도, 엄밀히 말하면 비극이 아니라는 에이블의 말은 옳다. 사실 여기에서 더 나갔을 수도 있을 것이다. 비극이라고 일컬어지는 작품이 대부분 실은 '메타극'일 뿐 아니라 사극과 희극도 대체로 메타극이다. 셰익스피어의 주요 작품은 자의식에 관한 극이며 인물들은 **행동**하기보다는 역할 안에서 **자신을 극화**한다. 『헨리 4세』의 할 왕자는 자의식과 자제력을 완성한 인물로, 성급하고 자의식은 없지만 진실한 핫스퍼나 감상적이고 비겁하고 자의식은 있지만 방탕한 폴스타프 둘 다를 뛰어넘는다. 아킬레우스와 오이디푸스는 자신을 영웅이나 왕으로 인식하지 않지만 이들은 영웅이며 왕이다. 그러나 햄릿과 헨리 5세할 왕자 — 옮긴이는 자신을 연기하는 역할로, 각각 복수자의 역, 군대를 전장으로 끌고 가는 영웅적이고 자신만만한 왕의 역으로 인식한다. 셰익스피어가 극중극을 집어넣거나 인물들이 변장을 하고 한참 동안 다른 역할을 하게 하는 것도 메타극의 스타일을 뚜렷이 보여준다. 『폭풍』의 프로스페로부터 장 주네『발코니』의 경찰서장까지 메타극의 등장인물은 어떤 행위를 찾는 인물들이다.

앞에서 에이블의 주요 논지가 옳다고 했지만, 에이블이 잘못 생각했거나 불완전한 부분으로 세 가지 지점이 있다.

첫째로, 에이블이 희극을 함께 고려했다면 논지가 더 완전해지고 조금 달라졌으리라고 생각한다. 희극과 비극이 연극 세계를 양분한다고 말하고 싶진 않지만 희극과 비극은 서로 연관 지어 상대적으로 볼 때 가장 잘 정의된다고 생각한다. 위장, 속임수, 역할 연기, 조종, 자기 극화 등 에이블이 메타극의 기본 요소라고 부르는 것들이 아리스토파네스 이후 희극의 주요 요소임을 생각하면 에이블이 희극을 간과했다는 점이 더욱 놀랍다. 희극적 이야기란 의식적인 자기조작과 역할 연기의 이야기이거나(아리스토파네스의 『리시스트라타』, 아풀레이우스의 『황금 당나귀』, 몰리에르의 『타르튀프』) 아니면 믿을 수 없을 정도로 자의식이 없는 인물(캉디드, 버스터 키튼, 걸리버, 돈키호테)이 기이한 역할을 생각 없이 낙관적으로 받아들이고 또 그러하기 때문에 상처를 입지 않는 이야기다. 에이블이 메타극이라고 부르는 형식은 특히 현대적 버전에서는 이미 소멸한 비극이 남긴 정신과 희극의 아주 오래된 원칙이 융합된 것이라고 할 수 있다. 이오네스코의 극 같은 현대의 메타극은 명백히 희극이다. 또 베케트가 쓴 『고도를 기다리며』, 『크라프의 마지막 테이프』, 『해피 데이스』 등이 일종의 코메디 누아르 comédie noire임을 부인하기는 어려울 것이다.

둘째로, 에이블은 비극을 쓰기 위해 필요한 세계관을 지나치게 단순화하며 어떻게 보면 왜곡하고 있다. 에이블은 이렇게 말한다. "어떤 불변의 가치를 참으로 받아들이지 않고는 비극을 창조할 수 없다. 그런데 서구의 상상력은 전반적으로 자유주의적이며 회의주의적이므로, 불변의 가치를 **전부** 거짓으로 간주하는 경향이 있다." 이 진술이 나에게는 옳지 않게 느껴지고, 틀리지 않았다고 한들 피상적으로 보인다(이 부분에서 에이블은 헤겔의 비극 분석이나 대중적 헤겔 해석에 지나치게 영향을 받았는지도 모르겠다). 이를테면 호메로스의 불변하는 가치란 무엇인가? 명예, 지위, 개인적 용기 등 귀족적 군사 계급의 가치인가? 그러나 『일리아스』는 이런 것과 거리가 멀다. 시몬 베유가 말하듯 『일리아스』(비극적 비전의 가장 순수한 예)는 세상의 공허함과 무작위성, 모든 도덕적 가치의 궁극적 무의미함, 죽음과 비인간적 힘의 무시무시한 지배에 관한 극이라고 하는 게 정확할 것이다. 오이디푸스의 운명이 비극적으로 재현되고 그렇게 경험된다면 그것은 오이디푸스나 관객이 '불변의 가치'를 믿었기 때문이 아니라 위기가 바로 이런 가치를 압도해버렸기 때문이다. 비극이 보여주는 것은 '가치'의 불변성이 아니라 세계의 불변성이다. 오이디푸스의 이야기는 세계의 잔인한 불가해성, 개인의 의도와 무심한 운명의 충돌을 보여주기 때문에 비극적이다. 결국 가장 심오한 의미에서 오이디푸스는 무결하다. 『콜로노스의 오이디푸스』에서 오이디푸스 자신이 주장하듯 신들에게 부당한 취급을 받았을 뿐이다. 비극은 허무주의의 한 가지 비전, 곧 영웅적이고 고귀한 허무주의적 비전을 보여준다.

    서구 문화가 전반적으로 자유주의적이고 회의주의적이었다는 말도 옳지 않다. 물론 기독교적 세계관에서 벗어난 근대 서구 문화는 그렇다고 할 수 있다. 몽테뉴, 마키아벨리, 계몽주의, 개인의 자율성과 건강을 중시하는 20세기의 정신의학 문화도 그렇다. 하지만 서구 문화를 지배한 종교적 전통은 어떤가? 바울, 아우구스티누스, 단테, 파스칼, 키르케고르도 자유주의적 회의주의자였나? 그렇다고는 하기 힘들다. 그렇다면 왜 기독교 비극은 존재하지 않느냐는 의문이 솟는다. 에이블은 책에서 이런 질문을 제기하지 않지만, 불변의 진리에 대한 믿음이 비극의 필수 요소라는 주장에서 멈춘다면 당연히 기독교 비극도 존재해야 할 것이다.

    그러나 누구나 알듯이 엄밀한 의미의 기독교 비극은 존재하지 않는다. 기독교의 가치는 비극의 비관적 세계관에 반하기 때문이다. 결국 불변하느냐 아니냐가 아니라 **어떤** 가치냐가 문제다. 그래서 단테의 신학적 시에는 '코미디'라는 제목이 붙었고『신곡』의 원제목은 'Divina Commedia'다— 옮긴이 밀턴의『실낙원』도 그렇게 불린다. 곧 단테와 밀턴은 기독교도로서 세상을 이해한다. 유대교와 기독교에서 바라보는 세상에는 독립적이고 무작위적인 사건이란 존재하지 않는다. 모든 사건은 정의롭고 선한 신의 섭리의 일부다. 모든 십자가 수난은 반드시 부활로 마무리되어야 한다. 모든 재앙이나 재난은 더 큰 선으로 이어지거나, 아니면 그 벌을 받을 사람의 잘못에 따른 합당하고 적절한 처벌이다. 기독교에서 말하는 이런 세계의 도덕적 정합성이 바로 비극이 부정하는 것이다. 비극은 재앙이 반드시 응당한 것은 아니며 세상에는 최종적 부당함이 있다고 말한다. 따라서 서구 종교 전통의 궁극적 낙관주의, 세상에서 의미를 찾으려는 의지가 기독교의 비호 아래 비극의 부활을 막았다고 말할 수 있다. 니체가 주장하듯 소크라테스의 근본적으로 낙관적인 정신인 이성이 고대 그리스에서 비극을 죽인 것과 마찬가지다. 자유주의적이고 회의주의적인 메타극의 시대는 유대교와 기독교에서 의미를 찾으려는 의지만을 받아들였다. 종교적 감성은 약해졌으나, 의미를 찾으려는 의지는 비록 자신이 어떤 사람인가 하는 생각을 행동에 투사한다는 개념으로 축소되었을지라도 여전히 지속된다.

세 번째로 지적하고 싶은 점은 에이블이 현대 메타극을 다루며 '부조리극'이라는 이름으로 너무 쉽게 하나로 묶어버리곤 한다는 점이다. 이들 극이 형식적으로는 옛 전통에 속한다는 에이블의 지적은 옳다. 그렇지만 에이블이 글에서 형식을 다루는 방식은 여러 다른 극의 범위와 톤의 차이를 간과할 위험이 있다. 셰익스피어와 칼데론은 감정과 개방성이 넘치는 세계 안에서 메타극적 지적 유희jeux d'esprit를 구축한다. 반면 주네와 베케트의 메타극은 자학이 최고의 예술적 쾌락이 된 시대, 영원한 회귀에 대한 감각으로 질식하는 시대, 혁신을 공포의 행위로 경험하는 시대의 감정을 반영한다. 삶은 꿈이라는 것이 모든 메타극의 전제다. 그렇지만 꿈에는 평온한 꿈도 있고 뒤숭숭한 꿈도 있고 악몽도 있다. 현대의 메타극이 보여주는 현대의 꿈은 악몽, 다시 말해 반복, 정지된 움직임, 고갈된 감정의 악몽이다. 이런 현대의 악몽과 르네상스 시대의 꿈 사이에는 불연속성이 있는데, 에이블은(최근에 얀 코트Jan Kott도 마찬가지로) 이런 단절을 간과하여 텍스트를 오독한다.

특히 브레히트는, 에이블은 브레히트를 현대 메타극 작가에 포함하지만, 이 범주에 잘 안 맞는다. 에이블은 때로 '비극' 대신 '자연주의 연극'을 메타극과 대립시키기도 한다. 브레히트의 극은 물론 반자연주의적이고 교훈적이다. 그렇긴 하나 에이블이 중세 전례극인 『다니엘의 극The Play of Daniel』을 메타극이라고 부르고 싶지 않다면(이 극은 무대 위에 악단이 있고 해설자가 등장해 관객에게 모든 것을 설명해주는 등 관객이 극을 극으로, 하나의 공연으로 보게 유도한다) 브레히트도 이 범주에 아주 잘 들어맞는다고 하기는 어렵다. 또 브레히트에 관한 에이블의 논의 상당 부분은 안타깝게도 냉전 시대의 설익은 수사로 왜곡되었다. 에이블은 비극을 쓰려면 '개인은 실재한다'는 것 그리고 '도덕적 시련의 중요성'을 믿어야만 하므로(시련의 도덕적 중요성이라는 뜻으로 한 말일까?), 브레히트의 극은 메타극일 수밖에 없다고 주장한다. 또 브레히트는 공산주의자였고 공산주의자는 "개인이나 도덕적 경험을 믿지 않기 때문에"(도덕적 경험을 '믿는다'는 것은 무슨 의미일까? 도덕적 원칙을 가리키는 걸까?) 브레히트는 비극을 쓸 필수 자질이 없다고도 한다. 따라서 교조주의적인 브레히트는 메타극밖에는 쓸 수 없었다. 다시 말해 "인간의 행위, 반응, 감정 표현 전부를 연극적으로" 만들 수밖에 없었다는 것이다. 말도 안 되는 소리다. 오늘날 공산주의보다 더 도덕적인 교리는 없고 '불변의 가치'를 이만큼 완강히 지지하는 신조는 없다. 서구 자유주의자들이 공산주의를 속된 말로 '세속 종교'라고 부르는 까닭이 무엇이겠는가. 또 공산주의는 개인을 인정하지 않는다고 흔히 비난하는데 이것 역시 말이 안 된다. 공산주의가 집권한 국가에서, '사적' 자아와 '공적' 자아를 분리하고 사적 자아를 마지못해 공적 삶에 참여하는 '진정한 자아'로 보는 이른바 서구의 개인 개념을 받아들이지 않고 받아들인 적도 없다면, 그것은 그 나라의 정서와 역사적 전통 때문이지 마르크스주의 이론 때문은 아니다. 비극을 창조한 그리스인들에게도 현대 서구적 의미에서 개인이라는 관념은 없었다. 에이블이 개인의 부재를 메타극의 기준으로 삼으려 하면서 주장에 중대한 혼란이 생기고 역사적 일반화는 대체로 피상적 수준에 머문다.

  브레히트가 공산주의 '도덕성'을 옹호할 때 의뭉스럽고 양면적인 태도를 보인 것은 사실이다. 그러나 브레히트 극의 핵심은 극을 도덕적 도구로 여겼다는 데 있다. 그래서 브레히트는 중국과 일본의 반자연주의적 극에서 무대 기법을 차용했고, '소외효과'로 널리 알려진 연출·연기 이론을 펼쳤다. 소외효과란 관객이 극과 거리를 두고 지적인 태도를 유지하게 강제하는 것이다(소외효과가 주로 자연스럽지 않게 극을 쓰고 연출하는 방식으로 생각되지만, 내가 베를리너 앙상블브레히트가 설립한 극장과 극단 — 옮긴이 공연에서 본 바로는 자연스러운 연기 스타일을 누그러뜨리고 톤을 낮추는 연기 방법으로 그런 효과를 낸다. 자연스러운 연기에 근본적으로 반대하는 것은 아니다). 브레히트와 메타극에 공통점이 분명히 있기는 하나 에이블은 브레히트를 메타극에 통합함으로써 브레히트의 교훈주의와 진정한 메타극 작가들이 보여주는 의도된 중립성(가치의 상호 부정) 사이의 차이를 흐릿하게 만들어버린다. 이 차이는 아우구스티누스와 몽테뉴의 차이와 비슷하다. 아우구스티누스의 『고백록』과 몽테뉴의 『수상록』은 둘 다 교훈적 자서전이다. 그러나 『고백록』의 저자는 자신의 삶을 자기중심주의에서 신神 중심주의로 나아가는 의식의 직선적 여정을 보여주는 드라마로 바라보는 한편, 『수상록』의 저자는 자기 삶을 자신으로 살아가는 다양한 양식을 냉철하게 다방면으로 탐구하는 것으로 바라본다. 아우구스티누스의 자기 성찰과 몽테뉴의 자기 성찰이 거리가 먼 만큼 브레히트와 베케트, 주네, 피란델로 사이에도 공통점이 별로 없다.

(1963)

극장 가기, 그리고 그밖의 것들

 연극은 아주 오래전부터 공공 예술로 기능했다. 그렇지만 오늘날에는 사회주의 리얼리즘의 영역을 제외하면 사회적이거나 시사적인 문제를 다루는 극이 거의 없다. 최고의 현대극은 공적인 지옥이 아니라 사적인 지옥을 탐구하는 데 전념한다. 오늘날 연극의 공적인 목소리는 거칠고 소란하며, 너무나 자주 나약하다.

 최근에 이런 나약함의 사례로 두드러진 작품은 아서 밀러의 최신 희곡 『추락 이후After the Fall』다. 이 작품이 링컨센터 레퍼토리 극장의 첫 시즌을 열었다. 이 극의 성공 여부는 도덕적 진지함에 얼마나 진정성이 있는지, 또 '큰' 문제를 다루었는지 아닌지에 달려 있다. 그런데 안타깝게도 밀러는 정신분석적 고백을 장황한 독백으로 늘어놓는 것을 연극의 방법으로 선택했고 관객을 한없이 고백을 들어주는 '위대한 청자'로 자신 없이 지정했다. "연극의 행위는 현대인 퀜틴『추락 이후』의 중심인물인 중년의 변호사로 극중에서 자신의 삶과 관계, 내적 갈등 등을 돌아본다—옮긴이의 정신과 기억 안에서 일어난다." 에브리맨 같은 주인공(『세일즈맨의 죽음』의 윌리 로먼을 떠올려보라)과 시공간적 구체성이 없는 무대 설정을 보면 짐작이 간다. 『추락 이후』가 어떤 중대한 공적 이슈를 마주하든 마치 내면의 풍광 속 사물처럼 취급될 것임을 알 수 있다. 그리하여 '현대인 퀜틴'에게 말 그대로 세계를 머릿속에 담아야 하는 엄청난 짐을 지우게 된다. 이것을 해내려면 아주 좋은 머리, 매우 흥미롭고 똑똑한 머리가 필요하다. 그런데 밀러의 극에서 주인공의 머리는 전혀 그렇지 못하다. 현대인은 (밀러가 재현하는 바에 따르면) 자기 사면이라는 어색한 기획에 얽매여 있는 듯 보인다. 자기 사면을 하려면 당연히 자기 노출이 필요하며 『추락 이후』에는 자기 노출이 잔뜩 있다. 밀러가 남편으로서, 연인으로서, 정치적 인간으로서 그리고 예술가로서 자신을 대담하게 드러낸 것을 높이 평가하고자 하는 사람이 많다. 그렇지만 예술에서 자기 노출은 예술적으로 뛰어나고 복잡성이 있어 다른 사람들도 공감할 수 있어야만 의미가 있다. 이 극에서 밀러의 자기 노출은 그저 자기 탐닉일 따름이다.

『추락 이후』는 행동을 보여주지 않고 행동에 관한 생각을 보여준다. 이 극의 심리적 개념은 프로이트보다 에이브러햄 프란츠블라우ㅡ미국 정신의학자, 정신분석학자ㅡ옮긴이에 가깝다(퀜틴의 어머니는 아들이 예쁜 글씨체를 갖기를 바랐는데, 사업가로 성공했지만 사실상 문맹인 남편에게 아들을 통해 복수하기 위해서였다). 정치적인 면을 보자면, 밀러는 정신의학의 자비로 정치를 녹이지 못하고 여전히 좌파 신문 만평 수준으로 글을 쓴다. 퀜틴의 젊은 독일인 여자 친구는 1944년 7월 20일 히틀러 암살 작전에 참여한 장교들의 연락책이었던 것으로 설정해 구색을 갖춘다(극의 배경은 1950년대 중반이다). "그들 모두 교수형에 처해졌다." 퀜틴의 정치적 용기는 하원 반미활동조사위원회1938년 반미 활동을 감시하기 위해 설치된 특별위원회로, 제2차 세계대전 이후 주로 공산주의자를 색출하는 매카시즘의 실행 도구로 쓰였다—옮긴이 의장이 장광설을 늘어놓을 때 퀜틴이 당당히 말을 끊고 "당신의 애국적 지역구에서는 얼마나 많은 흑인에게 투표권을 허락합니까?"라고 묻는 장면으로 보여준다. 『추락 이후』의 지적 나약함은 필연적으로 도덕적 부정직으로 이어진다. 『추락 이후』는 현대인이 스스로 인간성을 점검해보고 어떤 부분은 잘못이고 어떤 부분은 결백하고 어떤 부분은 책임이 있는지 질문하게 하겠다고 한다. 내가 문제 삼는 것은, 20세기 중반의 대표적 문제들(공산주의, 매릴린 먼로먼로와 밀러는 1956년부터 1961년까지 부부였으나 결혼 생활은 순탄치 못했고, 먼로는 1962년 수면제 과용으로 사망했다—옮긴이, 나치 절멸수용소), 작가가 되려다 실패했고 극중에서 내내 변호사인 척하는 이 퀜틴이라는 인물이 압축해서 보여주는 여러 주제가 단지 기이하게 교차한다는 점만은 아니다. 나는 연극 〈추락 이후〉에서는 이 모든 주제가 같은 층위에 놓인다는 점에 이의를 제기한다. 전부 퀜틴의 머릿속에서 벌어지는 일이니 그럴 만도 하다. 매기-매릴린 먼로의 큰대자로 뻗은 시신은 매기가 아무런 역할을 하지 않을 때도 내내 무대 위에 널브러져 있다. 비슷한 장치로 회반죽과 가시철조망으로 만든 비뚜름한 직사각형(강제 수용소를 상징한다)도 무대 뒤쪽에 높이 매달려 있는데 퀜틴의 독백이 나치 등의 주제로 돌아가면 이따금 여기에 집중 조명이 비친다. 〈추락 이후〉는 죄의식과 책임감에 유사 정신의학적으로 접근하며 개인적 비극을 드높이고 집단적 비극은 격하해 둘을 같은 수준에 놓는다. 어째서인지 퀜틴이 매기의 건강 악화와 자살에 책임이 있는가, 현대인으로서 퀜틴이 강제수용소의 터무니없는 잔학상에 책임이 있는가 하는 문제가 전부 비슷한 문제로 보인다(충격적인 모독이다!).

     이 이야기를 퀜틴의 머릿속에서 전개하면서 밀러는 이런 장치가 자신의 이야기를 '깊이 있게' 만들어주리라고 생각했지만, 그럼으로써 사실상 소재를 진지하게 탐구하지 않고 건너뛸 수 있었다. 실제 사건은 단순한 장식이거나 의식에서 이따금 뿜어 나오는 열기에 불과하다. 극은 느슨하고 반복적이고 간접적이다. '장면'이 단속적으로 이어지는데, 퀜틴의 첫 번째 결혼, 두 번째 결혼(매기), 독일인 여자 친구를 향한 뜨뜻미지근한 구혼, 어린 시절, 히스테릭하고 억압적인 부모의 다툼, 왕년의 공산주의자이자 법학 교수인 친구를 '친구를 고발한' 친구에 맞서 변호하려는 고통스러운 결단의 순간 등으로 앞뒤로 오간다. 모든 '장면'은 퀜틴이 너무 고통스러워질 때 머릿속에서 밖으로 밀어낸 파편이다. 오직 죽음, 무대 밖에서 일어난 죽음만이 퀜틴의 삶을 움직이는 것 같다. 유대인들은 오래전에 죽었고(비록 '유대인'이라는 단어는 한 번도 입에 올리지 않지만), 어머니가 죽고, 매기는 바르비투르산염 과다복용으로 자살하고, 법학 교수는 지하철 선로에 몸을 던진다. 내내 퀜틴은 자기 삶의 능동적 행위자라기보다는 수동적으로 고통받는 사람으로 보인다. 그렇지만 이 점은 밀러가 결코 인정하지 않고 퀜틴이 자신의 문제로 인식하지도 않는 점이다. 그 대신 밀러는 가장 빤한 방식으로 끝없이 퀜틴을(그리고 암시적으로 관객까지) 정당화한다. 퀜틴의 온갖 괴로운 결정, 온갖 고통스러운 기억에 대해 밀러는 똑같은 도덕적 해결책, 똑같은 위안을 내어준다. 나(우리)는 유죄인 **동시에** 무죄이고, 책임이 있는 동시에 책임이 없다. 매기가 퀜틴을 냉정하고 가혹하다고 비난한 말은 옳았다. 하지만 만족할 줄 모르고 제정신이 아니고 자기파괴적인 매기를 퀜틴이 포기한 것도 정당한 일이었다. 하원 반미활동위원회에서 다른 사람을 고발하기를 거부한 교수는 옳았다. 하지만 협조적으로 증언한 동료에게도 어떤 고귀한 면이 있었다. 특히 퀜틴이 선한 독일인 여자 친구와 같이 다하우 수용소를 돌아보며 우리 중 누구라도 여기에서 희생자가 될 수 있었음을 깨닫지만 마찬가지로 우리가 살인자 중 한 명이 될 수도 있었다고 하는 부분이 많은 것을 말해준다.

  극중 상황과 연출에는 어떤 비뚜름한 리얼리즘의 터치가 두드러져서 극의 부정직함과 양시론적 정서가 강조된다. 거대하고 기울어졌고 잿빛이고 아무 소품도 없는 무대는 현대인의 정신을 상징한다. 정말 아무것도 없어서, 퀜틴이 거의 내내 무대 앞쪽에 있는 상자 같은 것 위에 앉아서 연신 담배를 피우다가 갑자기 무대 장치 어딘가에 감춰져 있던 휴대용 재떨이에 재를 떨 때 정말 깜짝 놀라지 않을 수 없다. 또 매릴린 먼로처럼 분장한 바버라 로든이 먼로의 몸짓을 흉내 내고 신체적으로 닮은 모습을 뽐내는 모습을 보면(환상을 완성할 만큼 풍만한 체형은 아니지만) 또 불쾌감을 느끼게 된다. 하지만 현실과 극의 가장 충격적인 조합은 〈추락 이후〉가 엘리아 카잔의 연출로 무대에 오른다는 사실일 것이다. 위원회에서 동료를 밀고한 사람의 모델이 엘리아 카잔임은 잘 알려져 있다. 밀러와 카잔 사이의 파란만장한 과거사를 생각해보면 처음 〈선셋대로〉를 봤을 때의 어질어질함이 떠오른다. 이 영화는 영화계에 복귀한 무성영화 시대의 여왕 글로리아 스완슨의 실제 경력과 잊힌 거장 에리히 폰 슈트로하임과의 과거 관계를 아찔하게 패러디하고 대담하게 언급한다. 〈추락 이후〉가 대담한 연극일지는 몰라도 그 용기는 지적이지도 도덕적이지도 않다. 일종의 개인적 변태성의 용기일 따름이다. 〈선셋대로〉에는 전혀 미치지 못한다. 〈추락 이후〉는 병적 상태를 인정하지도, 이 작품이 개인적 엑소시즘의 특징을 지님을 시인하지도 않는다. 〈추락 이후〉는 끝까지 이 극은 진지하다고, 중대한 사회적·도덕적 주제를 다루고 있다고 주장한다. 그러나 그런 관점에서 본다면 지적으로나 도덕적 정직성 면에서나 서글플 정도로 부족하다는 평을 받을 수밖에 없다.

　이토록 진지함을 고집하니, 몇 해만 지나면 〈추락 이후〉도 유진 오닐의 〈백만장자 마르코〉(링컨센터 레퍼토리의 두 번째 극이다)만큼이나 과도하고 진부하고 낡게 느껴지지 않을까 싶다. 두 연극 다 공격을 가하겠다고 공언한 대상과 (무의식적인 것으로 보이긴 하나) 공모함으로써 뒤틀리고 말았다. 〈백만장자 마르코〉는 미국 상업 문명의 속물주의적 가치를 공격하지만 이 작품 자체가 속물적인 냄새를 풍긴다. 〈추락 이후〉는 자신에게 엄격해져야 한다는 기나긴 설교이면서도 논조가 곤죽처럼 물렁하다. 두 희곡이나 연출 가운데 우열을 가리기 어려울 정도다. 어떤 게 더 억지스러운가? 마르코 폴로가 배빗 싱클레어 루이스 소설의 주인공으로 교양 없고 순응적이고 물질주의적인 인간— 옮긴이처럼 중국의 경이를 찬미하며 입에 거품을 물고 늘어놓는 말("칸이시여, 정말 멋진 작은 궁전이군요(미국인은 참으로 천박하고 물질주의적이죠. 안 그래요?)"), 아니면 때로 과장되게 시적이고 부자연스러운, 미국 사회당 라디오 드라마 같은 퀜틴의 기이한 선언(미국인은 고통받고 복잡한 존재죠, 안 그래요?). 연기에 관해서도 어느 쪽이 더 단조로웠는지 어느 쪽이 덜 거슬렸는지 모르겠다. 제이슨 로바즈 주니어는 맥 빠지고 어설픈 퀜틴을 보여주었고 할 홀브룩은 히스테릭하고 소년 같은 마르코 폴로를 선보였다. 나는 퀜틴의 머릿속에 계속 들어와서 코 성형을 할 용기를 북돋아줘서 고맙다고 침이 마르도록 치사하는 브롱크스 아가씨 조라 램퍼트와 〈백만장자 마르코〉에서 동양의 우아한 꽃, 사랑에 우는 쿠카친 공주를 연기하는 조라 램퍼트 사이의 차이를 모르겠다. 엘리아 카잔이 연출한 〈추락 이후〉의 무대는 삭막하고 현대적이고 단조로운 한편 호세 킨테로의 〈백만장자 마르코〉 연출은 교묘하고 예쁘고 (무대 조명이 너무 약해서 잘 보이지는 않았지만) 베니 몽트레소의 아름다운 의상의 도움을 받은 것은 사실이다. 그러나 이런 차이는 중요하지 않다. 카잔은 나쁜 극을 가지고 고생을 했고 킨테로는 너무 유치해서 어떤 연출로도 구원할 수 없는 극을 가지고 씨름했다는 사실을 생각하면. (미국에서 국립극장의 지위를 차지하고 있는) 링컨센터 레퍼토리 극단은 너무나 실망스럽다. 브로드웨이 상업주의에서 벗어났다고 자랑하던 이들이 내놓은 것이 고작 밀러의 형편없는 극, 역사적으로도 관심이 가지 않을 만큼 처참한 오닐의 극, 〈추락 이후〉와 〈백만장자 마르코〉를 천재적 작품처럼 보이게 할 정도인 새뮤얼 너새니얼 베어먼의 얼빠진 코미디라니 말이다.

『추락 이후』가 지적 유약함 때문에 진지한 극이 되지 못하고 실패한다면, 롤프 호흐후트의 『대리인』은 지적 단순성과 예술적 순진성 때문에 실패한다. 그러나 이 둘은 다른 종류의 실패다. 『대리인』은 영어 번역이 어색한 데다, 시는 역사적이라기보다는 철학적이라고 말하는 아리스토텔레스의 진리에 호흐후트는 무관심하다. 호흐후트 극의 인물들은 역사적 사실을 전달하는 대변인, 도덕적 원칙의 충돌을 보여주는 전시물에 불과하다. 그렇지만 아서 밀러가 모든 중대한 사건을 주관적인 메아리로 바꾸어버린 것을 생각하면 『대리인』의 예술적 결함은 눈감아줄 만하게 느껴진다. 『대리인』은 밀러의 극과 달리 주제에 직접적으로 접근한다. 이 극의 미덕은 바로 600만 명의 유대인이 학살된 일을 조심스럽게 다루기를 거부한다는 점이다.

그러나 허먼 슈믈린Herman Shumlin이 연출한 연극은, 이 희곡이 위대한 작품과 거리가 먼 만큼이나 호흐후트의 원래 대본과 동떨어져 있다. 총길이가 6~8시간 분량인 거칠지만 강력한 극 형식의 다큐멘터리를 슈믈린은 브로드웨이식 화려함과 뒤섞어 2시간

15분짜리 따분한 만화로 만들어버렸다. 잘생기고 고귀한 태생의 영웅, 악당 몇 명, 관망하는 사람 몇 명을 등장시키고 〈폰타나 신부 이야기: 교황은 과연 입을 열 것인가?The Story of Father Fontana, or Will the Pope Speak?〉라는 제목으로 무대에 올렸다.

그렇다고 내가 6~8시간 분량 전체를 공연해야 한다고 주장하는 것은 물론 아니다. 극 자체가 반복적인 면이 있다. 하지만 4~5시간에 달하는 유진 오닐의 극을 끝까지 볼 수 있는 관객이라면 호흐후트의 극이 가령 4시간 정도 이어진다고 하더라도 기꺼이 볼 것이다. 서사를 해치지 않는 범위에서 4시간 정도로 줄이는 것은 충분히 고려해볼 만하다. 현재의 브로드웨이 버전에서는 고귀한 친위대 중위 쿠르트 게르슈타인(실존 인물)이 원본 희극 『대리인』에서 예수회 신부 폰타나(당대의 영웅적인 사제 두 명을 합해서 만든 인물)만큼이나 중요한 인물이자 영웅이란 사실은 전혀 알 수 없다. 아이히만, 악명 높은 히르트 교수, 군수업자 크루프 등은 호흐후트의 극에서는 중요한 인물이지만 브로드웨이 버전에는 아예 나오지도 않는다(특히 아이히만의 파티 장면인 1막 2장이 삭제된 것이 아쉽다). 슈믈린은 폰타나가 교황에게 성과 없이 호소하는 장면에만 집중해 호흐후트의 극이 지키려 하는 역사적 기억을 사실상 묻어버렸다. 연출의 문제는 이렇듯 호흐후트의 역사적 주장을 극단적으로 단순화한 것에만 그치지 않는다. 최악의 문제는, 보기에 정말 고통스러운 부분은 극화하지 않았다는 점이다. 『대리인』의 어떤 장면들은 읽기만 해도 고통스럽다. 그런데 공포, 고문, 소름 끼치는 허세와 잔인한 희롱, 상상을 초월하는 통계수치의 나열

등이 모두 빠졌다. 600만 명의 학살이라는 참사가 가톨릭으로 개종한 유대인을 경찰이 심문하는 장면 하나와 이 극에서 세 차례 반복되는 하나의 이미지로 축소되었다. 무대 뒤편 어둑한 곳에서 남루한 차림의 사람들이 발을 끌며 구부정하게 줄줄이 지나가는 모습이다. 무대 중앙에서는 친위대 장교 역을 하는 사람이 관객에게 등을 돌리고 "빨리 움직여!" 같은 말을 외친다. 너무나 흔하고 길든 이미지다. 자극적이지도 혐오스럽지도 공포스럽지도 않다. 심지어 아우슈비츠로 가는 화물열차에서 폰타나가 긴 독백을 하는 장면(슈믈린의 축약 버전에 들어간 여덟 장면 가운데 일곱 번째 장면이다)은 개막일 직전에 잘려 나갔다. 이제 연극은 바티칸에서 교황과 폰타나 신부가 대립하는 장면에서 바로 아우슈비츠의 마지막 장면으로 넘어간다. 이 장면에서 남은 것은 악마 같은 친위대 의사와 노란 별을 달고 가스실에서 죽기를 선택한 폰타나 신부 사이의 어설픈 철학적 논쟁뿐이다. 게르슈타인과 폰타나의 재회, 이들이 야콥슨이 체포되었다는 충격적 사실을 알게 되는 순간, 카를로타의 고문, 폰티니의 죽음 등은 전부 삭제되었다.

중요한 부분이 잘려 나가서 결정적 손상을 입기도 했지만 연출 자체도 여러모로 부족했음을 지적할 필요가 있다. 루벤 테르아루투니안의 간결하고 암시적인 무대 디자인은 다른 연출가에게나 어울렸을 법하다. 섬세함이나 스타일이 전혀 없는 연출에서는 아무 의미가 없다. 배우들은 기량과 재능 면에서 평균적 브로드웨이 배우들보다 못할 것도 없지만 더 낫지도 않다. 늘 보는 과장된 감정, 단조로운 움직임, 일관성 없는 억양, 평이한 스타일 등 모든 것이 미국 연기의 낮은 수준을 보여준다. 영국인인 주연 두 명은 좀 더 재능이 있어 보이긴 하나 연기는 얄팍하다. 비오 12세 역을 맡은 에블린 윌리엄스는 움직임이나 대사가 머뭇거리는 듯 뻣뻣하다. 아마 교황의 근엄함을 표현하려 한 듯하지만, 내가 보기에는 세상을 뜬 고인을 무덤에서 파내어 와서 저렇게 허약해 보이나 싶을 정도였다. 어쨌든 뉴욕 세인트 패트릭 성당 입구 유리 뒤에 있는 비오 12세의 실물 크기 조각상과 의심스러울 정도로 닮긴 했다. 폰타나 신부를 연기한 제러미 브렛은 느낌이 좋고 발음도 근사하지만 진짜 절망이나 공포를 전달해야 할 때는 심하게 버벅거렸다.

이런 최근 극들(그리고 차라리 언급하지 않고 넘어가는 게 나을 〈딜런Dylan〉 같은 극들)은 미국 연극계가 지적 단순화라는 특이하고 억누를 수 없는 열정에 지배되고 있음을 다시 한번 보여준다. 이들 극에서 다루는 사상 전부는 클리셰로 환원할 수 있는데, 클리셰는 생각의 활력을 거세하는 기능을 한다. 물론 지적 단순화도 가치나 쓸모가 있다. 예를 들면 코미디에는 반드시 필요한 요소다. 그러나 진지한 극과는 맞지 않는다. 오늘날 미국 연극의 진지함은 경박함보다 더 나쁘다.

연극에서 지성을 기대한다면 분석(나쁜 예: 〈추락 이후〉)이나 다큐멘터리(미흡한 예: 〈대리인〉) 등 전통적 '진지함'을 통해서는 이루기 어렵다. 오히려 희극에 가능성이 있다고 생각한다. 현대연극에서 이를 가장 잘 이해한 사람은 브레히트였다. 그러나 희극에도 나름의 중대한 위험이 있다. 이 경우에는 지적 단순화가 아니라 어조와 취향의 균형을 놓칠 위험이다. 어떤 주제라도 다 희극적으로 다룰 수 있는 것은 아니다.

심각한 주제에 어떤 어조와 취향이 적절한가는 연극에만 국한된 문제는 아니다. 희극의 유리한 점과 희극만의 딜레마는 (잠시 영화로 시선을 돌린다면) 최근에 뉴욕에서 개봉한 영화 두 편, 찰리 채플린의 〈위대한 독재자〉(1940)와 스탠리 큐브릭의 〈닥터 스트레인지러브〉(1964)가 아주 잘 보여준다. 이 두 영화의 강점과 약점이 묘하게도 견줄 만하고 많은 점을 시사한다.

〈위대한 독재자〉의 문제는 쉽게 눈에 들어온다. 이 코미디의 개념 자체가 그것이 재현한다고 하는 현실에 고통스럽고 모욕적일 정도로 미치지 못한다. 영화에서 유대인은 유대인이고 게토라고 불리는 곳에 산다. 그러나 이들을 억압하는 이들은 스와스티카가 아니라 십자가 두 개를 상징으로 삼았고 독재자는 아돌프 히틀러가 아니라 콧수염을 달고 발레를 하는 어릿광대 아데노이드 힝켈이다. 〈위대한 독재자〉에 나타나는 압제란 제복을 입은 깡패들이 폴렛 고더드에게 토마토를 하도 많이 던져서 빨래를 다시 해야 하는 정도로 나타난다. 1964년에 〈위대한 독재자〉를 보면서 이 영화의 배경에 있는 추악한 현실을 생각하지 않기란 불가능하고, 채플린의 정치적 비전이 얼마나 얄팍한지에 실망하지 않을 수 없다. 당혹스러운 마지막 연설 장면에서 조그만 유대인 이발사가 데어 푸이이 영화에서 아데노이드 힝켈을 일컫는 호칭. 히틀러의 호칭 데어 퓌러^{Der Führer}(지도자)의 패러디 — 옮긴이대신 연단에 올라가서

'진보', '자유', '형제애', '하나의 세계', 심지어 '과학'을 부르짖는 것을 들으면 움찔하지 않을 수 없다. 게다가 폴렛 고더드가 동이 트는 것을 바라보면서 눈물을 글썽이며 미소 짓는 모습이라니! 1940년에!

〈닥터 스트레인지러브〉의 문제는 좀 더 복잡하다. 20년이 지나면 이 문제도 〈위대한 독재자〉 못지않게 단순해 보일 수도 있겠으나, 〈위대한 독재자〉 끝부분의 낙관적인 선언이 너무 손쉽고 모욕적이라고 느껴진다면 〈닥터 스트레인지러브〉에 담긴 비관적 사고도 머지않아(이미 그렇게 느끼지 않는다면) 마찬가지로 안이하게 느껴질 것이다. 그러나 현재 이 영화의 인기를 어떻게 설명할까. 작년(1963년) 10월과 11월 여러 차례 있었던 시사회에서 〈닥터 스트레인지러브〉를 본 진보 지식인들은 정치적 대담성에 경탄했고 이 영화가 엄청나게 곤란한 상황에 빠지지는 않을지(미국 재향군인회가 영화관에서 난동을 부린다든가 하는 일이 일어나지 않을지) 우려했다. 그렇지만 정작 개봉하고 나자 《뉴요커》부터 《데일리 뉴스》까지 모든 매체가 이 영화에 호의적인 평을 내놓았다. 피켓을 들고 시위를 하는 사람도 없고 영화는 박스오피스 기록을 경신하고 있다. 지식인도 청소년도 좋아한다. 그러나 사실 영화를 보려고 줄을 선 16세 청소년이 과도한 찬사를 늘어놓는 지식인들보다 이 영화와 영화의 진짜 가치를 더 잘 이해한다. 〈닥터 스트레인지러브〉는 전혀 정치적인 영화가 아니기 때문이다. 이 영화는 좌파 자유주의자들의 타깃이 되곤 하는 소재(국방부, 텍사스, 껌, 기계화, 미국의 천박함)를 전적으로 탈정치적인 유머 잡지 《매드Mad》

같은 관점에서 다루었다. 〈닥터 스트레인지러브〉는 사실 정말 유쾌한 영화다. 이 영화의 넘치는 힘은 채플린 영화의 (오늘날 돌이켜 볼 때 느끼는) 유약함과 비교된다. 〈닥터 스트레인지러브〉 끝부분의 담담한 종말 이미지와 가벼운 배경음악(〈우리는 다시 만날 거야 We'll Meet Again〉)은 묘한 방식으로 안도감을 준다. 허무주의는 우리 시대에 일종의 도덕적 고양이기 때문이다. 〈위대한 독재자〉가 대중을 위한 인민전선식 낙관주의를 보여준다면 〈닥터 스트레인지러브〉는 대중을 위한 허무주의, 범속한 허무주의를 보여준다.

〈위대한 독재자〉에서 뛰어난 부분은 독립적이고 자폐적인 우아한 몸짓들이다. 힝켈이 지구 모양 풍선을 가지고 노는 장면이나, 유대인들이 푸딩을 나눠 먹으며 자살 임무를 맡을 사람을 제비뽑기로 가리는데 결국 채플린이 가진 푸딩에 표식인 동전이 전부 들어가고 마는 '왜소한 남자' 유머 같은 것. 채플린이 완성한 희극의 영원한 요소에 부적절한 정치적 만화가 덧붙여진 셈이다. 유사하게 〈닥터 스트레인지러브〉의 장점은 희극의 또 다른 영원한 원천인 정신적 기행과 관련이 있다. 이 영화에서 가장 좋은 부분은 정신이 이상한 잭 D. 리퍼 장군(스털링 헤이든이 무척 훌륭하게 연기했다)이 물이 오염되었다는 망상을 늘어놓는 장면, 벅 터지슨 장군(풍자 작가 링 라드너에 사업가와 군인을 합해놓은 것 같은 인물로, 조지 C. 스콧이 연기했다)의 초미국적인 클리셰와 몸짓 그리고 나치 과학자이자 오른팔이 말을 듣지 않는 증상이 있는 스트레인지러브 박사(피터 셀러스)의 환희에 찬 악마성 등이다. 무성 코미디 영화의 특징은(〈위대한 독재자〉는 유성영화지만 본질은 여전히 무성영화

다) 우아함, 어리석음, 비애감의 순수한 시각적 교차다. 〈닥터 스트레인지러브〉는 코미디의 또 다른 줄기, 곧 시각적일 뿐 아니라 언어적인 요소, 사람의 기질이라는 개념을 활용한다(〈닥터 스트레인지러브〉에 나오는 인물들의 우스꽝스러운 이름은 벤 존슨셰익스피어와 동시대에 활동했던 극작가, 시인으로 4체액설에 기반한 기질희극이나 풍자적 희극으로 유명하다— 옮긴이의 희곡에서처럼 인물의 기질이나 성향을 드러낸다). 그러나 두 영화 모두 관객의 감정과 거리를 두기 위해 같은 배우가 여러 주요 역을 동시에 맡는 똑같은 장치를 사용한다는 데 주목하자. 채플린은 왜소한 유대인 이발사와 독재자 힝켈 두 가지 역을 한다. 셀러스는 상대적으로 제정신인 영국 장교, 나약한 미국 대통령, 나치 과학자 등 1인 3역을 한다. 원래는 한 가지 역을 더 하게 되어 있었는데 최종적으로는 슬림 피켄스에게 맡겨졌다. 텍사스인 비행기 조종사로 수소폭탄을 투하해 러시아의 '최후의 날' 기계를 가동하는 인물이다. 같은 배우가 도덕적으로 대립적인 역할을 하게 해서 이야기의 현실성을 알게 모르게 훼손하는 이런 장치가 없었다면 두 영화에서 도덕적으로 추악하거나 무시무시한 것으로부터 희극적 거리감을 유지하기가 어려웠을 것이다.

〈닥터 스트레인지러브〉의 가장 명백한 실패는 스케일에 있다. 코미디의 많은 부분이(전부는 아니라도) 반복적이고 유치하고 서툴다는 느낌을 준다. 그리고 코미디가 실패하는 부분에서 진지함이 다시 배어나기 시작한다. 그리하여 대량 살상이라는 주제를 코믹하게 바라볼 수 있는 유일한 관점인 인간 혐오라는 관점에 진지한 질문을 던지게 된다…. 내 생각에는 공적 이슈를 다룬 볼

거리 가운데 올겨울의 유일한 성공작은 순수한 다큐멘터리인 동시에 코미디였던 작품인 것 같다. 1954년 육군-매카시 청문회의 TV 키네스코프 영상을 대니얼 탤벗과 에밀 드 안토니오가 90분으로 편집한 영화다. 1964년에 이 청문회를 보니 매우 다른 인상을 받게 된다. 좋은 사람들이 전부 나쁘게 보인다. 육군 장관 스티븐스, 상원의원 시밍턴, 변호사 웰치 등등은 얼간이, 바보, 꽉 막히고 답답한 사람이나 기회주의자로 보이는 한편, 악당들은 미학적으로 감상하도록 영화가 부추긴다. 매카시의 수석 변호사 로이 콘은 가무잡잡한 피부, 매끈하게 넘긴 머리카락에 더블브레스트 핀스트라이프 수트를 입어 1930년대 초 워너브라더스 범죄 영화에 나오는 그 시대 악당처럼 보인다. 매카시는 면도를 하지 않았고 안절부절못하고 낄낄 웃기도 하는 등, 알코올에 절어 말을 웅얼거리는 사악한 인물을 연기하는 코미디언 W.C. 필즈를 닮았다. 막대한 공적 사건을 미학적으로 표현했다는 점에서 〈포인트 오브 오더 Point of Order〉는 이 시즌의 진정한 코미디 누아르이자 최고의 정치극이다.

(1964 봄)

2

사회적·도덕적 태도는 대부분 고대연극의 도구인 의인화와 가면을 통해 전달되고 교환된다. 오락을 위해서건 교화를 위해서건 우리의 정신은 단순명료하고 정체성이 확실하며 즉각적으로 사랑 또는 미움을 불러일으키는 인물들을 만들어낸다. 가면은 선과 악을 정의하는 특히 효과적이고 간단한 방식이다.

한때는 기이하고 어리석은(어린아이 같고 무법적이고 음탕한) 존재였던 '흑인'이 현재 미국 연극계에서 대표적인 선의 가면으로 자리 잡아가고 있다. 게다가 흑인은 외형적으로 명확하기 때문에 신체적 특성이 모호한 '유대인'을 넘어서는 유용성이 있다(유대인성을 진보적으로 바라보는 입장에서는 유대인이 반드시 '유대인'처럼 보일 필요는 없다고 말하기도 한다. 그러나 흑인은 언제나 '흑인'처럼 보일 것이다. 진정한 흑인이 아니라고 여겨지지 않는 한). 또한 고통과 핍박의 희생자라는 면에서 흑인은 미국의 다른 어떤 경쟁자보다 앞서 있다. 단 몇 년 사이에, 유대인을 전형적 인물로 삼던 구식 진보주의가 흑인을 영웅으로 삼는 새로운 전투적 태도에 도전받게 됐다. 그러나 이런 전투적 태도와 흑인 영웅을 부추기는 성향이 진보주의 사상을 조롱하더라도 그 감수성 가운데 한 가지는 계속 이어간다. 여전히 희생자들 가운데서 미덕의 이미지를 선택한다는 점이다.

연극계에서 그리고 미국 지식인들 사이에서 진보주의는 모호한 패배를 겪었다. 브로드웨이 진보주의의 고전인 『레프티를 기다리며Waiting for Lefty』, 『라인의 감시Watch on the Rhine』, 『내일, 세계!Tomorrow, the World!』, 『뿌리가 깊다Deep Are the Roots』, 『시련The Crucible』 같은 희곡에서 이어져 온 도덕주의와 설교조는 이제 받아들여지지 않을 것이다. 그러나 오늘날의 관점에서 볼 때, 이런 극들의 문제는 관객들을 즐겁게 하는 게 아니라 개심시키는 것을 목표로 삼았다는 점이 아니다. 그보다는 지나치게 낙관적이었다는 점이 문제였다. 문제를 해결할 수 있다고 믿었다. 제임스 볼드윈의 『미스터 찰리를 위한 블루스Blues for Mister Charlie』도 일종의 설교다. 볼드윈은 이 극이 에밋 틸 사건1955년 미시시피에 살던 흑인 청소년 에밋 틸이 백인 여성을 모욕했다는 이유로 린치를 당해 사망한 사건으로, 흑인 민권 운동의 도화선이 되었다—옮긴이에 느슨하게 기반하고 있다고 밝혔고, 극장 프로그램에는 연출가 이름 아래에 이 극이 "고 메드거 에버스1963년 쿠 클럭스 클랜(KKK단)에 암살된 흑인 민권 운동가—옮긴이를 기리며, 그의 부인과 자녀들 그리고 버밍엄의 죽은 아이들에게 헌정"하는 극이라고 적혀 있다. 어쨌든 이 극은 새로운 유형의 설교다. 『미스터 찰리를 위한 블루스』에서 브로드웨이 진보주의는 브로드웨이 인종 문제로 대체되었다. 진보주의는 정치, 곧 해결책을 설교한다. 인종 문제에 대한 인식은 정치는 피상적이라고 간주하고 (더 깊은 차원을 물색하며) 바뀌지 않는 것을 강조한다. 넘기 어려운 간극을 사이에 두고, 남성적이고 강인하지만 언제나 취약한 '흑인'이라는 새로운 가면은 이와 대립되는 또 다른 새로운 가면, 허연 얼굴에 품위 없고 기만적이고 성적으로 약하고 살인을 일삼는 '백인'(아속亞屬. '백인 진보주의자')을 마주한다.

    누구라도 제정신이라면 과거의 가면을 되찾고 싶다고는 하지 않을 것이다. 그렇다고 해서 새로운 가면이 완전히 설득력 있는 것은 아니다. 또 새로운 가면을 받아들이려면 인종적 대립이 피할 수 없는 일이라는 생각을 강조하지 않고는 새로운 '흑인' 가면을 가시화할 수 없음을 알아야 한다. D.W. 그리피스가 KKK단의 기원을 다룬 백인 우월주의 영화에 〈국가의 탄생〉이라는 제목을 붙였으니 제임스 볼드윈도 『미스터 찰리를 위한 블루스』의 명백한 정치적 메시지에 걸맞게(미스터 찰리는 백인을 뜻하는 흑인 속어다) 이 극에 '국가의 죽음'이라는 이름을 붙였더라면 좋았을 것이다. 볼드윈의 극은 남부 작은 마을을 배경으로 대담하고 분노에 찬 흑인 재즈 음악가인 주인공 리처드의 죽음에서 출발해 리처드의 살인범이며 불만이 가득하지만 표현하지 못하는 백인 청년 라일이 무죄 판결을 받고 그 동네의 진보주의자 파넬은 도덕적 붕괴를 일으키면서 끝이 난다. 현재 오프브로드웨이에서 상연 중인 르로이 존스의 단막극 「더치맨Dutchman」도 마찬가지로 고통스러운 결말을 더욱 극명하게 보여준다. 「더치맨」에서는 지하철에서 흑인 청년이 좌석에 앉아 조용히 책을 읽고 있는데, 불안해 보이는 젊은 여자가 말을 걸고 교묘하게 도발하고 화가 폭발할 때까지 조롱하다가 마침내는 불쑥 칼로 찌른다. 다른 백인 승객들이 시신을 처리하는 동안 여자는 막 기차에 탑승한 다른 흑인 청년에게 관심을 돌린다. 이 새로운 진보주의 이후의 도덕극에서는 선이 패배하는 것이 필연이다. 『미스터 찰리를 위한 블루스』도 「더치맨」도 충격적인 살인에 집중한다. 「더치맨」의 경우에는 살인이 그 이전에 있었던 어느 정도 현실적인 행동들에 비하면 믿기지 않고 (극적으로) 거칠고 억지스럽게 붙여진 것처럼 보이기는 하지만 말이다. 오직 살인만이 온건해야 한다는 의무에서 벗어나게 해준다. 극에서는 백인이 승리할 수밖에 없다. 살인은 작가의 분노를 정당화하고, 백인 관객을 무장해제해 제시된 것을 받아들일 수밖에 없게 한다.

　　　　이건 정말로 독특한 설교다. 볼드윈은 백인 미국인이 흑인 미국인을 잔인하게 학대해왔다는 이론의 여지가 없는 사실을 극화하는 데는 관심이 없다. 이 극이 보여주는 것은 백인이 사회적으로 유죄라는 것이 아니라 인간으로서 열등하다는 것이다. 무엇보다 성적으로 열등하다. 리처드는 북부에서 있었던 백인 여성들과의 만족스럽지 못한 성적 경험을 비웃듯 말하고, 이 극의 주요 백인 남성인 라일과 파넬이 열정을 느낀(한 명은 육체적이고 한 명은 로맨틱한 열정이었다) 유일한 대상은 흑인 여성이었다. 그리하여 백인이 흑인을 억압하는 것은 니체가 말하는 원한니체의 르상티망ressentiment 개념은 부당함이나 열등감의 인식에서 생기는 깊은 적대감, 분노, 원망을 가리킨다— 옮긴이의 전형적인 사례가 된다. 52번가에 있는 ANTA(전미국연극협회) 극장에 앉아 미국 백인을 욕하는 대사가 나올 때마다 관객(흑인도 꽤 있지만 그래도 백인이 더 많다)이 박수 치고 웃고 환호하는 것을 듣고 있자니 기묘한 느낌이다. 엘리자베스 시대의 극에서처럼 탐욕스러운 유대인이나 음흉한 이탈리아인 등 바다 건너의 이국적 타자를 욕하는 게 아니라 관객 다수인 본인들을 욕하고 있는데 말이다. 다그기 자신에 대한 비난을 이렇게 포용하는 놀라운 현상을 단지 사회적 죄의식만으로는 설명하기 어렵다. 볼드윈의 희곡이 그의 에세이나 소설과 마찬가지로 정치적인 차원을 넘어선 어떤 신경을 건드렸음이 분명하다. 대다수 백인 미국 지식인을 사로잡은 성적 불안감을 건드렸기 때문에 볼드윈의 신랄한 수사가 이렇게 합리적으로 느껴지는 것이다.

그렇지만 박수와 환호 뒤에는 무엇이 있나? 엘리자베스 시대의 극장이 제시한 가면은 이국적이고 환상적이고 장난기가 가득했다. 셰익스피어의 관객은 글로브 극장을 나서며 유대인을 죽이거나 피렌체인을 목매달려고 하지는 않았을 것이다. 『베니스의 상인』의 도덕성은 선동적이지 않고 문제를 단순화할 뿐이다. 그러나 『미스터 찰리를 위한 블루스』가 우리에게 조소하라고 제시한 가면은 우리의 현실이다. 또 볼드윈의 수사는 신중하게 방화 처리된 상황에서 펼치긴 했어도 선동적이다. 그 결과로 관객은 행동을 촉구받는 게 아니라 무대에서 분출된 분노에 대리 쾌감과 아마도 불안감을 동반한 여운을 느낄 것이다.

예술의 관점에서 봤을 때 『미스터 찰리를 위한 블루스』는 프로파간다로서 실패하는 것과 같은 이유로 좌초한다. 볼드윈은 선동선전 연극으로 훨씬 더 나은 무언가를 만들어낼 수 있었을 것이다(고귀하고 잘생긴 흑인 학생과 어리석고 사악한 소도시 백인들의 대립). 나는 선동선전 연극 자체에는 유감이 없다. 도덕적 단순화에서 가장 위대한 예술이 나오기도 하기 때문이다. 그러나 이 연극은 반복, 일관성 부족, 플롯과 동기의 허점 때문에 수렁에 빠지고 만다. 예를 들어 민권 운동으로 들떠 있고 인종주의적 살인이 일어난 소도시에서 백인 진보주의자 파넬이 양쪽 공동체를 아무 저항 없이 자유롭게 오간다는 건 잘 이해가 가지 않는다. 또 파넬이 막역한 친구 라일이 살인 혐의로 체포되도록 했을 때 라일과 라일의 아내가 당황하고 분노하지 않는 것도 이상하다. 어쩌면 이런 놀라운 태평함은 볼드윈의 수사에서 사랑이 차지하는 위치 때문인지도 모르겠다. 마치 패디 차예프스키의 극에서처럼 사랑은 언제나 저 멀리에, 보편적 해결책으로 존재한다. 또 리처드가 살해

되기 며칠 전에 시작된 리처드와 후아니타 사이의 로맨스를 잠깐 보여주고는 후아니타가 리처드에게서 사랑하는 법을 배웠다고 주장하는 것도 영 설득력이 없다(리처드가 난생처음으로 후아니타한테서 사랑하는 법을 배우기 시작했다고 하는 게 차라리 맞을 듯하다). 더 중요한 것은, 리처드와 라일의 대립이 남자들 간의 성적 경쟁이라는 어조를 뚜렷하게 띠고 있지만 동기가 부족하게 느껴진다는 것이다. 리처드는 틈만 나면 성적 질투라는 주제를 입에 올리는데 저자가 이런 이야기를 하고 싶을 뿐이지 리처드에게는 그럴 만한 동기가 없다. 또 이 극에서 표현된 감정과는 전혀 무관하게 리처드가 배에 총 세 방을 맞고 죽어가면서 라일의 발치로 기어가며 이런 마지막 말을 남긴다는 것은 인간적으로나 극적으로나 너무도 기이하다. "백인! 난 너에게 아무것도 원하지 않아. 넌 나한테 줄 수 있는 게 없어! 아무도 너한테 말을 걸지 않으니 말도 못 하지. 같이 춤출 사람이 없으니 춤도 못 추지…. 좋아. 좋아. 좋아. 네 마누라나 잘 지켜. 알겠어? 흑인 가까이 가게 하지 말라고. 너무 좋아하게 될지도 모르니까. 너도 좋아하게 될지 모르지."

『미스터 찰리를 위한 블루스』와 「더치맨」의 어떤 부분이 억지스럽고 히스테릭하고 설득력 없게 느껴지는 것은 이 연극이 진짜 주제에서 미묘하게 비켜나간 데 원인이 있을지도 모르겠다. 이 연극은 인종 갈등을 다루려 한다. 그런데 두 연극 모두 인종 문제를 주로 성적 태도의 문제로 그린다. 볼드윈은 그렇게 하는 이유를 분명히 밝혀왔다. 백인 미국인이 흑인에게서 남성성을 빼앗았다고 주장한다. 백인이 흑인에게서 박탈했고 흑인이 열망하는 것은 성적 인정이다. 흑인을 성적으로 인정하지 않으며, 그러면서도 오히려 흑인을 욕망의 대상으로만 취급하는 것이 흑인이 겪는 고통의 핵심이다. 볼드윈이 에세이에서 전개한 이런 주장은 정곡을 찌른다(그리고 이 주장을 받아들이더라도 흑인이 겪는 정치적·경제적 억압 등 다른 결과를 고려하는 데 방해가 되지 않는다). 그러나 볼드윈의 최근 소설『어나더 컨트리Another Country』(1962)를 가리키는 듯하다— 옮긴이이나 희곡『미스터 찰리를 위한 블루스』는 훨씬 설득력이 떨어진다. 볼드윈의 소설과 희곡에서는 인종적 상황이 마치 성적 갈등에 대한 일종의 코드나 은유가 된 것 같다. 그러나 성적 문제를 인종 문제로 위장할 수는 없다. 두 가지 문제에는 다른 어조, 다른 세부적 감정이 얽혀 있기 때문이다.

사실『미스터 찰리를 위한 블루스』는 이 극이 표면적으로 주장하는 것과 전혀 다른 극이다. 인종 갈등에 대한 극이라고 하지만 실제로는 금기된 성적 욕망의 고통, 이 욕망을 마주하는 데서 오는 정체성 위기, 이 위기를 극복하려는 사람이 느끼는 분노와 파괴성(종종 자기파괴성으로 나타난다)에 관한 극이다. 요약하자면 이 극은 심리적 주제를 다룬다. 겉보기에는 클리퍼드 오데츠택시 파업을 다룬『레프티를 기다리며』를 쓴 극작가— 옮긴이인데 내면은 완전히 테네시 윌리엄스다. 볼드윈은 1950년대 진지한 연극의 주요 주제였던 성적 고뇌를 가지고 와서 정치극으로 만들었다.『미스터 찰리를 위한 블루스』에는 지난 10년의 성공작 몇 편의 플롯이 숨어 있다. 잘생기고 남성적인 청년이 그 남성성을 질시하는 사람들의 손에 끔찍하게 살해당하는 이야기다.

「더치맨」의 줄거리도 비슷한데, 다만 불안이라는 자극제가 추가되었다는 점만 다르다. 『미스터 찰리를 위한 블루스』의 은폐된 호모에로틱한 긴장 대신 계급 불안이 더해졌다. 르로이 존스도 나름으로 흑인 섹슈얼리티의 신비를 다루면서 『미스터 찰리를 위한 블루스』에서는 제기되지 않았던 진짜 흑인성이라는 문제를 제기한다(볼드윈의 희곡은 배경이 남부다. 어쩌면 이런 문제는 북부에만 있는지도 모르겠다). 「더치맨」의 주인공인 클레이는 뉴저지 출신의 중산층 흑인으로 대학에 진학했고, 보들레르 같은 시를 쓰고 싶어 하고, 영국 억양으로 말하는 흑인 친구들이 있다. 극의 앞부분에서 클레이는 이쪽도 저쪽도 아닌 림보에 빠져 있다. 그러나 마지막에, 백인 여성 룰라에게 자극과 도발을 당하자 클레이는 겉모습을 벗어던지고 진정한 자기가 된다. 예의 바르고 말 잘하고 합리적이기를 그만두고 온전한 흑인 정체성을 받아들인다. 다시 말해 흑인들이 실제로 행동에 옮기든 옮기지 않든 다들 가슴속 깊은 곳에 품고 있는 백인에 대한 살의를 표출한다. 그리고 클레이는 죽이지 않을 기라고 말한다. 그때 그가 실해딩한다.

「더치맨」은 물론 『미스터 찰리를 위한 블루스』에 비하면 소품이다. 단막극이며 대사가 있는 인물은 두 명뿐이고 스트린드베리가 극화한 죽음에 이르는 성적 결투를 계승했다고 할 수 있다. 룰라와 클레이가 초반에 주고받는 대사는 깔끔하고 강력하고 아주 좋다. 그러나 전체적으로는 (결말 부분에서 드러나는 충격적인 환상의 관점에서 전체를 되돌아보면) 너무 광적이고 너무 과장되어 있다. 클레이 역의 로버트 훅스는 섬세한 연기를 보여주었으나 룰라 역을 맡은 제니퍼 웨스트의 경련적인 성적 뒤틀림과 소란함은 견디기 어려울 지경이었다. 「더치맨」에서는 새롭고 다소 장황한 스타일의 감정적 야만성이 느껴지는데, 달리 표현할 말이 없으니 에드워드 올비『누가 버지니아 울프를 두려워하랴』등의 희곡을 쓴 극작가— 옮긴이스럽다고 해야겠다. 이런 스타일이 앞으로 더 많이 보일 듯하다…. 반면에『미스터 찰리를 위한 블루스』는 길고, 지나치게 길고, 사실상 지난 30년의 진지한 대형 미국 연극의 트렌드를 망라한 전집에 가까운 두서없는 극이다. 도덕적 고양감이 가득하다. 정통 무대에서 더러운 말로 선한 싸움을 해서 새롭고 장려한 승리를 거둔다. 또한 복잡하고 가식적인 내레이션 형식을 채택했다. 어설픈 플래시백으로, 아무 기능이 없는 코러스를 장식처럼 곁들여 이야기를 전달한다. 코러스는 일종의 세계사 DJ처럼 무대 오른쪽에 자리 잡고 헤드폰을 쓰고 내내 장비를 만지작거리고 있다. 버지스 메러디스의 연출은 서로 다른 여러 스타일 사이에서 불안하게 흔들린다. 사실주의적인 부분이 그나마 가장 낫다. 법정을 배경으로 하는 극의 마지막 3분의 1 정도에서는 완전히 무너져 내리고 만다. 있을 법한 사실인 척하려는 시도는 아예 포기하고, 미시시피 유역의 가장 몽매한 지역에도 법정 절차는 있을 텐데 그런 것은 전혀 충실하게 그리지 않으며, 극은 라일의 재판이라는 현재 사건과 거의 아무런 관련이 없는 내적 독백의 파편으로 흩어진다.『미스터 찰리를 위한 블루스』의 마지막 부분에서 볼드윈은 극의 연극적 힘을 해체하려는 것 같다. 연출가는 그것을 따랐을 뿐. 연출은 허술했지만 인상적인 연기는 꽤 있었다. 립 톤이 섹시하고 공격적인 라일을 맡아 다른 배우들을 압도하며 보는 재미를 더했다. 알 프리먼 주니어는 리처드 역을 매력적으로 소화했으나 심하게 감상적인 대사가 발목을 잡았다. 특히 최근 진지한 브로드웨이 연극의 필수 요소가 된 듯한 '아버지와 진실한 대화를 나누는 장면'이 그랬다. 최근 가장 매력적인 배우 중 한 명인 다이애나 샌즈Diana Sands는 깊이가 부족한 인물인 후아니타 역을 잘 소화했지만, 그의 연기 가운데 가장 칭찬을 받은, 무대 전방 중앙에서 관객을 보고 리처드를 애도하는 아리아 장면은 내 생각에는 지나치게 어색했다. 파넬 역을 맡은 팻 힝글은 매너리즘에 깊이 빠진 배우로, 작년(1963년)에 액터스 스튜디오에서 제작한 오닐의 〈이상한 막간극〉에서 니나 리즈의 남편 역으로 보여준 우유부단하고 느릿하고 정감 가는 모습을 그대로 반복했다.

지난 몇 달 사이 연극계에서 가장 돋보였던 것은 가면 또는 인물의 클리셰를 완전히 코믹하게 활용한 자유분방한 공연이었다.

이스트 4번가에 있는 소극장에서 3월 말에 월요일 저녁 공연으로 프랭크 오하라의 단막극 「장군이 한곳에서 다른 곳으로 돌아오다The General Returns From One Place to Another」와 르로이 존스의 「세례The Baptism」가 무대에 올랐다. 오하라의 극은 맥아더 장군을 연상시키는 인물과 수행단이 태평양을 끝없이 맴돌며 벌어지는 일련의 촌극이며, 르로이 존스의 극은 (「더치맨」처럼) 어느 정도 사실적으로 시작해서 판타지로 끝난다. 복음주의 교회를 배경으로 성과 종교에 관해 이야기한다. 오하라의 작품도 존스의 작품도 희곡 자체만으로는 별로 흥미롭지 않지만, 연극으로서는 (문학 작품으로보다는) 더 의미가 있다. 이 두 작품에서 나의 관심을 끈 것은 시인이자 '언더그라운드' 영화배우 테일러 미드의 존재다(론 라이스Ron Rice 감독의 〈꽃도둑〉에 출연한 바 있다). 미드는 비쩍 마르고 머리가 벗어져 가고 배가 나왔고 어깨는 처졌고 맥이 없고 창백한 젊은이다. 말하자면 병약하고 여성적인 해리 랭던〈보드빌〉부터 시작해 무성영화 시대에 전성기를 구가한 코미디 배우— 옮긴이이다. 이렇게 신체적으로 눈에 띄지 않고 보잘것없는 사람이 무대에서 어떻게 이렇게 매력적일 수 있는지 설명이 안 된다. 도저히 눈을 뗄 수가 없을 정도다. 〈세례〉에서 미드는 기다란 붉은색 속옷을 입은 동성애자로, 기발하고 유쾌하다. 교회에서 온갖 영적인 행위가 진행되는 동안 미드는 활보하고 농담하고 참견하고 플러팅하며 캠피campy하게 군다. 〈장군이 한곳에서 다른 곳으로 돌아오다〉에서는 더욱 다채롭고 더욱 매력적이다. 여기에서 미드는 어떤 역할을 한다기보다 동작 맞히기 게임을 연달아 수행하는 느낌이다. 장군이 경례를 할 때 바지가 흘러내림, 장군이 자꾸 앞에 나타나는 맹한 과부에게 구애를 함, 장군이 정치 연설을 함, 장군이 단장短杖으로 꽃밭에서 꽃을 쳐냄, 장군이 침낭 안으로 기어들어 가려 함, 장군이 부관 두 명을 꾸짖음 등등. 물론 핵심은 어떤 행동을 하느냐가 아니라 미드가 몽유병자처럼 완전히 푹 빠져서 행위에만 집중한다는 점이다. 미드의 예술에서 원천은 가장 깊고 순수한 데 있다. 기이한 자폐적 환상에 자기 자신을 완전히 남김없이 내맡긴다. 인간에게서 볼 수 있는 가장 매력적인 모습이지만 네 살이 넘은 사람에게서는 극히 보기 드문 모습이기도 하다. 하포 막스**미국 코미디언으로 막스 브라더스 가운데 둘째 ― 옮긴이**에게 이런 재능이 있다. 무성 코미디 배우 가운데에서는 해리 랭던과 버스터 키튼에게서 보이고, 또 흐느적거리는 헝겊 인형 4인조인 비틀스도 이런 놀라운 면을 보인다. 태미 그라임스에게서도 이런 면이 비친다. 그라임스는 노엘 카워드의 『명랑한 정신Blithe Spirit』을 원작으로 하는 별 볼 일 없는 브로드웨이 뮤지컬 〈하이 스피릿High Spirits〉에서 매우 특별하고 강렬한 연기를 선보였다(탁월한 비 릴리Bea Lillie도 여기 출연하지만 이 작품에는 역량을 드러낼 여지가 충분하지 않거나 아니면 릴리가 제 기량을 발휘하지 못하고 있는 듯하다).

버스터 키튼에서 테일러 미드까지 이 연기자들의 공통점은 전적으로 구상해서 만든 행위를 하면서 자의식을 전혀 비치지 않는다는 것이다. 자의식이 아주 조금이라도 들어가면 효과가 반감된다. 진실하지 않고 불쾌하고 심지어 그로테스크해진다. 이런 것은 연기력을 넘어서는 무언가다. 극장에서의 일반적 작업 환경이 자의식을 조장하는 경향이 있기 때문에 이런 특성은 〈장군〉이나 〈세례〉 같은 가벼운 무대에서 더 잘 나타난다. 테일러 미드의 연기가 다른 환경에서도 이만큼 성공했을지는 알 수 없다.

최근에 내가 가장 즐겼던 공연은 준아마추어 프로덕션에서 오프브로드웨이로 성공적으로 도약했다. 적어도 내가 마지막으로 봤을 때는 여전히 잘되고 있었다. 〈홈 무비Home Movies〉는 3월에 워싱턴 스퀘어 근처 저드슨 메모리얼 교회 성가대석에서 초연한 후 이후 프로빈스타운 플레이하우스로 옮겨 갔다. 배경은 어떤 가정집이다. 등장인물은 배우 마거릿 듀몬트를 연상시키는 어머니, 운동광이며 콧수염이 있는 아버지, 움츠러들어 있고 징징거리고 성 경험이 없는 딸, 여자 같은 청년, 뺨이 붉고 말을 더듬고 목도리를 두른 시인, 셔내니건Shenanigan 장난, 속임수라는 뜻—옮긴이 신부와 탈리아 수녀 등 발랄한 성직자 한 쌍, 한 자 길이의 굵은 연필을 든 서글서글한 흑인 배달원이다. 어떤 동작은 플롯을 이루기도 한다. 아버지가 죽었다고 생각해서 어머니와 딸은 슬퍼하고 가족의 친구와 성직자들이 조문을 오는데, 그러는 와중에 아버지가 살아서 옷장에 갇힌 채 옷장을 발로 차면서 배달된다. 그런데 이런 것은 중요하지 않다. 〈홈 무비〉에는 현재만이 존재한다. 매력적인 인물이 오가며 포즈를 취해 그림 같은 장면을 만들고 서로에게 노래를 불러준다. 로절린 드렉슬러의 속도감 있고 재치 있는 대본은 낡디낡은 클리셰든 가장 황당한 공상이든 똑같이 엄숙하게 말하라고 지시한다. "이게 진실이야." 한 인물이 말한다. "맞아. 뾰루지처럼 끔찍한 진실이지." 다른 인물이 대답한다. 〈홈 무비〉는 기지가 넘치기도 하지만 다정하고 따뜻한 면이 특히 좋았다. 알 카민스Al Carmines(저드슨 메모리얼 교회의 부목사이기도 하다)가 작곡하고 직접 피아노로 연주한 사랑스러운 음악 덕인 듯하다. 가장 좋은 곡은 탈리아 수녀(셰인디 토카예Sheindi Tokayer)와 셔내니건 신부(알 카민스)가 함께 부르고 추는 탱고, 피터(프레디 허코Freddy Herko)의 애교 있는 스트립쇼, 피터와 버던 여사(그레텔 커

밍스Gretel Cummings)의 듀엣곡 등이다. 하녀 바이얼릿(바버라 앤 티어)이 힘차게 부르는 〈피넛 브리틀Peanut Brittle〉도 좋았다. 〈홈 무비〉는 정말 재미있다. 무대 위에 있는 사람들이 자기가 하는 일을 즐기는 듯 보인다. 연극은 훌륭한 대본, 훌륭한 배우, 훌륭한 볼거리만 있으면 더 바랄 것 없이 충분하다. 이런 게 부족하다면 활력과 기쁨을 기대하게 되는데, 이런 요소는 미드타운이나 오프브로드웨이가 아니라 저드슨 메모리얼 교회나 세계 박람회 시에라리온 전시장 따위 변두리 무대에 더 자주 나타나는 듯하다. 〈홈 무비〉도, 〈장군〉이나 〈세례〉도 엄밀히 말하면 연극이 아니라는 점이 도움이 된다. 이런 극은 일회용으로 즐기기 위한 무대 행사이며 유쾌하고 무사태평한 패러디로 '무대'와 '극'에 대한 불경함이 가득하다. 영화에서도 비슷한 현상이 일어난다. 미국에 온 비틀스를 화면에 담은 메이즐스Maysles 형제의 〈무슨 일이야What's Happening〉가 올해(1964년) 만들어진 어떤 미국 극영화보다 생생하고 예술적이다.

마지막으로, 중요한 것은 아니지만 두 편의 셰익스피어 극 공연에 관해 몇 마디 하겠다.

1937년 출간된 존 길구드의 탁월한 에세이 『햄릿 전통: 의상, 배경, 무대에 관한 기록The Hamlet Tradition: Some Notes on Costume, Scenery and Stage』을 보면 현재 뉴욕에서 상연 중인 길구드 연출 〈햄릿〉의 문제 대부분을 알아낼 수 있다. 예컨대 길구드는 1막 2장(햄릿, 클로디어스와 거트루드가 처음으로 등장하는 장면)을 가족의 다툼으로 재현하지 말고 클로디어스가 왕위에 오른 뒤 처음으로 (전통에 따라) 열린 공식 추밀원 회의로 연출하라고 한다. 그런데 뉴욕 프로덕션에서 길구드는 바로 자기가 하지 말라고 한 실수를 저질렀다. 클로디어스와 거트루드는 교외에 사는 삶에 찌든 부부 같고, 이들이 버릇없는 외동아들과 담판을 지으려는 듯 비친다. 또 다른 예는 유령의 연출에 관한 것이다. 길구드는 책에서 더 유령처럼 느껴지게 만든답시고 관객이 볼 수 있는 무대 위 배우의 목소리를 쓰는 대신 무대 밖 확성기를 통해 유령의 목소리를 내지는 말라고 설득력 있게 주장한다. 유령을 최대한 실제처럼 느껴지게 만들어야 한다는 것이다. 그러나 이번 연출에서 길구드는 유령의 물리적 존재감을 완전히 없애버렸다. 유령이 정말 유령처럼 느껴진다. 길구드 자신의 녹음된 목소리가 극장에 메아리처럼 울려퍼지고 거대한 그림자가 무대 뒤쪽에 드리운다. 아무튼 이번 연출의 이런저런 요소에서 이유를 찾는 것은 시간 낭비다. 전체적으로 전혀 신경을 쓰지 않은 느낌이다. 연출이 전혀 개입하지 않은 것 같다. 어떤 단조로움이, 적어도 시각적 단조로움은 일부러 연출된 것이 아니라면 말이다. 의상의 문제도 있다. 궁정의 신하건 군인이건 대부분 낡은 바지, 스웨터, 윈드브레이커 등을 입었다(햄릿은 셔츠와 바지를 검은색으로 통일하긴 했지만). 클로디어스와 폴로니어스는 말쑥한 비즈니스 수트를 입었고 거트루드와 오필리아는 긴 치마를 입었고(거트루드는 밍크도 두르고 있다), 극중극 속의 왕과 왕비는 화려한 의상과 황금색 가면을 썼다. 이번 프로덕션의 유일한 아이디어는 '〈햄릿〉을 리허설 의상으로 연기하기'라는 우스꽝스러운 착상이 아닌가 싶다.

    이 공연은 딱 두 개의 즐거움을 선사한다. 녹음된 존 길구드의 목소리를 들으니, 비록 확성기로 부풀려지긴 했어도, 셰익스피어의 운문을 우아하게 지적으로 읊으면 얼마나 아름다운지 상기하게 된다. 그리고 걸출한 조지 로즈는 단역인 무덤 파는 사람 역으로 셰익스피어 산문이 줄 수 있는 온갖 즐거움을 느끼게 해주었다. 나머지 연기는 크고 작은 고통만을 주었을 뿐이다. 모두가 대사를 너무 빠르게 한다. 그건 그렇다 치더라도, 몇몇은 중간 정도는 되지만 레어티즈와 오필리아의 연기는 두드러지게 미숙하고 느낌이 없다. 거트루드 역을 맡은 에일린 헐리는 형식적인 연기를 보여주었지만 헐리가 15년 전 로런스 올리비에의 영화에서는 같은 역으로 대단한 연기를 펼친 적이 있다는 점을 짚지 않을 수 없다. 리처드 버턴은 햄릿 역을 맡아 가능한 한 최소의 연기를 보여주지만, 무척 잘생기긴 했다. 정정한다. 버턴이 햄릿이 죽는 장면을 앉아서 연기할 수도 있었는데 서서 하는 수고는 했다.

    셰익스피어 극을 이렇게 아무 해석도 가하지 않고 헐벗겨 연출한 길구드 극의 충격에서 벗어나기도 전에, 좋게 말하면 과잉 해석과 지나치게 많은 생각으로 손상된 다른 극이 또 등장했다. 2년 전 스트랫퍼드온에이번에서 초연된 피터 브룩 연출의 〈리어왕〉이 파리와 동유럽 전역, 러시아에서 엄청난 갈채를 받고 이어 링컨센터의 뉴욕주립극장으로 왔으나 소리가 잘 들리지 않는 문제가 있었다(원래 음악과 발레 공연용으로 설계된 공연장임을 이제 알게 되었다). 길구드의 〈햄릿〉에 생각이나 스타일이 없다면 브룩의

〈리어왕〉은 생각이 넘쳐난다. 피터 브룩은 폴란드 셰익스피어 학자 얀 코트가 최근에 쓴 셰익스피어와 베케트를 비교한 글에 영감을 받아 〈리어왕〉을 베케트의 『엔드게임End Game』처럼 연출하기로 결심했다고 한다. 길구드가 올해 4월 영국에서 한 인터뷰에서 말하길, 논란을 일으켰던 길구드의 1955년 '일본식' 〈리어왕〉(조각가이자 디자이너 이사무 노구치가 무대와 의상을 담당했다)에서 브룩이 이번 연출의 기본 아이디어를 얻었다고 길구드에게 말했다고 한다. 또 1962년 스트랫퍼드 공연 때 브룩의 조연출이었던 찰스 마로위츠가 쓴 「리어 일지」를 보면 다른 영향도 찾을 수 있다. 그러나 어떤 아이디어가 연출에 영향을 주었는지는 중요하지 않다. 중요한 것은 관객이 무엇을 보고, 들었냐는(들을 수 있었다면) 것이다. 내가 본 것은 상당히 지루했다(좋게 봤다면 근엄하다고 할 것이다). 그리고 자의적이기도 했다. 이 극의 감정적 고조를 거슬러서 무얼 얻으려 했는지 모르겠다. 리어의 분노에 찬 비난을 누그러뜨리고, 글로스터 플롯을 리어 플롯하고 대등한 수준으로 끌어올리고, 리건의 하인들이 막 실명한 글로스터를 도우려고 움직이는 장면이나 에드먼드가 코딜리어와 리어의 처형 지시를 철회하려 시도하는("내 본성과 다르지만 무언가 좋은 일을 하려 한다") 등의 '인간적인' 부분을 삭제해서 어떤 이득이 있나? 에드먼드, 글로스터, 광대 등 몇몇 배우는 우아하고 지적인 연기를 펼쳤다. 하지만 배우들 전부 어떤 제약 아래에서, 무언가를 뚜렷이 표현하는 동시에 과소 표현을 하려는 욕구에 따라 연기하는 게 느껴졌다. 브룩이 폭풍 장면에서 무대를 완전히 밝히고 텅 비운 특히 기이한 선택을 한 까닭도 아마 같은 맥락이었을 것이다. 폴 스코필드의 리어 연기는 존경스러울 정도로 많은 고민이 엿보였다. 리어의 노쇠함, 자기중심주의, 굼뜬 동작과 욕구 등은 특히 잘 표현했다. 그러나 리어의 광기 등 핵심적인 부분을 대사의 감정적 힘을 빼버리는 자의적이고 틀에 박힌 발성으로 약화하는 까닭은 이해할 수가 없다. 피터 브룩이 요구하는 기묘하고 제약적인 해석을 넘어 살아남고 꽃을 피운 듯한 유일한 연기는, 복잡하고 미묘한 동정심을 내비치는 아이린 워스의 고너릴이었다. 아이린 워스는 자신이 맡은 인물을 철저히 탐구한 듯 보였고 스코필드와 달리 기존 해석보다 더 많은 것을 찾아냈다.

(1964 여름)

마라/사드/아르토

자연의 특성 가운데 가장 주요하고 아름다운 특성은 움직임이며, 움직임은 자연을 늘 동요시킨다. 그러나 이런 움직임은 범죄의 영원한 결과이며 범죄를 통해서만 보존된다.

— 사드

행동하는 모든 것은 잔혹함이다. 모든 한계를 넘어선 이런 극단적 행위에 대한 생각 위에 연극은 새로이 재건되어야 한다.

— 아르토

현대연극에서 가장 강력한 두 가지 주제인 연극성과 광기는 페터 바이스의 희곡 『샤랑통 정신병원 환자들이 사드 후작의 연출로 공연한 장 폴 마라의 박해와 암살 Die Verfolgung und Ermordung Jean Paul Marats dargestellt durch die Schauspielgruppe des Hospizes zu Charenton unter Anleitung des Herrn de Sade』에서 눈부시게 결합했

다. 극의 내용은 관객 앞에서 무대에 올려진 연극이다. 배경은 정신병원이다. 기반이 된 역사적 사실은, 사드가 나폴레옹의 명령으로 생애 마지막 11년(1803~1814)을 파리 외곽에 있는 샤랑통 정신병원에 갇혀 보냈으며, 진보적인 생각을 지닌 병원장 쿨미에 씨가 입원 환자들이 스스로 연극을 제작해 파리 대중에게 선보이게 했다는 사실이다. 사드가 이때 희곡 몇 편을 쓰고 무대에 올렸다고 알려져 있는데(남아 있는 것은 없다), 바이스의 연극은 그 공연 가운데 하나를 재구성하려 한다. 시대는 1808년이고 무대는 정신병원 목욕장으로 타일로 덮인 삭막한 공간이다.

바이스의 영리한 극에는 연극성이 독특한 현대적 감각으로 스며 있다. 무엇보다 『마라/사드』의 상당 부분이 극중극이다. 피터 브룩의 연출로 지난 8월에 런던에서 개막한 〈마라/사드〉에서는 늙고 쭈그러들고 기운 없는 사드(패트릭 메이지Patrick Magee 분)가 무대 왼쪽에 조용히 앉아서 (무대 감독이자 해설 역을 맡은 동료 환자의 도움을 받아) 연출하고 지시하고 논평한다. 쿨미에 씨는 정복을 입고 명예를 뜻하는 붉은 띠를 둘렀고 우아한 차림의 아내와 딸과 함께 무대 오른쪽에 앉아 공연 내내 그 자리를 지킨다. 볼거리와 소리로 감각을 압도하는 등 더 전통적 의미에서 연극성도 풍부하다. 환자 사중창단이 머리는 헝클어지고 얼굴에는 색을 칠하고 다채로운 색의 자루를 입고 축 늘어진 모자를 쓴 모습으로 등장해 냉소적이고 미치광이 같은 노래를 부르며 노래의 내용을 동작으로 흉내 낸다. 이들의 얼룩덜룩 광대 같은 옷과 대조적으로 사드의 프랑스 혁명 수난극 출연자들은 모양 없는 흰 튜닉과 구속복을 입었고 안색은 창백하다. 이야기를 이끌어가는 사드의 대사가 광인들의 현란한 신체 연기 때문에 자꾸 중단된다. 그중 가장 강렬한 것은 집단 단두대 처형 장면이다. 환자들이 거친 쇳소리를 내며 기발하게 꾸민 무대 장치를 두드리며 물감(피)을 양동이로 배수구에 붓고 그러는 동안 다른 광인들은 신나서 무대 한가운데에 있는 구덩이로 뛰어들어 자기 머리를 무대 바닥 높이에, 단두대 바로 옆에 줄줄이 쌓는다.

브룩의 연출은 광기가 가장 권위 있고 감각적인 연극성임을 입증한다. 광기가 연극의 첫 장면부터 이 극의 음조와 강도를 결정한다. 사드의 극에 출연할 입원 환자들이 처음에는 귀신 같은 모습으로 태아처럼 웅크리고 있거나 긴장성 혼미에 빠져 있거나 덜덜 떨고 있거나 어떤 의식을 강박적으로 수행하고 있다가, 무대에 들어와 단 위로 올라가 앉는 사근사근한 쿨미에 씨와 가족을 비틀비틀 앞으로 나와서 맞이한다. 광기가 개별 연기의 강도를 정하기도 한다. 사드는 긴 대사를 힘겹고 경직된 목소리로 일부러 억양 없이 읊조린다. 마라(클라이브 레빌 분)는 (피부병을 치료하기 위해) 젖은 천을 몸에 감고 내내 이동식 금속제 욕조 안에 갇혀 있고 열변을 토할 때조차 마치 죽은 것처럼 똑바로 정면만 응시한다. 마라의 암살자 샤를로트 코르데 역을 맡은 환자는 미녀 몽유병자로 이따금 정신이 나가 대사를 잊어버리고 심지어 무대 위에 드러누워 버려 사드가 깨워야 한다. 지롱드당 대의원이자 코르데의 연인인 뒤페레 역을 맡은 환자는 껑충하고 머리카락이 뻣뻣한 음란증 환자로 자신이 맡은 점잖은 연인 역할을 자꾸 망각하고 욕정에 불타 코르데 역을 맡은 환자에게 덤벼든다(연극 도중에 결국 구속복을 입게 된다). 마라의 정부이자 간호사인 시몬 에브라르 역을 맡은 사람은 아주 무력한 환자로, 말도 거의 하지 못하고 경련적이고 멍청한 동작으로 마라의 붕대를 겨우 갈아줄 뿐이다. 광기는 열정의 은유로서 특권적이며 가장 진정성 있는 것이 된다. 아니면, 이 경우에는 광기가 강력한 감정의 논리적 귀결이기도 하다. 꿈('마라의 악몽' 시퀀스 등)이든 꿈 같은 상태든 폭력으로 끝나야 한다. '침착'하다는 것은 자신의 실제 상황을 이해하지 못한다는 의미다. 따라서 느린 동작으로 연출된 코르데의 마라 살해(역사, 곧 연극)에 이어, 환자들이 이후 15년 동안의 피비린내 나는 세월을 고래고래 노래하고, 결국은 무대를 떠나려는 쿨미에 가족을 공격하는 것으로 극이 끝난다.

연극성과 광기를 묘사하며 바이스의 극은 관념극이 된다. 극의 핵심은 의자에 앉은 사드와 욕조 안의 마라 사이에서 계속되는 논쟁이다. 이들은 프랑스 혁명의 의미, 곧 현대 역사의 심리적·성치적 전제를, 나치 강제수용소의 경험을 통해 형성된 현대적 감수성의 관점에서 바라보며 논한다. 그러나 『마라/사드』를 현대적 경험과 관련된 특정 이론으로 요약할 수는 없다. 바이스의 극은 현대적 경험에 관한 어떤 주장이나 해석이라기보다는, 이 경험과 관련되었거나 영향을 받는 감수성을 다루는 듯하다. 바이스는 관념을 제시한다기보다 관객을 관념에 몰입시킨다. 지적 논쟁은 연극의 소재이긴 하나 주제나 목적은 아니다. 정신병원을 배경으로 삼았기 때문에 이 논쟁은 언제 폭력이 터져 나올지 모르는 상황에서 벌어지게 된다. 이런 온도에서는 어떤 생각에도 불이 붙을 수 있다. 다시 말하지만 광기는 연극에서 생각을 재연하는 (추상적일 정도로) 냉엄하고 극단적인 방식이다. 혁명을 다시 경험하는 극중극 배우들이 폭주하다가 제지당하고, 자유를 외치는 파리 군중의 외침은 갑자기 정신병원에서 나가게 해달라고 외치는 환자들의 울음으로 바뀐다.

감정의 극단을 향한 돌이킬 수 없는 돌진을 기본 액션으로 삼는 이런 극은 둘 중 하나로 끝날 수밖에 없다. 내면을 향하며 형식적으로 변해서 엄격한 다카포 방식으로 다시 첫 대사를 반복하며 끝날 수 있다. 아니면 바깥쪽으로 향해 '틀'을 깨고 관객을 공격할 수도 있다. 이오네스코는 자신의 첫 번째 희곡『대머리 여가수』를 원래는 관객을 학살하는 것으로 끝나도록 구상했었다고 했다. 지금은 다카포 형식으로 끝나지만, 작가가 무대 위로 뛰어 올라가 관객이 도망치듯 극장을 떠날 때까지 욕설을 퍼붓는 걸로 끝나는 버전도 있었다. 〈마라/사드〉도, 브룩인지 바이스인지 또는 두 사람이 함께 구상한 것인지는 몰라도 비슷하게 관객에게 적대적 행동을 하며 끝난다. 사드 극의 '출연진'인 병원 환자들이 광분하여 쿨미에 가족을 공격한다. 그런데 이 폭동이(다시 말해 연극이) 알드위치 극단 무대 감독이 현대식 치마, 스웨터, 운동화 차림으로 들어오면서 중단된다. 무대 감독이 호루라기를 불자, 배우들은 갑자기 동작을 멈추고 몸을 돌려 관객을 마주 본다. 그러나 관객이 박수를 치면 배우들은 매우 느리고 불길한 박수로 응수해 '자발적인' 박수 소리를 압도하여 모두를 불편하게 한다.

나는 〈마라/사드〉를 사실상 무조건적으로 경탄하고 즐겼다. 지난 8월 런던에서 개막했고 곧 뉴욕에서도 볼 수 있을 것이란 소문이 있는데 아마 평생 다시 누리기 힘든 관람 경험이 될 것이다. 그렇지만 대다수의 일간지 비평가부터 가장 진지한 평론가들까지 브룩이 연출한 희곡에 대해 노골적 반감까지는 아니더라도 심각한 의구심을 표했다. 왜일까?

내가 보기에 브룩이 바이스를 연출한 방식을 헐뜯는 말들의 바탕에는 세 가지 기성관념이 있는 듯하다.

연극과 문학의 관계. 연극은 문학의 일종이라는 게 첫 번째 기성관념이다. 사실 일부 연극은 문학의 관점에서 평가될 수 있으나 그렇지 않은 것도 있다.

이런 사실을 인정하거나 이해하지 않기 때문에, 〈마라/사드〉가 연극적으로는 무척 놀라운 작품이지만 '연출가의 극'일 뿐이라거나, 다시 말해 이류 희곡의 일류 연출이라는 말이 자꾸 나오는 것이다. 유명한 영국 시인 한 사람이 나에게 자기는 그래서 이 연극이 싫다고 말했다. 공연을 봤을 때는 정말 대단하다고 생각했지만, 피터 브룩의 연출이 아니었다면 이렇게 좋지 않았으리란 걸 **알았다**고 말했다. 또 작년(1964년) 서베를린에서 콘라트 스비나르슈키Konrad Swinarski가 연출한 극은 지금 런던에서 공연 중인 작품의 충격에 전혀 미치지 못했다는 언급도 있었다.

『마라/사드』가 현대 극문학의 최고 걸작은 아니라 하더라도, 이류 작품은 결코 아니다. 텍스트만 놓고 보아도 탄탄하고 흥미진진하다. 문제는 희곡 자체가 아니라 연출가를 작가에게 봉사하는 사람, 텍스트에 이미 담겨 있는 의미를 끌어내는 사람으로 보는 좁은 시야다.

바이스의 대본이 에이드리언 미첼Adrian Mitchell의 우아한 번역을 거쳐 피터 브룩의 연출과 결합하며 크게 향상되었다는 게 사실이라고 해도, 그래서 어쨌다는 것인가? 텍스트가 중심이 되는 대사(언어)의 극과 구분되는 감각의 극이 있다. 첫 번째 것을 '극'이라고 한다면 두 번째 것은 '극작업'이라고 할 수 있을 것이다. 순수한 극작업에서는 배우가 말하고 연출가가 연출하는 대사를 쓰는 극작가는 우선권을 잃는다. 이 경우에 극의 '저자' 또는 '창조자'는, 아르토를 인용하자면, 극작가가 아니라 '무대를 직접 다루는 사람'이다. 연출가의 예술은 물질적 예술, 즉 배우의 몸, 소품, 조명, 음악을 다루는 예술이다. 브룩이 만들어낸 것은 특히 탁월하고 창의적이다. 무대 연출의 리듬, 의상, 마임 앙상블 등. 벨, 심벌즈, 오르간 등을 이용한 시끄러우면서도 선율이 있는 음악(리처드 피슬리Richard Peaslee 작곡) 등 모든 디테일이 한없는 물질적 창의성을 보여주며 감각을 사정없이 자극한다. 그럼에도 브룩의 엄청난 무대 기교가 어떤 면에서는 불편하게 느껴진다. 사람들은 연출이 텍스트를 압도한다고 느낀다. 하지만 어쩌면 그게 핵심인지도 모른다.

『마라/사드』가 단순히 감각의 극이라는 말은 아니다. 바이스는 진지하게 고려해야 할 복잡하고 극히 지적인 텍스트를 썼다. 『마라/사드』는 그렇지만 감각적으로도 감상되어야 한다. 그런데 극이란 어떤 것인가에 관한 순전한 고정관념(연극 작품은 최종적으로 문학의 일부로 판단되어야 한다는 편견) 때문에, 글로 쓰이고 대사로 전달되는 텍스트가 극 전체를 이끌어야 한다고 요구하는 것이다.

연극과 심리학의 관계. 또 하나의 기성관념은, 연극은 현실적으로 그럴듯한 동기들이 부딪히는 갈등을 통해 인물을 발전시켜나간다는 것이다. 하지만 오늘날 가장 흥미로운 연극은 심리학을 뛰어넘는 극이다.

다시 아르토를 인용하자면, "우리에게는 진정한 행동이 필요하지만, 행동의 실질적 결과는 없어야 한다. 연극의 행위는 사회적 차원에서 펼쳐지지 않는다. 윤리적이거나 심리적인 차원에서 이루어지는 것은 더더욱 아니다. … 인물들이 자신의 감정, 열정, 욕망, 오로지 심리적인 충동을 말로 하게 만들려는 고집 때문에, 한 단어로 무수한 행동을 대신하려 하기 때문에 연극이 진정한 존재 이유raison d'être를 잃은 것이다."

아르토의 극단적 주장에서 출발하면 바이스가 정신병원을 배경으로 자기주장을 펼친 까닭을 더 잘 이해할 수 있을 것이다. 무대 위에서 관객 역을 하는 인물들(자꾸 공연에 끼어들어 사드에게 이의를 제기하는 쿨미에 씨와 대사가 없는 아내와 딸)을 제외하면 극 중 인물은 모두 미쳤다. 그러나 이런 설정을 했다고 해서 세상이 모두 미쳤다고 주장하는 것은 아니다. 요즘 트렌드를 따라 병리적 행동의 심리에 대한 관심을 반영한 것도 아니다. 오히려 반대로, 오늘날 예술이 광기에 대해 보이는 관심은 심리학을 넘어서려는 욕구를 보여준다. 피란델로, 주네, 베케트, 이오네스코 등의 극작가들은 이상한 행동과 이상한 말을 하는 인물들을 내세워 인물들이 행동이나 말로 논리적이고 그럴듯하게 동기를 전달하게 할 필요를 없앤다. 아르토가 "심리적·대화적 인물 묘사"라고 부른 것의 제약에서 벗어난 연극은 더욱 영웅적이고 더욱 환상적이고 더욱 철학적인 경험의 차원으로 열린다. 이런 경향은 물론 연극에만 국한되지 않는다. 현대예술에서 '미친' 행동을 예술의 주제로 선택하는 것은 전통적 '사실주의', 곧 심리학을 넘어서는 거의 정석적인 전략이 되었다.

특히 반감을 많이 불러일으켰던 장면을 예로 들어보자. 사드가 샤를로트 코르데에게 자신을 채찍질하라고 설득하고(피터 브룩은 코르데가 머리카락으로 사드를 때리게 했다) 사드는 맞으면서 고통스러운 목소리로 혁명과 인간 본성의 본질에 관한 주장을 계속 펼친다. 이 장면의 목적은 한 평론가가 말했듯 사드가 '뼛속까지 병들었다'는 걸 관객에게 알리기 위한 것이 아니다. 또 같은 평론가가 말하는 대로 바이스의 사드가 "주장을 내세우기 위해서가 아니라 자극을 얻기 위해 연극을 이용한다"라는 비난도 부당하다(그건 그렇고, 둘 다 하면 안 되는 것인가?). 바이스는 이성적이거나 거의 이성적인 논리와 비이성적인 행동을 결합하여 관객이 사드의 성격, 정신적 능력, 정신 상태를 평가하도록 하려는 게 아니다. 그보다는 인물에 초점을 맞추는 대신 인물들이 지닌 강렬한 초개인적 감정에 초점을 맞추는 연극으로 전환하려 한다. 바이스는 연극이 그간 너무 오래 회피해온 대리적인 감정 경험(이 경우에는 대놓고 에로틱한 감정 경험)을 제공한다.

삶의 품위를 전하는 이야기의 힘

길을 찾는 책 도덕경
무엇이 우리를 삶의 주인으로 살게 하는가
노자, 켄 리우 지음 | 황유원 옮김

슬픔에 이름 붙이기
마음의 혼란을 언어의 질서로 꿰매는 감정 사전
존 케닉 지음 | 황유원 옮김

나는 북경의 택배기사입니다
일이 내게 가르쳐준 삶의 품위에 대하여
후안옌 지음 | 문현선 옮김

정관스님 나의 음식
"즐겁게 드시라, 걱정도 미움도 본래는 없다"
정관, 후남 셸만 지음 | 양혜영 옮김 | 베로니크 회거 사진

여자에 관하여 해석에 반하여
새로운 번역으로 만나는 수전 손택
수전 손택 지음 | 김하현·홍한별 옮김

삶의 해상도를 높이는

월북의

"나는 이 책에서 '쓸모'의 의미를 논하고 싶지 않지만, 사람들이 이 말을 지나치게 교육이나 자기 계발에 관해서만 사용할 때 슬퍼지곤 한다."

『인생의 언어가 필요한 순간』 중에서

책—들

www.willbookspub.com

흔들리는 세상을 바로 보는 창

눈에 보이지 않는 지도책
세상을 읽는 데이터 지리학
제임스 체셔, 올리버 우버티 지음 | 송예슬 옮김

질서 없음
격동의 세계를 이해하는 세 가지 프레임
헬렌 톰슨 지음 | 김승진 옮김

선명한 세계사 1, 2
역사를 기억하는 가장 완벽한 방법
댄 존스, 마리나 아마랄 지음 | 김지혜 옮김

펄럭이는 세계사
인간이 깃발 아래 모이는 이유
드미트로 두빌레트 지음 | 한지원 옮김

인텔리전스 랩
내 삶을 바꾸는 오늘의 지식 연구소
조니 톰슨 지음 | 최다인 옮김

나를 이해하고 자연을 읽는 방법

자연에 이름 붙이기
보이지 않던 세계가
보이기 시작할 때
캐럴 계숙 윤 지음 | 정지인 옮김

뇌가 힘들 땐 미술관에 가는 게 좋다
더 아름다운 삶을 위한 예술의 뇌과학
수전 매그새먼, 아이비 로스 지음 | 허형은 옮김

인생은 호르몬
삶의 주도권을 되찾는 가장 과학적인
데이비드 JP 필립스 지음 | 권예리 옮김

그림으로 과학하기
태어난 김에 □□ 공부   물리
슥슥 그린 편안하고 직관
한번 보면 잊을 수 없는
커트 베이커, 알리 세제르,

〈마라/사드〉에서는 언어가 인물을 드러내거나 생각을 주고받는 기능만 하는 게 아니라 주로 일종의 주문처럼 사용된다. 이 극을 본 많은 사람이 불쾌하고 불편하고 불필요하다고 느꼈던 또 다른 장면의 핵심도 주문 같은 언어다. 이 장면은 사드의 특히 인상적인 독백 장면인데, 사드는 루이 15세 암살 미수범 다미앵이 거열형으로 공개 처형되며 사지가 천천히 절단되는 과정을 극도로 상세히 묘사함으로써 인간 본성에 내재된 잔인성을 드러낸다.

연극과 사상의 관계. 예술 작품은 '사상'을 다루거나 대변하거나 주장한다는 것 역시 기성관념이다. 만약 그렇다면 어떤 사상을 담고 있는지, 사상이 명확하고 일관되게 표현되었는지가 예술의 판단 기준이 된다.

『마라/사드』가 이런 기준으로 평가되는 것은 예상할 수 있는 일이다. 바이스의 극은 지극히 연극적이지만 지적인 면도 강하기 때문이다. 바이스는 현대의 도덕성, 역사, 감정 등의 문제를 아서 밀러(최근작인 『추락 이후』와 『비시 프랑스에서 있었던 일Incident at Vichy』을 보라), 프리드리히 뒤렌마트(『노부인의 방문』, 『물리학자들』), 막스 프리슈(『비더만과 방화범들』, 『안도라』) 같은 자칭 분석가들의 진부한 진단과는 비교도 할 수 없을 만큼 깊게 다룬다. 그렇긴 하나 『마라/사드』가 지적으로 혼란스럽다는 점은 부인할 수 없다. 주장이 제기되지만 극의 맥락 때문에 곧 정신병원이라는 배경과 공언된 연극성 때문에 주장이 약화되는 듯 보인다. 바이스의 연극 속 인물들이 어떤 입장을 대변하는 것처럼 보이는 것은 사실이다. 개략적으로 말하면 사드는 악한 인간 본성의 영속성을 주장하고, 마라의 혁명적 열정이나 역사적 과정에서 인간이 바뀔 수 있다는 믿음과 대립한다. 사드는 '세상은 육체로 이루어져 있다'고 생각하고 마라는 세상이 힘으로 이루어졌다고 생각한다. 조연들도 무언가를 열렬하게 옹호하는 순간이 있다. 뒤페레는 결국 찾아올 자유의 새벽을 칭송하고 신부 자크 루는 나폴레옹을 비난한다. 그러나 사드와 '마라'는 둘 다 각자 나름의 방식으로 미치광이이고, '샤를로트 코르데'는 몽유병자, '뒤페레'는 음란증 환자, '루'는 폭력성을 분출한다. 이런 점이 주장을 약화하지 않나? 또 이런 생각이 미친 사람들을 통해 제시된다는 문제에 더해, 극중극이라는 장치가 있다. 마라의 도덕적·사회적 이상주의를 사드가 초도덕적으로 개인의 열정을 옹호해 반박하며 이어지는 논쟁이 어떻게 보면 대등한 논쟁처럼 보인다. 그러나 어떤 면에서 보면 바이스의 극 안에서 마라가 하는 말은 사실 사드의 대본이기 때문에, 실질적으로는 사드가 주도권을 쥐고 있다고 할 수 있다. 한 평론가는 마라가 사드의 사이코드라마에서 꼭두각시 역할을 하는 동시에 이데올로기적 대결에서 사드의 상대역을 하는 이중 역할을 하기 때문에 둘 사이의 논쟁은 처음부터 죽은 것이나 다름없다고 말하기도 한다. 그리고 마지막으로 어떤 평론가는 실제 마라, 사드, 뒤페레, 루의 견해를 충실하게 반영하지 않았다는 이유로 이 연극을 비판하기도 한다.

　　이런 난점들 때문에 『마라/사드』는 모호하다거나 지적으로 피상적이라는 비판을 받았다. 그러나 이런 난점이나 이 극에 제기된 비판은 대체로 오해에서 비롯된 것이다. 극과 교훈주의를 연관 지어 생각한 탓이다. 바이스의 극은 아서 밀러나 브레히트의 극처럼 주장으로 취급될 수 없다. 안토니오니나 고다르가 예이젠시테인과 다른 만큼이나 바이스도 밀러나 브레히트와 다르다. 바이스의 극에도 어떤 주장이 담겨 있다. 어쩌면 지적 논쟁과 역사적 재평가(인간 본성, 혁명의 배반 등)를 소재로 사용한다고 하는 게 정확하겠다. 그러나 바이스의 극에서 주장은 부차적인 것일 뿐이다. 예술에서 사상을 이용하는 또 다른 방법이 있다. 사상을 감각적 자극제로 사용하는 것이다. 안토니오니는 자신의 영화가 "긍정과 부정의 낡아빠진 궤변"에서 벗어나길 바란다고 말했다. 같은 충동이 『마라/사드』에서도 복잡한 방식으로 드러난다. 예술가들이 사상 자체를 버리고 싶어 한다는 뜻은 아니다. 도덕적 사상을 비롯한 여러 사상을 새로운 스타일로 제시한다는 의미다. 사상이 장식, 소도구, 감각적 소재로 쓰일 수 있다.

바이스의 극을 주네의 장편소설과 비교할 수도 있을 것이다. 주네는 '잔혹함이 좋다'라거나 '잔혹함은 신성하다'(전통적 도덕에 반하기는 하지만 이것도 도덕적 진술이다)라고 주장하기보다는 논의를 도덕적 차원에서 미학적 차원으로 옮긴다. 그러나 『마라/사드』는 다르다. 이 극에서의 '잔혹함'은 궁극적으로 도덕적 문제가 아니고 그렇다고 미학적 문제도 아니다. 여기에서는 존재론적 문제가 된다. '잔혹함'을 미적으로 제시하는 사람들은 삶의 표면적 풍요로움에 관심을 갖는 한편, '잔혹함'의 존재론적인 면을 내세우는 사람들은 예술이 인간 행위의 가능한 한 가장 넓은 맥락을 구현하기를, 적어도 사실주의 예술이 제공하는 것보다는 더 넓은 맥락을 담아내기를 바란다. 이 넓은 맥락은 사드가 '자연'이라고 부르는 것이며 아르토가 "행동하는 모든 것은 잔혹함이다"라고 말할 때 의미한 바다. 『마라/사드』 같은 예술에는 도덕적 비전이 있지만, '휴머니즘'이라는 슬로건으로 요약할 수는 없는 것임은 분명하다(그래서 관객이 불편을 느낀다). 그러나 '휴머니즘'과 도덕성은 같은 것이 아니다. 정확히 말하자면 『마라/사드』 같은 예술은 '휴머니즘'을 거부한다. 휴머니즘은 세상을 도덕화하고 사드가 말하는 '범죄'를 인정하지 못하게 하기 때문이다.

『마라/사드』 이야기를 하면서 나는 아르토가 연극에 관해 쓴 글을 계속 인용했다. 그러나 아르토는 (아르토와 함께 20세기 연극 이론의 양대 산맥인 브레히트와 달리) 자신의 이론과 감성을 보여줄 작품들을 남기지 않았다.

어떤 예술 작품을 지배하는 감성(또는 어떤 담론 수준의 이론)은 그 감성을 구현하는 실제 작품이 존재하기 이전에 형성된다. 또는 이론이 그것이 만들어진 바탕이 된 작품이 아니라 다른 작품에 적용될 수도 있다. 최근 프랑스에서는 알랭 로브그리예(『누보로망을 위하여』), 롤랑 바르트(『평론집Essais Critiques』), 미셸 푸코(《텔 켈Tel Quel》 등의 저널에 실린 비평) 같은 작가와 비평가들이 우아하고 설득력 있는 반反수사적 소설 미학을 정립했다. 그러나 이런 감성은 누보로망 작가들이 쓰고 분석하는 소설보다 오히려 일부 영화가 더 의미 있고 충만하게 보여준다. 그 가운데는 프랑스 문단과 아무 연관이 없는 이탈리아 감독의 영화도 있다. 브레송,

장피에르 멜빌, 안토니오니, 고다르, 베르톨루치(〈혁명전야〉) 등의 영화를 예로 들 수 있겠다.

마찬가지로, 아르토가 직접 연출한 유일한 극인 퍼시 비시 셸리의 〈첸치 일가〉나 1948년 라디오극 〈신의 심판을 끝내기 위해 Pour en finir avec le jugement de Dieu〉가 아르토가 저술에서 제시한 '연극은 어떠해야 한다'는 지침에 근접했을 가능성은 작아 보인다. 아르토의 세네카 비극 낭독도 마찬가지이고. 아직까지는 아르토의 '잔혹극' 범주에 포함할 만한 본격적인 사례가 나오지 않았다. 이에 가장 근접한 것은 뉴욕 등지에서 지난 5년간 볼 수 있었던, 주로 화가들(앨런 캐프로, 클라스 올든버그, 짐 다인, 밥 휘트먼 Bob Whitman, 레드 그룸스 Red Grooms, 로버트 와츠 등)이 주도한 연극적 이벤트다. '해프닝'이라고 불리며 대본도 없고 알아들을 수 있는 대사도 없는 즉흥적 사건이다. 아르토의 정신을 유사하게 구현한 또 다른 사례로, 작년(1964년)에 로런스 콘필드 Lawrence Kornfield 와 알 카민스가 저드슨 메모리얼 교회에서 거트루드 스타인의 산문시 「무슨 일이 있었나 What Happened」를 무대에서 구현한 일이 있었다. 또 다른 예는 뉴욕 리빙 시어터의 마지막 작품인 케네스 H. 브라운 작 주디스 말리나 연출의 〈구금실 The Brig〉이다.

하지만 지금까지 내가 언급한 작품은 개별적 실행의 문제를 제외하고도 규모와 구상의 협소함, 감각적 수단의 한계라는 결함이 있다. 그래서 〈마라/사드〉에 무엇보다 관심이 간다. 이 작품은 내가 아는 어떤 현대 극작품보다 아르토 연극의 범위나 의도에 가까이 다가간다(아쉽지만 오늘날 세계에서 가장 흥미롭고 야심 찬 극단이라고 불리는 폴란드 오폴레 예지 그로토프스키의 실험 연극은 내가 본 적이 없어서 제외할 수밖에 없다. 아르토의 원칙을 야심 차게 확장한 이 작업에 관한 설명은《툴레인 드라마 리뷰Tulane Drama Review》1965년 봄호에서 볼 수 있다).

그러나 바이스-브룩의 연극에는 아르토의 영향만 있는 것은 아니다. 바이스는 이 극에서 브레히트와 아르토를 결합하려 했다고 밝혔다. 엄청난 포부다! 바이스가 무슨 뜻으로 한 말인지 뚜렷이 느껴진다. 〈마라/사드〉의 어떤 요소들은 브레히트의 연극을 연상시킨다. 원칙과 이유에 관한 논쟁으로 액션을 구성하는 것, 노래, 사회자가 관객에게 직접 해설하는 것 등. 이런 요소가 상황이나 무대의 아르토식 질감과 잘 어우러진다. 그런데 문제는 그렇게 단순하지 않다. 사실 바이스의 극이 제기하는 최종적 문제는 이 두 가지 감성과 이상이 과연 궁극적으로 양립할 수 있느냐는 것이다. 브레히트의 교훈적이고 지적인 연극 개념이 아르토의 마법, 몸짓, '잔혹', 감정의 극과 어떻게 융화될 수 있을까?

만약 이런 조화나 통합이 가능하다면, 바이스의 극이 그 방향으로 큰 걸음을 내디뎠다고 할 수 있을 것 같다. 그러니 어떤 평론가의 이런 비판은 상당히 둔감하다고 할 밖에. "무용한 아이러니, 해결되지 않는 난제, 무한히 증식되는 이중적 의미. 브레히트의 예리함이나 확고한 헌신이 없는 브레히트적 기계 장치." 아르토는 아예 고려하지도 않는다. 둘을 합하려면 새로운 통찰이 필요하고 새로운 기준을 고안해야 한다. 아르토의 극을 두고 어떤 사상에 대한 헌신을 논하는 것 자체가 말이 안 되지 않나? '확고한 헌신'은 말할 것도 없고. 아닌가? 〈마라/사드〉에서 바이스가 사상을 (말로 주장하는 대신) 푸가 형식으로 펼쳐놓는 의도나 그렇게 해서 사회적 내용과 교훈적 진술의 영역을 넘어선다는 사실을 고려하지 않고는 이 문제가 해결이 안 된다. 대부분 평론가가 바이스의 극에 갖는 불만은 연극에 대한 편협한 시각 때문에 〈마라/사드〉의 예술적 목표를 오해한 탓이다. 대본의 탁월함과 브룩의 비범한 연출을 생각해보면 가당치 않은 불만이다. 〈마라/사드〉에서 제시된 사상이 지적인 차원에서 해결되지 않았다는 점은, 이 사상들이 감각적 영역에서 함께 어떤 효과를 내는가에 비하면 전혀 중요하지 않은 일이다.

(1965)

4

마

브레송 영화의 정신적 스타일

어떤 예술은 감정을 직접적으로 자극하는 것을 목표로 하고, 어떤 예술은 지적인 경로를 통해 감정에 호소한다. 몰입시키고 공감을 불러일으키는 예술이 있고, 거리를 두고 숙고하도록 유도하는 예술이 있다.

위대한 사색적 예술은 냉담하지 않다. 관객을 고양시키기도 하고, 충격적인 이미지를 각인하기도 하고, 눈물을 흘리게 하기도 한다. 다만 감정적인 힘은 조절된다. 감정적으로 몰입하게 끌어당기는 힘이 연루되거나 편을 들지 않도록 거리를 두게 하는 요소들로 상쇄된다. 감정이입은 늘 언제나 지연된다.

이런 차이는 기법이나 수단, 심지어 사상의 측면에서도 설명할 수 있다. 그렇지만 예술가의 감성이 가장 결정적인 영향을 미치는 것은 분명하다. 브레히트가 '소외효과'라는 말로 옹호하는 예술은 생각하게 하고 거리를 두는 예술이다. 브레히트가 주장하는 교훈적 목표는 사실 이런 연극을 구상한 냉철한 기질을 표현하는 수단에 불과하다.

2

영화에서 사색적 스타일의 대가는 로베르 브레송이다.

브레송은 1911년에 태어났는데, 현재 볼 수 있는 영화는 지난 20년 사이에 만들어진 장편영화 여섯 편이다(1934년에 찍은 〈공적인 일Les Affaires publiques〉이라는 단편영화는 르네 클레르 스타일의 코미디 영화라고 하는데 현재 남아 있지 않다**1987년 시네마테크 프랑세즈에서 발견되어 현재는 볼 수 있다— 옮긴이**. 또 1930년대 중반 잘 알려지지 않은 상업 영화 두 편의 대본 작업에 참여했고 1940년에는 클레르 영화에 조감독으로 참여했으나 이 영화는 완성되지 않았다). 브레송은 독일 포로수용소에서 18개월을 보내고 파리로 돌아온 1941년에 첫 번째 장편영화를 찍기 시작했다. 도미니크회 수도사이자 작가 부뤽베르제Bruckberger 신부를 알게 되었는데, 신부가 브레송에게 여성 전과자들의 보호와 재활을 돕는 프랑스 도미니크 수도회 베다니회에 관한 영화를 함께 만들자고 제안했다. 시나리오를 쓰고, 장 지로두에게 대사를 맡겼고, 영화는 처음에는 〈베다니Bethanie〉로 불리다가 최종적으로는 제작사의 요구로 〈죄악의 천사들〉이라는 제목으로 1943년 개봉되었다. 평론가들에게 열렬한 찬사를 받았고 대중적으로도 인기를 얻었다.

1944년에 찍기 시작해 1945년에 개봉한 두 번째 영화는 디드로의 위대한 반소설 『운명론자 자크와 그의 주인』에 삽입된 이야기 가운데 하나를 현대적으로 각색한 것이다. 브레송이 시나리오를 쓰고 장 콕토가 대사를 썼다. 그렇지만 첫 작품 같은 성공을 거두지는 못했다. 〈불로뉴 숲의 여인들〉은 평단의 혹평을 받았고 흥행에도 실패했다.

브레송의 세 번째 영화인 〈어느 시골 본당 신부의 일기〉는 1951년에야 나왔고, 네 번째 영화 〈사형수 탈출하다〉는 1956년, 다섯 번째 영화 〈소매치기〉는 1959년, 여섯 번째 영화 〈잔 다르크의 재판〉은 1962년에 개봉했다. 전부 평단에서는 어느 정도 주목을 받았으나 대중적으로는 거의 관심을 받지 못했다. 마지막 영화는 예외인데, 이 작품은 평론가들도 싫어했다. 한때 프랑스 영화의 새로운 희망으로 칭송받던 브레송이 이제는 난해한 감독으로 확고히 낙인이 찍히고 말았다. 브레송은 부뉴엘, 베리만, 펠리니 등의 영화를 보려고 모여드는 예술 영화 관객들의 관심조차 한 번도 끌지 못했다. 이들보다 훨씬 뛰어난 감독임에도. 안토니오니도 브레송과 비교하면 대중에게 인기 있다고 할 정도다. 게다가 소수의 마니아를 제외하고는 평론가들도 거의 관심을 갖지 않는다.

브레송의 진가가 정당히 평가되지 못하는 이유는 그의 작품이 속한 성찰적이거나 사색적인 예술이 잘 이해받지 못하기 때문이다. 특히 영국과 미국에서 브레송의 영화는 차갑고, 거리가 있고, 지나치게 지적이고, 기하학적이라고 묘사된다. 그러나 예술 작품을 '차갑다'고 칭한다는 것은 그것을 '뜨거운' 작품과 (종종 무의식적으로) 비교한다는 의미일 따름이다. 모든 예술이 뜨거울 수는 없고 그럴 필요도 없다. 사람도 저마다 기질이 다르듯이. 예술과 관련하여 일반적으로 받아들여지는 기질의 범위는 넓지 않다. 브레송이

게오르크 빌헬름 파브스트나 펠리니와 비교하면 차가운 것은 사실이다(비발디도 브람스와 비교하면 차갑고, 키튼도 채플린과 비교하면 차갑다). 이런 차가움의 미학을 이해하고 아름다움을 느낄 필요가 있다. 브레송의 작품 세계는 상당히 넓어서 이런 미학을 개괄하기에 특히 좋은 사례가 된다. 브레송은 감정에 직접 호소하는 영화가 아닌 사색적인 영화의 가능성을 탐구하며, 〈불로뉴 숲의 여인들〉의 도식적 완벽함에서 출발해 〈사형수 탈출하다〉에서는 거의 서정적이고 거의 '휴머니즘적인' 따스함까지 보여준다. 또한 최근 영화 〈잔 다르크의 재판〉에서는 이런 종류의 예술이 지나치게 정제된 사례까지 보여주어 여기에서도 어떤 교훈을 얻을 수 있다.

3

사색적 예술에서는 예술 작품의 **형식**이 강조된다.

관객이 형식을 인식하면 감정이 연장되거나 지연된다. 형식을 인식할수록 작품에서 어느 정도 거리를 두게 되기 때문이다. 감정이 실제 삶에서처럼 빈용하지 않고 분리된다. 형식을 인식할 때는 두 가지 일이 동시에 일어난다. '내용'과 별개로 감각적 기쁨을 느끼고, 또 지적으로 반응하게 된다. 이렇게 유도되는 숙고가 아주 낮은 수준일 수도 있다. 예를 들면 네 편의 서로 다른 이야기를 엮은 D.W. 그리피스 작품 〈인톨러런스〉의 서사 형식을 인식하는 것이라든가. 어쨌든 간에 생각인 것은 분명하다.

예술에서는 전형적으로 반복이나 복제를 통해 '형식'이 '내용'에 형태를 부여한다. 회화에서 대칭과 모티프의 반복, 엘리자베스 시대 극의 이중 플롯, 시의 각운 체계 등이 명확한 예다.

예술 형식의 발전은 주제의 발전과 어느 정도 별개로 이루어진다(형식의 역사는 변증법적이다. 어떤 감성이 진부하고 지루해지면 반대되는 것으로 대체되듯이 예술의 형식도 주기적으로 소진된다. 진부해지고 자극을 잃으면 새로운 형식이자 반형식인 것으로 대체된다). 때로 주제와 형식이 상반되며 엇갈릴 때 가장 아름다운 효과가 만들어지기도 한다. 브레히트는 강렬한 주제를 차가운 틀 안에 배치하여 종종 그렇게 했다. 때로는 형식이 주제와 완벽히 어울릴 때 만족감을 주기도 한다. 브레송이 바로 그런 경우다.

브레송이 이를테면 부뉴엘보다 더 위대하고 더 흥미로운 이유는 말하고자 하는 바를 완벽히 담아내는 형식을 개발했기 때문이다. 사실 그 형식이 바로 그가 말하고자 하는 바다.

일단 형식과 스타일을 확실히 구분해야 한다. 오슨 웰스, 초기 르네 클레르, 스턴버그, 막스 오퓔스는 독창적인 스타일이 있는 감독의 예다. 그렇지만 이들은 엄격한 서사 양식을 만들지 않은 데 비해 브레송, 오즈 야스지로는 그렇게 했다. 브레송 영화의 형식은 (오즈처럼) 감정을 불러일으키는 동시에 감정을 절제하도록 설계되었다. 관객에게서 어떤 고요함이나 정신적 균형 상태를 유도하는데, 바로 이것이 영화의 주제이기도 하다.

사색적인 예술은 관객에게 일종의 훈육을 가해 즉각적 만족을 지연시킨다. 심지어 지루함도 허용 가능한 훈육 수단이다. 예술 작품에서 인위적인 면을 두드러지게 부각하는 방법도 있다. 브레히트의 연극 개념을 떠올리면 된다. 브레히트는 해설자를 두거나 무대 위에 연주자를 배치하거나 영상 장면을 삽입하는 등의 연출 전략과 관객이 거리를 유지하고 줄거리와 인물의 운명에 무비판적으로 '몰입'하지 않게 하는 연기 방법을 주장했다. 브레송도 거리두기를 원했다. 그렇지만 브레송이 의도한 바는 뜨거운 감정을 차갑게 식혀서 지성이 우세하게 만들려는 것은 아니라고 생각한다. 브레송 영화의 특징인 감정적 거리에는 전혀 다른 존재 이유가 있다. 인물에 깊이 동일시한다는 것은, 인간의 행위와 인간의 마음이라는 신비에 대한 모욕이며 주제넘은 넘겨짚기이기 때문이다.

그렇지만 지적 냉정함이나 행위의 신비에 대한 존중을 차치하더라도, 브레히트와 브레송은 이런 거리두기에서 강력한 정서적 힘이 나온다는 것을 알았을 것이다. 자연주의 연극과 영화의 결함은 너무 쉽게 자신을 드러내어 효과가 너무 빨리 소비되고 고갈된다는 것이다. 궁극적으로 예술에서 감정적 힘의 가장 큰 원천은 아무리 강렬하고 아무리 보편적이라고 하더라도 특정한 주제에 있다고 할 수 없다. 그보다는 형식에서 나오는 것이다. 형식을 인식함으로써 거리를 두게 하고 감정을 지연시키면, 결과적으로 감정이 훨씬 강력하고 강렬해진다.

4

영화는 오래전부터 무엇보다 시각 매체라는 점이 강조되어 왔고 또 브레송이 영화를 만들기 전에는 화가였음에도, 브레송에게 형식은 시각적인 것이 주가 아니다. 그보다는 독특한 서사 방식에 가깝다. 브레송에게 영화는 조형적 경험이 아니라 서사적 경험이다.

알렉상드르 아스트뤽이 1940년 말에 쓴 「카메라-펜Le Camera-Stylo」이라는 유명한 에세이에서 제시한 개념을 브레송의 형식이 아름답게 구현한다. 아스트뤽은 영화는 이상적으로 언어가 될 것이라고 한다.

> 언어란, 에세이나 소설에서처럼 예술가가 (얼마나 추상적인 생각이든 간에) 자기 생각을 표현하거나 집착을 옮겨 전달할 수 있는 형식을 의미한다. … 영화는 시각적인 것, 이미지를 위한 이미지, 직접적이고 구체적인 일화의 지배에서 서서히 벗어나 마치 글처럼 유연하고 섬세한 표현의 수단이 될 것이다. … 오늘날 영화에서 우리가 관심을 갖는 것은 바로 이런 언어의 창조다.

영화를 언어로 본다는 것은 영화의 전통적인 극적·시각적 이야기 방식에서 벗어난다는 의미다. 브레송의 영화는 언어를 크게 강조하면서 영화의 언어를 만든다. 초기 두 편의 영화에서는 액션이 여전히 상대적으로 극적이고 여러 인물이 등장하는 줄거리가 있고♦ (문자 그대로의 의미에서) 언어가 대화의 형태로 나온

♦ 그러나 이 두 영화 사이에서도 발전이 있다. 〈죄악의 천사들〉에는 중심인물 다섯 명이 있고(젊은 수련수녀 안마리, 또 다른 수련수녀 마들렌, 원장수녀, 원장수녀의 비서 생장 수녀, 살인범 테레즈) 수녀원의 일상 등 배경도 많이 나온다. 〈불로뉴 숲의 여인들〉에서는 벌써 단순화가 진행되어 배경이 간략해졌다. 엘렌, 엘렌의 전 애인 장, 아녜스, 아녜스의 어머니 등 네 명의 인물은 뚜렷하고 나머지는 거의 보이지 않는다. 이를테면 하인들의 얼굴은 전혀 비추지 않는다.

다. 보는 사람은 이 대화에 집중하게 된다. 대화는 매우 연극적이고 간결하고 금언적이고 신중하고 문학적이다. 새로 등장한 프랑스 감독들이 선호하는 즉흥적으로 들리는 대사와는 정반대다. 누벨바그 영화 중 가장 브레송적인 작품인 고다르의 〈비브르 사 비〉와 〈결혼한 여자〉의 대사와도 큰 차이가 있다.

그렇지만 브레송의 그다음 영화 네 편에서는 액션이 어떤 집단에게 일어난 일에서 고독한 한 사람에게 일어난 일로 축소되고, 대화 대신 일인칭 내레이션이 그 자리에 들어선다. 때로 내레이션이 장면 사이의 연결고리를 제공하는 데 쓰이기도 한다. 그런데 흥미롭게도 내레이션이 우리가 모르는 것이나 무엇을 알게 될지에 관한 정보를 주지는 않는다. 단지 행위에 '중복'될 뿐이다. 보통 먼저 말을 듣고, 그다음에 장면이 나온다. 예를 들자면, 〈소매치기〉에서 주인공이 수기를 쓰는 장면을 보고 주인공 목소리로 그것을 읽는 것을 듣는다. 그러고 난 다음에 주인공이 이미 간결하게 묘사한 사건이 펼쳐지는 것을 보게 된다.

가끔은 장면이 먼저 나오고 그다음에 막 무슨 일이 있었는지를 설명하고 묘사한다. 예를 들면 〈어느 시골 본당 신부의 일기〉에는 신부가 애타게 토르시 주교 대리를 만나러 가는 장면이 나온다. 신부가 자전거를 타고 주교 대리의 집으로 가고, 가정부가 문을 연다(주교 대리는 집에 없는 듯하지만 가정부가 뭐라고 하는지 들리지는 않는다). 문이 닫히고, 신부는 문에 몸을 기댄다. 다음에 이런 말이 들린다. "나는 너무 실망해서 문에 몸을 기대야 했다." 〈사형수 탈출하다〉에도 이런 예가 있다. 퐁텐이 베갯잇을 찢고,

침대 틀에서 떼어낸 철사에 천을 감는다. 그런 다음에 목소리가 들린다. "나는 그것을 단단히 감았다."

이런 '불필요한' 내레이션은 장면에 구두점을 찍듯 간격을 두는 효과를 낸다. 관객이 상상적으로 행위에 즉시 몰입하지 않게 제동을 건다. 먼저 말로 언급한 다음에 장면이 나오든 장면이 나오고 해설을 하든 효과는 똑같다. 이렇게 행동을 말로 반복하면서 일반적인 감정의 흐름을 붙잡고 감정을 더 강화한다.

또 첫 번째 유형의 중복, 즉 보기 전에 무슨 일이 일어날지 먼저 듣는 유형에서는 이야기에 몰입하게 하는 전통적인 방식 중 하나인 서스펜스를 의도적으로 버리는 셈이다. 다시 브레히트를 떠올리게 된다. 브레히트는 서스펜스를 없애기 위해 한 장면이 시작할 때 안내판이나 해설자를 동원해 앞으로 무슨 일이 일어날지 알려준다(고다르도 〈비브르 사 비〉에서 이 기법을 쓴다). 브레송도 내레이션으로 선수를 치는 방법으로 같은 효과를 낸다. 여러 면에서 브레송에게 완벽하게 맞는 이야기는 최근작 〈잔 다르크의 재판〉의 스토리다. 줄거리가 전부 알려져 있고 결말은 정해져 있다. 배우들의 대사도 지어낸 것이 아니라 실제 재판 기록에서 나온 것이다. 브레송 영화는 서스펜스가 없는 것을 이상으로 한다. 그래서 보통은 서스펜스가 큰 역할을 할 〈사형수 탈출하다〉 같은 영화도 제목으로 일부러 (어색하게도) 결말을 알려준다. 우리는 퐁텐이 결국 탈출하리란 걸 안다.♦ 이런 면에서 브레송의 탈출 영화는 자크 베케르의 마지막 영화 〈구멍 Le Trou〉과 다르다. 베케르의 탁월한 영화가 다른 면에서는 〈사형수 탈출하다〉에 크게 영향받기는 했으나(〈불로뉴 숲의 여인들〉이 개봉했을 때 프랑스 영화계 명사 가운데 유일하게 베케르만 이 영화를 옹호했다는 점을 알아주자).

이렇듯 브레송 영화의 형식은 반反극적이다. 강한 선형성을 띠기는 하지만. 장면은 짧게 끊어지고 뚜렷한 강조점 없이 연이어 놓인다. 〈어느 시골 본당 신부의 일기〉에는 이런 짧은 장면이 서른 개 정도 있다. 이런 스토리 구성 방식은 〈잔 다르크의 재판〉에서 가장 엄격하게 지켜진다. 〈잔 다르크의 재판〉은 사람들이 대화하는 모습을 담은 정적인 미디엄숏으로 이루어져 있다. 가차 없이 진행되는 잔의 심문 과정이다. 일화적 소재를 생략한다는 원칙이(이를테면 〈사형수 탈출하다〉에서 우리는 애초에 퐁텐이 왜 감옥에 갇혔는지 알 수 없다) 〈잔 다르크의 재판〉에서 극대화된다. 이 영화에는 어떤 종류의 막간도 없다. 심문이 끝난다. 잔 뒤에서 문이 닫힌다. 페이드아웃한다. 열쇠가 달각거리며 잠긴 문이 열린다. 또 다른 심문. 다시 문이 쾅 닫힌다. 페이드아웃. 극히 무감정한 구성으로 감정이입에 급격한 제동을 건다.

브레송은 또 연기 표현 때문에 일어나는 감정적 몰입에도 반대했다. 브레송이 배우와 작업하는 방식을 보면 다시 또 브레히트를 떠올리게 된다. 브레송은 주요 역할에 비전문 배우를 기용하는 편을 선호했다. 브레히트는 배우가 어떤 역이 '되기를' 바라지 않고 그 역을 '전달'하기를 바랐다. 배우가 배역과 동일시하지 않

◆　이 영화의 부제는 '바람은 원하는 곳으로 분다Le vent souffle où il veut'로 불가항력이라는 주제를 드러낸다.

도록 분리하려고 했고 관객도 무대 위에서 '전달'되는 사건과 동일시하지 않게 분리하려 했다. 브레히트는 이렇게 강조한다. "배우는 시연자로 남아야 한다. 시연되는 사람을 낯선 존재로 제시해야 하고, 연기에서 '**그**가 그렇게 했다, **그**가 그렇게 말했다' 등의 느낌을 억누르지 말아야 한다." 브레송은 마지막 네 편의 영화에서 비전문 배우들과 함께 작업하며(〈죄악의 천사들〉과 〈불로뉴 숲의 여인들〉에는 전문 배우를 기용했다), 같은 낯섦의 효과를 추구한 듯하다. 브레송은 배우가 대사를 연기하는 대신 최대한 적게 표현하며 그저 말하도록 한다(이 효과를 얻기 위해 브레송은 촬영을 시작하기 전에 몇 달 동안 배우들과 함께 리허설을 했다). 감정적 절정은 매우 생략적으로 표현된다.

　　그러나 브레히트와 브레송이 연기에 반대하는 이유는 사실 서로 상당히 다르다. 브레히트는 극예술과 비판적 지성의 관계에 대한 개념에 따른 것이다. 그는 연기의 감정적 힘이 극에서 생각을 제시하는 데 방해가 될 수 있다고 생각했다(그렇긴 하지만 6년 전에 내가 베를리너 앙상블의 무대에서 보기로는 다소 절제된 연기 때문에 감정 이입이 안 이루어지는 것은 아니었다. 그보다는 고도로 양식화된 무대 연출이 몰입을 막는 효과를 냈다). 그에 비해 브레송이 연기를 반대하는 이유는 예술의 순수성이라는 개념 때문이다. "연기는 연극을 위한 것이고, 연극은 잡종 예술이다." 브레송은 이렇게 말했다. "영화가 진정한 예술이 될 수 있는 이유는 작가가 현실의 단편을 취해 병치의 효과로 인해 변형되게 배열하기 때문이다." 브레송은 영화는 총체적인 예술이며, 연기는 효과를 훼손할 뿐이라고 본다.

영화에서 각 숏은 단어와 같아서 그 자체로는 아무 의미가 없거나 너무 많은 의미가 있어 사실상 무의미하다. 그러나 시의 단어는 다른 단어와 같이 놓임으로써 변형되고 의미가 정확하고 특수해진다. 마찬가지로 영화의 숏도 맥락을 기반으로 의미가 부여되고 매 숏이 이전 숏의 의미를 재구성하다가 맨 마지막 숏에 도달하면 다시 바꾸어 말할 수 없는 종합적 의미에 도달하게 된다. 연기는 이 과정과 아무 관련이 없고 방해가 될 뿐이다. 영화는 출연자들의 의지를 초월해 만들어진다. 이들이 어떤 행동을 하는가가 아니라 어떤 존재인지를 이용한다.

요약하자면, 의식적 노력을 넘어서는 정신적 자원이 있으며 그것은 노력을 멈추었을 때만 나타난다. 짐작건대 브레송은 배우들에게 역할에 대한 '해석'을 제공하지 않을 것 같다. 〈어느 시골 본당 신부의 일기〉에서 신부 역을 한 클로드 레이뒤Claude Laydu는 영화를 찍는 동안 성스러움을 구현하라는 말을 들은 적이 한 번도 없었다고 하는데, 영화를 보면 그렇게 하고 있는 듯 보인다. 결국 모든 것은 배우에게 달려 있다. 배우에게 빛나는 존재감이 있을 수도 있고 없을 수도 있는데, 레이뒤에게는 있다. 〈사형수 탈출하다〉에서 퐁텐 역을 맡은 프랑수아 르테리에도 마찬가지다. 반면 〈소매치기〉의 미셸을 연기한 마르탱 라살Martin Lassalle은 다소 딱딱하고 때로 회피하는 듯한 느낌을 준다. 〈잔 다르크의 재판〉에서 플로랑스 카레즈Florence Carrez를 통해 브레송은 무표현의 극치를 실험한다. 연기가 전혀 없다. 카레즈는 그냥 대사를 읽는다. 이 방법이 성공했을 수도 있을 것이다. 하지만 그러지 못했던 까닭은 브레송이 후기 영화에 기용한 인물들 가운데 카레즈가 빛나는 존재감이 가장 덜한 배우이기 때문이다. 이 영화가 얄팍하게 느껴지는 데는 영화의 성패가 달린 잔 다르크 역의 배우가 강렬함을 전달하지 못한 탓도 있다.

5

브레송의 영화에는 감금과 자유의 의미라는 공통 주제가 있다. 종교적 소명과 범죄의 이미지가 함께 쓰인다. 둘 다 필연적으로 '감방'에 이른다.

모든 이야기가 감금 그리고 그 후의 일과 관련이 있다. 〈죄악의 천사들〉은 이야기가 거의 수녀원 안에서 전개된다. 전과자 테레즈는 자신을 배신한 애인을 살해한 후에 (이 사실을 경찰은 모른다) 베타니 수녀들에게 맡겨진다. 테레즈와 특별한 관계를 맺으려 하던 젊은 수련수녀가 테레즈의 비밀을 알게 되고, 테레즈에게 자수를 시키려 하다가 불복종죄로 수녀원에서 쫓겨난다. 이 젊은 수녀가 어느 날 아침 수녀원 마당에서 발견되었는데 죽어가고 있다. 테레즈는 결국 감화를 받아 마지막 숏에서 경찰의 수갑에 손을 내민다…. 〈불로뉴 숲의 여인들〉에서도 구속의 은유가 여러 차례 반복된다. 엘렌과 장은 사랑으로 구속되어 있다. 장은 엘렌에게 이제 '자유'로워졌으니 세상으로 돌아가라고 한다. 그러나 엘렌은 떠나지 않고 장을 함정에 빠뜨리는 데 몰두한다. 그러기 위해 장 기판의 졸 두 명(아녜스와 어머니)을 찾아내 아파트에 사실상 가두

다시피 하고 지시를 기다리게 한다. 〈죄악의 천사들〉처럼 이 영화도 길 잃은 젊은 여성의 구원 이야기다. 〈죄악의 천사들〉에서 테레즈는 투옥을 받아들임으로써 해방되고, 〈불로뉴 숲의 여인들〉에서 아녜스는 감금되었다가 뜻밖에 마치 기적처럼 용서받고 자유를 얻는다…. 〈어느 시골 본당 신부의 일기〉에서는 강조점이 바뀌었다. 나쁜 소녀인 샹탈은 배경에 머문다. 감금의 극은 신부의 내면에서 펼쳐진다. 신부는 자기 자신에, 절망에, 나약함에, 필멸의 육신에 갇혀 있다("나는 성스러운 고통의 죄수였다"). 신부는 위암 때문에 맞게 된 무의미하고 고통스러운 죽음을 받아들임으로써 해방된다…. 〈사형수 탈출하다〉는 독일군에 점령된 프랑스의 감옥이 배경이라 문자 그대로의 감금 상황이 주어진다. 해방도 그렇다. 주인공이 자기 자신(절망, 무기력의 유혹)을 극복하고 탈출한다. 퐁텐이 직면한 장애물은 물질적인 것들 그리고 고독한 주인공 주변 인간들의 예측 불가능성에 있다. 퐁텐은 하지만 투옥 초기 교도소 마당에서 만난 모르는 사람 두 명을 믿는 위험을 무릅썼고, 그 믿음은 배신당하지 않는다. 그리고 탈옥 전날 자기 감방에 들어온 적의 부역자 젊은이를 위험을 무릅쓰고 믿기로 함으로써(믿지 않으려면 죽여야 한다) 퐁텐은 탈출할 수 있었다…. 〈소매치기〉에서 주인공은 벽장처럼 좁은 방에 사는 젊은 은둔자이자 잡범으로, 도스토옙스키 소설 속 인물처럼 처벌을 갈구하는 듯 보인다. 마지막에 결국 체포되고 투옥되어 자기를 사랑하는 여자와 창살을 사이에 두고 이야기를 할 때에야 비로소 누군가를 사랑할 가능성을 보인다…. 〈잔 다르크의 재판〉에서는 영화 전체가 감옥에서 진행

된다. 〈어느 시골 본당 신부의 일기〉에서처럼 잔 다르크의 해방은 끔찍한 죽음을 통해 이루어진다. 그러나 잔의 순교는 사제의 그것만큼 감동적이지 않다. (카를 테오도르 드레이어의 〈잔 다르크의 수난〉에서 마리아 팔코네티가 연기한 잔과 달리) 브레송의 잔은 너무 비인격화되어 죽음을 개의치 않는 듯 보인다.

극의 본질은 갈등인데 브레송의 작품에서 진정한 드라마는 내적 갈등, 곧 자신과의 싸움에 있다. 브레송 영화의 정적이고 형식적인 특성은 모두 이 목적을 향해 작동한다. 브레송은 〈불로뉴 숲의 여인들〉에서 고도로 양식화되고 인위적인 줄거리를 택한 이유를 "내적 갈등에 집중되어야 할 주의를 흩뜨릴 수 있는 모든 요소를 제거하기 위해서"라고 설명했다. 그러나 이 영화와 그 전 영화에서는 내적 드라마가 정제되고 절제된 형태이긴 해도 어쨌든 외적인 형태로 제시된다. 〈죄악의 천사들〉과 〈불로뉴 숲의 여인들〉은 의지의 갈등을 내적인 갈등 못지않게(또는 그 이상으로) 여러 인물 사이의 갈등으로 그린다.

그다음 영화부터 브레송의 극은 진정으로 내면화된다. 〈어느 시골 본당 신부의 일기〉에서 주제는 젊은 신부의 내적 갈등이다. 토르시 주교 대리, 샹탈, 샹탈의 어머니 백작부인 등과의 갈등 관계는 부차적일 뿐이다. 〈사형수 탈출하다〉에서는 이 점이 더욱 명료하게 보인다. 중심인물은 말 그대로 감방에 고립되어 있고 홀로 절망과 싸운다. 〈소매치기〉에서는 고독과 내적 갈등이 또 다른 방식으로 짝을 이루어, 외로운 주인공은 사랑을 거부함으로써 절망을 피하고 절도라는 자위적 행위에 자신을 내맡긴다. 그러나 최근작인 〈잔 다르크의 재판〉에서는 드라마가 일어나야 할 곳에서 드라마가 느껴지지 않는다. 갈등이 사실상 억제되어 있고 단지 그런 게 있다고 추론될 뿐이다. 브레송의 잔은 은총의 자동인형이다. 하지만 아무리 내면적인 드라마라도 드라마가 있어야 한다. 〈잔 다르크의 재판〉에서는 그것이 보이지 않는다.

하지만 브레송이 묘사하려 하는 '내적 드라마'가 '심리'를 뜻하지는 않는다. 브레송의 인물은 현실적인 관점에서 보면 동기가 모호할 때가 많고 때로는 도무지 이해가 가지 않기도 한다. 예를 들어 〈소매치기〉에서 미셸이 런던에서 보낸 2년을 "도박과 여자에 돈을 다 써버렸다"라고 요약하지만 그 말을 받아들이기는 힘들다. 또 그동안 미셸의 친구인 선량한 자크가 잔을 임신시키고 잔과 아이를 버렸다는 설정 역시 설득력이 없다.

심리적 개연성 결여는 장점이 될 수 없고 내가 언급한 부분은 〈소매치기〉의 서사적 허점이다. 그러나 브레송의 방식에서 핵심은 심리적 분석이 피상적이라는 확고한 믿음이고, 내 생각에 그 점은 트집 잡을 데가 없는 듯하다(왜냐하면 심리적 분석은 행위와 다르게 바꾸어 말할 수 있는 의미를 부여하는데, 진정한 예술은 이런 단순화된 의미 이상이기 때문이다). 브레송이 인물이 그럴듯하지 않기를 바란 것은 아닐 것이다. 하지만 인물의 속이 들여다보이지 않게 하려는 의도가 있었다고 생각한다. 브레송은 영혼의 심리보다는 정신적 행위의 물리적 형태에 관심이 있다. 사람이 어떤 행동을 왜 하는지는 궁극적으로 이해될 수 없다(심리학은 바로 그것을 이해할 수 있다고 주장하지만), 무엇보다 설득이 어떻게 이루어지는지는 설명할 수도 없고 예측할 수도 없다. 〈어느 시골 본당 신부의 일기〉에서 신부가 오만하고 고집스러운 백작부인의 마음에 다가갔다는 것, 〈소매치기〉에서 잔이 미셸을 설득하지 못하는 것 등은 그냥 그런 사실이다. 원한다면 사람 마음의 신비라고 불러도 좋다.

　이런 영혼의 물리학이 시몬 베유의 가장 탁월한 책 『중력과 은총』의 주제이기도 하다. 시몬 베유는 이렇게 말한다.

> 영혼의 모든 자연적 움직임은 물리적 중력과 유사한 법칙에 지배된다. 은총만이 예외다.
> 은총은 빈자리를 채우지만, 그것을 받아들일 공간이 있어야만 들어갈 수 있다. 그리고 이 공간을 만드는 것도 은총이다.
> 상상력은 은총이 들어올 만한 틈새를 전부 끊임없이 메운다.

　여기에서 브레송 '인류학'의 세 가지 기본 공리를 얻을 수 있다. 어떤 영혼은 무겁고, 어떤 영혼은 가볍다. 어떤 영혼은 해방되었거나 해방될 수 있고, 어떤 영혼은 그럴 수 없다. 사람이 할 수 있는 일은 인내심을 가지고 최대한 비우는 것이다. 이런 요법을 지키면 상상력이 들어올 틈이 없고 사상이나 의견은 더더군다나 설 자리가 없다. 중립적이고 투명한 상태가 이상적이다. 〈어느 시골 본당 신부의 일기〉에서 토르시 주교 대리가 젊은 사제에게 "신부는 의견을 갖지 않는다"라고 말한 것이 이런 뜻이다.

　직접적으로 재현 불가능한 종류의 애착을 제외하면 신부는 애착 또한 갖지 않는다. 정신적 가벼움('은총')을 추구하려 할 때 애착은 걸림돌이 된다. 그래서 〈어느 시골 본당 신부의 일기〉의 클라이맥스에서 신부는 백작부인에게 죽은 아들을 열렬히 애도하는 일을 포기하도록 압박한다. 물론 사람 사이의 진정한 접촉이 가능하긴 하지만, 그것은 의지를 통해 이루어지는 것이 아니라 은총을 통해 자기도 모르게 이루어진다. 그래서 브레송의 영화에서 사람 사이의 연대는 거리를 두고 표현된다. 〈어느 시골 본당 신부의 일기〉에서 신부와 토르시 주교 대리 사이, 〈사형수 탈출하다〉에서 퐁텐과 다른 죄수들 사이의 관계처럼. 두 사람이 사랑으로 합쳐지는 관계는 눈앞에서 진술되고 들이밀어지다시피 한다. 예를 들어 〈불로뉴 숲의 여인들〉에서 장이 죽어가는 아녜스에게 "죽지 마! 사랑해!"라고 외치는 것이나, 〈사형수 탈출하다〉에서 퐁텐이 조스트를 팔로 감싸는 것, 〈소매치기〉에서 미셸이 쇠창살을 사이에 두고 잔에게 "너한테 오기까지 얼마나 오래 걸렸는지"라고 말하는 것 등. 그러나 우리는 사랑이 실현되는 것은 보지 못한다. 사랑이 선언되는 순간 영화는 끝이 난다.

〈사형수 탈출하다〉에서 옆 감방의 노인은 주인공에게 시비를 걸듯 묻는다. "왜 싸우는 거지?" 퐁텐이 대답한다. "싸우려고요. 나 자신과 싸우려고요." 자신과의 진정한 싸움은 무거움, 중력과의 싸움이다. 이 싸움의 도구는 일, 과제, 과업의 개념이다. 〈죄악의 천사들〉에서 수련수녀 안마리의 과제는 테레즈를 '구원'하는 것이다. 〈불로뉴 숲의 여인들〉에서는 엘렌의 복수 계획이 그 역할을 한다. 이런 과제는 인물의 세부 행동들로 분산되기보다는 임을 수행하는 의도를 끝없이 상기하는 등 전통적 서사 형식으로 제시된다. (이런 점에서 과도기적 작품인) 〈어느 시골 본당 신부의 일기〉에서 가장 감동적인 이미지는 신부가 교구민들의 영혼을 구하려 애쓰며 자신의 역할을 하는 모습이 아니라 자전거를 타고 예복을 벗고 빵을 먹고 걷는 등 일상적이고 소박한 일을 하는 모습이다. 그다음 두 영화에서는 과제가 '무한한 수고'라는 개념으로 바뀌었다. 과제가 철저히 구체적이고 물질적이며 그러면서 동시에 비인격적이다. 〈사형수 탈출하다〉에서 가장 강력한 장면은 주인공이 일에 몰두하는 모습이다. 퐁텐이 숟가락으로 문을 긁는다. 바닥에 떨어진 나무 부스러기를 빗자루에서 뽑아낸 지푸라기 한 가닥으로 쓸어모은다("한 달 동안 끈기 있게 일한 끝에, 문이 열렸다"). 〈소매치기〉에서 감정적 중심은 미셸이 전문 소매치기에게 말없이 사심 없이 영입되어 지금까지는 아무렇게나 했던 일의 전문 기술을 접하게 되는 일이다. 미셸은 까다로운 손동작 시범을 보고 반복과 규칙성이 필요함을 확실히 알게 된다. 〈사형수 탈출하다〉와 〈소매치기〉에는 대사가 없는 부분이 많다. 이런 장면은 과제에 몰두한 나머지 인격이 지워진 상태의 아름다움을 보여준다. 인물의 얼굴은 매우 조용한 반면, 몸의 다른 부분은 과제를 성실히 수행하며 다양하고 표현적인 모습을 보인다. 〈죄악의 천사들〉의 결말에서 죽은 안마리의 하얀 발에 입을 맞추는 테레즈, 〈잔 다르크의 재판〉 첫 장면에서 수사들이 돌로 된 복도를 따라 맨발로 줄지어 걷는 장면이 떠오른다. 〈사형수 탈출하다〉에서는 퐁텐의 크고 우아한 손이 끝없이 작업에 몰두하고 〈소매치기〉에서는 도둑들의 민첩한 손이 발레를 한다.

'상상'과 대척점에 있는 이 '과제'를 통해 정신을 짓누르는 중력을 극복할 수 있다. 브레송적인 이야기와는 거리가 멀어 보이는 〈불로뉴 숲의 여인들〉조차 과제와 중력(또는 부동성不動性)의 대비에 기반하고 있다. 엘렌에게는 장에게 복수하려는 과제가 있다. 그러나 엘렌은 고통과 복수심 때문에 움직이지 못하는 상태이기도 하다. 가장 브레송적인 이야기라고 할 수 있는 〈잔 다르크의 재판〉에서는 이런 대비를 탐구하지 않는데, 그 점이 영화에 해가 되었다. 잔에게는 과제가 없다. 순교가 잔의 과제라고 말할 수도 있겠지만, 그냥 그렇다는 사실을 알 뿐이지 과제가 진행되는 과정이나 완수에 대해서는 알 수 없다. 잔은 수동적인 모습으로 **비친다**. 잔이 감방에 홀로 있는 모습이 묘사되지 않기 때문에 이 영화는 브레송의 여타 영화과 달리 과제와 중력의 대비라는 변증법적인 면이 결여되어 보인다.

6

장 콕토는 (1951년 앙드레 프레노André Fraigneau가 기록한 대화 『콕토의 영화론Cocteau on the Film』에서) 이렇게 말했다. 오늘날 정신과 영혼은 "구문syntax 없이 산다. 다시 말해 도덕적 체계가 없다. 도덕적 체계란 도덕성 자체와는 무관하며 각 개인의 내면에 스타일로 구축해야 한다. 이것이 없다면 외적 스타일이 있을 수 없다." 콕토의 영화는 진정한 도덕성인 이런 내면성을 그리는 것이라고 이해할 수 있으며, 브레송의 영화도 마찬가지다. 콕토도 브레송도 정신적 스타일을 묘사하는 데 집중한다. 두 사람의 유사성이 한눈에 드러나지는 않는데, 일단 콕토는 정신적 스타일을 미학적으로 이해하고 브레송은 최소한 영화 세 편(⟨죄악의 천사들⟩, ⟨어느 시골 본당 신부의 일기⟩, ⟨잔 다르크의 재판⟩)에서는 확연히 종교적인 관점에 전념하는 듯하다. 그렇지만 생각만큼 차이가 크지는 않다. 브레송의 가톨릭 신앙은 어떤 '입장'이라기보다 인간의 행위를 바라보는 시각을 표현하기 위한 언어에 가깝다(로베르토 로셀리니의 ⟨프란체스코, 신의 어릿광대⟩의 직접적 경건함이나 멜빌의 ⟨레옹 모랭 신부⟩에서 펼쳐지는 신앙에 관한 복잡한 논의와 비교해보라). 브레송이 가톨릭과 무관한 다른 영화 세 편에서도 같은 주제를 이야기한다는 게 그 증거가 된다. 브레송 영화 가운데 가장 탁월한 ⟨사형수 탈출하다⟩는 배경에 명민하고 지혜로운 신부가 한 명 있긴 하나(수감자 중 한 명) 이 문제를 종교적인 방식으로 다루지는 않는다. 성직이 중력, 명료함, 순교와 같은 주제를 탐구하는 배경 가운데 하나를 제시하긴 하지만 범죄, 배신한 사랑에 대한 복수, 독방 감금 등 세속적인 소재도 같은 테마로 이어진다.

사실 브레송은 겉보기보다 훨씬 콕토와 유사하다. 금욕적인 콕토, 감각성을 벗어버린 콕토, 시가 없는 콕토라고 할 수 있다. 목표는 똑같다. 정신적 스타일의 이미지를 구축하는 것. 하지만 말할 필요도 없이 감수성은 완연히 다르다. 콕토의 영화는 현대예술의 주요 전통 가운데 하나인 동성애적 감수성의 확연한 사례다. 낭만적이면서 기지가 넘치고 육체적 매력에 나른하게 이끌리면서도 늘 세련미와 기교로 치장한다. 브레송의 감성은 로맨틱에 반대하고 엄숙하며, 육체적 아름다움이나 기교의 쉬운 쾌락을 거부하고 보다 영구적이고 교훈적이고 진지한 쾌락을 추구한다.

이런 감수성이 발전함에 따라 브레송의 영화적 수단은 점점 더 절제된다. 필리프 아고스티니Philippe Agostini가 촬영을 맡은 초기 두 편은 이후 네 편과 달리 시각 효과를 강조한다. 브레송의 첫 작품 〈죄악의 천사들〉은 그 후에 나온 어떤 영화보다 전통적인 방식으로 아름답다. 〈불로뉴 숲의 여인들〉의 아름다움은 더 절제되긴 했어도 서정적인 카메라 움직임이 있다. 엘렌이 계단을 달려 내려가 엘리베이터를 타고 내려오는 장과 동시에 도착하는 장면이라든가, 혼자 침대에 누워 "복수할 거야"라고 말하는 엘렌의 모습에서 붐비는 나이트클럽에서 몸에 달라붙는 옷을 입고 그물 스타킹을 신고 탑해트를 쓰고 섹시한 춤을 추는 아녜스의 첫 등장으로 이어지는 놀라운 장면 전환이 있다. 극단적인 흑백 대비가 매우 신중하게 이어진다. 〈죄악의 천사들〉에서 감방의 어둠은 하얀 수녀원 벽 그리고 하얀 수녀복과 대비를 이룬다. 〈불로뉴 숲의 여인들〉에서는 실내 배경보다는 의상이 대비를 이룬다. 엘렌은 어떤 상황이든 늘 긴 검은색 벨벳 드레스를 입는다. 아녜스의 의상은 세 가지다. 처음 등장했을 때 입은 노출이 많은 검은색 댄스 의상, 영화에서 거의 내내 입는 밝은색 트렌치코트, 마지막의 하얀 웨딩드레스 등. 이후 네 편의 영화는 레옹스 앙리 뷔렐Léonce-Henri Burel이 촬영했는데 시각적으로 훨씬 덜 인상적이고 세련미도 덜하다. 촬영이 거의 느껴지지 않는다. 흑과 백 같은 날카로운 대비는 피한다(브레송의 컬러 영화는 상상하기 어렵다). 한 예로 〈어느 시골 본당 신부의 일기〉에서는 신부 법복의 검은색이 딱히 두드러지지 않는다. 〈사형수 탈출하다〉에서 퐁텐이 내내 입고 있는 피 묻은 셔츠와 더러운 바지나 〈소매치기〉에서 미셸이 입는 칙칙한 양복도 거의 눈에 띄지 않는다. 옷이나 실내 배경은 최대한 중립적이고 눈에 띄지 않고 기능적인 역할만 한다.

     초기 이후 브레송 영화는 시각적 요소를 거부할 뿐 아니라 '아름다움'도 배격한다. 브레송이 기용한 비전문 배우 중에 외형적으로 잘생긴 사람은 없다. 클로드 레이뒤(〈어느 시골 본당 신부의 일기〉의 신부), 프랑수아 르테리에(〈사형수 탈출하다〉의 퐁텐), 마르탱 라살(〈소매치기〉의 미셸), 플로랑스 카레즈(〈잔 다르크의 재판〉의 잔)를 처음 봤을 때는 평범하다는 느낌이 든다. 그런데 어느 시점부터 그 얼굴이 놀랍도록 아름답게 보인다. 퐁텐 역의 프랑수아 르테리에가 이런 변화를 가장 극적이고 가장 만족스럽게 보여준다. 콕토와 브레송의 중요한 차이가 여기에 있다. 〈불로뉴 숲의 여인들〉이 브레송의 작품 세계에서 특별한 위치에 놓이는 까닭이기도 하다. 콕토가 대사를 쓴 이 영화는 여러모로 매우 콕토적이다. 마리아 카자레스가 검은 옷을 입은 사악한 엘렌을 연기했는데, 시각적으로나 감정적으로나 콕토의 〈오르페우스〉(1950)에서 카자레스가 보여준 눈부신 연기의 연장선상에 있는 인물이다. 엘렌처럼 영화 내내 꾸준히 유지되는 '동기'를 지닌 선명한 인물은 〈어느 시골 본당 신부의 일기〉, 〈사형수 탈출하다〉, 〈소매치기〉 등에서 볼 수 있는 전형적인 브레송적 인물과는 크게 다르다. 이 세 작품에서는 무의식적인 발견이 이루어진다. 처음에는 평범해 보였던 얼굴이 아름다움을 드러내고, 처음에는 불투명했던 인물이 기묘하고 설명할 수 없이 투명해진다. 반면에 콕토의 영화나 〈불로뉴 숲의 여인들〉에서는 인물도 아름다움도 새로 드러나지 않는다. 처음부터 존재하는 것이 극에 옮겨진 것이다.

콕토 영화에서 주인공(장 마레Jean Marais가 주로 연기한다)의 정신적 스타일은 자기애로 기우는 경우가 많지만 브레송 영화에서는 주인공의 정신적 스타일이 자의식 없음을 여러 형태로 보여준다(그래서 브레송의 영화에서는 과제가 중요한 역할을 한다. 과제가 자아에 소모될 에너지를 흡수하고 개별 인간의 독특한 면, 우리를 가두는 한계가 되는 개성을 지운다). 자아에 대한 인식은 정신을 짓누르는 '중력'이다. 자의식을 넘어서는 것이 '은총' 또는 정신적 가벼움이다. 콕토 영화의 절정은 주로 관능적인 움직임으로 이루어진다. 사랑(〈오르페우스〉), 죽음(〈쌍두 독수리〉, 〈비련〉), 비상(〈미녀와 야수〉) 등. 〈불로뉴 숲의 여인들〉(이 영화의 마지막 장면은 아네스가 바닥에 하얀 새처럼 누워 있고 장이 그 위로 몸을 숙이고 있는 화려한 부감 숏이다)을 제외하면 브레송 영화의 결말은 전혀 관능적이지 않고 억제되어 있다.

콕토의 예술이 꿈의 논리에 속절없이 이끌리고 '실제 삶'의 진실보다 창작의 진실을 우선시한다면, 브레송의 예술은 점점 이야기를 벗어나 다큐멘터리로 나아간다고 할 수 있다. 〈어느 시골 본당 신부의 일기〉는 허구를 바탕으로 했다. 조르주 베르나노스의 동명 소설이 원작이다. 그렇지만 일기라는 장치를 통해 브레송은 허구를 다큐멘터리적인 방식으로 전개할 수 있었다. 영화는 공책과 글을 쓰는 손의 장면으로 시작하고, 뭐라고 썼는지 읽는 목소리가 뒤따라 보이스오버로 나온다. 신부가 일기를 쓰면서 시작하는 장면이 많다. 영화는 친구가 토르시 주교 대리에게 신부의 죽음을 알리려고 보낸 편지로 끝이 나는데, 십자가 그림자가 화면 전체를 차지한 상태에서 편지의 내용을 듣게 된다. 〈사형수 탈출하다〉의 시작 부분에서는 이런 문구가 화면에 뜬다. "이 이야기는 실제로 있었던 일이다. 전혀 각색 없이 기록했다." 이어 "리옹, 1943년"이 화면에 보인다(브레송은 실제 인물 퐁텐을 영화를 찍는 내내 현장에 대동하고 정확한지 확인했다). 〈소매치기〉는 허구이지만 일부 일기 형식으로 전달된다. 브레송은 〈잔 다르크의 재판〉에서 다큐멘터리 형식으로 다시 돌아갔고 더욱 엄격하게 사실에 기반했다. 이전 영화에서는 분위기를 설정하는 데 음악을 썼지만 이 영화에는 음악이 없다. 〈사형수 탈출하다〉에 깔린 모차르트 C단조 미사곡과 〈소매치기〉에서 장바티스트 륄리의 음악은 특히 탁월했다. 하지만 〈잔 다르크의 재판〉에 쓰인 음악이라고는 영화 시작 부분에 들리는 북소리뿐이다.

    브레송은 자신이 제시하는 것의 반박 불가능성을 주장하려 한다. 어떤 일도 우연히 일어나지 않는다. 어떤 대안적 가능성도, 어떤 환상도 없다. 모든 것은 불가역적이다. 반드시 필요하지 않은 것, 일화적이거나 장식적인 것은 전부 제거해야 한다. 콕토와 달리 브레송은 영화의 극적·시각적 자원을 확대하는 게 아니라 깎아내고 싶어 한다(이런 면에서 또 브레송은 오즈 야스지로를 연상시킨다. 오즈는 30년 동안 영화를 만드는 과정에서 카메라의 움직임, 디졸브, 페이드 효과를 버렸다). 가장 금욕적인 영화인 〈잔 다르크의 재판)에서는 너무 많이 버리고 과도하게 가다듬은 신념을 구현한 듯 보이기는 한다. 그렇지만 이렇게 야심적인 신념은 극단적으로 갈 수밖에 없으며, 브레송의 '실패'는 대다수 감독의 성공보다 더 가치 있다. 브레송에게 예술이란 꼭 필요한 것을 발견하는 것이며, 그것이 전부다. 브레송의 영화 여섯 편이 지닌 힘은, 브레송이 순수함과 까다로움을 추구하는 것이 영화라는 매체의 자원을 주장하는 것만은 아니라는 데 있다. 현대회화는 대체로 회화가 무엇인지 물감으로 언급하는 것이라고 할 수 있는 것과 구분된다. 브레송의 영화는 삶에 대한 생각이며, 콕토가 '내적 스타일'이라고 부른 것에 대한 생각, 인간으로 존재하는 가장 진지한 방식에 관한 생각이기도 하다.

(1964)

고다르의 〈비브르 사 비〉

들어가기 전에

〈비브르 사 비〉는 지적·미적으로 극히 복잡한 작품이기 때문에 이론적인 접근이 필요하다. 고다르의 영화는 어떤 '생각'에 관한 영화인데, 생각을 다루는 예술 작품이 다다를 수 있는 가장 뛰어나고 순수하고 정교한 방식으로 생각을 다룬다. 이 글을 쓰는 동안에 고다르가 1961년 7월 27일 파리 주간지 《렉스프레스 L'Express》 인터뷰에서 이렇게 말했다는 것을 알게 됐다. "내 영화 세 편은 근본적으로 같은 주제를 다룹니다. 어떤 생각을 지닌 사람, 이 생각의 끝까지 가려고 하는 사람을 찍습니다." 고다르가 단편영화 몇 편을 거쳐 진 시버그·장 폴 벨몽도와 함께 〈네 멋대로 해라〉(1959)를, 미셸 쉬보르·안나 카리나와 함께 〈작은 병정〉(1960)을 그리고 카리나·벨몽도·장 클로드 브리알리와 함께 〈여자는 여자다〉(1961)를 찍은 뒤에 한 말이다. 나는 고다르의 네 번째 영화 1962년 작 〈비브르 사 비〉도 이 점에서 마찬가지라는 점을 보이려 한다.

일러두기

1930년 파리에서 태어난 고다르는 지금까지 장편영화 열 편을 완성했다. 앞서 언급한 네 편 이후에 마리노 마세Marino Masè·알베르 주로Albert Juross와 〈기관총 부대〉(1962~1963)를, 브리지트 바르도·잭 팰런스·프리츠 랑과 〈사랑과 경멸〉(1963)을, 카리나·사미 프레이·클로드 브라쇠르와 〈국외자들〉(1964)을, 마샤 메릴·베르나르 노엘Bernard Noël과 〈결혼한 여자〉(1964)를, 카리나·에디 콘스탄틴·아킴 타미로프와 〈알파빌〉(1965)을, 카리나·벨몽도와 〈미치광이 피에로〉(1965)를 찍었다. 이 가운데 여섯 편이 미국에서 상영되었다. 첫 영화인 〈네 멋대로 해라〉는 미국에서 아트하우스의 고전으로 자리 잡았다. 여덟 번째 영화 〈결혼한 여자〉는 엇갈린 평가를 받았지만, 〈여자는 여자다〉, 〈비브르 사 비〉, 〈사랑과 경멸〉, 〈국외자들〉은 비평과 흥행 양쪽에서 참패했다. 〈네 멋대로 해라〉의 탁월함은 누구나 인정하는 사실이니 나는 〈비브르 사 비〉에 내가 느끼는 존경심을 설명하려 한다. 고다르의 영화가 모두 같은 수준의 걸작이라고 주장하려는 것은 아니지만, 고다르 작품 중에는 최고라고 할 수밖에 없는 걸출한 장면들이 없는 영화가 없다. 특히, 중대한 결함이 있긴 하나 그래도 매우 야심 차고 독창적인 영화인 〈사랑과 경멸〉의 특별한 점을 미국 비평가들이 알아보지 못했다는 점은 유감스럽다.

1

"영화는 여전히 시각 예술의 한 형태다." 콕토는 『일기』에 이렇게 썼다. "영화를 매개로 나는 그림으로 글을 쓰고 내 사상에 실제 사실에서 나온 힘을 부여한다. 다른 사람이 말로 하는 것을 직접 보여준다. 예를 들어, 〈오르페우스〉에서는 거울을 통과하는 행위를 말로 서술하지 않고 보여준다. 어떤 면에서는 입증한다고 할 수 있다. 어떤 방법을 사용하는지는 중요하지 않다. 내 인물이 내가 원하는 연기를 하기만 하면 된다. 영화의 가장 큰 힘은 액션이 어떻게 묘사되고 어떻게 우리 눈앞에 펼쳐지느냐에 논쟁의 여지가 없다는 점에 있다. 어떤 행위를 목격한 사람은 보통 그것을 자기에게 유리하게 변형하고 왜곡하고 부정확하게 증언하기 마련이다. 그러나 영화에서는 액션이 수행되고, 그 액션을 기계를 이용해서 원하는 만큼 얼마든지 반복 재생할 수 있다. 부정확한 증언이나 허위 신고에 맞설 수 있는 것이다."

2

모든 예술은 증명의 한 방식으로, 최고 강도로 정확성을 주장하는 것으로 이해될 수 있다. 모든 예술 작품은 그것이 재현하는 행위를 논쟁의 여지 없이 증명하려는 시도로 볼 수 있다.

3

증명과 분석은 다르다. 증명은 어떤 일이 일어났음을 입증한다. 분석은 왜 일어났는지를 보인다. 증명은 정의상 완결성을 지닌 논증 방식이지만, 완결에 이르기 위해 형식성에서 벗어나지 못한다. 증명은 시작부터 이미 포함되어 있던 것을 결론에서 확인하는 것에 그친다. 반면 분석은 늘 또 다른 이해의 관점, 새로운 인과관계를 연다. 분석은 실질적이다. 분석은 정의상 완결에 이르지 못하는 논증 방식이다. 사실상 끝이 나지 않는다.

어떤 예술 작품이 증명의 방식으로 의도되었느냐 아니냐는 사실 비율의 문제다. 증명 쪽으로 기울어 다른 작품에 비해 형식을 더 중시하는 작품이 있는 것은 분명하다. 그렇긴 하나 모든 예술은 어느 정도 형식적인 것으로 기울어 실질적인 것보다 형식적인 완결성을 추구한다. 심리적 동기나 사회적 힘과 같은 내용으로 설득하기보다는 우아함과 구성을 보여주는 결말을 향해 간다(셰익스피어의 극 대부분, 특히 희극의 결말이 설득력은 거의 없지만 대단한 만족감을 준다는 점을 생각해보라). 위대한 예술에서 궁극적으로 중요한 것은 형식(또는 여기에서 내가 분석하지 않고 증명하려는 욕구라고 부르는 것)이다. 형식이야말로 끝맺음을 가능하게 하는 요소다.

4

증명하려는 예술은 두 가지 의미에서 형식적이다. 첫째로 예술의 주제가 사건의 (내용이 아니라) 형식이고 의식의 (내용이 아니라) 형식이다. 둘째로 수단이 형식적이다. 다시 말해 대칭, 반복, 도치, 중복 등 눈에 보이는 디자인의 요소를 포함한다. 단테의 『신곡』처럼 '내용'이 너무 많고 교훈적인 목적을 자처하는 작품이라고 해도 마찬가지다.

5

고다르의 영화는 특히 분석보다는 증명을 지향한다. 〈비브르 사 비〉는 전시이자 시연이다. 어떤 일이 일어났음을 보여줄 뿐 **왜** 일어났는지 설명하지는 않는다. 사건의 불가역성을 드러낼 뿐이다.

그렇기에 얼핏 보기와 달리 고다르의 영화는 시사성이 극히 낮다. 사회적이고 시사적인 이슈를 다루는 예술은 단순히 무언가를 보여주기만 할 수는 없다. **어떻게**를 가리켜야 한다. **왜**를 보여주어야 한다. 그러나 〈비브르 사 비〉의 핵심은 어떤 것도 설명하지 않는 데 있다. 이 영화는 인과성을 부인한다(그래서 이 영화는 통상적인 인과적 서사의 흐름으로 이루어지지 않고 열두 개의 에피소드로 상당히 임의적으로 분리되어 있다. 에피소드들은 인과적으로 연결되지 않고 순차적으로 연쇄될 뿐이다). 〈비브르 사 비〉는 성매매에 **관한** 영화가 아니다. 〈작은 병정〉이 알제리 전쟁에 **관한** 영화가 아닌 것과 마찬가지다. 〈비브르 사 비〉는 주인공 나나가 왜 성매매 여성이 되었는지에 관해 우리가 일반적으로 이해할 수 있는 어떤 설명도 제공하지 않는다. 밀린 월세를 갚을 2000프랑을 전남편한테서도 레코드숍 동료 직원들한테서도 빌리지 못했고 그래서 아파트에서 쫓겨났기 때문인가? 그렇다고는 할 수 없다. 적어도 그 이유만은 아니다. 하지만 이 사실 말고 다른 것은 알 수가 없다. 고다르가 보여주는 것은 나나가 성매매 여성이 되었다는 것뿐이다. 또 고다르는 영화 끝부분에서 나나의 포주인 라울이 왜 나나를 파는지, 두 사람 사이에 무슨 일이 있었는지, 나나가 죽음을 맞이하는 마지막 거리 총격전의 배후에 무엇이 있는지도 보여주지 않는다. 다만 나나가 팔렸고, 죽는다는 것만 보여준다. 고다르는 분석하지 않는다. 증명할 뿐이다.

6

고다르는 〈비브르 사 비〉에서 두 가지 증명 방식을 사용한다. 첫째로 증명하고자 하는 사실을 보여주는 이미지들을 보여주고, 그것을 설명하는 '텍스트'를 제공한다. 두 가지를 분리함으로써 진정으로 새로운 설명 방식을 선보인다.

7

고다르의 의도는 콕토와 같다. 그러나 고다르는 콕토는 겪지 않은 어려움에 직면한다. 콕토가 논박의 여지가 없이 보여주고 싶었던 것은 마법이다. 매혹의 실체, 변신의 영원한 가능성 등(거울을 통과하는 것이라든가). 고다르가 보여주고 싶었던 것은 정반대다. 반反마법적인 것, 명료함의 구조. 그래서 콕토는 이미지의 유사성을 이용해 사건을 연결하고 전체적인 감각적 통합을 이루는 기법을 썼다. 고다르는 이런 식으로 아름다움을 이용하지 않는다. 파편화하고, 해체하고, 분리하고, 나눈다. 〈네 멋대로 해라〉의 유명한 스타카토 편집(점프 컷 등)을 예로 들 수 있다. 〈비브르 사 비〉가 열두 개의 에피소드로 나뉘어 있고 각 에피소드 시작 부분에 마치 챕터 제목처럼 무슨 일이 일어날지 대략 알려주는 긴 제목이 붙어 있는 것도 그렇다.

〈비브르 사 비〉의 리듬은 멈추고 다시 시작하기를 반복한다(〈사랑과 경멸〉도 스타일은 다르지만 같은 리듬이다). 〈비브르 사 비〉는 그래서 독립된 에피소드로 나뉘어 있다. 또 그래서 오프닝 크레딧 시퀀스에서 음악이 계속 멈췄다가 다시 나오기를 반복하면서 느닷없이 나나의 얼굴을 보여준다. 처음에는 왼쪽 얼굴, 다음에는 정면, 다음에는 오른쪽 얼굴로 아무 연결 없이 갑작스레 전환한다. 무엇보다 영화 전체에서 말과 이미지가 분리되어, 생각과 감정의 강도가 각자 독립적으로 더해진다.

8

영화의 역사가 시작된 이래로 언제나 이미지와 말은 함께 작용했다. 무성영화에서는 말이 자막으로 삽입되어 이미지의 시퀀스와 번갈아 나오며 말 그대로 연쇄를 이룬다. 유성영화가 등장하면서부터는 이미지와 말이 연속되는 것이 아니라 동시적인 것이 되었다. 무성영화에서는 말이 액션에 대한 논평이거나 등장인물의 대사인데, 유성영화에서는 (다큐멘터리를 제외하면) 말이 거의 압도적으로 대사다.

고다르는 무성영화의 특징인 말과 이미지의 분리를 새로운 차원에서 복원한다. 〈비브르 사 비〉는 뚜렷이 구분되는 두 가지 재료, 본 것과 들은 것으로 이루어진다. 그런데 고다르는 이 두 재료를 매우 기발하고 심지어 장난스럽게 구분한다. 한 가지 예는 에피소드 8의 텔레비전 다큐멘터리 또는 시네마 베리테 cinéma vérité **작은 장비로 대본 없이 자연스럽게 촬영하는 다큐멘터리 기법의 영화— 옮긴이** 스타일이다. 먼저 차를 타고 파리 시내를 이동하다가, 다음에 빠른 속도의 몽타주로 10여 명 고객들의 숏이 이어지는 동안 감정 없고 단조로운 목소리로 성매매의 통상적 방식, 위험 요소, 끔찍하게 고된 삶을 빠르고 세세히 읊는 소리가 들린다. 또 다른 예는 에피소드 12다. 나나와 젊은 연인이 나누는 행복한 일상적 대화는 화면에 자막으로 삽입된다. 우리는 사랑의 대화를 전혀 **들을** 수 없다.

9

따라서 〈비브르 사 비〉는 내레이션 영화라는 특정 장르의 확장으로 보아야 한다. 이 장르에는 이미지에 텍스트를 더하는 두 가지 표준 형식이 있다. 한 가지는 비개인적인 목소리가, 다시 말해 일종의 작가가 내레이션을 한다. 또 다른 한 가지에서는 중심인물이 자신이 겪는 일을 우리가 보는 대로 내적 독백으로 들려준다.

첫 번째 유형의 예로, 익명의 목소리로 액션 전체를 관조하는 알랭 레네의 〈지난해 마리앙바드에서〉와 멜빌의 〈무서운 아이들〉이 있다. 두 번째 유형의 예로는 중심인물의 내면 독백이 두드러지는 조르주 프랑주의 〈테레즈 데케루Thérèse Desqueyroux〉가 있다. 두 번째 유형의 최고 걸작은 주인공이 액션 전체를 들려주는 브레송의 〈어느 시골 본당 신부의 일기〉와 〈사형수 탈출하다〉일 것이다.

브레송이 완성한 이 기법을 고다르는 자신의 두 번째 영화 〈작은 병정〉에 적용했다. 이 영화는 1960년 제네바에서 촬영되었으나 (프랑스 검열 당국이 상영을 금지해 3년 동안 공개하지 못하다가)

1963년 1월 개봉했다. 이 영화는 브뤼노 포레스티에라는 주인공의 회상인데, 그는 우익 테러 조직의 일원으로 알제리 국민해방전선의 스위스 요원을 암살하는 임무를 맡게 된다. 영화 시작 부분에서 포레스티에의 목소리가 들린다. "행동하던 시기는 지나갔다. 나는 나이를 먹었다. 이제는 성찰의 시간이다." 그리고 이렇게 말한다(그는 사진작가이기도 하다). "얼굴을 찍는다는 것은 그 뒤에 있는 영혼을 찍는 일이다. 사진은 진실이다. 그리고 영화는 초당 24회의 진실이다." 이것이 〈작은 병정〉의 핵심 장면이다. 포레스티에는 이미지와 진실의 관계를 고찰하며 〈비브르 사 비〉에서 이루어질 언어와 진실의 관계에 관한 복잡한 탐구를 예고한다.

〈작은 병정〉에서는 이야기 자체나 인물들 간의 관계가 주로 포레스티에의 독백으로 전달되기 때문에 고다르의 카메라는 자유롭게 사건의 어떤 국면이나 인물들을 숙고하는 도구가 될 수 있다. 카메라는 안나 카리나의 얼굴, 건물의 전면, 차를 타고 통과하는 도시 등의 조용한 '사건'을 과격한 액션과 분리하며 **탐구**한다. 이런 이미지는 때로는 감정적으로 중립적이고 무작위적인 듯 보이지만 때로는 강력한 몰입을 느끼게 하기도 한다. 마치 고다르가 말을 듣고, 그런 다음 들은 바를 눈으로 보는 듯한 느낌이다.

〈비브르 사 비〉에서는 먼저 듣고 다음에 보는 기법을 더욱 복잡한 차원으로 가져갔다. 주인공의 목소리든(〈작은 병정〉) 전지적 화자든 단일한 시점이 있는 게 아니라 다양한 기록(텍스트, 내레이션, 인용, 발췌, 전형적 양식 등)이 이어진다. 주로 언어로 되어 있지만, 언어 없는 소리이거나 언어 없는 이미지일 수도 있다.

10

고다르 기법의 핵심은 오프닝 크레딧 시퀀스와 첫 번째 에피소드에 전부 들어 있다. 거의 실루엣만 보일 정도로 어두운 나나의 왼쪽 옆얼굴 위로 크레딧이 표시된다(영화의 제목은 '비브르 사 비. 12장으로 구성된 영화'다). 크레딧이 계속 나오며, 나나의 정면 얼굴이 비치고 다음에는 오른쪽 얼굴이 비치는데 계속 짙은 그늘 속에 있다. 이따금 나나는 눈을 깜박이거나 (계속 가만히 있기가 불편한 듯) 고개를 살짝 움직이거나 입술을 적시기도 한다. 나나는 포즈를 취하고 있다. 누군가에게 보이고 있다.

다음에 첫 번째 제목이 나온다. "에피소드 1: 나나와 폴. 나나는 포기하고 싶다." 그리고 이미지가 보이지만, 들리는 것이 강조된다. 나나와 어떤 남자가 대화를 나누는 가운데 영화는 본격적으로 시작된다. 두 사람은 카페 바 좌석에 앉아 카메라를 등지고 있다. 두 사람의 대화와 더불어 바텐더가 내는 소리, 다른 손님들의 목소리도 드문드문 들린다. 카메라를 등진 채 두 사람의 대화는 계속되고 우리는 남자(폴)가 나나의 남편이고, 둘 사이에 아이가 있으며, 나나가 최근에 배우가 되려고 남편과 아이를 떠났다는 걸 알게 된다. 이 짧은 만남에서 (누가 만나자고 했는지는 분명하지 않다) 폴은 뻣뻣하고 공격적이지만 나나가 돌아오길 바라는 기색을 비치고, 나나는 폴에게 압박을 느끼고 절망한 상태로 저항한다. 지겨운 기색으로 쓰라린 말을 주고받은 끝에 나나는 폴에게 말한다. "말을 많이 할수록 말의 의미는 점점 없어져." 오프닝 시퀀스 내내 고다르는 관객을 배제한다. 교차편집이 없다. 관객은 볼 수도 없고 관여할 수도 없다. 단지 들을 수 있을 뿐이다.

　　　나나와 폴이 의미 없는 대화를 중단하고 바를 떠나 핀볼 게임을 하러 갔을 때에야 두 사람을 볼 수 있다. 여기에서도 여전히 들리는 것에 초점이 맞추어진다. 나나와 폴이 계속 이야기하는 동안 주로 뒷모습이 비친다. 폴은 이제 애원하지도 원망하지도 않는다. 나나에게 재미있는 이야기를 해준다. 학교 선생인 아버지가 학생들한테 글짓기 숙제를 내줬는데 한 여자아이가 닭에 관한 글을 썼다. "닭은 겉과 속이 있다." 아이가 이렇게 썼다고 한다. "겉을 벗기면 속이 나온다. 속을 벗기면 영혼이 나온다." 이 말을 끝으로 이미지가 디졸브하고 이 에피소드가 끝난다.

11

　　　이 닭 이야기는 영화에서 고다르가 말하고자 하는 바를 드러내는 여러 '텍스트' 가운데 하나다. 닭 이야기는 당연히 나나의 이야기다(프랑스어 말장난이 들어 있기도 하다. 프랑스어로 닭을 뜻하는 'poule'은 영어의 'chick'과 비슷하게 여자를 모욕하는 말로 쓰이지만 그보다도 훨씬 거친 말이다실제 고다르 영화에서 폴이 들려주는 이야기에는 닭poule이 아니라 새oiseau가 나오는데 저자가 착각한 듯하다 — 옮긴이). 〈비브르 사 비〉에서 우리는 나나가 벗겨지는 과정을 목격한다. 영화는 나나가 '겉', 곧 이전의 정체성을 벗어던진 상태에서 시작한다. 나나는 몇 에피소드 만에 성매매 여성이라는 새로운 정체성을 갖게 된다. 그러나 고다르는 성매매의 심리적 동기나 사회학적 의미에는 관심이 없다. 성매매는 삶의 요소를 분리하는 일을 가리키는 가장 극단적인 메타포로 쓰인다. 삶에서 어떤 것이 본질적이고 어떤 것은 불필요한 것인지를 탐구하는 시험장, 시련의 장인 것이다.

12

이 영화 전체를 하나의 텍스트로 볼 수 있다. 이 영화는 명료성에 관한, 명료성을 탐구하는 텍스트이며 진지함을 숙고하는 영화다.

그리고 열두 에피소드 중에서 두 개를 제외한 모든 에피소드에서 (문자 그대로의 의미로) 텍스트를 '사용한다.' 에피소드 1에서는 폴이 닭을 주제로 쓴 아이의 글짓기 내용을 들려준다. 에피소드 2에서는 레코드숍 점원이 싸구려 잡지에 실린 단편을 읽는다("당신은 논리를 너무 중시해"). 에피소드 3에서는 나나가 드레이어의 〈잔 다르크의 수난〉 한 장면을 본다. 에피소드 4에서는 나나가 경찰 조사관에게 1000프랑을 훔치게 된 경위를 이야기한다(여기에서 우리는 나나의 이름이 아나 클라인프랑켄차인이고 1940년생임을 알게 된다). 에피소드 6에는 이베트의 이야기(레몽에게 2년 전에 버림받은 이야기)와 그에 대한 대답으로 나나가 하는 이야기("내 책임이야")가 있다. 에피소드 7에서는 나나가 매춘업소 마담에게 일자리를 달라고 편지를 쓴다. 에피소드 8에서는 성매매 일상과 절차를 다큐멘터리처럼 읊는다. 에피소드 9에서는 댄스 음악 레코드가 재생된다. 에피소드 11에서는 철학자와 대화를 나눈다. 에피소드 12에서는 루이지가 에드거 앨런 포 단편(「타원형 초상화」)의 일부를 읽어준다.

13

영화에서 지적으로 가장 정교한 텍스트는 에피소드 11에서 나나와 철학자(실제 철학자 브리스 파렝Brice Parain이 연기했다)가 카페에서 나누는 대화다. 두 사람은 언어의 본질에 관해 이야기한다. 나나는 왜 사람은 언어 없이 살 수 없냐고 묻는다. 파렝은 말하는 것이 곧 생각하는 것이고, 생각하는 것은 곧 말하는 것이며, 생각 없이는 삶도 없기 때문이라고 설명한다. 말을 하느냐 않느냐가 아니라 잘 말하는 것이 중요하다. 잘 말하려면 금욕적인 거리두기가 필요하다. 일단 진리에 곧바로 도달할 수는 없다는 점을 알아야 한다. 실수를 거쳐야 한다.

대화 앞부분에서 파렝은 뒤마의 『삼총사』에 나오는, 생각보다 행동이 앞서는 인물 포르토스를 언급하면서 포르토스가 처음으로 생각을 하게 된 순간 그것 때문에 죽었다고 말한다(포르토스는 자기가 설치한 폭탄이 터지기 전에 달아나려고 하다가 갑자기 사람이 어떻게 걷나, 어떻게 한 발 앞에 다른 발을 놓나 하는 의문이 든다. 그래서 걸음을 멈춘다. 폭탄이 폭발한다. 포르토스는 죽는다). 이 이야기도 어떤 면에서 닭 이야기처럼 나나에 관한 이야기다. 이 이야기와 다음(마지막) 에피소드에 나오는 에드거 앨런 포 단편 이야기를 통해 우리는(형식적으로, 내용상으로는 아닐지라도) 나나의 죽음을 준비하게 된다.

14

고다르는 몽테뉴의 말을 자유와 책임에 관한 이 영화 에세이의 모토로 삼는다. "너 자신을 타인에게는 빌려주고, 자기 자신에게는 온전히 주어라." 성매매 여성의 삶은 자신을 남에게 빌려주는 행위의 극단적인 메타포다. 그렇지만 나나가 온전한 자신을 지키는 모습을 고다르가 어떻게 보여주었냐고 묻는다면, 답은 보여주지 **않았다**가 될 것이다. 그 대신 고다르는 자세히 서술한다. 나나의 동기는 거리를 두고 추론할 수밖에 없다. 영화는 심리를 전적으로 피한다. 감정 상태나 내적 고통을 파고들지 않는다.

나나는 자신이 자유롭다는 걸 안다고 고다르는 말한다. 그러나 그 자유에는 심리적 내면이 없다. 자유는 내적이고 심리적인 무언가가 아니라 신체적 우아함에 가깝다. 자유란 있는 그대로의 **자기 모습**으로 존재하는 것이다. 에피소드 1에서 나나는 폴에게 "나 죽고 싶어"라고 말한다. 에피소드 2에서 나나는 필사적으로 돈을 빌리려고 하고 관리인을 피해 자기 아파트로 들어가려 하지만 실패한다. 에피소드 3에서는 나나가 잔 다르크 영화를 보며 우는 모습이 보인다. 에피소드 4의 경찰서에서 나나는 1000프랑을 슬쩍하려 했던 굴욕적인 사건을 진술하며 또 운다 "내가 다른 사람이었으면 좋겠어요." 나나가 말한다. 하지만 에피소드 5에서 ("거리에서. 첫 번째 고객") 나나는 자신이 된다. 나나는 자신의 긍정과 자신의 죽음으로 이어질 길에 들어선다. 성매매 여성이 되고서야 나나는 자신을 긍정한다. 나나가 에피소드 6에서 친구이자 성매매 여성인 이베트에게 평온한 말투로 하는 말의 의미다. "내 책임이야. 내가 고개를 돌리면, 그건 내 책임이야. 내가 손을 들면, 그것도 내 책임이야."

자유롭다는 것은 책임이 있다는 의미다. 자유롭고, 따라서 책임이 있으면, 사물을 있는 그대로 받아들이게 된다. 그래서 나나가 이베트에게 하는 말은 이렇게 끝난다. "접시는 접시다. 남자는 남자다. 삶은… 삶이다."

15

자유에는 심리적 내면이 없다는 것, 곧 영혼은 내면에 있는 게 아니라 내면을 벗겨낸 뒤에야 발견할 수 있다는 생각이 〈비브르 사 비〉가 보여주는 근본적인 영적 교리다.

고다르는 자신의 '영혼' 관념과 전통적 기독교적 관념의 차이를 충분히 인식했을 것이다. 드레이어의 〈잔 다르크〉에서 따온 장면이 이 차이를 뚜렷하게 강조한다. 영화에 삽입된 장면은 젊은 사제(앙토냉 아르토가 연기했다)가 잔(팔코네티)에게 화형당하게 되었음을 알리는 장면이다. 잔은 괴로워하는 신부에게 자신의 순교는 실은 구원이라고 말한다. 고다르는 영화를 인용하는 방식을 써서 이런 생각과 감정에 관객이 감정적으로 거리를 두게 하지만, 이 맥락에서 순교를 언급한 것이 아이러니는 아니다. 〈비브르 사 비〉가 우리에게 보여주는 성매매는 전적으로 시련의 성격을 띤다. "쾌락은 재미없어." 에피소드 10의 제목은 이렇게 간결하게 말한다. 그리고 나나는 죽는다.

〈비브르 사 비〉의 열두 에피소드는 나나의 십자가의 길 12처다. 하지만 고다르의 영화에서 성스러움과 순교의 가치는 전적으로 세속적인 차원으로 바뀌었다. 고다르는 파스칼 대신 몽테뉴를 제시하며, 브레송과 분위기나 강렬함은 비슷한 반면 가톨릭적 요소는 없는 영화를 만들었다.

16

〈비브르 사 비〉는 끝부분에서 한 군데 헛발을 디딘다. 고다르가 영화 바깥에 있는 창작자인 자신의 존재를 드러내며 영화의 통일성을 깬다. 에피소드 12는 나나와 루이지가 함께 방에 있는 장면으로 시작한다. 루이지는 나나가 사랑하는 듯한 젊은이다(앞의 에피소드 9에서 나왔었다. 당구장에서 나나와 플러팅을 한다). 처음에는 소리가 없다. "밖에 나갈까?", "나랑 같이 살면 어때?" 등의 대화가 자막으로 나온다. 그리고 루이지가 침대에 누워 포의 「타원형 초상화」를 소리 내어 읽기 시작한다. 아내의 초상화를 그리는 데 몰두하는 화가의 이야기다. 화가는 실물과 완벽히 닮은 초상화를 그리려고 분투하는데, 마침내 초상화를 완성하는 순간 아내는 죽고 만다. 이런 말이 흘러나오면서 페이드아웃하고, 다음 장면에서는 나나의 포주인 라울이 나나를 아파트 안마당에서 거칠게 밀고 가 억지로 차에 태운다. 차를 타고 이동한 다음(짧은 이미지 몇 개) 라울은 나나를 다른 포주에게 넘긴다. 그런데 돈을 받은 라울이 돈이 모자란다는 걸 알아차리고, 총을 뽑고, 나나가 총을 맞고, 마지막 장면에서 차들이 빠르게 그 자리를 뜨고 나나는 죽어서 길바닥에 쓰러져 있다.

여기서 문제는 영화가 갑작스럽게 끝난다는 게 아니다. 고다르가 영화 바깥에서 나나 역을 하는 젊은 배우 안나 카리나가 자기 아내라는 사실을 명백히 언급한다는 점이다. 고다르는 자신의 이야기를 비웃고 있고 이 점을 용서할 수 없다. 이상한 자신감 결여다. 고다르는 차마 나나의 죽음을, 끔찍하고 무작위적인 죽음을 그대로 관객에게 제시하지 못하고, 마지막 순간에 무의식적인 인과관계를 제공한다(이 여자는 내 아내다(아내의 초상을 그리는 예술가는 아내를 죽인다). 나나는 죽어야 한다).

17

이 실수 한 가지를 빼면 〈비브르 사 비〉는 완벽한 영화다. 고귀하면서 까다로운 무언가를 목표로 설정하고 그것을 온전히 이루어낸다. 고다르는 오늘날 감독 가운데 '철학적 영화'에 관심이 있고 그것을 이루어낼 지성과 판단력을 지닌 유일한 감독일 것이다. 다른 감독도 현대사회나 인간의 본성에 관한 '관점'이 있고 때로 영화로 표현하고자 하는 사상을 초월해 살아남는 영화를 만들어내기도 한다. 하지만 고다르는 어떤 생각을 진지하게 다루려면, 생각을 유연하고 복잡하게 담아내려면 그것을 표현할 새로운 영화 언어를 만들어야 한다는 사실을 처음으로 인식한 감독이다. 고다르는 여러 방식으로 그렇게 하려 했다. 〈작은 병정〉, 〈비브르 사 비〉, 〈기관총 부대〉, 〈사랑과 경멸〉, 〈결혼한 여자〉, 〈알파빌〉 등. 나는 그중에서도 〈비브르 사 비〉가 가장 성공한 작품이라고 생각한다. 이런 생각 그리고 그 생각을 추구하며 만들어낸 대단한 작품들을 보면 고다르는 지난 10년 사이에 등장한 감독 가운데 가장 중요한 감독이라고 할 수 있다.

부록

이 영화가 파리에서 처음 개봉했을 때 고다르가 작성한 광고 문구.

비브르 사 비

Un	Une
Film	Série
Sur	D'Aventures
La	Qui
Prostitution	Lui
Qui	Font
Raconte	Connaître
Comment	Tous
Une	Les
Jeune	Sentiments
Et	Humains
Jolie	Profonds
Vendeuse	Possibles
Parisienne	Et
Donne	Qui
Son	Ont
Corps	Eté
Mais	Filmés
Garde	Par
Son	Jean-Luc
Ame	Godard
Alors	Et
Qu'elle	Joués
Traverse	Par
Comme	Anna Karina
Des	Vivre
Apparences	Sa Vie

프랑스어로 된 이 광고 문구를 영어로 번역하면 다음과 같다.

A / Film / About / Prostitution / That / Tells / How / A / Young / And / Pretty / Parisian / Salesgirl / Gives / Her / Body / But / Keeps / Her / Soul / As / She / Passes / Through / Like / Appearances / A / Series / Of adventures / That / Make / Her / Know / All / The / Deepest / Possible / Human / Feelings / And / That / Were / Filmed / By / Jean-Luc / Godard / And / Performed / By / Anna Karina / Vivre / Sa Vie

이 텍스트를 한 문장으로 이어 해석하면 다음과 같다. '성매매를 소재로 파리의 젊고 예쁜 판매원이 자기 몸을 내주지만 영혼은 지키면서 허상처럼 지나치며 온갖 깊은 감정을 경험하는 일련의 모험 이야기를 들려주는 장뤼크 고다르 감독 안나 카리나 주연의 영화'— 옮긴이

(1964)

재앙에 관한 상상력

전형적인 SF 영화는 서부 영화처럼 예측 가능한 형식이 있고 익숙한 요소로 이루어져 있는데, 서부 영화에 단골로 등장하는 술집에서 벌어지는 싸움, 동부에서 온 금발 여교사, 아무도 없는 대로에서 벌어지는 결투처럼 쉽게 눈에 들어오는 것들이다.

전형적인 시나리오는 다섯 단계로 진행된다.

1. 그것의 등장(괴물이 나타난다, 외계 우주선이 도착한다 등). 보통 딘 힌 명이 이 일을 목격하거나 눈치챈다. 현장 조사 중인 젊은 과학자라든가. 한동안은 아무도, 이웃도 동료도 그의 말을 믿지 않는다. 주인공은 미혼이지만 여자 친구가 있는데, 여자 친구는 공감해주기는 하나 역시 완전히 믿어주지는 않는다.

2. 막대한 파괴 행위가 발생하고, 여러 목격자가 주인공의 말을 확인해준다(침략자가 다른 행성에서 온 경우에는, 평화롭게 떠나게 만들려고 협상을 시도하지만 실패한다). 상황에 대처하려고 지역 경찰이 출동했다가 학살당한다.

3. 수도에 과학자와 군 지도자들이 모여 회의를 열고 주인공이 도표, 지도, 칠판 등을 앞에 두고 강의를 한다. 국가 비상사태가 선포된다. 더 많은 파괴 소식이 들려온다. 다른 국가 지도자들이 검은색 리무진을 타고 도착한다. 전 지구적 위기 앞에서 국제적 긴장은 일단 전부 중단된다. 이 단계에 여러 언어로 된 TV 뉴스, 유엔 회의, 군과 과학자들 간의 추가 전략 회의 등이 빠른 속도의 몽타주로 삽입될 때가 많다. 적을 무찌르기 위한 계획이 수립된다.

4. 더 큰 참상. 어느 순간 주인공의 여자 친구가 심각한 위기에 처한다. 국제 연합군의 대규모 반격이 시작되고 로켓, 레이저 등 진보된 무기를 멋지게 선보이지만 모두 실패한다. 군대가 막대한 인명 손실을 입는데, 주로 불에 타서 죽는다. 도시가 파괴되고 시민들은 대피한다. 이 시점에 공포에 질린 군중이 고속도로나 교각 위를 달려 달아나는 장면이 반드시 들어간다. 일본 영화라면 경관들이 얼룩 한 점 없는 흰 장갑을 끼고 기이하게 침착한 태도로 팔을 흔들며 이렇게 외친다. "계속 이동하세요. 겁낼 것 없습니다."

5. 추가 회의가 열리는데 회의의 주제는 이것이다. '분명 어딘가에 약점이 있을 것이다.' 주인공은 그동안 내내 그걸 찾기 위해 연구실에서 연구를 하고 있었다. 마지막 희망이 걸린 최종 전략이 수립된다. 궁극의 무기, 그러니까 한 번도 테스트되지 않은 초강력 핵무기가 탑재된다. 카운트다운. 괴물 또는 침략자의 최종 격퇴. 다 함께 자축하는 가운데 주인공과 여자 친구는 끌

어안고 뺨을 맞댄 채 하늘을 꿋꿋이 응시한다. "정말 이걸로 끝일까?"

내가 방금 묘사한 영화는 컬러이고 와이드스크린이어야 한다. 또 다른 전형적 시나리오는 더 단순하고 저예산 흑백영화에 어울린다. 네 단계로 이루어져 있다.

1. 주인공(보통 과학자이지만 아닐 수도 있음)과 여자 친구, 또는 아내와 두 아이가 극히 평범하고 무해한 중산층 환경에서 즐겁게 지내고 있다. 작은 마을에 있는 집에 살고 있거나 캠핑, 보트 타기 같은 휴가 중이다. 갑자기 누군가가 이상한 행동을 하기 시작한다. 평범한 식물이 괴물처럼 커져서 돌아다닌다. 만약 차를 운전하고 가는 중이라면 무언가 끔찍한 것이 도로 한가운데에 나타난다. 밤이라면 이상한 빛이 하늘을 가로지른다.

2. 주인공이 괴물체의 흔적을 따라가거나, '그것'의 방사능을 확인하거나, 거대한 분화구를 조사하는 등 대략 나름의 조사를 한 다음에 지역 당국에 알리려 하지만 소용이 없다. 아무도 무슨 일이 일어나고 있다는 것을 믿지 않는다. 주인공은 심각한 일이라는 걸 안다. 위협이 실체가 있는 것이라면 집에 바리케이드를 치고 철저하게 방어한다. 만약 침략한 외계 생명이 눈에 보이지 않는 기생체라면 의사나 친구를 부르지만, 의사는 바로 죽임을 당하거나 괴물체에게 사로잡힌 숙주가 된다.

3. 다른 사람에게 조언을 요청하지만 쓸모가 없는 것으로 드러난다. 그러는 동안 마을에서 다른 희생자들이 생겨나는데, 이

마을은 나머지 세계와 희한하게 단절된 상태로 남아 있다. 무력감이 지배한다.

    4. 둘 중 하나의 가능성. 주인공이 혼자 전투를 준비하다가, 우연히 적의 단 한 가지 취약점을 발견하고 파괴한다. 아니면 어떻게 해서인지 마을에서 탈출해 유력한 당국에 자신의 주장을 전달한다. 그런 다음 첫 번째 시나리오와 비슷하지만 더 축약된 형태로 복잡한 기술을 동원하여 (처음에는 실패하지만) 마침내 침략자를 물리친다.

    두 번째 시나리오의 또 다른 버전은 과학자 주인공이 실험실에 있는 장면으로 시작한다. 이 실험실은 세련된 취향의 부잣집 지하 또는 마당에 있다. 주인공이 실험을 하는 도중에 어떤 식물이나 동물에 의도하지 않은 끔찍한 변이가 일어나고 육식성으로 변해 광폭해진다. 아니면 실험 도중에 주인공이 (때로 회복할 수 없는) 부상을 입거나 자기 자신이 '침투'당한다. 방사능 실험을 하거나, 외계 행성과 교신하는 장비를 만들었거나, 다른 장소 또는 다른 시간으로 이동하는 장치를 만들었을 수도 있다.

    첫 번째 시나리오의 다른 버전에서는 핵실험으로 지구의 존재 조건에 근본적 변화가 일어나, 몇 달 안에 인류 전체가 멸망하리라는 것을 발견하게 된다. 이를테면 지구의 온도가 너무 낮거나 높아져서 생명체가 살 수 없게 되거나, 지구가 둘로 쪼개지거나, 치명적 낙진이 차츰 지구를 덮는다.

    세 번째 시나리오는 앞의 두 개와 유사하면서도 조금 다른 데, 달이나 다른 행성으로 가는 우주여행이 나온다. 우주여행자는 보통 외계 행성이 심각한 위기에 처해 있음을 알게 된다. 다른 외계 침략자의 위협을 받고 있거나 핵전쟁으로 멸종이 눈앞에 닥쳤다. 이런 상황에 처한 외계에서 첫 번째와 두 번째 시나리오의 최종 드라마가 펼쳐지는데, 여기에 멸망 직전이거나 적대적인 행성에서 탈출해 지구로 귀환하는 문제가 더해진다.

물론 SF 소설이 수천 권은 있으며(1940년대 후반이 정점이었다) SF 소설의 주제가 만화의 주요 소재가 되는 등 다른 장르로 옮겨지고 있다는 것은 안다. 그렇지만 나는 SF 영화를 (1950년부터 시작해 기세가 줄었으나 명맥은 유지되고 있는 현재까지를 한 시기로 보고) 다른 매체를 언급하지 않고 독립적인 서브 장르로 다루려 한다. 많은 영화의 원작이 된 소설도 언급하지 않을 생각이다. 소설과 영화가 같은 줄거리를 공유한다고 하더라도 소설과 영화는 근본적으로 다른 자원을 사용하기 때문에 큰 차이가 있다.

SF 소설과 비교했을 때 영화에는 독특한 강점이 있는데 특히 예사롭지 않은 것을 직접적으로 드러낼 수 있다는 점이 그렇다. 신체적 기형이나 돌연변이, 미사일과 로켓 전투, 초고층 건물의 붕괴 등. 당연히 영화는 (일부의) SF 소설이 지닌 강점, 즉 과학적인 면에서 약하다. 그렇지만 영화는 지적 탐구 대신 소설이 결코 제공할 수 없는 것, 곧 감각적 상세함을 제공할 수 있다. 영화는 상상으로 번역해야 하는 언어 대신 이미지와 소리를 매개로 관객이 자신의 죽음, 도시의 죽음, 인류의 멸망을 겪는 환상에 참여하게 한다.

SF 영화의 주제는 과학이 아니다. SF 영화는 예술에서 가장 오래된 주제 가운데 하나인 재난을 다룬다. SF 영화에서 재난이 집중적으로 비추어지는 일은 드물고 늘 광범위하게 다루어진다. 재난의 양이 중요하고, 독창성이 중요하다. 스케일이 관건이라고 말할 수도 있겠다. 특히 와이드스크린 컬러 영화에서는(이 분야에서는 일본 감독 혼다 이시로와 미국 감독 조지 팔의 작품이 기술적으로 가장 설득력 있고 시각적으로 가장 흥미진진하다) 스케일이 문제를 다른 차원으로 끌어올린다.

그래서 SF 영화는 (이와 매우 다른 현대예술 장르인 해프닝처럼) 파괴의 미학에 초점이 있다. 혼란을 일으키고 아수라장을 만드는 데서 발견되는 독특한 아름다움. 좋은 SF 영화의 핵심은 이런 파괴의 이미지에 있다. 그래서 저예산 영화는 불리하다. 예산이 적으면 괴물이나 우주선이 작고 볼품없는 마을에 나타날 수밖에 없다(할리우드의 예산상 이런 마을은 애리조나나 캘리포니아 사막 지역에 있을 때가 많다. 〈괴물〉(1951)에서는 조악하고 좁은 세트를 북극 기지라고 설정했다). 그렇긴 해도 꽤 괜찮은 흑백 SF 영화가 만들어졌다. 하지만 예산을 더 많이 들여 컬러 영화를 찍으면 여러 배경에서 훨씬 더 많은 상호작용이 일어나게 할 수 있다. 사람이 많이 사는 도시가 나온다. 우주선의 내부는 호화로우면서 금욕적이다(침략자의 우주선이든 우리 것이든). 유선형의 크롬 도금 장비, 다이얼 장치, 기계 등이 알록달록한 불빛과 이상한 소음을 내면서 정교하고 복잡한 장치임을 암시한다. 또 거대한 상자와 실험 장비가 즐비한 실험실이 있다. 상대적으로 구식으로 보이는 회의실에서는 과학자들이 차트를 펼치고 군인들에게 상황의 심각성을 설명한다. 이런 표준 현장 또는 배경들은 둘 중 한 가지 양상을 띤다. 아직 건재하거나, 파괴되었거나. 운이 좋다면 녹아내리는 탱크, 날아가는 시체, 무너져 내리는 벽, 거대한 분화구와 땅의 균열, 추락하는 우주선, 다채로운 살인 광선도 볼 수 있다. 또 비명, 기이한 전자신호, 군대가 사용하는 무기의 굉음, 말수가 적은 외계 행성 주민과 이들에게 정복당한 지구인의 단조로운 목소리가 이루는 교향곡도 들을 수 있다.

  SF 영화가 주는 원초적 즐거움 가운데 일부(예를 들면 도시 재난이 엄청난 스케일로 묘사된다든가)는 다른 종류의 영화에서도 볼 수 있다. 시각적으로는, 옛날 공포 영화나 괴수 영화에서 재현되는 대규모 파괴와 SF 영화의 그것 사이에는 규모의 차이만 있을 뿐이다. 옛날 괴수 영화에서는 괴수가 항상 대도시로 가서 다리에서 버스를 집어 던지거나 맨손으로 기차를 우그러뜨리거나 건물을 무너뜨리는 등 한바탕 나동을 부린다. 원형이라고 할 수 있는 것은 1933년 어니스트 B. 쇼드색과 메리언 C. 쿠퍼가 만든 걸작 〈킹콩〉이다. 킹콩은 처음에는 원주민 마을에서(아기들을 짓밟기도 하는데 이 장면은 대부분 판본에서 삭제되었다), 이어 뉴욕에서 광분한다. 혼다 이시로의 〈하늘의 대괴수 라돈〉(1957)에서 거대한 파충류 두 마리가(날개 길이가 150미터에 달하고 초음속으로 비행한다) 날개를 퍼덕여 사이클론을 일으켜 도쿄를 거의 초토화하는 장면도 크게 다르지 않다. 비슷하게 혼다의 〈지구방위군〉(1957) 시작 부분에서는 눈에서 무시무시한 소각 광선을 발사하는 거대 로봇이 일본 땅 절반을 폐허로 만든다. 〈우주대전쟁〉(1959)에서는 비행접시 군단이 발사하는 광선이 뉴욕, 파리, 도쿄를 파괴한다. 〈세계가 충돌할 때When Worlds Collide〉루돌프 마테 감독, 조지 팔 제작의 1951년 영화 — 옮긴이에서는 뉴욕이 물에 잠긴다. 조지 팔의 〈타임머신〉(1960)에서는 1966년 런던에 종말이 닥친다. 이런 시퀀스는 성경 시대와 로마 제국을 배경으로 장검, 샌들, 주지육림 등이 등장하는 컬러 스펙터클의 파괴 장면과 같은 미학적 의도를 갖는다. 예를 들면 로버트 올드리치의 〈소돔과 고모라〉에 나오는 소돔의 멸망, 세실 B. 드밀의 〈삼손과 데릴라〉에 나오는 가자의 붕괴, 세르조 레오네의 〈로도스의 거상Il Colosso Di Rodi〉에서 로도스섬의 파괴 그리고 숱한 네로황제 영화에서 이루어지는 로마의 파괴 등. 그리피스가 〈인톨러런스〉의 바빌론 시퀀스로 처음 시작했는데, 오늘날에도 값비싼 세트가 무너지는 장면만큼 짜릿한 볼거리는 없다.

    1950년대 SF 영화에서는 또 다른 측면에서 익숙한 주제를 볼 수 있다. 1930년대에 인기를 누렸던 〈플래시 고든〉과 〈벅 로저스〉의 영화 시리즈와 코믹스 시리즈는 물론, 그 후에 유행한 외계에서 온 코믹북 슈퍼히어로(가장 유명한 예는 핵폭발로 파괴된 크립튼 행성에서 온 업둥이, 슈퍼맨이다)도 최근의 SF 영화와 모티프를 공유한다. 하지만 중대한 차이가 한 가지 있다. 대체로 옛날 SF 영화와 코믹스에는 본질적으로 재앙에 대한 책임이 없다. 아주 오래된 중세 모험담의 새로운 버전이라고 할 수 있다. 비밀스러운 혈통의 강력한 무적 영웅이 선의 편에서 악에 맞서 싸운다. 한편 최근 SF 영화는 시각적 설득력이 훨씬 커진 덕에 이전 영화와 강하게 대비될 정도로 뚜렷하게 암울하다. 오늘날의 역사적 현실은 재난에 관한 상상력을 크게 확장시켰고 주인공은 (그들에게 닥친 재난의 본질 때문에) 전적으로 무고하게 보이지 않는다.

대규모 재난이 판타지로서 갖는 매력은 우리를 평소의 의무에서 벗어나게 해준다는 점에 있다. 〈지구가 불타는 날The Day the Earth Caught Fire〉(1961) 같은 세계 종말 영화에서 최고의 카드는 뉴욕, 런던, 도쿄 등 대도시 인구가 전멸해 도시가 텅 비어버린 대단한 장면이다. 또는 〈더 월드, 더 플레시 앤드 더 데블The World, The Flesh, and The Devil〉(1959)처럼 버려진 대도시를 차지하고 로빈슨 크루소처럼 무에서부터 다시 시작한다는 판타지에 초점을 맞출 수도 있다.

이런 영화가 주는 또 다른 만족감은 도덕의 극단적인 단순화에서 온다. 다시 말해 SF 영화는 잔인하거나 아니면 무도덕한 정서를 표출할 수 있는 도덕적으로 용인되는 판타지다. 이런 면에서 SF 영화는 공포 영화와 부분적으로 겹친다. 인간 범주에서 제외된 기형적 존재를 보며 느끼는 쾌감이 있다는 사실은 부인할 수 없다. 괴물에 대해 느끼는 우월감이 공포와 혐오의 자극과 다양한 비율로 결합되어 도덕적 가책을 버리고 잔인함을 즐길 수 있게 한다. SF 영화에서도 같은 일이 일어난다. 외계에서 온 괴물에는 기괴함, 추악함, 포식성이 결합되어 있어 정당한 공격성을 표출할 가상의 타깃이 되고 고통과 재앙을 미학적으로 즐길 수 있게 한다.

SF 영화는 가장 순수한 형태의 스펙터클 가운데 하나다. 다시 말해 우리는 인물의 감정 안으로는 거의 들어가지 않는다(잭 아널드의 〈놀랍도록 줄어든 사나이〉(1957)는 예외다). 우리는 구경꾼일 뿐이다. 그저 지켜본다.

SF 영화가 공포 영화와 다른 점은 공포가 별로 없다는 것이다. 서스펜스, 충격, 놀라움 등은 꾸준하고 불가역적인 플롯 진행을 위해 대체로 포기한다. SF 영화는 파괴와 폭력을 무감하게, 미학적으로, 다시 말해 **기술적** 관점에서 바라보게 한다. 여기에서는 사물, 물체, 기계가 중요한 역할을 한다. 윤리적 가치는 인물보다도 물리적 환경으로 구현되는 경우가 많다. 무력한 인물보다 사물이 가치의 중심이 되는 까닭은, 사람이 아니라 사물을 힘의 원천으로 경험하기 때문이다. SF 영화에서는 인공물이 없으면 사람은 헐벗은 상태다. 인공물은 여러 가치를 표상하고, 인공물은 강력하며, 파괴를 겪는 것도 인공물이고, 또 인공물은 외계 침략자를 물리치거나 파괴된 환경을 복구하는 데도 반드시 필요한 도구다.

SF 영화는 매우 도덕적이다. SF 영화의 중심 메시지는 과학의 적절하고 인도적인 사용과 강박적인 미치광이 같은 사용의 대립이다. 이런 메시지는 1930년대의 고전 공포 영화 〈프랑켄슈타인〉, 〈미이라 The Mummy〉, 〈잃어버린 영혼들의 섬〉, 〈지킬 박사와 하이드〉 등에서도 볼 수 있다(조르주 프랑주의 걸작 〈얼굴 없는 눈〉(1959)(영어 제목은 〈파우스투스 박사의 공포의 방 The Horror Chamber of Doctor Faustus〉)도 가까운 사례로 들 만하다). 공포 영화에서는 과학자가 주위의 충고를 무시하고 광적이고 집착적이고 잘못된 실험을 하다가 괴물을 만들어내고 그로 인해 자멸한다. 대개는 스스로 실수를 인정하고 자신이 만든 피조물을 파괴하면서 죽음을 맞는다. SF 영화에서는 이와 비슷하게 팀의 일원인 과학자가 외계 침략자들의 과학이 우리의 과학보다 발전했다는 이유로 적에게 투항한다.

〈지구방위군〉에서 이런 일이 일어나는데, 배신자는 역시 마찬가지로 결국 자신의 과오를 깨닫고 외계인의 우주선을 내부에서 폭발시켜 우주선과 함께 최후를 맞는다. 〈우주수폭전〉(1955)에서는 위기에 처한 메탈루나 행성인들이 지구를 침략하려는 계획을 세우는데, 지구에 잠시 살면서 모차르트를 사랑하게 된 메탈루나 과학자 엑서터가 사악한 계획을 무위로 만든다. 엑서터는 매력적인 미국 물리학자 두 명(남자와 여자)을 지구로 되돌려보낸 다음 우주선을 바다로 추락시킨다. 메탈루나는 멸망한다. 〈플라이〉(1958)에서는 지하 실험실에서 물질전송기 실험에 몰두하던 주인공이 자기 자신을 실험 대상으로 삼는데, 집파리가 우연히 기계 안에 들어가는 바람에 머리와 한쪽 팔을 파리와 교환하고 괴물로 변한다. 주인공은 마지막 인간적 의지를 끌어모아 실험실을 파괴하고, 아내에게 자기를 죽이라고 한다. 그의 발견은 인류의 평화를 위해 파괴된다.

SF 영화에서 과학자들은 명백히 지식인으로 분류되는 한편 언제라도 무너지고 막갈 수 있다. 〈우주정복〉(1955)에서는 국제 화성 탐사대의 과학자 겸 지휘관이 우주 비행 중에 갑자기 이

과업의 신성모독적인 면을 우려하며 임무를 제쳐두고 성경을 읽기 시작한다. 지휘관의 아들이자 부관이며 아버지를 늘 '장군'이라고 부르던 인물은 지휘관이 우주선의 화성 착륙을 막으려 하자 어쩔 수 없이 아버지를 죽인다. 이 영화는 과학자에 대한 양가적 태도에 목소리를 부여한다. 일반적으로 이런 영화에서는 과학적 기획이 완전히 긍정적으로 받아들여지려면 유용성을 입증해야 한다. 위험에 효과적으로 대응하는 과학만 양가감정 없이 바라볼 수 있다. 반면 실용적 목적이 없는 순수한 지적 호기심은 희화화되어 나타날 때가 많고 정상적 인간관계와 단절된 광기나 치매처럼 그려진다. 그러나 의심의 대상이 되는 것은 과학적 연구 자체가 아니라 과학자 개인이다. 창의적인 과학자는 우연한 사고가 일어나서 또는 지나치게 멀리 간 탓에 자신이 한 발견의 희생양이 될 수 있다. 그런데 영화는 덜 창의적인 다른 사람이, 이를테면 기술자들이 더 나은 방법으로 더 안전하게 같은 발견에 도달할 수 있었으리라고 암시한다. 지성에 대한 현대의 뿌리 깊은 불신이 SF 영화에서 지식인 과학자를 그리는 방식에 나타난다.

과학자는 통제하지 않으면 자신을 파괴할 수도 있는 힘을 풀어놓는 존재라는 메시지에는 일견 이론의 여지가 없어 보인다. 가장 오래된 과학자 이미지 가운데 하나는 셰익스피어『폭풍』의 프로스페로다. 프로스페로는 사회에서 추방되어 무인도에 유배된 지나치게 고립된 학자로, 자신이 다루는 마법의 힘을 완전히 통제하지 못한다. 비슷하게 고전적인 이미지로 사탄 숭배자인 과학자(파우스트 박사, 에드거 앨런 포와 호손의 단편)도 있다. 과학은 마법이며, 인간은 백마법뿐 아니라 흑마법도 존재한다는 것을 언제나 알았다. 그러나 SF 영화에 나타나는 과학에 대한 현대의 태도는 양가적이며 과학자는 사탄 숭배자일 수도 구원자일 수도 있다고 말하는 것만으로는 충분하지 않을 것이다. 과학자에 대한 오랜 존경심과 두려움이 새로운 맥락에 놓이면서, 양가적 태도 간의 비율도 바뀌었다. 과학자의 영향력이 이제 자기 자신이나 주변 등에 국지적으로만 미치는 게 아니기 때문이다. 이제 지구적으로, 나아가 우주적으로 확장되었다.

핵무기와 핵전쟁의 가능성과 관련한 집단적 트라우마의 존재가 느껴진다. 주로 일본 영화에서 느껴지지만 일본 영화에만 국한되는 것은 아니다. SF 영화 대부분은 이런 트라우마를 증언하고 있고 어떤 면에서는 그것을 떨쳐버리고자 한다.

선사 시대부터 땅 밑에 잠들어 있던 파괴적인 괴물이 우연히 깨어난다는 이야기는 보통 원폭에 대한 명백한 메타포다. 그것 말고도 명시적 언급이 많다. 〈지구방위군〉에서는 미스테로이드 행성에서 온 탐사선이 지구로 와 도쿄 근처에 착륙한다. 미스테로이드에서는 몇 세기 동안 핵전쟁이 벌어졌고(그들의 문명은 "우리 문명보다 더 진보했다") 현재 이 행성에서 태어나는 신생아는 엄청난 양의 스트론튬90이 포함된 먹거리로 인한 기형 때문에 90퍼센트가 출생 시 죽임을 당한다. 미스테로이드인은 지구 여성과 결혼하고 가능하다면 상대적으로 오염이 덜 된 지구를 차지하기 위해서 이곳으로 왔다. 〈놀랍도록 줄어든 사나이〉에서 평범한 주인공은 아내와 뱃놀이를 하다가 난데없이 불어온 방사능 돌풍에 피폭된다. 방사능 때문에 주인공은 점점 작아지고, 급기야 영화의 끝부분에서는 창문 방충망의 미세한 구멍을 통과할 정도로 "무한히 작아진다." … 〈하늘의 대괴수 라돈〉에서는 무시무시한 선사시대의 식인 곤충 떼가 나오고 급기야는 거대한 비행 파충류(익룡) 한 쌍이 핵실험 폭발의 충격으로 광산 갱도 깊은 곳에 잠들어 있던 알에서 부화해 지구의 상당 부분을 파괴하고 결국은 화산 폭발로 분출된 용암에 불타 죽는다. 영국 영화 〈지구가 불타는 날〉에서는 미국과 러시아가 동시에 수소폭탄 실험을 진행하는 바람에 지구의 자전축이 11도 기울어지고 공전 궤도가 바뀌어 지구가 태양에 가까워진다.

방사능으로 인한 피해 때문에 결국 전 세계가 핵실험과 핵전쟁에 희생되리란 생각은 SF 영화가 다루는 개념 중에서도 가장 불길하고 암울하다. 우주가 소모품처럼 취급된다. 세계가 오염되고, 불타고, 고갈되고, 쓸모없어진다. 〈로켓십 X-M Rocketship X-M〉(1950)에서는 지구 탐사선이 화성에 착륙하지만 핵전쟁으로 화성 문명이 파괴되었음을 알게 된다. 조지 팔의 〈우주 전쟁〉(1953)에서는 악어가죽 같은 피부에 팔다리가 가늘고 불그스름한 화성 생명체가 지구를 침략한다. 자기네 행성은 너무 추워서 생명체가 살 수 없는 상태가 되었기 때문이다. 역시 미국 영화인 〈우주수폭전〉에서 메탈루나 행성 주민은 전쟁 때문에 오래전부터 땅 밑으로 들어가 살고 있고 적 행성의 미사일 공격으로 절멸 위기다. 메탈루나를 보호하는 방어막을 유지하는 데 필요한 우라늄이 고갈되어, 새로운 핵에너지원을 개발하려고 지구로 원정대를 파견해 과학자들을 데려오지만 성과가 없다. 조지프 로지의 〈저주받은 아이들〉(1961)에서는 미친 과학자가 얼음처럼 차갑고 방사능을 내뿜는 아이들 아홉 명을 영국 해안 지방에 있는 컴컴한 동굴 안에서 키우고 있다. 이 아이들은 피할 수 없는 핵전쟁으로 종말이 닥칠 때 유일한 생존자가 될 것이다.

SF 영화에는 희망적 사고가 무척 많이 담겨 있는데, 그 가운데는 감동적인 것도 있지만 우려스러운 것도 있다. 이런 영화에서는 도덕적 문제를 제기하지 않고 도덕적 기준 자체를 인정하지 않는 '좋은 전쟁'에 대한 갈망이 계속 느껴진다. SF 영화의 이미지는 전쟁 영화광들의 호전적 취향도 만족시킬 만하다. 전쟁 영화가 주는 쾌감 가운데 상당 부분이 고스란히 SF 영화로 옮겨졌다. 예를 들어 〈우주대전쟁〉에서는 지구의 '전투 로켓'과 외계인의 우주선 사이에서 공중전이 벌어진다. 〈지구방위군〉에서 침략자를 연달아 공격하면서 점점 화력이 높아지는 것을 두고 대니얼 탤벗은 논스톱 홀로코스트라고 정확히 지적했다. 〈우주수폭전〉에서는 메탈루나의 지하 요새 폭격 장면이 장대하게 펼쳐진다.

그렇지만 SF 영화의 호전성은 평화, 최소한 평화 공존에 대한 갈망으로 이어진다. 흔히 어떤 과학자가 나와서 다른 행성의 침공을 겪고 나서야 지구상의 적대 국가들이 정신을 차리고 분쟁을 멈추게 되었다며 진지하게 평하기도 한다. SF 영화의 주요 테마 가운데 하나는 (특히 군사적 스펙터클을 펼칠 예산과 자원이 있는 컬러 영화의 경우) 유엔이라는 환상, 협력하는 연합군이라는 환상이다(SF 영화는 아니지만 최근에 개봉한 스펙터클 영화 가운데 한 편인 〈북경의 55일〉(1963)에도 이런 연합군에 대한 희망적 환상이 담겼다. 이 영화에서는 중국인, 의화단원 등이 화성 침략자를 대신해서 지구인(미국, 영국, 러시아, 프랑스, 독일, 이탈리아, 일본)을 하나로 단결시키는 역할을 맡는다). 큰 재앙이 닥치면 적개심은 모두 접고 지구의 자원을 최대한 집중하게 된다.

과학과 기술이 궁극의 통합을 이루리라고 여기기 때문에 SF 영화도 유토피아적 환상을 제시한다. 유토피아적 사고의 고전적 모델에서는(플라톤의 공화국, 토마소 캄파넬라의 태양의 나라, 토머스 모어의 유토피아, 스위프트의 후이넘의 나라, 볼테르의 엘도라도) 사회가 완벽한 합의를 이룬 상태로 묘사된다. 이런 사회에서는 이성이 감정에 대해 절대적 우위를 차지한다. 불일치나 사회 갈등은 지적으로 합리적이지 않으므로 있을 수 없다. 멜빌의 〈타이피 Typee〉에서처럼 "모두 똑같은 생각을 한다." 이성의 보편적 지배는 보편적 합의를 뜻한다. 이성이 완전히 절대적으로 우월한 것으로 묘사되는 사회는 또 전통적으로 금욕적이고 물질적으로 검소하며 경제적으로 단순한 삶의 방식을 유지하는 것으로 묘사된다는 점이 흥미롭다. 그렇지만 SF 영화에서 그려지는 유토피아적 세계 공동체, 곧 완전히 평화롭고 과학적 합의를 기반으로 통치되는 세계는 물질적으로 소박한 삶에 대한 요구와는 전혀 부합하지 않는다.

사실 도덕적 단순화와 국제 협력이라는 낙관적 판타지의 이면에는 오늘날의 현실에 대한 깊은 불안이 숨어 있다. 원폭의 생생한 트라우마, 곧 실제로 핵폭탄이 사용되었고 현재 지구에 전 인류를 수차례 죽이고도 남을 만큼의 폭탄이 존재하며 이 폭탄이 실제로 사용될 가능성이 있다는 불안이 실재하지만, 이것이 전부는 아니다. SF 영화는 이런 물리적 재앙, 광범위한 파괴나 심지어 절멸에 대한 불안 외에도 개인의 정신 상태에 대한 강력한 불안을 반영한다.

SF 영화는 비인격적인 존재에 대한 현대의 **부정적** 상상력을 담은 대중적 신화라고도 할 수 있다. '우리'에게 침투하려 하는 외계 생명체는 'they(그들)'가 아니라 'it(그것)'으로 지칭된다. 외계 침략자는 보통 좀비를 닮았다. 움직임이 차갑고 기계적이거나, 아니면 둔하고 불분명하다. 어느 쪽이든 결국 다르지 않다. 형태가 인간이 아니라면 완벽히 일정하게 불가역적으로 움직인다(파괴하지 않으면 멈출 수 없다). 인간 형태를 하고 있다면(우주복을 입고 있다든가) 매우 엄격한 군사 규율을 따르며 개인적인 특성은 전혀 드러내지 않는다. 이들이 만약 지구를 점령한다면 감정과 인격이 없고 획일화된 통제 체제를 강요할 것이다. "더 이상 사랑도, 아름다움도, 고통도 없어." 〈신체 강탈자의 침입〉(1956)에서 외계 생명체로 개조된 사람이 말한다. 〈저주받은 자들의 마을Village of the Damned〉(1960)에서 반은 지구인 반은 외계인인 아이들은 감정이 전혀 없고 무리로 움직이며 서로 생각을 공유하고 엄청나게 지능이 높다. 이들은 미래의 물결, 진보의 다음 단계에 이른 인간이다.

　　　이 외계인들은 살인보다 더한 범죄를 저지른다. 그냥 사람을 죽이기만 하는 게 아니다. 완전히 소멸시킨다. 〈우주 전쟁〉에서는 우주선에서 발사되는 광선에 닿으면 인간이든 사물이든 한 줌의 재만 남기고 흔적도 없이 사라진다. 혼다 이시로의 〈미녀와 액체 인간〉(1958)에서는 덩어리 같은 것이 바닥을 기어다니는데 거기에 살이 닿으면 그냥 녹아버린다. 바닥을 기고 벽을 타고 오르는 거대한 젤리 같은 덩어리에 맨발로 닿았다가는 바닥에 옷무더기만 남기고 순식간에 흔적도 없이 사라질 것이다(이것보다 더 형태가 구체적이고 크기가 점점 커지는 덩어리가 영국 영화 〈쿼터매스 익스페리먼트Quatermass Xperiment〉(1955) 미국에서는 〈The Creeping Unknown〉이라는 제목으로 개봉했다— 옮긴이의 악당이다). 이 판타지의 다른 버전에서는 신체는 보존되지만 사람은 완전히 달라져서 외계의 힘에 조종되는 자동인형 같은 하수인이나 앞잡이가 된다. 뱀파이어 환상이 새로운 옷을 입은 것이다. 그 사람은 사실 죽었지만, 자신이 죽었다는 사실을 모른다. '언데드'이며 '비인간'이 되었다. 〈신체 강탈자의 침입〉에서는 캘리포니아에 있는 한 마을 전체가 이런 상태가 되고, 〈우주수폭전〉의 과학자들, 〈아웃 스페이스〉(1953), 〈꼭두각시 인간의 습격Attack of the Puppet People〉(1958) 이 영화는 미치광이 과학자가 자기를 거스르는 사람을 인형으로 만들어버리는 줄거리라 사실 맥락이 조금 다르다— 옮긴이, 〈뇌를 먹는 자들The Brain Eaters〉(1958)에서는 다양한 무고한 사람들이 이렇게 된다. 뱀파이어 이야기에서 사람들이 뱀파이어의 끔찍한 포옹을 피해 물러서는 것처럼 SF 영화에서도 사람은 언제나 '장악'당하지 않으려고 싸운다. 인간성을 지키려고 한다. 그러나 일단 장악되고 나면 희생자는 자신의 상태에 현저히 만족한다. 다만 이렇게 바뀐 사람이 오래된 뱀파이어 환상에서처럼 온화한 인간성을 버리고 포악한 '동물적' 충동(성적 충동의 과장된 은유)에 휩싸이는 쪽으로 바뀌지는 않는다. 더 효율적인 인간이 되었을 뿐이다. 감정과 자유의지가 사라지고, 평온히 명령에 복종하는 기술 지배 사회의 모범적 인간이 된다(〈킹콩〉에서처럼, 전에는 인간 본성 이면에 있는 어두운 비밀은 동물성의 폭발이었다. 인간성을 위협하는 것, 곧 비인간화될 가능성은 인간 자신의 동물성에 있었다. 지금은 이런 위험이 인간이 기계가 될 가능성에 있다고 인식된다).

SF 영화의 보편적 규칙은 이 끔찍하고 돌이킬 수 없는 형태의 살인이 주인공을 제외한 누구에게나 닥칠 수 있다는 것이다. 주인공과 가족은 엄청난 위험에 직면하긴 하나 결국은 위기에서 벗어나고 영화가 끝날 때 침략자는 격퇴되거나 파괴된다. 내가 아는 예외가 딱 하나 있는데, 〈화성이 지구를 침공한 날The Day Mars Invaded Earth〉(1963)에서는 과학자 주인공과 아내, 두 아이가 예의 저항을 하고도 외계 침략자들에게 '장악'당하고 그렇게 영화는 끝이 난다(영화 마지막 장면에서 화성인의 광선을 맞고 불에 타 재가 된 가족의 실루엣이 텅 빈 수영장 바닥에 남아 있다가 물에 씻겨 내려가고, 이들의 복제 인간들이 차를 타고 떠난다). 이 규칙의 변형이자 낙관적인 변용으로 〈휴머노이드의 창조The Creation of the Humanoids〉(1962)가 있다. 주인공은 영화 끝부분에서 자기 자신도 몸 안에 파괴할 수 없는 고효율 기계장치를 장착한 금속 로봇으로 바뀌었음을 발견한다. 그렇단 사실을 전혀 몰랐고 자기가 달라진 것을 전혀 느끼지도 못했음에도. 주인공은 자신이 곧 진짜 인간의 특징을 전부 갖춘 '휴머노이드'로 업그레이드되리란 것을 알게 된다.

SF 영화에서 반복되는 모티프 가운데에서도 비인간화라는 주제가 가장 매혹적인 듯하다. 말했듯이 과거의 뱀파이어 영화와 달리 SF 영화에서는 흑과 백이 선명하게 나뉘지 않고 비인간화에 대해 복합적인 태도를 보인다. 한편으로는 최악의 공포로 여기고 경계한다. 다른 면에서 보면 비인간화되고 규율화되고 위장된 침략자들의 어떤 특성, 곧 감정보다 이성을 중시하는 것, 협업의 이상화, 과학을 통한 합의 형성, 도덕적 단순화의 수준 등은 다름 아닌 '구원자로서 과학자'의 특징이기도 하다. 흥미롭게도 이런 영화에서 부정적으로 묘사되는 과학자는 보통 실험실에 틀어박혀 사랑하는 약혼자나 아내나 자식을 소홀히 하고 대담하고 위험천만한 실험에 몰두하는 개인으로 그려진다. 반면 팀의 충실한 일원이며, 따라서 개별성이 낮은 과학자는 훨씬 존경할 만한 모습으로 다뤄진다.

SF 영화에는 사회 비판이란 것이 없다. 암시적인 형태로조차 들어가지 않는다. 예를 들어 SF 영화에는 비인격화와 비인간화를 유발하는 우리 사회의 조건에 대한 비판은 없고, 이런 현상은 외계에서 온 it(그것)의 영향으로 치부된다. 또 과학이 사회적·정치적 이해와 맞물린 사회적 활동이라는 생각이 들어갈 자리도 없다. 과학은 단순히 (선이나 악을 위한) 모험이거나 아니면 위험에 대한 기술적 대응이다. 그리고 과학에 대한 두려움이 정점에 달할 때(과학이 백마법이 아닌 흑마법으로 그려질 때) 악의 원인은 오로지 어떤 과학자 개인의 비뚤어진 의지에 돌려진다. SF 영화에서 흑마법과 백마법의 대립은 유익한 기술과 잘못된 길로 접어든 고립된 지식인의 개인적 의지 간 대립이 된다.

따라서 SF 영화는 주제상 현대의 전형적 태도를 반영한 알레고리로 볼 수 있다. 지금까지 이야기한 비인간화('장악'당함)는 이성적인 인간도 언제나 광기와 비이성에 위험스러울 정도로 가까이 있다는 오래된 인식을 반영하는 새로운 알레고리다. 그러나 SF 영화가 인간 정신의 정상성에 관한 유구하면서도 대체로 무의식적인 불안을 표현하는 최신 유행하는 이미지에 그치는 것은 아니다. 이 이미지가 갖는 힘은 현대 도시 생활의 비인간적인 조건에 관한 (역시 대체로 **의식적으로** 경험하지 못하는) 또 다른 오래된 불안감에서 나온다. 이에 더해 SF의 알레고리는 죽음에 대한 인간의 유구한 불안에 관한(곧 죽음을 받아들이며 또 부인하는) 새로운 신화라고 말할 수 있으나(천국과 지옥, 유령 등의 신학도 같은 기능을 한다), 이게 다는 아니다. 실제 역사가 뜻밖의 방향으로 전개된 바가 있었기 때문에 이런 불안이 더욱 심화된다. 20세기 중반에 전 세계가 겪은 트라우마 때문에, 이제 인류 역사가 끝나는 날까지 모든 사람은 확실히 다가오는 개인의 죽음이라는 위협뿐 아니라 언제라도 아무 경고 없이 닥칠 수 있는 집단적 소각과 멸종이라는 심리적으로 감당하기 어려운 위협에도 시달려야 한다.

심리적 관점에서 재앙에 대한 상상력은 이 시대나 저 시대나 크게 다르지 않다. 그러나 정치적이고 도덕적인 관점에서는 차이가 있다. 종말이 닥치리라는 기대 때문에 사회에서 아예 이탈하는 경우도 있다. 17세기, 사바타이 제비가 메시아로 선포되었고 세계의 종말이 임박했다는 말을 듣고 동유럽 유대인 수천 명이 집과 생업을 버리고 팔레스타인으로 떠났을 때가 그런 예다. 그러나 사람들은 종말의 소식을 다양한 방식으로 받아들인다. 1945년 베를린 시민들은, 히틀러가 전쟁에서 이기지 못한 책임을 물어 시민들을 연합군이 도착하기 전에 모두 죽이기로 했다는 소식을 듣고도 크게 동요하지 않았다고 한다. 안타깝게도 우리가 처한 상황은 17세기 동유럽 유대인보다 1945년 베를린 시민에 가깝고, 우리의 반응도 그쪽과 유사하다. 내가 하려는 말은 SF에 나오는 재난의 이미지가 **부적절한 반응**의 표상이라는 것이다. 그렇다고 해서 이 영화들을 폄하하려는 것은 아니다. 이들 영화는 사람들이 의식에 침투한 받아들일 수 없는 공포에 대체로 부적절하게 반응하고 있음을 투박한 방식으로 보여주는 사례일 뿐이다. 이 영화들은 영화적인 매력도 상당하지만, 순진하고 대체로 저급한 상업예술과 현대사회의 가장 심각한 딜레마가 교차하는 지점을 드러낸다는 점에서 흥미롭다.

우리가 사는 시대는 말 그대로 극단의 시대다. 우리는 무시무시하고 상반되는 듯 보이는 두 가지 지속적인 위협 아래에서 산다. 그 두 가지는 끝없는 진부함과 상상조차 할 수 없는 공포다. 대중예술이 다량으로 제공하는 판타지를 통해 많은 이들이 이 두 가지 쌍둥이 유령에 대처하며 산다. 판타지는 두 가지 기능을 하는데, 첫째로 우리를 현실을 떠난 색다르고 위험한 상황으로 데려가고 마지막 순간에 해피 엔딩으로 끝을 맺음으로써 참을 수 없이 따분한 삶에서 벗어나게 하고 (실제든 상상한 것이든) 공포에서 눈을 돌리게 해준다. 또 다른 기능은 심리적으로 견딜 수 없는 것을 정상화해서 우리가 그것에 익숙해지게 하는 것이다. 첫 번째 기능으로 판타지는 세상을 미화한다. 두 번째로는 중화한다.

SF 영화의 판타지는 두 가지 기능을 한다. SF 영화는 세계적인 불안을 다루는 한편 그것을 달래는 역할을 한다. 방사능 방출, 오염, 파괴의 과정에 대해 묘한 무감함을 심어주기도 하는데, 나는 이 점을 불안하고 암울하게 느낀다. 영화의 단순성이 타자성과 이질성을 지극히 익숙한 것으로 깔끔하게 길들여버린다. 특히 SF 영화의 대사는 대체로 엄청나게 진부하면서 종종 감동적이어서 의도하지 않은 재미를 자아낸다. "빨리 와봐요, 욕조에 괴물이 있어요"라든가 "우리가 뭔가를 해야 합니다"라든가 "잠깐만요, 교수님. 누군가에게서 전화가 왔습니다", "하지만 도무지 믿기지 않는군요", 또 미국 영화의 단골 대사인 "효과가 있었으면 좋겠군!" 등을 장려한 화면과 귀청이 떨어지는 대파괴를 배경으로 들으면 웃음이 터져 나온다. 그렇지만 이 영화들에는 진짜 고통과 심각한 진지함도 담겨 있다.

이 영화들은 전부 혐오스러운 것과 공모한 듯한 느낌을 준다. 말했듯이 영화가 혐오스러운 것을 중화한다. 어쩌면 관객을 재현된 대상과 공모하게끔 원 안으로 끌어들이는 일반 예술의 방식과 다르지 않을 수도 있다. 그러나 이런 영화에서는 (말 그대로) 생각할 수 없는 것이 공모의 대상이 된다. "생각할 수 없는 것을 생각하는 것"(미래학자 허먼 칸처럼 예측을 하는 게 아니라 환상을 품는 것)은 의도했든 아니든 도덕적 관점에서 문제가 될 수 있다. 이런 영화들은 정체성, 의지, 권력, 지식, 행복, 사회적 합의, 죄책감, 책임감 등에 관한 클리셰를 반복하는데 줄잡아 말하더라도 오늘날 극단적인 사회에 대처하는 데는 도움이 되지 않는다. 집단적 악몽이 지적으로, 도덕적으로 잘못된 것임을 입증한다고 해서 그것이 사라지지는 않는다. 그러기에는 SF 영화에 다양한 방식으로 투영되는 이런 악몽이 우리 현실에 너무 가까이 있다.

(1965)

잭 스미스의 〈황홀한 피조물들〉

잭 스미스 〈황홀한 피조물들〉의 축 늘어진 페니스와 흔들리는 가슴의 클로즈업, 마스터베이션과 구강성교 장면에서 유일하게 아쉬운 점은 이 장면들 때문에 이 대단한 영화에 대해 그냥 이야기할 수가 없다는 점이다. 먼저 영화를 옹호해야 하기 때문이다1964년 3월 뉴욕 경찰은 이 영화 상영장을 급습하여 필름을 압수하고 주최자와 관객을 체포했으며 영화는 손택과 메카스 등이 항의했음에도 법원에서 상영 금지 판결을 받았다―옮긴이. 그렇지만 이 영화를 그냥 이야기하든 옹호하든 실제보다 덜 도발적이고 덜 충격적인 것으로 포장하고 싶지는 않다. 요약하자면, 〈황홀한 피조물들〉에는 여자 두 명과 훨씬 많은 수의 남자들이 나와서 대부분 중고 가게에서 산 듯한 화려한 여성복을 입고 희롱하고 포즈를 취하고 어울려 춤을 추고 관능, 성적 광란, 로맨스, 흡혈 등의 다양한 장면을 연출하는 가운데 라틴 팝 인기곡(〈시보니〉, 〈아마폴라〉), 로큰롤, 거슬리는 바이올린 연주, 투우 음악, 중국 노래, '하트 모양 립스틱'이라는 새로운 브랜

드 제품의 괴상한 광고 문구 등이 흘러나오고, 여장을 한 남자들이 립스틱을 시연하며, 가슴이 풍만한 여성이 집단강간을 당하며 비명을 지르는 소리가 합창으로 나오는데, 강간이 다행히 난교로 바뀐다. 두말할 것도 없이 〈황홀한 피조물들〉은 터무니없으며, 또 그럴 의도로 만들어졌다. 제목만 봐도 알 수 있다원제목은 〈타오르는 피조물들Flaming Creatures〉이다—옮긴이.

포르노그래피를 성적 욕망을 자극할 명백한 의도와 기능이 있는 이미지로 정의한다면, 〈황홀한 피조물들〉은 포르노그래피가 아니다. 이 영화의 나체와 다양한 성적 접촉(전통적 방식의 이성 간 교합이 없다는 점이 눈에 띈다)은 너무 애절하고 너무 천진난만하게 그려져 외설성이 없다. 스미스가 그린 성의 이미지는 감상적이거나 욕정적이기보다 어린아이 같고 익살스럽다.

경찰이 〈황홀한 피조물들〉에 적대적인 것은 그럴만하다. 안타깝지만 스미스의 영화는 법정 투쟁을 피할 수 없을 것이다. 실망스러운 것은 성숙한 지식인이나 예술인 공동체에 속한다고 하는 사람들마저 이 영화에 대체로 무관심, 결벽증적 태도, 심지어 적대감을 드러낸다는 사실이다. 이 영화를 지지하는 사람들은 영화 제작자, 시인, 젊은이 들로 이루어진 그리니치 빌리지의 충성스러운 패거리뿐인 듯하다. 〈황홀한 피조물들〉은 아직 컬트의 대상에 머물러 있다. 잡지 《필름 컬처Film Culture》를 중심으로 활동하는 뉴 아메리칸 시네마 그룹1960년대 할리우드의 상업성에 반기를 든 언더그라운드의 실험적·독립적 영화 제작자들. 요나스 메카스, 잭 스미스, 셜리 클라크, 앤디 워홀 등—옮긴이의 특별 전시품일 뿐이다. 꿋꿋이 심지어 영웅적으로 스미스의 영화를 비롯한 여러 실험적 작품이 상영될 수 있게 고군분투한 요나스 메카스에게 모두 감사해야 한다. 그렇지만 메카스나 그 무리의 발언이 지나치게 날카롭고 종종 배타적이라는 점도 인정하지 않을 수 없다. 메카스는 〈황홀한 피조물들〉을 비롯한 새로운 영화들이 기존 영화 역사에서 전례가 없는 완전히 새로운 영화라고 주장하는데, 그건 가당치 않다. 이런 호전적 태도는 잭 스미스 영화의 장점을 보기 어렵게 해 오히려 해를 끼친다. 〈황홀한 피조물들〉은 충격을 다루는 시적 영화라는 특정 전통에 속하는, 짧지만 가치 있는 영화다. 루이스 부뉴엘의 〈안달루시아의 개〉와 〈황금시대〉, 세르게이 예이젠시테인의 첫 번째 영화 〈파업Strike〉의 일부, 토드 브라우닝의 〈프릭스Freaks〉, 장 루슈의 〈미친 주술사들Les Maîtres-Fous〉, 조르주 프랑주의 〈짐승의 피〉, 얀 레니차의 〈미로Labirynt〉, 케네스 앵거의 〈파이어웍스Fireworks〉와 〈스콜피오 라이징Scorpio Rising〉, 노엘 버치의 〈수련Noviciat〉 등이 이 전통에 속한다.

미국 초기 아방가르드 감독들(마야 데렌, 제임스 브로턴, 케네스 앵거)은 기술적으로 상당히 정교한 단편영화를 만들었다. 저예산임에도 색채, 카메라워크, 연기, 이미지와 사운드 동기화 등이 극히 전문적이다. 반면 미국 영화의 새로운 아방가르드 감독들(잭 스미스와 론 라이스 등이 여기 포함되지만 그레고리 마르코풀로스나 스탠 브라카지Stan Brakhage는 아니다)은 고의적인 기술적 조악함을 특징으로 삼는다. 새로운 영화는 (좋은 작품이든 고리타분한 작품이든 간에) 기술의 모든 요소에 지독히 무관심한 태도를 보이며 의도된 원시성을 드러낸다. 이것이 지극히 현대적이고 미국적인 스타일이다. '감정을 죽이는 정신과 자발적인 감정의 대립'이라는 유럽 낭만주의의 오래된 클리셰가 미국처럼 오래 지속되는 곳은 세계 어디에도 없을 것이다. 미국에는 깔끔하고 세심한 기술이 자발성, 진실, 직접성을 저해한다는 믿음이 확고하다. 아방가르드에서 현재 널리 쓰이는 기술(기술에 반대하려 해도 기술이 필요하므로)이 이런 신념을 드러낸다. 음악에서는 작곡과 연주에서 우연성을 강조하고 새로운 소리를 찾거나 전통적 악기를 변형하는 등의 새로운 방식을 시도한다. 회화와 조각에서는 영구적이지 않은 재료나 발견된 재료를 선호하고 대상을 소멸하는(한 번 쓰고 버리는) 환경이나 '해프닝'으로 바꾼다. 〈황홀한 피조물들〉은 나름의 방식으로 예술 작품의 일관성이나 기술적 완성도에 대한 조소를 보여준다. 이 영화에는 줄거리도, 전개도, (내가 센 바로는) 일곱 개 시퀀스 사이에 순서도 없다. 어떤 화면의 과다 노출은 과연 실제로 의도된 것일까 하는 의문을 갖게 한다. 어떤 시퀀스도 길이가 더 길거나 짧을 필요 없이 적당하다는 확신을 주지 않는다. 숏의 구도도 전통적인 방식을 따르지 않는다. 머리가 잘리거나 상관없는 인물이 가장자리에 나타나기도 한다. 카메라는 거의 내내 핸드헬드로 촬영했고 이미지가 종종 흔들린다(난교 장면에서 큰 효과를 발휘하는데 이건 분명히 의도된 것일 터이다).

하지만 〈황홀한 피조물들〉의 기술적 아마추어리즘은 최근의 다른 언더그라운드 영화에서처럼 실망스럽지는 않다. 스미스는 시각적으로 매우 후해서, 거의 모든 순간 화면에 볼만한 것이 엄청 많다. 또 이미지가 특별히 강렬하고 아름답다. 강한 이미지의 효과가 더 잘 계획했더라면 좋았을 미약한 이미지 때문에 약화되긴 하지만. 오늘날에는 기법에 대한 무관심이 '아무것도 없음'으로 나타날 때가 많다. 계산된 예술에 대한 저항이 미적 금욕주의의 형태를 취하기도 한다(많은 추상 표현주의 회화가 이런 금욕적 특징을 띤다). 하지만 〈황홀한 피조물들〉은 다른 미학을 따르며, 풍성한 시각적 재료가 가득하다. 여기에는 무엇에 대한 사상도 상징도 해설도 비평도 없다. 스미스의 영화는 철저하게 감각을 위한 영화다. 이런 점에서 '문학적' 영화(프랑스 아방가르드 영화의 상당수가 여기 속한다)와 정반대라고 할 수 있다. 〈황홀한 피조물들〉이 주는 즐거움은 본 것을 이해하고 해석하는 데서 오는 즐거움이 아니다. 이미지 자체의 직접성, 힘, 호사스러움에서 온다. 진지한 현대예술 대부분과 달리 이 영화는 자아의 좌절이나 교착상태 등을 다루지 않는다. 따라서 스미스의 투박한 기법은 〈황홀한 피조물들〉이 구현하는 감수성, 생각을 거부하고 부정을 넘어서 존재하는 감수성에 훌륭하게 맞아떨어진다.

〈황홀한 피조물들〉은 기쁨과 순수를 다루는 보기 드문 현대예술 작품이다. 이런 기쁨과 순수함은 (일반적 기준에서) 변태적이고 퇴폐적이며 적어도 고도로 연극적이고 인위적이라고 할 테마들로 구성되어 있긴 하다. 그렇지만 바로 그 점이 이 영화의 아름다움이자 현대성이라고 생각한다. 〈황홀한 피조물들〉은 현재 어떤 장르에서 '팝아트'라는 가벼운 이름으로 불리는 것의 멋진 표본이다. 스미스의 영화에는 팝아트의 특징인 엉성함, 자의성,

느슨함이 있다. 또 팝아트의 유쾌함, 천진함, 도덕주의에서 벗어난 짜릿한 자유도 담고 있다. 팝아트 운동의 중대한 미덕 가운데 하나는 주제에 대해 어떤 **입장**을 가져야 한다는 낡은 당위를 깨어버렸다는 점이다(당연한 이야기지만 내가 어떤 입장을 반드시 취해야 하는 사건이 있음을 부인하는 것은 아니다. 이런 사건을 다루는 예술 작품의 극단적 사례로 『대리인』을 들 수 있다. 내가 하려는 말은 삶의 어떤 요소, 특히 성적 쾌락에 대해서는 반드시 입장을 가질 필요가 없다는 것이다). 훌륭한 팝아트 작품들은 무엇보다 예술이 묘사하는 것에 그리고 삶에서 경험하는 것에 반드시 찬성하거나 반대해야 한다는 낡은 의무를 버리라고 한다(그러니 팝아트를 새로운 형태의 순응주의나 대중문화의 산물에 대한 무비판적 숭배의 징후로 본다면 둔감하다고밖에 할 수 없다). 팝아트는 전에는 모순으로 보였던 태도들을 신선하고 놀랍게 결합한다. 이렇듯 〈황홀한 피조물들〉은 성에 대한 탁월한 패러디인 동시에 서정성과 에로틱한 충동을 가득 담고 있다. 순전히 시각적인 관점에서 보아도 이 영화는 모순이 가득하다. 레이스 텍스처, 떨어지는 꽃, 회화적 장면 등의 의도적인 시각적 효과가 여성적이고 보기 좋은 몸이 앙상하고 털투성이인 몸과 뒤엉켜 춤추고 사랑을 나누는 무질서하고 즉흥적인 장면 안에 놓인다.

이 영화의 주제를 트랜스베스티즘transvestitism(복장도착)의 시詩로 볼 수도 있다. 《필름 컬처》는 〈황홀한 피조물들〉에 제5회 독립영화상을 수여하면서 잭 스미스에 대해 이렇게 말했다. "변태적인 것에 대한 호기심이나 동정이 아니라 영광, 트랜실베스티아transylvestia 〈드라큘라〉의 배경인 트랜실바니아와 트랜스베스티즘을 합친 말인 듯하다ㅡ 옮긴이의 향연, 요정나라의 마법을 안겨주었다. 스미스는 삶의 한 부분, 흔히 멸시당하는 부분을 밝게 비추었다."〈황홀한 피조물들〉은 사실 동성애보다는 간성성間性性에 더 중점을 둔다. 스미스의 비전은 히에로니무스 보슈가 그린 천국과 지옥 그림의 비전과 비슷하다. 부끄러움을 모르고 뒤엉킨 천진한 육체가 가득하다. 케네스 앵거의 〈파이어웍스〉나 장 주네의 〈사랑의 찬가 Chant d'Amour〉 등 동성애의 아름다움과 공포를 다룬 진지하고 감동적인 영화와 달리 스미스의 영화 속 인물은 남자인지 여자인지 쉽게 구분할 수 없다는 점이 중요하다. 이들은 '피조물creature'이며, 간성적이고 다형적인 기쁨으로 '타오른다flaming.' 이 영화는 모호함과 양가성의 복잡한 그물로 구성되었고 남성과 여성 육체의 혼란이 중심 이미지로 자리한다. 흔들리는 가슴과 흔들리는 페니스는 서로 교환할 수 있는 것이 된다.

  보슈는 기이하고 멈춰 있는 이상적인 자연을 구성하고 그 안에 벌거벗은 인물들, 고통과 쾌락의 양성적 이미지를 배치했다. 잭 스미스의 영화에는 배경이랄 게 없지만(실내인지 실외인지조차 알기 어렵다) 의상, 몸짓, 음악 등을 이용해 극히 인공적인 경관을 제공한다. 구태의연한 노래, 광고, 옷, 춤, 진부한 영화에서 가져온 환상적 요소를 배경으로 간성의 신화를 펼친다. 〈황홀한 피조물들〉의 텍스처는 '캠프'의 재료를 이용한 풍부한 콜라주로 이루어졌다. 흰옷을 입은 여자(여장 남자)가 머리를 살짝 숙이고 백합 줄기를 들고 있고, 관에서 나온 수척한 여자는 뱀파이어이자 남자임이 드러나고, 커다란 짙은 색 눈에 검은 레이스 베일을 쓰고 부채를 든 화려한 스페인 무용수(역시 여장 남자)가 나오는가 하면, 〈아랍의 족장Sheik of Araby〉1921년 루돌프 발렌티노 주연의 영화〈족장〉의 인기에 편승한 당시 유행가다. 손택이 시각적 요소를 언급하는 것으로 보아 노래가 아니라 영화를 염두에 둔 말일 듯하다─옮긴이에서 영감을 받았을 부르누스burnoose 북아프리카와 중동 사막 지역에서 입는 길고 후드가 달린 망토─옮긴이를 입은 남자들이 누워 있고 아랍인 요부가 무심하게 한쪽 가슴을 드러낸 장면이 있고, 두 여자가 꽃과 천 위에 누운 장면은 1930년대 초에 스턴버그가 감독한 마를레네 디트리히 영화의 밀도 높고 혼잡한 질감을 떠올리게 한다. 스미스가 끌어오는 이미지와 질감의 어휘에는 라파엘전파pre-Raphaelite의 나른한 감각, 아르누보, 1920년대 스페인과 아랍풍의 이국적 미학, 대중문화를 향유하는 현대의 캠프 스타일 등이 포함된다.

　〈황홀한 피조물들〉은 세계에 대한 예술적 비전을 보여주는 성공적 사례이며 이런 비전은 아마 늘 본질적으로 양성성을 띨 것이다. 하지만 미국에서는 아직 이런 유형의 예술이 제대로 이해되지 못한다. 〈황홀한 피조물들〉이 움직이는 공간은 미국 비평가들이 전통적으로 예술을 위치 짓곤 했던 도덕적 관념의 공간이 아니다. 내가 하고 싶은 말은, 〈황홀한 피조물들〉을 부정적으로 평할 수밖에 없는 도덕적 공간만 존재하는 것이 아니라 미학적 공간, 쾌락의 공간도 있다는 것이다. 잭 스미스의 영화는 이런 공간에서 움직이고 이곳에 존재한다.

(1964)

레네의 〈뮈리엘〉

〈뮈리엘Muriel〉은 지금까지 나온 알랭 레네의 장편영화 세 편 가운데 가장 난해하긴 하나, 앞의 두 작품과 같은 주제에서 비롯되었다고 볼 수 있다. 레네는 매우 독립적인 각본가를 써서 (〈내 사랑 히로시마〉는 마르그리트 뒤라스, 〈지난해 마리앙바드에서〉는 알랭 로브그리예, 〈뮈리엘〉은 시인 장 카이롤Jean Cayrol이 각본을 맡았다) 세 작품의 문체는 저마다 독특하지만 표현할 수 없는 과거의 탐색이라는 공통 주제로 수렴된다. 레네의 새 영화에 마치 옛날 소설처럼 붙어 있는 부제에서도 이 주제가 드러난다. 이 영화 제목은 〈뮈리엘, 또는 돌아가야 할 때Muriel, ou le Temps d'un retour〉다.

〈내 사랑 히로시마〉의 주제는 분리되어 있고 상충하는 두 과거의 대조다. 이 영화는 일본인 건축가와 프랑스인 배우인 두 주인공이 과거에서 구체적 감정(그리고 기억의 일치)을 끌어내 현재의 사랑을 지탱하려 하나 실패하는 이야기다. 영화는 두 사람이 침대에 있는 장면으로 시작한다. 영화 나머지 부분에서는 거의 내내 서로에게 자기 이야기를 내레이션으로 들려준다. 하지만 자신의 '진술'을, 죄책감을, 분리된 느낌을 넘어서지 못한다.

〈지난해 마리앙바드에서〉도 같은 주제의 변주다. 그런데 이 영화에서는 의도적으로 이 주제를 연극적이고 정적인 배경에서 펼친다. 재건된 히로시마의 요란하고 현대적인 추함과 느베르〈내 사랑 히로시마〉의 주인공인 여배우가 어릴 때 살았던 프랑스의 지방 도시로 여자는 이곳에 얽힌 상처가 있다— 옮긴이의 견고한 정통 지방성 둘 다와 어슷하게 놓인 배경이다. 이 영화는 이국적이고 아름답고 황량한 장소에 스스로 유폐된 채 되찾은 시간le temps retrouvé 마르셀 프루스트의 『잃어버린 시간을 찾아서』 마지막 권의 제목이기도 하다— 옮긴이이라는 주제를 확고한 의식이나 기억 또는 과거가 부여되지 않은 추상적인 인물들을 통해 전개한다. 곧 〈지난해 마리앙바드에서〉는 〈내 사랑 히로시마〉의 아이디어를 형식적으로 반전한 작품으로, 주제를 우울한 음조로 패러디한다. 〈히로시마〉가 도망칠 수 없는 기억이 된 과거의 무게를 다룬다면, 〈마리앙바드〉는 기억의 개방성과 추상성에 주목한다. 이 영화에서는 과거가 현재에 미치는 영향이 암호나 일종의 발레 또는 (이 영화의 지배적 이미지인) 첫 번째 수로 결정되는(첫수를 두는 사람이 자기가 어떤 플레이를 하는지를 알고 있다면) 게임으로 축소된다. 〈히로시마〉와 〈마리앙바드〉에 따르면, 과거는 현재의 환상이다. 〈마리앙바드〉는 〈히로시마〉의 이데올로기적 외피는 벗겨내고 〈히로시마〉에서 암시되었던 기억의 형상에 관한 숙고를 발전시킨다.

〈뮈리엘〉이 어렵게 느껴지는 것은 〈히로시마〉와 〈마리앙바드〉 두 작품에서 시도한 것을 모두 하려 하기 때문이다. 알제리 전쟁, OAS 알제리 전쟁 말기부터 활동한 프랑스 극우 준군사 조직 — 옮긴이, 식민주의자들의 인종주의 등과 같은 중요한 이슈를 〈히로시마〉가 원폭, 평화주의, 전시 협력 등을 다룬 것처럼 다룬다. 그러면서 또 〈마리앙바드〉처럼 순전히 추상적인 드라마를 투사하려 한다. 구체적인 동시에 추상적이고자 하는 이런 이중의 의도가 영화의 기술적 기교와 복잡성을 배가한다.

    이 영화에도 과거의 기억에 사로잡힌 사람들이 나온다. 40대의 과부 엘렌 오갱은 불로뉴라는 지방 도시에 사는데 20년 동안 만나지 못한 옛 애인을 충동적으로 초대한다. 동기는 설명되지 않는다. 영화에서는 별 이유 없는 행동처럼 비친다. 엘렌은 자기 아파트에서 불안정한 골동품 가구 사업을 꾸려가는데 강박적으로 도박을 하며 큰 빚을 졌다. 엘렌은 말수가 적은 의붓아들인 베르나르 오갱과 애증이 뒤섞인 교착상태로 같이 산다. 최근 알제리에서 군복무를 하고 돌아온 베르나르도 기억 중독자다. 베르나르는 알제리 정치범인 뮈리엘이라는 젊은 여성을 고문하는 범죄에 가담했던 일을 잊을 수가 없다. 그냥 심란해서 일이 손에 잡히지 않는 정도가 아니라 불안과 고통에 시달리고 있다. 베르나르는 툭하면 실제로는 존재하지 않는 약혼녀(베르나르는 뮈리엘이라고 부른다)를 만나러 간다는 핑계로 멋진 판매용 가구로 가득한 새어머니의 현대적 아파트를 빠져나와 예전에 살던 집으로 가 전쟁 중 폭격에 완전히 파괴되지 않고 남은 방에 숨어든다…. 영화 시작 부분에서 엘렌의 옛 애인 알퐁스가 파리에서 불로뉴로 온다. 알퐁스는 애인인 프랑수아즈를 데리고 와서는 자기 조카라고 속인다. 이야기는 몇 달 동안 진행되며, 엘렌과 알퐁스의 재회는 실패로 마무리된다. 알퐁스와 프랑수아즈는 관계가 완전히 틀어진 채로 파리로 돌아간다. 베르나르는 어린 시절 친구이자 군복무를 할 때 뮈리엘의 고문을 주도했고 현재는 프랑스에서 민간인으로 OAS 지하 조직에서 활동하는 친구를 총으로 쏘고 나서 새어머니에게 작별을 고한다. 종결부에는 알퐁스의 아내 시몬이 남편을 데려가려고 엘렌의 텅 빈 아파트에 찾아오는 장면이 나온다.

〈내 사랑 히로시마〉나 〈지난해 마리앙바드에서〉와 달리 〈뮈리엘〉은 정교한 플롯과 복잡한 관계를 바로 제시한다(앞서 요약한 줄거리에서 엘렌의 친구들을 비롯한 중요한 조연들은 생략했다). 복잡한 줄거리지만 레네는 직접적 설명은 피한다. 감정 톤이 수평적인 짧은 장면들을 연속으로 보여주는데, 주요 인물 네 명의 삶에서 극적이지 않은 순간들을 골라 초점을 맞춘 장면들이다. 엘렌, 의붓아들 베르나르, 알퐁스와 프랑수아즈가 함께 식사를 한다. 엘렌이 카지노 건물의 계단을 올라가거나 내려간다. 베르나르가 시내에서 자전거를 탄다. 베르나르가 도시 외곽 바닷가 절벽에서 말을 탄다. 베르나르와 프랑수아즈가 걸으며 대화를 한다 등등. 줄거리를 따라가기는 어렵지 않다. 두 번 봤는데, 두 번째 볼 때는 처음에 보지 못한 것들을 더 보게 될 거라고 생각했으나 그렇지 않았다. 〈뮈리엘〉은 〈마리앙바드〉처럼 혼란스럽지 않다. 눈앞에 보이는 간결하고 짧은 장면들 '뒤'에 숨겨진 것이 아무것도 없기 때문이다. 이 장면들이 말하는 것 이상이 담겨 있지 않으므로 해석할 수 없다. 간단하게 전달할 수 있는 이야기를 레네가 결을 거슬러 도막도막 잘라낸 듯한 느낌이다. 이 '결을 거스른' 듯한 느낌, 액션이 비스듬하게 비치는 듯한 느낌이 〈뮈리엘〉의 특징이다. 현실적인 이야기를 감정의 **형식**에 대한 탐구로 만드는 레네 특유의 방식이다.

줄거리를 따라가는 건 어렵지 않지만 레네의 이야기 방식은 의도적으로 관객을 이야기에서 소외시키곤 한다. 그런 기법 가운데 가장 눈에 띄는 것은 생략적이고 중심에서 벗어난 장면 구상이다. 영화 첫 장면에서 엘렌은 자기 아파트 문간에서 까다로운 고객을 어렵사리 배웅한다. 다음에는 짜증이 난 엘렌과 불만 가득한 베르나르가 짧게 대화를 나눈다. 이 두 시퀀스에서 레네는 관객이 전통적인 스토리의 관점에서 시각적으로 자리 잡지 못하게 한다. 문고리를 잡은 손, 공허하고 가식적인 고객의 웃음, 물이 끓는 커피포트가 화면에 보인다. 장면을 촬영하고 편집한 방식이 스토리를 설명하기보다 오히려 해체한다. 다음에 엘렌은 알퐁스를 만나러 역으로 달려가는데, 뜻밖에 알퐁스는 프랑수아즈라는 젊은 여자와 같이 왔다. 엘렌은 두 사람을 도보로 자기 아파트로 인도한다. 역에서 걸어오는 길에(밤이다) 엘렌은 불로뉴가 전쟁 중 대부분 파괴되었다가 번쩍이고 기능적인 현대적 스타일로 재건되었다며 긴장한 듯 떠들어댄다. 한낮의 도시 경관이 밤중에 걸어서 시내를 가로지르는 세 사람의 모습과 교차한다. 엘렌의 목소리가 빠른 속도로 전환되는 장면들을 연결한다. 레네의 영화에서는 대화를 포함해 모든 말이 내레이션이 되는 경향이 있다. 말이 눈에 보이는 행동에서 나오는 게 아니라 그 위에 떠 있다.

〈뮈리엘〉의 극도로 빠른 컷은 고다르가 〈네 멋대로 해라〉나 〈비브르 사 비〉에서 사용한 불안정하고 경쾌한 컷과는 다르다. 고다르의 급작스러운 컷은 관객을 이야기로 더 깊이 끌어들여 불안을 자극하고 액션에 대한 기대감을 끌어올려 일종의 시각적 서스펜스를 형성한다. 레네는 급작스러운 컷으로 관객을 이야기에서 멀어지게 한다. 컷이 서사의 브레이크처럼 작동해 일종의 영화적 소외효과를 내는 미학적 저류가 된다.

레네의 언어 사용도 관객의 감정에 비슷한 소외효과를 일으킨다. 주요 인물들은 무감각할 뿐 아니라 그 점에서 전혀 나아질 희망이 없는 상태라 이들이 하는 대사는 감정적 울림이 없다. 레네의 영화에서 언어는 전형적으로 좌절의 순간을 드러낸다. 과거에 있었던 일의 말할 수 없는 고통을 멍하게 읊조리는 말이든, 현재에서 서로 주고받는 단절되고 두서없는 말이든 마찬가지다 (이렇듯 언어가 좌절되기 때문에 레네의 영화에서는 눈이 강한 권위를 갖는다. 레네가 허락하는 그나마 극적인 순간은 몇 마디 진부한 말 뒤에 침묵과 강렬한 눈빛이 이어지는 장면이다). 다행스럽게도 〈뮈리엘〉에는 〈내 사랑 히로시마〉의 대화나 〈지난해 마리앙바드에서〉의 내레이션처럼 마치 주문을 읊는 듯한 참기 힘든 말투가 없다. 삭막하고 대답할 수 없는 몇몇 질문을 빼면, 〈뮈리엘〉의 등장인물들은 대체로(특히 불행할 때는) 둔감하게 얼버무리는 말들만 주고받는다. 하지만 〈뮈리엘〉의 단조로운 대화는 이전 두 장편의 지나치게 시적인 언어와 사실 다르지 않다. 레네는 모든 영화에서 같은 주제를 내세운다. 레네의 영화는 전부 **말할 수 없는 것**에 관한 것이다(말할 수 없는 것은 대체로 두 가지다. 죄책감과 성적 갈망). 그리고 이런 표현 불가능성과 밀접하게 연결된 개념은 바로 진부함이다. 고급 예술에서 진부함은 표현 불가능성의 겸허한 표현이다. "우리 이야기는 정말 진부한 이야기 une histoire banale 예요." 괴로워하는 엘렌이 태연해 보이지만 뭔가 감추는 듯한 알퐁스에게 아쉬운 듯 말한다. "뮈리엘 이야기는 할 수가 없어요." 베르나르가 어떤 사람에게 고통스러운 기억을 털어놓으며 말한다. 이 두 가지 진술은 사실 같은 의미다.

레네의 영화는 시각적으로 매우 탁월하지만 레네의 기법은 영화 전통보다 문학에 더 크게 영향을 받은 듯하다(이 영화에서 베르나르는 뮈리엘 사건에 관한 '증거'를 모아 영화를 만든다. 이런 설정은 현대소설에서 작가인 인물의 의식이 흔히 작품의 중심 의식을 이루는 것과 비교할 수 있다). 무엇보다 레네의 형식주의가 문학적이다. 형식주의 자체는 문학과 관련이 없다. 그렇지만 복잡하고 구체적인 서사를 의도적으로 모호하게 만들고 그 위에 추상적인 텍스트를 덧쓰는 것은 매우 문학적인 방식이다. 〈뮈리엘〉에는 20년 전의 사랑을 되살리려 하는 불안한 중년 여성의 이야기와 야만적 전쟁에 가담했다는 죄책감에 시달리는 젊은 퇴역 군인의 이야기가 있다. 그러나 〈뮈리엘〉은 어떤 순간에도 구체적인 주제를 다루지 않는 듯 보이게 만들어졌다. 각각의 순간은 형식적 구성물이다. 그래서 장면이 비스듬하게 비치고, 시간 순서가 뒤섞이고, 대화는 정보를 최소로 전달한다.

요즘 프랑스에서 나오는 누보로망의 핵심과 정확히 일치한다. 누보로망은 전통적인 심리적·사회적 의미를 담은 이야기를 억누르고 감정이나 사건의 구조를 형식적으로 탐구한다. 예컨대 미셸 뷔토르의 소설 『변경』에서 핵심은 주인공이 아내를 떠나 내연녀에게 갈지 말지를 보여주려는 게 아니고, 그의 결심을 근거로 사랑의 이론을 제시하려는 것은 더더욱 아니다. 뷔토르가 관심을 갖는 것은 '변경' 자체다. 남자의 행동에서 형식적 구조가 어떻게 달라지느냐 하는 것이다. 레네는 바로 이런 관점으로 〈뮈리엘〉의 이야기를 다룬다.

소설과 영화 분야에 새로 나타난 형식주의자들의 전형적 공식은 냉정함과 비애감의 혼합이다. 냉정함이 거대한 비애감을 감싸고 억누른다. 레네가 이 공식을 '다큐멘터리'적 소재에, 역사적 과거에 갇혀 있는 실제 사건에 적용한 것은 위대한 발견이었다. 레네의 단편, 특히 〈게르니카 Guernica〉, 〈반 고흐 Van Gogh〉, 또 무엇보다 〈밤과 안개〉에서 이 공식이 눈부시게 작동해 관객의 감정을 고양하고 해방한다. 〈밤과 안개〉는 10년이 지난 후의 다하우 수용소를 보여준다. 카메라가 움직이다가(컬러 영화다) 화장터 벽돌 틈새에서 자란 풀을 클로즈업한다. 공허하고 고요하고 속이 빈 껍데기가 된 다하우의 음산한 평온함이 과거에 이곳에서 벌어졌던 상상조차 할 수 없는 현실과 대비된다. 그 과거는 수용소의 삶을 묘사하고 학살 관련 통계를 읊는 조용한 목소리와(장 카이롤이 대본을 썼다) 중간중간 삽입된 해방 당시 수용소를 찍은 흑백 뉴스영화 영상으로 재현된다(이 장면은 〈뮈리엘〉에서, 베르나르가 알제리에서 찍은 군복을 입은 동료들이 웃는 모습이 담긴 홈비디오 같은 영상을 상영하면서 뮈리엘의 고문과 살해 이야기를 읊조리는 장면의 전신이다. 뮈리엘 본인은 화면에 나오지 않는다). 〈밤과 안개〉의 탁월함은 완전한 통제에 있다. 가장 고통스러운 순전한 비애라는 주제를 극도로 절제하여 다룬다는 점이다. 이런 주제는 감정을 불러일으키는 게 아니라 오히려 마비시킬 위험이 있다. 레네는 이런 위험을 극복하기 위해 주제에서부터 감상적이지 않으면서 끔찍한 것의 끔찍함을 축소하지도 않는 거리를 두었다. 〈밤과 안개〉는 압도적으로 직접적이면서도 상상할 수 없는 것을 요령 있게 다루어냈다.

그러나 이런 전략이 레네의 장편영화 세 편에서 아주 적절하고 만족스럽게 구현되지는 않았다. 명석하고 공감력이 강한 다큐멘터리 작가를 심미주의자 또는 형식주의자가 밀어냈다고 말한다면 너무 단순한 해석이 될 것이다(무엇보다 영화는 예술이니까). 그렇지만 레네가 두 가지를 다 가지려 하다가, 곧 진보적 지식인이자 형식주의자가 되려 하다가 힘을 상당히 잃었음은 부인할 수 없다. 형식주의의 목적은 내용을 분해하고, 내용을 **의문시**하는 것이다. 과거의 의문스러운 실체가 레네의 모든 영화의 주제를 이룬다. 더 정확히 말하면 레네에게 과거는 받아들일 수 없으며 또한 의심스러운 현실이다(프랑스 소설과 영화의 새로운 형식주의는 이렇듯 현실 자체에 대한 철저한 불가지론이다). 그런 한편 레네는 역사의 흔적을 지닌 과거에 대해 특정한 태도를 가지며, 관객도 그 관점을 받아들이기를 바란다. 이 점이 〈밤과 안개〉에서는 문제가 되지 않는다. 과거의 기억이 영화 밖에 객관적으로 존재하며 비개인적인 화자를 통해 전달되기 때문이다. 하지만 레네가 '기억'이 아니라 '기억하기'를 주제로 택하고 기억을 영화 속 인물들에게 부여하자, 형식주의의 목표와 참여의 윤리 사이에서 미묘한 충돌이 발생한다. 원폭(〈내 사랑 히로시마〉)이나 프랑스군이 알제리에서 벌인 잔학 행위(〈뮈리엘〉)에 대한 죄책감 등의 바람직한 감성을 미학적 탐구의 주제로 삼으면 구조적 압박과 산만함이 생긴다. 그래서 마치 레네가 영화의 진정한 중심이 어디인지 알지 못하는 듯 보인다. 그래서 〈내 사랑 히로시마〉에는 일본인 주인공 기억 속의 폭격이나 참혹한 희생자 등 엄청난 공포와 프랑스인 주인공을 괴롭히는 상대적으로 사소한 공포(전쟁 중에 독일군 병사와 사랑에 빠졌고 해방 후에 머리를 삭발당하는 굴욕을 겪었다)를 암암리에 동일시하는 불편한 기이함이 생기고 만다.

      레네의 주제는 기억이 아니라 기억하기라고 앞에서 말했다. 그리움 자체가 그리움의 대상이 되고, 다시 붙잡을 수 없는 감정의 기억이 감정의 주제가 된다. 레네의 영화 가운데 중심을 잃는 혼란이 드러나지 않는 유일한 영화는 〈마리앙바드〉다. 이 영화에서는 오트 쿠튀르의 마네킹 같은 사람들이 가득한 드넓은 궁전이라는 추상적 특성을 띤 장소를 배경으로 삼음으로써 성애적 욕망의 좌절과 갈망으로 인한 비애라는 강력한 감정이 초감정의 상태로 고양된다. 이 방법은 기억을 일종의 일반화된 '과거'에 위치시키고 역사적·정치적 맥락은 완전히 들어냈기 때문에 설득력이 있다. 하지만 이 영화에서는 일반화를 통한 추상화가 에너지를 굴

절시키는 결과를 초래하는 듯하다. 양식화된 절제가 영화 전반의 분위기를 이루지만, 무엇이 인물들을 절제하도록 압박하는지 잘 느껴지지 않는다. 〈마리앙바드〉에는 어떤 핵심이 있긴 한데 그 핵심이 얼어붙은 듯 보인다. 끈질기고 때로 나른하게 느껴지는 장중함이 있는데, 감정적 긴장이 없는 탓에 이런 시각적 아름다움과 구성의 절묘함이 약화되곤 한다.

〈뮈리엘〉은 훨씬 에너지가 넘치고, 훨씬 야심적인 영화다. 레네가 자신의 감성과 추구하려는 주제 사이에서 피할 수 없는 문제, 곧 형식주의와 참여 윤리의 통합이라는 문제로 돌아왔기 때문이다. 레네가 이 문제를 해결했다고는 할 수 없다. 〈뮈리엘〉은 궁극적으로 고귀한 실패로 평가되어야 마땅하겠지만, 그럼에도 레네는 이 문제와 문제를 해결하려는 시도의 복잡성을 한층 깊이 있게 보여주었다. 레네는 (〈내 사랑 히로시마〉에서처럼) 역사적 잔학 행위와 개인적 슬픔을 암묵적으로 일치시키는 실수를 범하지는 않는다. 이 두 가지는 심리적 '내면'이 드러나지 않는 여러 인물의 확장된 관계에 단순히 존재할 뿐이다. 레네는 실제 역사적 사건에 참여했다는 고통스러운 기억의 짐(알제리의 베르나르)과 순전히 개인적인 과거의 모호한 고통(엘렌의 알퐁스와의 과거)을 추상적인 동시에 구체적인 방식으로 재현하려 했다. 이 방식은 히로시마를 묘사하는 절제된 다큐멘터리적 사실주의나 느베르의 풍경을 담은 감각적 사실주의와도 다르고, 〈마리앙바드〉에서 이국적 배경으로 구현한 박물관 같은 추상성과 고요함과도 다르다. 〈뮈리엘〉의 추상성은 시간적으로 떠나거나(〈히로시마〉의 회상) 공간적으로 떠나지 않고(〈마리앙바드〉의 성城) 실제 일상의 현실에서 발견되기 때문에 더욱 미묘하고 복잡하다. 이런 추상성은 무엇보다 구성의 엄밀함으로 전달되지만, 엄밀함은 레네의 모든 영화에서 발견되는 특징이기도 하다. 또 앞에서 언급한, 레네의 전작에서는 볼 수 없었던 빠른 장면 전환이나 컬러의 사용도 추상성에 기여한다. 컬러에 대해서는 특히 할 이야기가 많다. 사샤 비에니Sacha Vierny의 컬러 촬영은 충격과 감탄을 자아내며 영화에서 색이라는 자원을 처음으로 발견하는 듯한 느낌을 안겨준다. 마치 〈지옥문〉1953년 기누가사 데이노스케 감독의 영화 — 옮긴이이나 루키노 비스콘티의 〈애증〉을 봤을 때처럼. 그러나 레네 영화의 색채가 주는 충격은 아름답다는 것에 그치지 않는다. 색이 지닌 공격적이고 비인간적인 강렬함이 일상적 사물, 최신 주방용품, 현대식 아파트 건물과 상점 등에 독특한 추상성과 거리감을 부여한다.

    이 영화에서 추상화를 통해 강렬함을 구현하는 데 기여하는 또 다른 요소는 한스 베르너 헨체의 성악과 오케스트라를 위한 음악이다. 그 자체로도 하나의 작품으로 손색이 없는 드문 영화음악 가운데 하나다. 영화에서 음악이 때로는 지금 일어나는 일을 확인하거나 논평하는 등 전통적인 극적 용도로 쓰이기도 한다. 그래서 베르나르가 알제리의 옛 동료들이 웃고 까부는 모습을 찍은 조악한 영상을 보여줄 때 음악은 점점 날카롭고 거칠게 바뀌며 천진한 이미지와 충돌한다(우리는 이 군인들이 베르나르와 마찬가지로 뮈리엘의 죽음에 책임이 있다는 것을 안다). 레네가 음악을 내레이션의 구조적 요소로 사용할 때는 더욱 흥미롭다. 리타 슈트라이히가 부르는 무조 성악곡 선율은 마치 대사처럼 액션을 압도하며 흐른다. 음악을 통해 우리는 엘렌이 입 밖에 내어 말하지 못하는 감정 탓에 극도로 고통받는다는 것을 안다. 음악이 가장 강렬한 힘을 발휘하는 건 음악이 일종의 정화된 대화가 되어 말 자체를 완전히 대체할 때다. 마지막의 대사 없는 짧은 장면에서, 시몬이 남편을 찾으러 엘렌의 아파트로 오지만 아무도 없이 텅 비어 있을 때, 음악이 시몬의 말이 되어 성악과 오케스트라가 비탄의 크레센도로 상승한다.

그러나 내가 언급한 요소(그리고 내가 언급하지 않은 명료하고 절제되고 지적인 연기♦)들이 아름답고 효과적임에도 〈뮈리엘〉 그리고 레네 영화의 문제는 남아 있다. 레네가 결국 넘어서지 못한 의도의 분열이 여러 장치를 낳았고, 이 장치들 각각은 정당하고 대체로 성공적이라고 할 수 있겠지만 전체적으로는 어수선해서 불쾌한 느낌을 준다. 이게 〈뮈리엘〉이 경탄할 만한 영화이지만 호감이 가는 영화는 되지 못하는 이유일 것이다. 다시 말하지만, 문제는 형식주의가 아니다. (형식주의 전통에 속하는 위대한 영화를 두 편만

♦ 〈뮈리엘〉의 주요 배우들은 연기력도 뛰어나고 신체적 존재감도 선명하게 두드러진다. 그렇지만 레네의 이전 두 영화와 달리 〈뮈리엘〉은 엘렌 역의 델핀 세리그라는 배우 한 명의 연기에 지배된다. 이 영화에서 세리그는 (〈마리앙바드〉에서와 달리) 스타답게 역할과 딱히 상관없는 다양한 매너리즘으로 연기를 풍부하게 하고 독특하게 함으로써 영화적 의미에서 '스타'로 존재한다. 다시 말해서 세리그는 어떤 역할을 단순히 연기하거나 완벽하게 소화하기만 하는 것이 아니다. 그 자체로 독립적인 미적 대상이 된다. 모든 외적 디테일, 그러니까 희끗희끗한 머리카락, 기우뚱한 걸음걸이, 챙 넓은 모자와 말쑥하지만 촌스러운 수트, 열정과 후회를 드러내는 서툰 방식 등은 불필요하지만 깊은 인상을 남긴다.

집어 말한다면) 브레송의 〈불로뉴 숲의 여인들〉이나 고다르의 〈비브르 사 비〉는 가장 진지하고 이성적일 때조차 감정을 고양한다. 그러나 〈뮈리엘〉은 어쩐지 암울하고 무겁다. 지적인 면이나 순전히 시각적 측면에서 주는 대단한 보상 등 장점이 분명 있지만 〈히로시마〉나 〈마리앙바드〉에 스며 있던 인위성, 계산된 느낌, 예술적 과잉 등이 정도는 덜하더라도 여전히 남아 있다. 레네는 아름다움에 대해 잘 안다. 그러나 레네의 영화는 생기와 활력, 직접성이 부족하다. 조심스럽고, 어쩐지 지나치게 무겁고 인위적이다. 영화의 영감이 된 생각이나 감정을 끝까지 밀고 가지 않는다. 위대한 예술은 반드시 그래야 함에도.

(1963)

소설과 영화에 관한 소고

영화의 50년 역사는 200년이 넘는 소설의 역사를 뒤죽박죽으로 요약해서 보여준다. D.W. 그리피스는 영화의 새뮤얼 리처드슨이다. 〈국가의 탄생〉(1915), 〈인톨러런스〉(1916), 〈짓밟힌 꽃〉(1919), 〈웨이 다운 이스트〉(1920), 〈홍분의 밤One Exciting Night〉(1922) 등등 수백 편의 영화를 만든 그리피스는 리처드슨이 『파멜라』와 『클라리사Clarissa』로 소설이라는 장르의 발전에서 했던 역할과 비슷한 자리를 차지하며 비슷한 도덕적 관념을 제시했다. 그리피스와 리처드슨은 천재적인 혁신가였으며, 두 사람 다 저속하고 심지어 어리석은 지성을 지녔다. 두 사람의 작품은 섹슈얼리티와 폭력에 대한 열렬한 교훈주의의 악취를 발산하는데, 이런 에너지는 사실 억눌린 관능성에서 나오는 것이다. 리처드슨의 소설 『파멜라』와 『클라리사』의 중심인물은 난폭한 유혹자에게 위협받는 순수하고 어린 처녀인데, 이런 인물에 그리피스 영화에 전형적으로 등장하는 '순수한 어린 소녀', '완벽한 희생자'가 양식적으로나 개념적으로 정확히 대응한다. 이런 역은 주로 릴리언 기시(이런 역할로 유명하다) 또는 지금은 잊혔으나 훨씬 뛰어난 배우인 메이 마시가 맡았다. 리처드슨과 마찬가지로 그리피스의 도덕적 설교(독특하고 장황한 자막으로 표현되는데, 미덕과 죄악의 여러 이름을 대문자로 표기하는 등 자기만의 스타일로 쓰였다) 역시 음란한 본질을 감추고 있다. 또 리처드슨과 마찬가지로, 그리피스의 가장 탁월한 점은 섬세한 여성의 감정을 아주 지루한 세부까지 묘사하는 특별한 능력이다. 아무리 '관념'이 진부하더라도 이런 장점은 가려지지 않는다. 또 리처드슨처럼 그리피스의 세계도 현대적 관점에서 보면 과도하고 약간 미친 것처럼 느껴진다. 그렇긴 하나 소설과 영화 두 장르를 각각 개척하고 이 장르의 '심리학'을 발견한 이들이 바로 이 두 사람이다.

당연히 위대한 영화감독을 전부 위대한 소설가와 매치시킬 수는 없을 것이다. 문자 그대로의 비교는 무리다. 그렇지만 영화계에는 리처드슨뿐 아니라 디킨스, 톨스토이, 발자크, 프루스트, 너새니얼 웨스트도 있다. 또 영화에서는 스타일과 개념이 흥미로운 결합을 이루기도 한다. 이를테면 에리히 폰 슈트로하임이 1920년대 할리우드에서 만든 걸작들(〈눈먼 남편들Blind Husbands〉, 〈어리석은 아내들Foolish Wives〉, 〈탐욕Greed〉, 〈명랑한 과부The Merry Widow〉, 〈웨딩마치Wedding March〉, 〈퀸 켈리Queen Kelly〉)은 앤서니 호프『젠다 성의 포로』(1894) 등의 모험소설을 쓴 영국 소설가―옮긴이와 발자크의 뜻밖의 눈부신 결합이라고 할 것이다.

영화를 소설과 동일시하거나 영화를 소설과 같은 용어로

분석할 수 있다는 말은 아니다. 영화에는 영화만의 방식과 논리가 있고, 영화는 시각적인 예술이라고 말하는 것만으로 영화만의 방식과 논리를 전부 설명할 수도 없다. 영화는 우리에게 새로운 언어, 얼굴과 몸짓이라는 언어의 직접 경험으로 이루어지는 감정 표현 방식을 제공한다. 그렇긴 하나 영화와 소설 사이에서 유용한 유사점들을 끌어낼 수 있다. 내 생각에는 영화와 연극 사이보다 오히려 유사점이 더 많은 것 같다. 영화는 소설처럼 언제나 전적으로 감독(작가)의 통제 아래에 있는 행위를 보여준다. 우리의 눈은 무대를 볼 때처럼 화면 여기저기로 돌아다닐 수 없다. 카메라는 절대적인 독재자다. 카메라는 우리가 얼굴을 보아야 할 때 얼굴을 보여주고 다른 것은 보여주지 않는다. 움켜쥔 두 주먹, 풍경, 지나가는 열차, 건물의 전면 등을 우리가 그걸 보길 바랄 때만 보여준다. 카메라가 움직이면 우리도 움직이고 카메라가 정지하면 우리도 정지한다. 소설이 작가의 의도에 따라 선별한 생각과 묘사를 보여주고 독자는 작가가 이끄는 대로 순차적으로 따라가야 하는 것과 비슷하다. 회화나 연극처럼 배경으로 펼쳐져 있어서 우리가 원하는 순서대로 감상할 수 있는 게 아니다.

  한 가지 또 염두에 두어야 할 것이 있다. 영화에는 (소설과 비교되는 전통만큼 잘 활용되지는 않지만) 소설이 아닌 다른 문학 형식과 유사한 전통도 있다. 예이젠시테인의 〈파업〉·〈전함 포템킨〉·〈10월〉·〈낡은 것과 새것 The Old and the New〉, 프세볼로트 푸돕킨의 〈어머니 The Mother〉·〈상트페테르부르크의 끝 The End of St. Petersburg〉·〈아시아의 폭풍 Storm Over Asia〉, 구로사와 아키라의 〈7인의 사무라이〉·〈거미의 성〉·〈숨겨진 요새의 세 악인〉, 이나가키 히로시의 〈추신구라忠臣蔵〉, 오카모토 기하치의 〈사무라이侍〉, 존 포드의 영화 대다수(〈수색자〉 등)는 '서사시로서의 영화'라는 개념에 속한다. 그런 한편 '시로서의 영화'라는 전통도 있다. 1920년대 프랑스에서 제작된 '아방가르드' 단편영화 다수(부뉴엘의 〈안달루시아의 개〉·〈황금시대〉, 콕토의 〈시인의 피〉, 장 르누아르의 〈성냥팔이 소녀〉, 앙토냉 아르토의 〈조개와 성직자 La Coquille et le Clergyman〉)는 보들레르, 랭보, 말라르메, 로트레아몽의 작품과 비교할 만하다. 그렇지만 영화의 지배적 전통은 구체적인 사회적 상황에 놓인 매우 개별화된 인물을 중심으로 플롯과 아이디어를 전개해나가는 소설적 전통이다.

당연하지만 영화는 소설처럼 동시대성을 따라 움직이지 않는다. 누가 지금 제인 오스틴 소설 같은 작품을 쓴다면 시대착오적으로 비치겠지만, 제인 오스틴의 영화적 등가물 같은 영화를 만들어낸다면 매우 '진보적'인 작품이 될 것이다. 영화의 역사가 서사문학의 역사보다 훨씬 짧고, 영화는 유난히 가속된 20세기 예술의 흐름 속에서 등장했기 때문이다. 그래서 영화의 다양한 가능성은 서로 겹치고 반복된다. 또 다른 이유로, 영화는 진지한 예술 가운데 신생 장르라서 다른 예술을 습격해 상대적으로 진부한 요소도 무수히 새로운 조합으로 사용할 수 있다는 점이 있다. 영화는 일종의 범汎예술이다. 사실상 어떤 예술이든 통합하고 흡수할 수 있다. 소설, 시, 연극, 회화, 조각, 무용, 음악, 건축 등. (사실상) 동결된 예술 형태인 오페라와 달리, 영화는 사고와 감정의 스타일이 매우 보수적이면서도 창의적인 매체였고 지금도 그렇다. 최근의 세련된 영화(예를 들면 비스콘티의 〈애증〉이나 〈로코와 형제들〉)에서도 멜로드라마와 과장된 감정을 발견할 수 있지만, 최근의 세련된 소설에서는 이런 요소가 이미 추방되었다.

하지만 소설과 영화를 연결하는 한 가지 연결고리는 그다지 유용하지 않은 듯하다. 감독을 '문학적'인 감독과 '시각적'인 감독으로 나누는 낡은 구분이다. 사실 그렇게 단순히 특징지을 수 있는 감독은 거의 없다. 그보다는 차라리 '분석적' 영화와 '묘사적' 또는 '설명적' 영화로 나누는 것이 좀 더 유용할 듯싶다. 첫 번째 영화의 예는 마르셀 카르네와 잉마르 베리만(특히 〈거울을 통해 어렴풋이〉, 〈겨울빛〉, 〈침묵〉), 펠리니, 비스콘티 등이고 두 번째 영화의 예로는 안토니오니, 고다르, 브레송을 들 수 있다. 첫 번째 유형은 인물의 동기를 드러내는 데 관심이 있는 심리적 영화라고도 할 수 있다. 두 번째 유형은 반反심리적인 영화로 감정과 사물 사이의 상호작용을 다룬다. 인물은 '어떤 상황'에 놓이고, 내면이 불투명하다. 똑같은 대조를 소설에도 적용할 수 있다. 디킨스와 도스토옙스키는 첫 번째 범주이고 스탕달은 두 번째에 속한다.

(1961)

5

파

내용 없는 경건

아이스킬로스의 『오레스테이아』와 히치콕의 〈사이코〉처럼 서로 동떨어진 작품이 보여주듯이, 모친 살해는 개인이 저지를 수 있는 범죄 가운데 심리적으로 가장 용납하기 어려운 범죄다. 그리고 한 사회 전체가 저지를 수 있는 범죄 가운데 가장 심리적으로 감당하기 어려운 것은 신神 살해다. 우리는 삶의 방식에서 신성이 철저히 제거되었음이 명백한 사회에서 살아가지만 철학자, 작가, 양심 있는 사람은 그로 인한 무게감 아래에서 꿈틀거린다. 범죄를 계획하고 실행하기는 그다지 어렵지 않을지라도, 사후 여파 속에서 살아가기는 훨씬 힘든 일이기 때문이다.

    유대-기독교 전통의 신을 죽이는 행위가 아직 진행 중일 때는 양편에서 대립하는 사람들이 저마다 상당한 확신과 도덕적 우월감을 지니고 각자의 입장을 고수했다. 그렇지만 그 행위가 완료되었음이 분명해지자 전선이 흐려지기 시작했다. 19세기에는 무너진 성서 전통을 대체하기 위해 이교 전통을 부활시키려는 감상적 시도(괴테, 횔덜린)나 무언가 인간적인 것을 구해낼 수 있으리란 떨리는 희망(조지 엘리엇, 매슈 아널드)이 신앙과 무지에 대한 이성과 성숙의 승리, 과학의 기치 아래 인류의 필연적 진보를 선포하는 승자들의 요란하고 다소 시끄러운 목소리 가운데에서 들려왔다. 종교를 합리주의 관점에서 공격하는 볼테르식의 완강한 낙관주의는 20세기에는 설득력과 호소력이 떨어졌다. 프로이트 또는 미국 철학자 모리스 코헨이나 시드니 훅 등 종교에서 자유로운 유대인들에게서 이런 경향이 여전히 보이기는 하지만. 이제 이런 낙관주의는 니체가 말하는 '나쁜 소식', 곧 신이 죽었다는 디상젤dysangel 그리스어 'dys(나쁜)'와 'angelos(메시지 또는 메신저)'를 합해 만든 말— 옮긴이이 아직 닿지 않은 사람에게만 가능한 듯 보인다.

    우리 세대, 특히 급진적 정치열이 식어버린 미국에서는 종교적 '동반'이라고밖에 부를 수 없는 태도가 흔해졌다. 이것은 내용이 없는 경건함이고, 신앙도 실천도 없는 종교성이다. 이런 태도에는 상실감과 안도감이 저마다 다른 정도로 뒤섞인다. 성스러움의 감각을 잃은 것에 대한 상실감과 견딜 수 없는 짐이 덜어졌다는 안도감이 공존한다(과거의 신앙이 몰락하는 것은 피할 수 없는 일이었다고 확신하면서도 그로 인해 빈곤해졌다는 느낌을 떨쳐버리지 못한다). 정치적 동반이 거대하고 성공적인 이상주의의 매혹에 (그 운동 자체에는 완전히 공감하지 못하면서도) 강력하게 이끌리는 것이라면, 종교적 동반은 이와 달리 종교의 취약함을 느끼는 데서 시작된다, 오래된 종교적 대의가 이미 쇠퇴했음을 깨달으며 이제 그걸 공격할 필요를 느끼지 않는 것이다. 현대의 종교적 동반은 현재의 종교적 공동체가 수세에 몰렸다는 인식에서 자라나기 때문에 반종교적인 태세를 취하는 것은 (페미니스트가 되는 것처럼) 구식으로 여겨진다. 이제는 종교를 동정적으로 바라보며 무엇이든 존경할 만한 부분에서 양분을 끌어낼 여유가 생긴 것이다. 개별 종교는 이제 일반적인 '종교'라는 개념으로 바뀌었다. 시대도 다르고 동기도 다른 회화와 조각이 '예술'로 묶이는 것처럼. 탈종교적 현대를 살아가는 인간에게 종교는 현대예술 관람자의 세계처럼 벽이 없는 박물관과 같은 것이 되어서 원하는 것을 고르고 선택할 수 있으며, 경건하게 관람하기만 하면 되고 어떤 것에도 헌신할 필요가 없다.

    종교적 동반은 몇 가지 매우 바람직하지 못한 결과로 이어진다. 그중 하나는 종교가 무엇이며 역사적으로 어떤 것이었는가 하는 이해가 거칠고 부정직해진다는 점이다. 가톨릭 지식인이 보들레르·랭보·조이스 등 열렬한 무신론자들을 '고뇌하고 있으나 실은 진정한 교회의 아들들'로 재해석하려 한다면, 타당하지는 않을지라도 이해할 수 있는 일이다. 그렇지만 니체의 '신은 죽었다'라는 틀 안에 있는 종교적 동반자가 같은 전략을 따라 모든 사람을 종교적이라고 간주하면서도 아무 문제를 느끼지 않는다는 건 아예 말이 안 된다. 그 전통을 지지하지도 않으면서 일탈한 구성원을 다시 끌어오겠다고 하는 셈이다. 이들은 그저 진지함, 도덕적 열의, 지적 열정을 보여주는 사례를 수집해 오늘날 종교의 가능성으로 취급할 뿐이다.

여기에서 리뷰하려는 책 『종교: 톨스토이에서 카뮈까지 Religion from Tolstoy to Camus』가 바로 이런 종교적 동반의 사례다. 이 책은 널리 퍼져 있는 이런 태도의 지적 모호성을 뚜렷이 보여주는 사례로서 분명 검토할 가치가 있다. '톨스토이부터 카뮈까지' 작가 스물세 명의 글을 모은 책이다. 프린스턴 철학과 조교수 월터 카우프만이 글을 골라 엮었다.

글의 순서에 대해서는 말할 필요가 없을 것 같은데 사실 막연한 시간 순서가 있을 뿐 체계가 없기 때문이다. 여기 들어간 몇몇 글은 이론의 여지가 없다. 예를 들면 『카라마조프가의 형제들』에서 '반역'과 '대심문관' 두 장을 선별해 넣은 것이나(대심문관 이야기를 이해하려면 그 전에 이반이 아이들의 고통을 논한 부분을 읽어야 한다는 카우프만의 말은 분명 옳다), 니체의 『안티크리스트』와 프로이트의 『환상의 미래 The Future of an Illusion』에서 발췌한 부분, 윌리엄 제임스의 「믿으려는 의지 The Will to Believe」 등. 또 더 널리 읽힐 가치가 있는 의외의 글 몇 편도 선택되었다. 교황 비오 9세의 오류 목록 Syllabus of Errors, 카를 바르트와 에밀 브루너가 교회의 반공산주의 입장에 관해 주고받은 서신, 윌리엄 제임스의 유명한 반론을 촉발한 W.K. 클리퍼드의 글 등이 있다. 그러나 그 밖의 대다수는 잘못 고른 듯하다. 진심으로 오스카 와일드를 종교적인 작가로 간주할 수는 없다. 신학자 모턴 스콧 엔슬린 Morton Scott Enslin이 신약성서에 관해 쓴 글은 복음서와 역사적 배경에 관한 관습적인 해설이라 종교 **사상** 선집에는 전혀 적합하지 않다. 와일드와 엔슬린을 선택했다는 점이 이 책이 주제와 무관한 두 가지 극

단, 곧 경박함과 학문주의에 걸쳐 있음을 보여준다.◆

카우프만은 서문에서 이렇게 말한다. "여기에 포함된 사람은 대부분 종교에 긍정적이었으나 대중 종교에 긍정적인 것은 아니었고, 위대한 종교적 인물 가운데 대중 종교를 우러른 사람은 거의 없었다." 그런데 종교에 긍정적이란 말은 무슨 의미인가? 여

◆ 카우프만은 "정해진 결론을 향해 가는 글뿐 아니라 우리 주제의 다양성을 보여주는 글까지 포함해 여러 이질적인 글"을 모았다고 주장하지만, 카우프만의 작업은 분명 여기 미치지 못한다. 교황의 회칙과 '우연과 필연'에 관한 신스콜라주의적 주장을 담은 자크 마리탱의 글 두어 페이지로 가톨릭 사상을 대변했다고 보기는 어려울 것이다. 그나마도 이 선집의 대상 독자에게는 이해하기 쉽지 않은 글일 듯하다. 차라리 가브리엘 마르셀이나 시몬 베유, 폴 클로델과 앙드레 지드가 지드의 개종 가능성을 두고 주고받은 편지, 존 헨리 뉴먼의 「동의의 문법Grammar of Assent」, 로드 액턴, 조르주 베르나노스의 『어느 시골 본당 신부의 일기』 등의 일부를 포함했더라면, 현재 선집에 실린 글들보다는 훨씬 흥미롭고 풍부한 읽을거리가 되었을 것이다. 개신교는 좀 더 넉넉히 다루어졌지만 그래도 충분하지는 않다. 마르틴 니묄러 목사의 설교 두 편, 파울 틸리히의 좀 약한 발췌문 한 편(이 글보다는 《개신교 시대The Protestant Era》에 실린 글들이 더 적합했을 듯싶다), 신약성서의 종말 신앙에 관한 알베르트 슈바이처의 획기적인 책에서 가장 흥미롭지 않은 장, 카를 바르트와 에밀 브루너의 서신 그리고 앞서 언급한 엔슬린의 전형적인 글 등이 실렸다. 왜 이 글들을 골랐을까? 바르트나 루돌프 불트만의 저작에서 더 의미 있는 글을 고를 수도 있었을 텐데? 카우프만은 유대교에 관해서는 너무 빤한 선택을 했다. 마르틴 부버가 하시딤Hassidim18세기 동유럽에서 시작된 신비주의적·영적 유대교 운동—옮긴이에 관해 쓴 글 하나가 유대교 전체를 대표한다. 부버의 책 『나와 당신I and Thou』이나 『인간과 인간 사이Between Man and Man』 등에서 더 괜찮은 글을 발췌하거나 아니면 프란츠 로젠츠바이크나 게르숌 숄렘의 글을 고르는 편이 더 낫지 않았을까? 소설은 왜 톨스토이와 도스토옙스키뿐인지? 헤세(이를테면 『동방 순례』)나 카프카의 우화나 D.H. 로런스의 『아포칼립스』는? 제목에도 카뮈가 들어가고 또 사형에 관한 카뮈의 글이 이 책의 대미를 장식하긴 하나 왜 카뮈가 이렇게 강조되는지는 의문스럽다. 카뮈는 종교적이지 않았고 자기가 종교적이라고 주장한 바도 없다. 사실 사형에 관한 글에서 카뮈가 내세우는 요지 가운데 하나가, 사형은 종교적 형벌이라는 점을 유일한 근거로 삼기 때문에 오늘날 탈종교적 세속 사회에서는 전적으로 부적절하고 윤리적으로 터무니없다는 것이다.

기에서 '종교'라는 개념이 진지하게 **종교적**인 의미를 갖나? 다시 말해서, 다른 사람이 '종교 일반'에 공감하도록 가르치거나 그것으로 인도하는 게 가능한가? '종교적'이란 말은 무슨 뜻인가? 분명 '독실한' 또는 '정통적인' 등과는 다른 의미다. 나는 '일반적으로 종교적'일 수는 없다고 생각한다. 일반적으로 언어를 말한다고 할 수 없는 것과 마찬가지다. 우리가 특정 순간에 프랑스어나 영어나 스와힐리어나 일본어를 말할 수는 있지만 '언어'를 말하는 것은 아니다. 마찬가지로 사람은 '종교인'이 아니라 가톨릭교도, 유대교도, 장로교도 또는 신토神道나 탈렌시가나 **북동부에 사는 부족─옮긴이** 종교를 믿는 사람일 뿐이다. 종교적 신앙은 윌리엄 제임스가 설명했듯이 선택지가 될 수 있으나 일반화된 선택지는 아니다. 이 점을 오해하기가 쉽다. 내 말이 사람은 유대인이면 정통주의자여야 하고 가톨릭이라면 토마스 아퀴나스를 따라야 하고 기독교라면 근본주의자여야 한다는 얘기가 아니다. 모든 주요 종교 공동체의 역사는 무척 복잡하고 (카우프만이 말하듯) 후대에 위대한 종교적 스승으로 받들어지는 인물들은 대체로 자신의 종교에서 대중적인 관행을 비판하고 오래된 전통에 맞섰던 사람들이다. 그렇지만 신자는 '종교'의 개념(그리고 종교인이 되기로 결심한다는 개념)을 추상적 범주로 생각하지 않는다(루크레티우스부터 볼테르, 프로이트에 이르기까지 합리주의적 비판자들은 종교를 과학이나 이성과 대립시키며 이 용어를 논쟁적 의미로 썼지만). 그렇다고 종교를 사회와 역사에 대한 객관적 탐구라는 개념으로 보는 것은 말이 안 된다. 종교적이라는 말은 특정한 상징체계와 특정한 역사적 공동체를, 그것을 어떻게 해석하든 간에 (이단적으로라도) 항상 신봉하는 것이다. 특정한 신념과 실천에 참여한다는 의미이며, 우리가 신이라고 부르는 존재가 실존하며 삶에는 의미가 있다는 등의 철학적 주장에 동의하기만 한다고 종교적이 되는 것은 아니다. 종교는 유신론적 명제로 환원될 수 없다.

카우프만의 책이 갖는 의의는 이 책이 오늘날 전반적인 태도의 또 다른 사례라는 데 있다. 이 태도는 내가 보기에는 기껏해야 유약하고 종종 지적으로 오만하다. 예리한 신자 또는 정직한 무신론자라면, 종교의 흔들리는 권위를 지원하려는 세속적 지식인들의 시도를 거부해야 한다. 과거가 그립다고 해서 하늘에 계신 하느님, 도덕적 확신, 문화적 통합성을 되살릴 수는 없다. 종교적 동반이라는 불안한 경건함은 헌신 또는 명확한 부정 둘 중 하나로 해소해야 한다. 종교적 신앙이 개인에게 심리적 이익을, 사회에 사회적 이익을 가져다준다는 사실에는 의문의 여지가 없다. 그렇지만 뿌리에 양분을 주지 않으면 나무가 열매를 맺을 수 없다. 종교의 심리적·사회적 유익을 입증하는 것만으로 옛 신앙의 명망이 회복되지는 않는다.

잃어버린 종교심에 계속 매달리는 것도 그럴 가치가 없는 일이다. 종교가 인간적·도덕적 문제에 관한 **진지함**과 단순하게 동일시되는 탓이다. 서구의 세속적 지식인은 대체로 무신론적 입장을 철저히 숙고하거나 완전히 받아들이지 않고 그러기 직전에 머물 뿐이다. 이들은 힘든 선택을 좀 쉽게 만들려고 모든 고귀하거나 심오한 정신은 종교에 뿌리가 있거나 '종교적'으로(또는 비밀

종교적으로) 간주될 수 있다고 주장하기도 한다. 카우프만은 『안나 카레니나』와 『이반 일리치의 죽음』에서 절망과 자기기만의 문제에 대한 관심을 읽어내지만, 그렇다고 해서 톨스토이가 종교를 옹호하는 대변인은 아니다. 귄터 안데르스Günther Anders가 보여주었듯 카프카 역시 종교적이라고는 할 수 없다. 결국, 만약 카우프만이 말하듯 종교의 '예언적'이고 '비판적'인 입장을 존중하여 유지하고자 한다면 (에리히 프롬이 『정신분석과 종교』에서 '인본주의적'이고 좋은 종교와 '권위주의적'이고 나쁜 종교를 구분하려 한 것처럼) 자기기만일 수밖에 없다. 구약 예언자들의 비판적 태도는 제사장직, 숭배 의식, 이스라엘의 특정 역사 같은 틀에 뿌리를 두고 있다. 비판을 그 뿌리에서, 궁극적으로 그 비판이 적대하는 대상에서 분리할 수는 없다. 키르케고르는 『일지』에서 개신교는 가톨릭과 변증법적 대립에서만 의미를 가질 뿐 단독으로는 의미가 없다고 했다 (사제가 없다면 모든 평신도가 사제라고 주장하는 것이 무슨 의미가 있으며, 탈속적 제도가 없는데 수도 생활이나 금욕주의를 비판하며 사람들을 세속적 수명으로 되돌리려는 것이 종교적으로 무슨 의미가 있겠는가). 진정한 비판자의 목소리는 늘 **특정한** 상황에서 들어야 한다. 에드먼드 윌슨이 『핀란드 역으로』에서 주장한 것 등과 같이 마르크스가 현대의 예언자라고 하는 사람들이 많지만 오해의 소지가 있고 무지한 의견이다. 프로이트에 대해 그렇게 말하는 것도 마찬가지다. 프로이트는 자신을 모세와 다소 양가적으로 동일시하며 추종자들에게 암시를 주긴 했으나. 마르크스와 프로이트의 핵심은 인간의 모든 문제에 대해 비판적이고 철저히 세속적인 태도를 취했다는 점이다. 이들의 인간적 열정과 사상가로서의 지대한 도덕적 진지함을 기리고자 한다면, 종교적 스승이라는 권위를 진부하게 들먹이는 것보다는 더 나은 칭호가 있을 것이다. 카뮈가 존경받을 만한 진지한 작가라면, 그가 탈종교적 전제를 바탕으로 사고하려 했기 때문이다. 카뮈는 현대 종교의 '이야기'에 속하지 않는다.

이 점을 받아들인다면, 반성적 사고와 개인적 도덕에 무신론이 미치는 영향을 탐구하려는 시도를 더욱 명확히 바라볼 수 있을 것이다. 니체의 유산이 이런 전통 중 하나를 이루었고, 또 에밀 시오랑의 글들이 여기에 속한다. 또 다른 전통은 프랑스 도덕주의자와 반도덕주의자 전통(라클로, 사드, 앙드레 브르통, 사르트르, 카뮈, 조르주 바타유, 레비스트로스)이다. 헤겔-마르크스주의가 세 번째다. 또 프로이트주의 전통이 있는데, 여기에는 프로이트의 작업뿐 아니라 이에 반기를 든 빌헬름 라이히, 허버트 마르쿠제(『에로스와 문명』), 노먼 브라운(『죽음에 맞선 삶Life Against Death』) 등도 속한다. 어떤 생각의 창조적 단계는 그 생각이 경계를 고집스레 내세우며 여타의 것과 다르다고 주장하는 시기다. 그런데 생각이 여타의 생각과 헐값에 타협을 추구한다면 거짓이 되고 힘을 잃는다. 현대의 진지함은 다양한 전통으로 존재한다. 이 경계를 지우고 이것도 종교적이라고 부른다면 지적으로 어떤 합당한 목적도 이루지 못할 것이다.

(1961)

정신분석과 노먼 O. 브라운의 『죽음에 맞선 삶』

노먼 O. 브라운의 『죽음에 맞선 삶』(1959)이 페이퍼백으로 출간되어 눈길을 끈다. 이 책은 허버트 마르쿠제의 『에로스와 문명』(1955)과 더불어 프로이트 사상에 대한 새롭고 중요한 접근이며, 지금까지 미국에서 출간된 프로이트 관련 서적이(정신분석학 저널의 우파적인 학문적 접근이건 수정주의 프로이트주의자(에리히 프롬, 카렌 호나이 등)의 좌파적 문화 분석이건) 대체로 이론적으로 무의미하거나 기껏해야 피상적임을 드러낸다. 그런데 이 책은 현대 문화에 가장 큰 영향력을 미친 사상가의 재해석이라는 가치 못지않게 우리 문화의 위선 그리고 예술과 돈과 종교와 일과 섹스와 신체의 동기 등 근본적인 문제를 대담하게 논한다는 점에서도 중요성을 지닌다. 이런 문제에 관한 진지한 사유는 섹슈얼리티와 인간의 자유라는 의미에 초점을 맞추며 프랑스에서 D.A.F 드 사드, 샤를 푸리에, 피에르 장 조르주 카바니스, 바르텔레미 프로스페르 앙팡탱 이후로 계속 이어져 왔으며, 최근에는 사르트르의 『존재와 무』

에서 신체와 타인과의 구체적 관계에 관한 부분, 모리스 블랑쇼의 글, 에로티시즘 소설『O 이야기』, 장 주네의 희곡과 산문 등 다양하고 이질적인 작품에서 찾아볼 수 있다.

하지만 미국에서는 에로티시즘과 자유라는 한 쌍의 주제가 이제야 막 진지하게 다루어지기 시작했다. 미국인들은 여전히 억압과 위선에 맞서 해묵은 싸움을 해야 하며 섹슈얼리티를 단순히 자유로운 표현이 필요한 무언가로 받아들인다.『채털리 부인의 연인』만큼이나 성적으로 반동적인 책조차 심각하게 옹호해야 하는 나라라면 성적 성숙도가 매우 초보적 단계라고 말할 수밖에 없다. D.H. 로런스의 성 관념은 계급적 낭만주의, 남성 독립성의 신비화, 생식기 중심 성을 고집하는 청교도적 편협함 등 때문에 심각하게 손상됐고 그를 문학적으로 옹호하는 사람들도 이 점은 인정한다. 그래도 로런스를 옹호해야만 한다. 로런스를 비난하는 많은 사람이 그보다도 더욱 반동적인 입장으로 후퇴해 섹스를 그저 사랑의 부차적인 일부로 취급하기 때문이다. 사실 사랑은 로런스가 생각한 것보다 훨씬 더 성적이고 육체적이다. 그리고 현대사회에서 섹슈얼리티의 혁명적 함의가 충분히 이해되려면 아직 멀었다.

노먼 브라운의 책이 이 방향으로 한 걸음을 내디딘다.『죽음에 맞선 삶』을 개인적으로 받아들이면 충격을 받을 수밖에 없다. 상식적인 관점과 최종적으로 화해하려 하지 않는 책이기 때문이다. 이 책의 또 다른 차별점은 (여러 현대 지식인이 그렇게 하듯이) 정신분석학을 (마르크스주의, 원죄론, 실존주의, 선불교 등과 함께) 얄

곽하고 순응적인 여러 '주의' 가운데 하나로 치부해버릴 수 없음을 설득력 있게 보여준다는 데 있다. 고급문화에서 정신분석에 대한 환멸의 목소리가 나오는 것은 그럴만하다. 이만큼 제도화되고 진부해진 관점을 거부하지 않기는 어려우니 말이다. 정신분석의 어휘는 미국 중산층 사이에서 개인적 공격의 상투적 도구이자, 불안을 공식화하고 그럼으로써 자신을 방어하는 흔한 방식이 되었다. 정신분석 치료를 받는 것은 대학 진학처럼 부르주아적 관습이 되었다. 정신분석의 개념이 브로드웨이 연극, 텔레비전, 영화 등에 구현되어 사방에 등장한다. 정신분석학적 사고의 문제는 지금 그것이 많은 이에게 실제 세계에서의 도피와 순응을 의미하는 것처럼 비친다는 점이다. 정신분석 치료는 사회에 도전하지 않는다. 그저 우리를 조금 더 잘 버틸 수 있는 상태로 만들어 희망 없이 사회로 돌려보낸다. 정신분석은 반유토피아적이고 반정치적인 것으로 이해된다. 사회의 억압적이며 불가피한 요구에 맞서 개인을 보호하려는 필사적이지만 근본적으로 비관적인 시도다.

하지만 미국 지식인이 정신분석에 대해 느끼는 환멸은 이전에 마르크스주의에 대해 그랬던 것과 마찬가지로 성급하다고 하겠다. 마르크스주의를 스탈린주의나 헝가리 혁명 탄압과 동일시할 수 없듯이, 정신분석을 파크 애비뉴에서 개업한 분석가나 정신분석학 저널이나 아들의 오이디푸스 콤플렉스를 거론하는 교외에 사는 주부로 치환할 수는 없다. 환멸은 현대 미국 지식인의 특징적인 자세이지만 사실 게으름의 산물일 때도 많다. 우리는 어떤 사상을 매우 집요하게 고수하지 못하고, 마찬가지로 성에 대해서도 매우 진지하거나 정직하지 못하다.

그래서 브라운의 『죽음에 맞선 삶』이나 마르쿠제의 『에로스와 문명』이 중요한 것이다. 브라운은 마르쿠제처럼 프로이트의 생각을 인간 본성에 대한 일반 이론으로 본다. 사람들을 치료해 갈등을 강요하는 사회로 되돌려보내는 방법으로 보는 게 아니다. 브라운은 정신분석을 불만에서 비롯된 신경증 증상을 완화하는 치료법이 아니라 인간 문화를 변혁하고 인간 의식 전반을 새롭고 더 높은 차원으로 끌어올리는 프로젝트로 본다. 그래서 프로이트의 심리적 범주를 (마르쿠제의 말을 빌리자면) 정치적 범주로 이해한다.

브라운은 프로이트의 개념을 뛰어넘어서 심리적 범주가 신체적 범주이기도 함을 보인다. 브라운에게 정신분석은 (현재 이루어지는 정신분석 관행과는 구별되는) 정신과 신체의 분리를 치유한다는 약속이다. 인간의 자아를 신체의 자아로 변환하고 기독교 신비주의(야코프 뵈메), 블레이크·노발리스·릴케의 작품에서 약속된 육체의 부활을 성취하는 것이다. 우리는 몸뚱이에 불과하며, 모든 가치는 신체적 가치라고 브라운은 말한다. 브라운은 몸 안에 감추어진 양성적 존재 방식과 자기애적 자기표현 방식을 받아들이라고 한다. 브라운에 따르면 인간은 무의식 속에서 성차性差와 생식기 중심 구조에 끝없이 저항한다. 신경증의 핵심은 사람이 신체 안에서 살 수가 없다는 것, 살고(다시 말해 성적인 존재가 되고) 죽을 수 없다는 것에 있다.

사회 비판과 문명에 대한 혐오가 무엇보다 흔하고 무엇보다 온당한 이 시기에, 브라운(그리고 마르쿠제)의 주장과 유치하고 허무주의적이거나 결국에는 순응적이고 부적절한(또는 둘 다인) 일반적 비판 경향을 구분할 필요가 있다. 또 브라운과 마르쿠제의 책은 프로이트를 여러 면에서 날카롭게 비판하므로, 프로이트 이론을 수정해 인간 본성에 관한 이론과 사회에 대한 도덕적 비판으로 확장하려는 다른 시도와도 구분해야 한다. 브라운도 마르쿠제도 미국 문화·지성계, 브로드웨이, 육아실, 칵테일파티, 교외 부부 생활을 지배하는 밋밋한 '수정주의'적 프로이트 해석에는 날카롭게 각을 세운다. 이런 (에리히 프롬에서 패디 차예프스키에 이르는) 수정주의적 프로이트주의는 흔히 기계화되고 불안에 시달리며 텔레비전에 세뇌된 미국에 대한 비판으로 여겨진다. 대중사회에 맞서 개인의 가치를 회복하려 하고 사랑을 통한 충족이라는 훌륭한 이상을 제시한다. 그러나 수정주의적 비판은 피상적이다. 사랑을 단순히 위안, 외로움을 막아주는 것, 안정으로 이해하며 사랑을 드높이면서도 프로이트의 승화 개념을 건드리지 않는다면 프로이트를 온당히 다루었다고 할 수 없다. 프로이트가 '사랑'이라는 말 대신 '성'이라는 말을 쓴 데는 그럴 만한 이유가 있다. 프로이트는 성을, 신체를 고집했다. 프로이트의 추종자 가운데 그 의미를 이해하거나 문화 이론에 어떻게 적용할지를 알았던 사람은 거의 없다. 샨도르 페렌치와 불운했던 빌헬름 라이히는 예외였다. 둘 다 프로이트 사상의 함의를 잘못 이해하긴 했으나(특히 오르가슴의 우위를 받아들였다는 점에서), 프로이트 사상이 비평적으로 어떤 의미가 있는지를 포착했다는 점이 훨씬 중요하다고 브라운은 설명하다. 정신분석을 사회 비판으로 바꾸지 못하고 인간의 욕망을 다시 억압으로 되돌려보낸 정통 정신분석학자들보다는 라이히나 페렌치가 오히려 프로이트의 정신에 충실했다고 하겠다.

물론 어떤 제자를 얻느냐는 어느 정도 스승 본인에게 달려 있다. 오늘날 정신분석이 문화에 적응하고 화해하는 기술을 가르치는 값비싼 영적 상담 같은 형태로 나타나는 것은 프로이트 사상 자체의 한계이며 브라운은 이 점을 세심하게 지적한다. 프로이트는 혁명적 사상가였으나 그럼에도 억압적 문화의 영구적 목표를 지지했다. 프로이트는 "본능적 삶을 통제하는 지성의 강화와 공격적 충동의 내면화와 그로 인한 모든 이득과 손실"을 특징으로 하는 문화를 불가피한 것으로 받아들였다. 프로이트가 성적 본능의 자유로운 표현을 옹호했다고 생각하는 사람은 프로이트가 '심리적 이상理想'이라고 부른 것이 다름 아닌 '지성의 우위'라는 사실을 알면 놀랄 것이다.

더 넓게 보면 프로이트는 두 가지 서로 연관된 핵심 전제를 기반으로 하는 서구 사상의 플라톤적 전통을 계승했다. 정신과 육체의 이원론과 (이론과 실제 양쪽 측면에서) 자의식의 자명한 가치다. 첫 번째 전제는 프로이트가 섹슈얼리티는 '낮고' 예술·과학·문화 속에서의 승화는 '높다'고 보는 점에서 드러난다. 여기에 성적인 것을 인격에서 취약한 영역으로 보는 섹슈얼리티에 관한 비관적 시각이 더해진다. 성적 충동은 그 자체로 억제할 수 없는 갈등을 일으키고 욕구불만·공격성·죄책감으로 내면화되며, 인간 본성 자체에 내재된 억압 기제를 조율하려면 문화라는 억압적 장치가 필요하다고 보는 것이다. 두 번째 전제는 프로이트의 치료법에 반영되어 있다. 프로이트는 우리가 왜 어떻게 아픈지를 아는 것이 치료에 도움이 된다고 가정한다. 감추어진 동기를 밝혀내면 그 영향이 자동으로 사라진다고 생각했다. 신경증적 병은 일종의 기억상실, 고통스러운 과거의 망각(실패한 억압)이라고 봤다. 과거를 알지 못하면 과거에 얽매이게 되고, 과거를 기억해내고 인지하면 자유로워진다.

브라운은 프로이트의 이 두 가지 전제를 다 비판한다. 사람은 몸과 정신으로 나뉘지 않았다고 한다. 이런 관점은 죽음을 부정하는 것이며, 따라서 삶을 부정하는 것이다. 자의식 또한 신체의 경험과 분리한다면 죽음을 부정하고 삶을 부정하는 것과 마찬가지다. 브라운의 주장은 (여기에서 개괄하기에는 너무 복잡하지만) 의식이나 반성의 가치를 부정하는 것은 아니다. 반드시 필요한 구분을 하고 있을 뿐이다. 브라운의 용어에 따르면 아폴론적(또는 승화적) 의식이 아니라 디오니소스적(또는 육체적) 의식이 필요하다고 한다.

'아폴론적', '디오니소스적'이라는 용어는 자연스레 니체를 연상시키는데, 사실 니체와 연결하는 것은 매우 적절하다고 본다. 니체가 프로이트 재해석의 열쇠이기 때문이다. 그런데 브라운은 흥미롭게도 논의를 니체와 연결하는 대신 기독교의 종말론 전통과 연결한다.

> 기독교 종말론은 인간의 몸과 '물질'에 대한 플라톤주의적 적대

감을 거부하고 플라톤적 승화의 길을 최종적 구원과 동일시하지 않으며 영원한 삶은 육신의 삶일 수밖에 없다고 확언한다는 점에서 특별하다. 기독교의 금욕주의는 타락한 육신을 플라톤이 상상할 수 없는 단계까지 처벌할 수 있지만, 기독교적 희망은 이 타락한 육신을 구원할 수 있다고 한다. 그래서 테르툴리아누스**카르타고의 초기 기독교 학자 — 옮긴이**는 이렇게 단언한다. "몸이 다시 살아날 것이다. 몸 전체가, 동일한 몸이, 온전한 몸이." 중세 가톨릭에서 기독교와 그리스 철학이 합해지며 불멸의 영혼이라는 관념이 생겨나 이 문제를 절충하며 혼란을 일으켰다. 그래서 이 독특한 기독교적 믿음은 개신교에서만 고스란히 유지된다. 루터가 승화(선행)의 교리를 거부하면서 결정적으로 그렇게 되었으나, 부활한 몸의 신학을 본격적으로 펼친 사람은 괴를리츠의 제화공이었던 야코프 뵈메다.

이 구절에서 브라운 책의 정교한 디테일까지는 짐작하기 어렵겠지만 논쟁적 에너지는 분명히 느껴질 것이다. 이 책은 프로이트 이론 전체의 분석이자 본능과 문화의 이론이며 역사적 사례 연구이기도 하다. 그렇지만 개신교가 승화를 초월한 문화의 선구자라는 주장은 역사적으로 보면 의문을 일으킬 수밖에 없다. 가장 명백하게 제기될 수 있는 비판이라면, 개신교에는 칼뱅주의도 포함되며 칼뱅주의 윤리는 (막스 베버가 보였듯이) 현대 도시 문화에서 드러나는 승화와 자기억제의 이상에 무엇보다 강력한 동력을 제공했다는 점을 들 수 있다.

그렇지만 브라운은 자신의 사상을 (사드, 니체, 사르트르 같은 열렬한 무신론자의 관점이 아니라) 기독교 종말론의 틀에서 제시함으로써 매우 중요한 논점을 추가로 제기한다. 기독교의 비범함은 유대교를 기반으로 세계와 인간 조건에 대한 역사적 관점을 발전시킨 데 있다. 브라운의 분석은 기독교 종말론에 내포된 약속 중 일부와 연계되면서, 문화사를 단순히 개인의 심리로 환원하지 않는 정신분석학적 역사론의 가능성을 연다. 『죽음에 맞선 삶』은 역사적인 동시에 심리적인 관점을 펼쳤다는 점에서 독창적이다. 브라운은 심리적 관점을 택한다고 해서 반드시 역사나 종말론적 열망을 거부하거나 '인간 본성의 한계' 때문에 문화를 통한 억압이 불가피함을 받아들여야 하는 것은 아님을 보여준다.

만약 그렇다면 우리는 종말론이나 유토피아주의의 의미 자체를 다시 생각해보아야 한다. 전통적으로 종말론은 가차 없이 진보하는 역사 속에서 미래에는 인류 전체가 인간의 조건을 초월할 수 있으리라는 기대로 나타났다. 이런 기대가 성서적 종말론, 계몽주의, 진보주의, 마르크스주의와 헤겔주의 등 어떤 형태로 나타나든 간에 현대 '심리학적' 비평가들은 대체로 보수적인 입장을 취하며 반대해왔다. 그렇지만 모든 종말론적 이론이 역사론은 아니다. 또 다른 종류의 종말론이 있는데, (더 잘 알려진 초월성의 종말론과 대비해) **내재성** immanence **신적이고 영적이고 본질적인 것이 물질세계 안에서 작동한다는 개념으로 신적이고 궁극적인 것은 물질세계 밖에 존재한다는 초월성** transcendence**과 대비된다** ─ 옮긴이의 종말론이라고 부를 수 있을 것이다. 플라톤적인 물질세계(그리고 플라톤의 계승자이며 '대중적 플라톤주의'인 기독교)에 대한 평가절하를 열렬히 비판하는 니체는 '영원 회귀'와 '권력에의 의지' 이론에서 이런 내재적 종말론의 희망을 표현한다. 그러나 니체에게 내재성 실현의 약속은 극히 소수, 즉 '주인'들만을 위한 것이고, 주인-노예 사회라는 역사적 교착상태의 영속화 또는 고착화에 달려 있으므로 집단적 성취란 있을 수 없다. 브라운은 소수의 성취를 위해서 대중을 지배할 수밖에 없다는 니체의 논리를 거부한다. 브라운의 책에 보낼 수 있는 최고의 칭찬은, 『죽음에 맞선 삶』이 프로이트의 통찰을 꿰뚫고 발전시키려는 중대한 시도일 뿐 아니라 니체 이후 70년 만에 내재성의 종말론을 공식화한 최초의 주요 시도라는 말이 될 것이다.

(1961)

해프닝: 극단적 병치의 예술

최근 뉴욕에서 새롭고 아직은 소수만 향유하는 스펙터클 장르가 등장했다. 얼핏 보면 미술 전시와 연극 공연이 결합된 듯한 이 이벤트에는 겸손하면서도 다소 도발적인 '해프닝'이라는 이름이 붙여졌다. 로프트, 작은 갤러리, 뒷마당, 소극장 등에서 30~100명 정도의 관객 앞에서 이루어진다. 해프닝을 본 적이 없는 사람들에게 그것이 무엇인지 설명하려면 자연히 그것이 무엇이 아닌지에 주목하게 된다. 일단 해프닝은 일반적으로 생각하는 무대에서 이루어지지 않고, 만들어졌거나 조립되었거나 발견되었거나 아니면 셋 다이고 사물이 가득 들어찬 밀집된 환경에서 이루어진다. 이런 배경에서 배우가 **아닌** 일군의 참가자들이 동작을 하고 물건을 다루기를 번갈아 또는 함께하고 (때로는) 대사, 뜻 없는 소리, 음악, 번쩍이는 불빛, 냄새 등을 곁들이기도 한다. 해프닝은 줄거리 없이 일련의 액션이나 사건으로 이루어진다. 연속적이고 논리적인 대화는 없지만, "도와줘!", "Voglio un bicchiere di acqua '물 한잔 주세요'라는 뜻의 이탈리아어 — 옮긴이", "사랑해주세요", "자동차", "하나, 둘, 셋…" 같은 말이 들어가기도 한다. 해프닝의 언어는 분절성 탓에 정제되고 응축되고(필요를 표현하는 말로 축소된다) 아무 효과가 없는 데다 해프닝 실연자들끼리 아무 관계를 맺지 않기 때문에 점점 증폭된다.

뉴욕에서 해프닝을 하는 사람들은(뉴욕에만 국한된 현상은 아니고 오사카, 스톡홀름, 쾰른, 밀라노, 파리 등에서도 서로 연관이 없는 그룹이 비슷한 활동을 했다고 한다) 20대 후반에서 30대 초반 정도의 젊은이들이다. 대부분 화가이고(앨런 캐프로, 짐 다인, 레드 그룸스, 로버트 휘트먼, 클라스 올든버그, 앨 핸슨Al Hansen, 조지 브레히트, 오노 요코, 캐럴리 슈니만Carolee Schneemann), 음악가들도 몇 있다(딕 히긴스Dick Higgins, 필립 코너Philip Corner, 라 몬테 영). 이 장르를 정립하고 발전시키는 데 가장 큰 역할을 한 앨런 캐프로는 이 중에서 유일하게 학자이기도 하다. 럿거스대학교에서 미술과 미술사를 가르쳤으며 지금은 롱아일랜드에 있는 뉴욕주립대에서 강의한다. 캐프로는 화가이자 한때 (1년 동안) 존 케이지 밑에서 수학했으며 1957년부터 그림을 그리는 대신 해프닝을 해왔다. 캐프로는 해프닝은 자신의 그림이 진화한 것이라고 말한다. 그러나 다른 사람들은 대체로 원래 활동을 포기하지는 않고 계속 그림을 그리거나 작곡을 하면서 이따금 해프닝을 제작하거나 친구가 고안한 해프닝에 참여한다.

최초의 공개적 해프닝은 1959년 10월에 있었던 캐프로의 〈여섯 파트로 이루어진 열여덟 개의 해프닝Eighteen Happenings in

Six Parts〉인데, 자신이 설립에 참여한 루벤 갤러리 개관 행사에서 선보였다. 그 후로 몇 년 동안 뉴욕에서 루벤 갤러리, 저드슨 갤러리, 그린 갤러리 등을 주요 무대로 캐프로, 그룹스, 다인, 휘트먼 등이 해프닝을 선보였다. 요즘에 볼 수 있는 정기적인 해프닝은 올든버그가 주말마다 이스트 2번가에 있는 자기 '가게' 뒤쪽 작은 방 세 칸에서 공연하는 것이다. 해프닝이 대중에게 선보인 지 5년이 지나는 동안 가까운 친구들로 이루어진 원래 그룹이 확장되었고 접근 방식도 다양하게 분화되었다. 지금 해프닝을 하는 사람들 전부가 받아들일 수 있는 하나의 장르로서 해프닝의 정의란 있을 수 없을 것이다. 어떤 해프닝은 더 성기고, 어떤 해프닝은 사건이 조밀하게 일어나고, 어떤 것은 격렬하고, 어떤 것은 위트 있다. 어떤 것은 하이쿠를 닮았고 어떤 것은 서사시를 닮았다. 어떤 것은 짧은 삽화 같고 어떤 것은 연극적이다. 그렇긴 하나 형식에서 근본적으로 일치하는 점을 식별해 해프닝이 회화나 연극 예술과 어떻게 연관되는지 어떤 결론을 내릴 수는 있겠다. 캐프로는 해프닝이 현대예술의 맥락에서 갖는 의미, 자기 작품의 진화 등에 관해 이제까지 나온 해프닝 관련 글 가운데 가장 뛰어난 글을 썼다. 1961년 5월 《아트 뉴스Art News》에 실렸으며, 이 글에서 무엇이 말 그대로 일어나는지happen에 관해 내가 설명할 수 있는 것보다 훨씬 자세한 설명을 읽을 수 있다.

해프닝의 가장 충격적인 특징은 관객을 취급(이 말이 가장 적합할 듯싶다)하는 방식이다. 해프닝은 관객을 놀리고 괴롭히려고 설계된 듯 보인다. 공연자들은 관객에게 물을 뿌리거나 동전을 던지거나 세제 가루를 뿌려 재채기를 유발하기도 한다. 석유 드럼통으로 귀가 먹을 듯한 소음을 내거나 관객을 향해 용접용 토치를 휘두르는 일도 있다. 여러 대의 라디오를 동시에 틀어놓거나 관객을 비좁은 공간에 몰아넣기도 하고 관객이 얕은 물 위에 걸쳐놓은 판자 위에서 서로 자리싸움을 하게 하기도 한다. 모든 것을 보고자 하는 관객의 욕구를 맞춰줄 생각은 없다. 오히려 이벤트를 컴컴한 공간에서 진행하거나 여러 방에서 동시에 진행함으로써 이런 욕구를 일부러 좌절시킨다. 1961년 3월 루벤 갤러리에서 열린 앨런 캐프로의 〈봄의 해프닝A Spring Happening〉은 관객을 가축 운반용 열차 같은 길쭉한 상자형 구조물에 가두었다. 이 밀폐 공간의 나무 벽에 엿보기 구멍을 뚫어놓고 밖에서 벌어지는 이벤트를 관객이 이 구멍을 통해 어렵사리 보게 했다. 해프닝이 끝나자 벽은 무너져 내렸고 누군가가 전동 잔디깎이를 작동시켜서 관객들을 몰아냈다(관객을 이렇듯 학대하며 참여시키는 것이 전통적 줄거리가 없는 해프닝에서 극적 중심 구조를 이루는 듯하다. 캐프로가 1962년 11월 르네상스 하우스에서 공연한 〈안마당The Courtyard〉에서처럼, 해프닝이 순전한 볼거리이고 관객이 단순한 구경꾼일 때는 밀도가 확연히 낮아지고 매력도 덜하다).

해프닝의 또 다른 두드러진 특징은 시간을 다루는 방식이다. 해프닝의 길이는 예측할 수가 없다. 10분 정도로 짧을 수도 있고 45분까지도 간다. 평균적으로 반 시간 정도 지속된다. 지난 2년 동안 상당히 많은 수의 해프닝에 참석하면서 본 바로는 관객들이 (충성도 높고 안목 있고 대체로 문화 경험이 풍부한 이들임에도) 이벤트가 끝났다는 사실을 알아차리지 못해서 이제 그만 가보라는 신호를 주어야만 자리를 뜰 때가 많았다. 관객들 가운데 같은 얼굴이 계속 보이는 것으로 보아 이 형식이 낯설어서 그러는 것은 아닌 듯하다. 사실 해프닝은 매번 길이나 내용을 예측하기 어려워야만 효과적이다. 해프닝에는 플롯도 줄거리도 없어 달리 긴장감을 유발하는 요소가 없고 따라서 긴장의 해소도 없기 때문이다.

    해프닝은 절정이나 결말 없이, 비대칭적인 놀라움의 그물망을 만든다. 보통 예술 형식이 따르는 논리보다는 꿈의 무논리를 더 닮았다. 꿈에는 시간 감각이 없다. 해프닝도 그렇다. 플롯도 논리적으로 이어지는 대화도 없으니 과거도 없다. 해프닝이라는 이름 자체가 암시하듯 언제나 현재 시제다. 어떤 대사가 있다고 하더라도 같은 말을 계속 반복하면서 언어가 일종의 더듬거림으로 축소된다. 한 편의 해프닝 안에서는 종종 액션도 반복하여 몸짓의 더듬거림을 만들거나 시간이 멈춘 듯한 느낌을 전달한다. 때로 해프닝 전체가 똑같은 행동이나 몸짓으로 시작하고 끝나는 순환 구조를 띤다.

    해프닝은 시간으로부터의 자유를 표현하기 위해 의도적으로 일시성을 추구한다. 해프닝을 제작하는 화가나 조각가는 구매할 수 있는 무언가를 만들어내지 않는다. 해프닝을 구입할 수는 없다. 오직 지원할 수 있을 뿐. 현장에서 소비되고 끝이다. 이런 점에서 해프닝이 극의 한 형태로 보일 수도 있다. 연극 공연도 참여할 수는 있으나 집으로 가져갈 수 없다는 점에서는 마찬가지니까. 그러나 연극은 텍스트, 즉 공연 전체의 '악보'가 공연과 상관

없이 독립적으로 존재하며 인쇄하고 구매하고 읽을 수도 있다. 따라서 해프닝은 극도 아니다. 그렇지만 (일부 해프닝 관람자들이 생각하듯) 해프닝이 그 자리에서 즉흥적으로 이루어지는 것은 아니다. 일주일에서 몇 달에 이르는 준비 기간에 철저히 리허설을 한다. 대본이나 악보라고 할 수 있는 것은 보통 한 페이지 정도밖에 되지 않고 대략의 동작 지침과 재료 설명 따위를 간략히 적어놓은 정도지만. 공연에서 일어나는 일은 리허설을 거치며 미리 계획하고 안무를 짜놓은 일들이다. 만약 해프닝이 며칠에 걸쳐 연속적으로 공연된다면 전통적 연극과 다르게 공연할 때마다 상당히 달라질 가능성이 크다. 하지만 만약 같은 해프닝을 며칠 연속으로 공연하더라도 그것이 반복 가능한 레퍼토리에 들어갈 수 있다는 뜻은 아니다. 해프닝은 한 번 또는 일련의 공연 이후에 일단 해체되고 나면 되살려지지도 다시 공연되지도 않는다. 해프닝에서 일부러 일회적 요소를 사용하는 것도 이와 관련이 있다. 종이, 나무 궤짝, 깡통, 마대, 음식, 특별히 이 행사를 위해 채색한 벽 등은 종종 공연 과정에서 말 그대로 소모되거나 파괴된다.

해프닝에서 중요한 요소는 재료이며, 단단하고 부드러운 것 또는 더럽고 깨끗한 것 사이의 변조가 중요하다. 재료를 중시한다는 점에서 해프닝이 연극보다는 회화에 가깝게 비칠 수 있는데, 사실 재료에 대한 집착은 사람을 '인물'이라기보다 물질적 대상으로 사용하는 데서도 드러난다. 해프닝 안의 사람은 종종 사물처럼 보인다. 마대 안에 들어가거나, 종이로 꼼꼼하게 포장되거나, 수의를 입거나, 가면을 덮어쓴다(또는 앨런 캐프로가 〈무제 해프닝Untitled Happening)에서 그랬듯이 사람을 정물로 사용하기도 한다. 캐프로는 1962년 3월 메이드먼 극장 지하 보일러실에서 해프닝을 진행하는 동안 벌거벗은 여자가 위쪽에 매달린 사다리 위에 누워 있게 했다). 해프닝에서 벌어지는 액션의 많은 부분은 격하게든 아니든 사람을 물질적 대상으로 삼곤 한다. 출연자가 자신의 몸을 격하게 사용하기도 하고(점프, 낙하), 서로 그러기도 하고(들어올리기, 쫓아가기, 던지기, 밀기, 때리기, 씨름하기), 때로는 서로 또는 자신을 더 느리고 감각적으로 사용(애무, 위협, 응시)하기도 한다. 또 다른 방식은 재료를 원래 용도로 쓰는 대신 감각적 속성을 드러내도록 열렬하게 반복 사용하는 것이다. 빵 조각을 물이 담긴 양동이에 떨어뜨리거나, 식탁을 세팅하거나, 거대한 종이 후프를 바닥에 굴리거나, 빨래를 너는 등. 짐 다인의 〈자동차 사고Car Crash〉는 1960년 11월 루벤 갤러리에서 이루어졌는데 어떤 남자가 색분필 도막을 칠판에 으깨고 갈면서 끝이 났다. 기침하기, 물건 나르기, 면도하기, 함께 먹기 등의 단순한 행위가 연장되고 반복되어 거의 악마적인 광란에 이른다.

　　해프닝에 사용되는 재료는 전통적 연극에서처럼 세트, 소품, 의상 따위로 구분할 수 없다. 공연자가 입은 속옷이나 재활용 가게에서 산 잡다한 옷가지 등은 벽에 붙여놓은 페인트가 흩뿌려진 종이 죽 모형이나 바닥에 널린 쓰레기와 마찬가지로 전체의 일부를 이룬다. 연극이나 현대회화와 달리 해프닝에서는 사물이 '배치'되는 게 아니라 널려 있거나 쌓여 있다. 해프닝은 그냥 '환경'이라고밖에 할 수 없는 곳에서 일어나는데, 이 환경은 전형적으로 극도로 지저분하고 혼잡하고 비좁고 종이나 천 따위 내구성이 없는 재료나 낡고 더럽고 위태한 물건들로 구성된다. 해프닝은 따라서 미술관의 예술 개념(예술가는 소중히 보존될 물건을 만든다는 개념)에 (단순히 이데올로기적 방식으로가 아니라 실제로) 도전한다. 해프닝은 보존할 수 없다. 따라서 위험스럽게 사람 얼굴 가까이에서 터지는 폭죽에 신경 쓰는 정도로만 마음에 품을 수 있다.

해프닝을 '화가들의 극'이라고 부르는 사람도 있다. 해프닝을 하는 사람들이 주로 화가이기도 하지만, 그보다는 해프닝을 움직이는 그림, 더 정확히 말하면 '움직이는 콜라주' 또는 '살아 있는 트롱프뢰유trompe l'oeil'라고 말할 수 있다는 뜻이다. 또한 해프닝의 등장은 1950년대 뉴욕 화파의 논리적 발전으로 설명할 수 있다. 1950년대 뉴욕에서는 거대한 크기의 캔버스에 관객을 둘러싸고 압도하도록 제작한 작품이 많았고 물감이 아닌 재료를 점점 많이 캔버스에 바르거나 덧붙이는 등 회화에 3차원 형태로 나아가려는 의도가 담겨 있었다. 그리고 일부 화가가 바로 그렇게 하기 시작했다. 그다음의 중요한 단계는 1950년대 중후반 로버트 라우션버그, 앨런 캐프로 등이 시작한 '아상블라주assemblage'라는 작업이다. 회화, 콜라주, 조각이 합해진 형태의 예술로 관습을 비웃듯이 다양한 재료를 썼는데 자동차 번호판, 오려낸 신문 기사, 유리 조각, 기계 부품, 화가의 양말 등 주로 쓰레기였다. 아상블라주에서 방 전체 또는 '환경'까지는 단 한 걸음만 내디디면 됐다. 마지막 단계인 해프닝은 사람들을 이 환경에 몰아넣고 움직이게 한다. 전체적으로 지저분한 모습, 예술적 가치가 있다고 여겨지지 않는 기성품 재료나 특히 도시 쓰레기의 조합 등 해프닝의 스타일은 뉴욕 회화계의 경험과 압력에 영향을 받은 것이 분명하다(그렇지만 캐프로는 도시 쓰레기가 해프닝의 필수 요소는 아니라며 해프닝은 목가적 환경에서 '깨끗한' 자연 재료를 사용해서도 이루어질 수 있다고 주장한다).

최근 회화의 경향으로 해프닝의 외양이나 스타일 일부를 설명할 수는 있으나, 형식을 설명하는 데는 한계가 있다. 형식을 이해하려면 회화를 넘어서 특히 초현실주의를 살펴보아야 한다. 내가 말하는 초현실주의는 1924년 앙드레 브르통의 선언문으로 촉발되었고 막스 에른스트, 달리, 조르조 데 키리코, 마그리트 등과 연결해 떠올리는 특정 회화 사조를 가리키는 것이 아니다. 20세기 모든 예술 분야를 관통하는 감수성을 의미한다. 연극에도 초현실주의 전통이 있고 회화, 시, 영화, 음악, 소설에도 있다. 심지어 건축에도, 전통이라고 부를 수는 없을지 몰라도 스페인 건축가 가우디와 같은 사례가 존재한다. 예술의 초현실주의 전통은 기존의 의미를 파괴하고 극단적 병치(또는 '콜라주 원칙')로 새로운 의미 또는 반反의미를 창조하려는 개념으로 한데 묶을 수 있다. 로트레아몽의 말을 빌리면 아름다움이란 "해부대 위에서 재봉틀과 우산이 우연히 만나는 것"이라고 한다. 이런 개념의 예술은 뚜렷한 공격성을 띤다. 관객의 상투적 기대에 대한 공격성이며 무엇보다 매체 자체에 대한 공격성으로 움직인다. 초현실주의 감성은 극단적 병치 기법을 통해 충격을 주려 한다. 정신분석학의 고전적 방식인 자유연상도 극단적 병치라는 초현실주의적 원칙에서 나온 것으로 이해될 수 있다. 환자가 즉흥적으로 한 모든 말을 유의미하다고 받아들이는 프로이트식 해석 기법은 현대예술에서 익숙히 본 '모순 속의 일관성' 논리와 궤를 같이한다. 같은 논리를 따라 다다이스트 쿠르트 슈비터스는 1920년대 초 〈메르츠Merz〉라는 기발한 작업을 했다. 슈비터스는 일부러 예술과는 거리가 먼 재료를 사용했는데, 예를 들면 도시 한 블록의 배수로에서 모은 쓰레기로 콜라주 작품을 구성하기도 했다. 프로이트가 자신의 방법을 "우리가 관찰한… 쓰레기더미"에서, 가장 사소한 세부 사항을 수집 분석해서 의미를 구해내는 것이라고 묘사한 것을 연상시킨다. 정신분석가가 환자를 만나는 세션 시간이 그날그날 임의로 달라지듯이 배수로에서 쓰레기를 수집할 블록의 크기도 임의적이다. 모든 것이 배열과 통찰이라는 창의적 우연에 달려 있다. 현대 도시의 여러 인공물에서도 이런 비자발적인 콜라주 원칙을 볼 수 있다. 크기와 스타일이 저마다 다른 건물들의 지독한 부조화, 가게 간판의 혼란스러운 병치, 신문의 요란한 레이아웃 등.

극단적 병치의 예술은 다른 용도로도 쓰일 수 있다. 초현실주의 예술의 내용 가운데 많은 부분은 위트를 위한 것이다. 무의미하고 유치하고 과장되고 강박적인 것 등 그 자체로 즐거운 농담도 있고 사회적 풍자도 있다. 특히 다다, 1938년 1월 국제 초현실주의 전시회, 1942년과 1960년 뉴욕 전시회 등에서 나타난 초현실주의의 목적은 그랬다. 시몬 드 보부아르는 회고록 두 번째 권에서 도깨비 집 같은 1938년 전시회를 이렇게 묘사한다.

입구 홀에는 달리의 특별 작품이 있었다. 빗물이 줄줄 새는 택시 안에 졸도할 듯한 금발 여자 마네킹이 있고 양상추와 치커리 샐러드 같은 것이 사방에 널려 있고 달팽이가 그 위를 뒤덮었다. '초현실주의 거리'에도 비슷하게 옷을 입었거나 누드인 인물들이 전시되어 있었는데 만 레이, 막스 에른스트, 오스카 도밍게스, 모리스 앙리Maurice Henry 등의 작품이었다. 앙드레 마송의 작품은 팬지꽃으로 입이 막히고 새장에 갇힌 얼굴이었다. 주 전시장은 마르셀 뒤샹이 작은 동굴처럼 꾸몄다. 연못이 있고 화로 주위에 침대 네 개가 있고 천장은 석탄 자루로 덮였다. 공간 전체에 브라질 커피 냄새가 풍겼고 신중하게 설계된 어둠 속에서 털로 뒤덮인 접시, 다리가 여자 다리 모양인 테이블 등의 다양한 사물이 모습을 드러냈다. 어디를 보든 벽이나 문, 꽃병 같은 일상적 사물이 인간의 통제를 벗어난 것처럼 보였다. 초현실주의가 우리에게 직접적 영향을 미쳤다고 생각하지는 않지만 우리가 숨 쉬는 공기에 스며든 것은 분명하다. 초현실주의자들은 이를테면 사르트르와 올가와 내가 종종 일요일 오후를 보내는 벼룩시장을 찾는 것을 유행으로 만들었다.

이 인용문의 마지막 문장이 특히 흥미롭다. 초현실주의 원칙이 어떻게 하여 버려지고 무의미하고 시대에 뒤떨어진démodé 물건에 대한 위트 어린 향유, 곧 '캠프'라고 알려진 열정적인 비예술에 대한 취향을 불러일으켰는지를 상기시키기 때문이다. 털로 덮인 찻잔, 펩시콜라 병뚜껑으로 만든 초상화, 돌아다니는 변기 등은 일종의 위트를 내포한 사물을 만들어내려는 시도다. 캠프의 감각에 눈이 열린 관람객은 세실 B. 드밀의 영화, 만화책, 아르누보 램프 갓도 이런 위트의 연장선상에서 즐길 수 있다. 이런 위트의 핵심 요건은 이 사물이 고급 예술이나 일반적으로 가치 있는 좋은 취향에 속하지 않는다는 점이다. 경멸스러운 재료일수록, 담긴 정서가 진부할수록 더 좋다.

초현실주의 원칙은 (세련되고 무심한 위트든 논쟁적인 풍자의 위트든) 위트 말고 다른 목적에도 봉사할 수 있다. 더 진지하게는, 감각을 재교육하거나(예술) 인격을 재교육하는(정신분석) 치료적 목적으로 생각할 수 있다. 또 마지막으로, 공포의 목적에도 쓰일 수 있다. 현대예술의 의미가 일상의 논리 아래에서 꿈의 비논리를 발견하는 것이라면, 꿈꿀 자유가 있는 예술 역시 다양한 감정을 포괄하리라고 기대할 수 있다. 위트 있는 꿈도 있고, 장엄한 꿈도 있는가 하면, 악몽도 있을 수 있다.

초현실주의 원칙이 공포를 일으키는 사례는 문학이나 영화처럼 비유적 전통을 지닌 예술을 사례로 보면 더 쉽게 설명할 수 있다. 음악(에드가르 바레즈, 피에르 셰페르, 카를하인츠 슈토크하우젠, 존 케이지)이나 회화(빌럼 더코닝, 프랜시스 베이컨)의 사례도 있긴 하지만. 문학에서는 로트레아몽의 『말도로르의 노래』나 카프카의 우화와 소설, 고트프리트 벤의 시체공시소 시 등을 떠올릴 수 있을 것이다. 영화에서는 부뉴엘과 달리가 협업한 〈안달루시아의 개〉와 〈황금시대〉, 프랑주의 〈짐승의 피〉, 최근작으로는 폴란드에서 만들어진 단편 〈인생은 아름다워〉와 미국 예술가 브루스 코너의 단편 〈영화A Movie〉, 앨프리드 히치콕, 앙리 조르주 클루조, 이치가와 곤 영화의 특정 순간 등을 들 수 있다. 그러나 공포를 자아내려는 목적으로 사용되는 초현실주의 원칙을 이해하려면 앙토냉 아르토의 글을 보는 게 가장 좋다. 아르토는 시인, 광인, 영화배우 그리고 연극 이론가라는 네 가지 중요하고 본보기가 되는 이력을 지닌 프랑스인이다. 아르토의 평론집 『연극과 그 이중』은 현대 서구 연극 전체를 근본적으로 거부한다. 명작 숭배, 글(대사)을 중시하는 것, 절제된 감정의 범위까지. 아르토는 이렇게 썼다. "연극은 삶과 동등해져야 한다. 개인의 삶, **인물**이 승리하는 개별적 삶이 아니라 인간의 개성을 휩쓸어버리는 일종의 해방된 삶과 동등해져야 한다." 인간의 개별성이라는 짐과 한계를 초월하는 것은 (D.H. 로런스와 융이 희망을 담아 다루었던 주제이기도 하다) 꿈이라는 집단적인 내용으로 돌아감으로써 이루어진다. 오직 매일 밤 꿈에서만 우리는 아르토가 경멸하듯 '심리적이고 사회적인 인간'이라고 부른 얕은 층의 아래에 닿을 수 있다. 아르토가 꿈이라고 한 것이 단순히 시나 환상만을 의미하지는 않는다. **폭력**, **광기**, **악몽**을 포함한다. 꿈과 연관하여 아르토가 **잔혹극**이라고 부르는 개념이 대두한다. 아르토는 두 편의 선언문에 잔혹극이라는 제목을 달고 그 개념을 제시했다. 연극은 관객에게 "꿈의 진정한 침전물을 제공해야 한다. 범죄 취향, 에로틱한 집착, 야만성, 허황한 생각, 삶과 물질에 대한 유토피아적 사고, 심지어 식인 본능까지도 가짜나 환상이 아닌 내면으로 쏟아낸다. … 연극은 꿈처럼 피투성이이고 비인간적이어야 한다."

아르토가 『연극과 그 이중』에서 제시한 처방이 해프닝이 무엇인지를 어떤 것보다 잘 설명해준다. 아르토는 해프닝의 세 가지 전형적 특징 사이의 연관성을 보여준다. 첫째로 개인을 초개인적 또는 비개인적으로 취급하는 것. 둘째 볼거리와 소리를 강조하고 언어를 경시하는 것. 셋째 관객을 공격하겠다는 공언된 목적.

예술에서 폭력에 대한 욕구는 새로운 현상이 아니다. 존 러스킨이 1880년에 '현대소설'(러스킨이 든 예는 월터 스콧의 『가이 매너링Guy Mannering』과 찰스 디킨스의 『황폐한 집』이다!)을 비판하면서 말하길 환상적이고 기묘하고 거부감을 일으키는 것에 대한 취향, 기꺼이 충격을 받으려는 태도가 현대 독자의 가장 두드러진 특징인 듯하다고 했다. 그러다 보니 예술가는 관객의 반응을 유도하기 위해 점점 더 과하고 강력한 시도를 하게 된다. 그렇다면 유일한 의문은 반드시 공포를 통해 반응을 일으켜야 하느냐다. 해프닝을 하는 사람들 사이에서는 다른 종류의 도발(예를 들면 성적 자극)은 효과가 덜하고 감정적 삶의 마지막 보루는 공포라는 데 암묵적으로 의견이 모인 듯하다.

한편 현대 관객을 안락한 정서적 마취 상태에서 깨우기 위해 고안된 이 예술 형태가 마취된 듯 천천히 서로 단절되어 움직이는 사람의 이미지로 이루어지고 의례적이고 무의미한 행동의 이미지를 보여준다는 점도 흥미롭다. 이 지점에서 공포를 불러일으키는 초현실주의 예술은 어떤 일에도 끄떡없는 무적성無敵性이라는 코미디의 가장 깊은 본질과 연결된다. 코미디의 핵심에는 감정적 무감각이 있다. 우리가 코미디에서 고통스럽고 기괴한 사건을 보고도 웃을 수 있는 까닭은, 그 일을 겪는 사람이 과소반응하는 게 눈에 보이기 때문이다. 아무리 비명을 지르고 펄펄 뛰고 하늘을 저주하고 불행을 한탄한다고 하더라도 관객은 이들이 그렇게 큰 감정을 겪지 않는다는 것을 안다. 위대한 코미디의 주인공은 전부 자동인형이나 로봇 같은 특징을 지닌다. 이것이 바로 아리스토파네스의 『구름The Clouds』, 『걸리버 여행기』, 텍스 에이버리의 애니메이션, 『캉디드』, 영화 〈친절한 마음과 화관〉, 버스터 키튼의 영화, 『위뷔 왕』, BBC 라디오 프로그램 〈군 쇼Goon Show〉에 이르기까지 온갖 다양한 코미디의 비결이다. 코미디의 핵심은 무감함이다. 또는 진짜 반응을 패러디하는 과장되거나 엉뚱한 반응이다. 코미디는 비극과 마찬가지로 정서적 반응의 스타일화에 의존한다. 비극에서는 감정의 기준을 높이고, 코미디에서는 감정의 기준에 비해 과소반응하거나 엉뚱하게 반응한다.

    초현실주의는 코미디 개념을 최대한 확장시켜 위트에서 공포에까지 이른다. 초현실주의는 (해프닝을 포함한 모든 사례를 아울러서) 극단적 '무관계'를 강조하기 때문에 비극적이리기보다는 희극적이다. '연관성'이 비극의 주제이자 원천이듯, 희극의 주제는 무관성이다. 나도 그렇고 다른 관객들도 해프닝을 관람하는 도중에 종종 웃음을 터뜨린다. 단순히 폭력적이고 부조리한 행동에 당황하거나 긴장해서 그런 것은 아니라고 생각한다. 해프닝에서 벌어지는 일에 본질적으로 웃기는 면이 있기 때문일 것이다. 그렇다고 해서 공포스럽지 않다는 것은 아니다. 현대의 가장 끔찍한 재앙과 잔학 행위에도, 우리의 사회적 겸거함과 진지함에 대한 관습적 감각이 허락하는 한도 안에서 웃음을 유발하는 어떤 요소가 있다. 현대의 경험에는 희극적인 요소, 신적인 희극이 아니라 악마적 희극의 요소가 있다. 현대 경험의 특징이 무의미하고 기계화된 무관계이기 때문이다.

코미디에 처벌적 요소가 있다고 해도 희극성이 줄어들지는 않는다. 비극이 그렇듯이 희극에도 희생양이 필요하다. 세상을 모방해 재현한 극중 사회 질서 안에서 처벌받고 추방될 사람이 필요하다. 해프닝에서 일어나는 일은 아르토가 제안한 대로 무대를 없애 관객과 공연자 사이의 거리를 없애고 '관객을 물리적으로 둘러싸는' 공연의 이상을 따른 것에 불과하다. 해프닝에서는 희생양이 바로 관객이다.

(1962)

'캠프'에 관한 노트

세상에는 이름이 붙여지지 않은 것이 많고, 또 이름이 있긴 하지만 설명되지 않은 것도 있다. 그 가운데 하나가 감수성(분명히 현대적이고 지적 세련의 한 형태이지만 전혀 세련되게 인식되지 않는 것)인데, '캠프'라는 컬트적 이름으로 불린다.

  감수성은 (사상과 달리) 논하기가 정말 어렵다. 그중에서도 특히 캠프가 한 번도 논의되지 않은 데는 특수한 이유가 있다. 일단 캠프는 자연스러운 감성이 아니다(자연스러운 감성이라는 것이 만약 존재한다면). 캠프의 본질은 부자연스러운 것, 인위적이고 과장된 것에 대한 사랑이다. 또 캠프는 밀교적이다. 도시의 소규모 패거리가 공유하는 비밀 코드나 정체성의 상징 같은 것이다. 크리스토퍼 이셔우드의 소설 『저녁의 세계 The World in the Evening』(1954)에 게으르게 두 페이지 정도로 언급된 것을 제외하면 글로 다루어진 적이 거의 없다. 그러나 캠프에 대해 이야기한다는 것은 그것을 배신하는 일이 될 것이며, 교육적 목적이 있다거나 갈등을 위엄 있게 해소할 때만 배신을 정당화할 수 있을 것이다. 나는 나 자신을 가르치기 위해서, 내 감수성의 날카로운 갈등을 달래기 위해서 캠프를 논하려 한다. 나는 캠프에 강하게 끌리면서 또 못지않게 강한 불쾌감을 느낀다. 그래서 그에 관해 이야기하고 싶고, 그래서 나는 말할 수 있다. 어떤 감수성을 온 마음으로 받아들이는 사람은 그것을 분석할 수 없기 때문이다. 그런 경우라면 의도야 어떻든 보여주기밖에는 할 수 없다. 어떤 감수성에 이름을 붙이고 지형을 그리고 역사를 설명하려면 깊은 공감과 함께 약간의 혐오가 필요하다.

나는 감수성에 관해서만 이야기하고 있고 그중에서도 특히 진지함을 경박함으로 바꾸는 감수성을 다루려 하는데, 이것은 중대한 주제다. 사람들은 대체로 감수성이나 취향을 순전히 주관적인 선호의 영역으로 간주한다. 주로 감각의 불가해한 끌림일 뿐 이성의 지배 아래에서 나온 것이 아니라고 본다. 취향이 사람이나 예술 작품에 대한 반응에 영향을 미친다고 **인정**할 뿐이다. 하지만 이런 태도는 지나치게 순진하다. 아니 그보다 더 나쁘다. 취향의 기능을 봐주듯 경시하는 것은 자기 자신을 경시하는 일이다. 취향은 모든 자유로운 (주입된 것이 아닌) 인간의 반응을 지배하기 때문이다. 취향보다 더 결정적인 것은 없다. 사람에 대한 취향, 시각적 취향, 감정적 취향이 있을 뿐 아니라 행동에 대한 취향, 도덕성에 대한 취향도 있다. 지성도 사실은 일종의 취향이다. 생각에 대한 취향(이것과 함께 취향은 매우 불균형하게 발달하는 경향이 있음을 염두에 두어야 한다. 한 사람이 시각적인 것, 사람에 대한 것, 생각에 대한 것에서 좋은 취향을 다 갖춘 경우는 드물다).

취향에는 체계도 없고 근거도 없다. 그래도 취향의 논리라고 할 수 있는 것, 어떤 취향의 근간이 되는 일정한 감수성은 존재한다. 감수성은 말로 표현하기가 거의 불가능하다. 어떤 감수성이든 체계의 틀에 끼워 맞추거나 근거를 들어 개략적으로 설명하다 보면 더는 감수성이 아닌 것이 되고, 어떤 생각으로 굳어지기 때문이다.

어떤 감수성을 언어로 표현하려면, 더군다나 생생하고 강력한 감수성이라면♦ 조심스럽고 유연한 접근이 필요하다. 특히 이 포착하기 힘든 감수성을 포착하려면 순차적이고 연속적으로 주장을 펼치는 에세이 형식보다는 단편적 노트 형식이 적당할 듯싶다. 캠프에 논문처럼 근엄하게 접근하기는 어색하다. 그러다 보면 매우 저열한 캠프의 사례를 생산하고 말 위험이 있다.

이 노트는 오스카 와일드에게 바치는 것이다.

> 사람은 예술 작품이 되거나, 아니면 예술 작품을 입어야 한다.
> ―『젊은이를 위한 경구와 철학Phrases & Philosophies for the Use of the Young』

♦ 어떤 시대의 감수성은 그 시대를 결정짓는 특징인 동시에 가장 사라지기 쉬운 특징이기도 하다. 어떤 시대의 사상(지성사)과 행위(사회사)를 서술하면서도 이런 사상과 행위를 형성한 감수성이나 취향을 다루지 않기도 한다. 사실 그 시대의 감수성을 전달하는 역사 연구는 매우 드문데, 중세 후기를 연구한 요한 하위징아나 16세기 프랑스를 연구한 뤼시앵 페브르 등을 예로 들 수 있겠다.

1. 아주 포괄적으로 시작하자. 캠프는 탐미주의의 한 양식이다. 세상을 심미적 현상으로 보는 **하나의** 방식이다. 캠프의 방식은 아름다움이 아니라 인위성과 스타일화의 정도에 초점을 맞춘다.

2. 스타일을 강조하면 필연적으로 내용을 경시하거나 내용에 대해 중립적인 태도를 취하게 된다. 캠프 감수성이 비참여적·탈정치적이거나 아니면 적어도 비정치적이라는 것은 말할 것도 없다.

3. 사물을 바라보는 캠프적 시각이라는 것이 당연히 존재할 뿐 아니라 사물이나 사람의 행동에서도 캠프적 속성을 발견할 수 있다. '캠피'한 영화, 옷, 가구, 대중음악, 소설, 사람, 건물 등도 있다. 이 둘을 구분하는 것이 중요하다. 캠프적인 눈은 경험을 변화시키는 힘이 있다. 그렇지만 무엇이든 캠프로 바라볼 수 있는 것은 아니다. 보는 사람의 눈에 **전적으로** 달려 있지는 않다.

4. 캠프의 정전에 포함된 아이템의 무작위적 예시.

『쥴리카 돕슨』 맥스 비어봄의 1911년 소설 — 옮긴이

티파니 램프

스코피톤Scopitone 영화 1960년대에 반짝 유행한, 동영상이 나오는 **주크박스용 영화로 현대 뮤직비디오의 전신이라 할 수 있다** — 옮긴이

로스앤젤레스 선셋대로의 브라운 더비 레스토랑

잡지 《더 인콰이어러The Enquirer》의 헤드라인과 기사

오브리 비어즐리의 일러스트레이션

⟨백조의 호수⟩

빈첸초 벨리니의 오페라

비스콘티 감독의 ⟨살로메Salomé⟩와 ⟨창녀라서 안타깝다'Tis Pity She's a Whore⟩

세기말 그림엽서 일부

쇼드색의 ⟨킹콩⟩

쿠바 팝 가수 라 루페La Lupe

린드 워드의 목판화 소설 『신의 남자』

옛날 플래시 고든 만화

1920년대 여성복(깃털 목도리, 술과 비즈 장식 드레스 등)

로널드 퍼뱅크Ronald Firbank와 아이비 콤프턴버넷의 소설

정욕 없이 보는 도색 영화

5. 캠프 취향은 특정 예술에 친연성이 있다. 예를 들면 옷, 가구, 시각적 장식 요소 등이 캠프에서 큰 비중을 차지한다. 캠프 예술은 장식 예술일 때가 많다. 내용보다는 질감, 감각적 표면이나 스타일에 중점을 둔다. 하지만 콘서트 음악은 내용이 아예 없기 때문에 캠프가 되기 어렵다. 우스꽝스럽고 과도한 내용과 풍부한 형식의 대비 같은 것을 이룰 수가 없는 것이다…. 때로는 예술 양식 전체가 캠프로 물들기도 한다. 고전 발레, 오페라, 영화는 꽤 오랫동안 그랬다. 2년 전부터 대중음악(프랑스에서 '예예ye ye'라고 불리는 포스트 로큰롤 등)도 여기 병합되었다. 또 영화평론('내가 본 최악의 영화 10편' 따위의 리스트)은 오늘날 캠프 취향을 대중화하는

데 가장 큰 역할을 하는 듯하다. 사람들은 여전히 영화를 경쾌하게 가식 없이 보러 가기 때문이다.

6. 이렇게 말할 수 있는 감성이 있다. "캠프가 되기엔 너무 훌륭해" 또는 그러기엔 "너무 중요"하고 주변적이지 않다고 하거나(이 점에 대해서는 뒤에서 다시 이야기하겠다). 그래서 장 콕토라는 사람이나 작품은 캠프일 수 있지만, 앙드레 지드는 아니다. 리하르트 슈트라우스의 오페라는 캠프여도 바그너는 아니다. 틴팬 앨리19세기 말~20세기 초 뉴욕 맨해튼에서 대중음악 생산자들이 모이던 거리의 별명— 옮긴이와 리버풀의 대중음악이 뒤섞이면 캠프지만, 재즈는 캠프가 아니다. 캠프의 사례 가운데는 '진지한 관점'에서 보면 나쁜 예술이나 키치로 비치는 것이 많다. 항상 그런 것은 아니지만. 캠프는 나쁜 예술이기만 한 것이 아니고, 캠프로 접근할 수 있는 일부 예술(예를 들면 루이 푀이야드의 주요 영화들)은 어떤 것보다도 진지하게 감탄하고 연구할 가치가 있다.

> 예술을 연구하면 할수록, 자연에는 관심이 없어진다.
>
> —『거짓의 쇠락 The Decay of Lying』

7. 캠프적 사물과 사람은 모두 인위성이라는 요소를 상당히 포함한다. 자연은 캠프적일 수 없다. 시골 캠프라고 해도 인공적이고, 캠프적 사물은 대체로 도시적이다(그렇긴 해도 캠프에는 평온함(또는 순진함)이라는 속성이 있는데 이것은 목가적인 것과 비견될 만하다. 캠프의 많은 부분이 윌리엄 엠프슨이 '도시적 목가'라고 부른 것을

연상시킨다).

8. 캠프는 특정한 스타일의 관점에서 바라본 세상이다. 과장된 것, '벗어난' 것, 원래 모습이 아닌 것에 대한 사랑이다. 최고의 예는 가장 전형적이고 가장 발달한 캠프 스타일인 아르누보다. 아르누보 오브제는 전형적으로 어떤 것을 다른 것으로 바꾼다. 꽃이 핀 식물 형태의 조명 기구나 동굴처럼 꾸며진 거실 등. 눈에 띄는 예로 엑토르 기마르가 1890년대 후반에 설계한 파리 지하철 입구의 난초 줄기 모양 주철 장식이 있다.

9. 사람에 대한 취향에서, 캠프는 현저하게 약화되었거나 강력하게 과장된 것에 끌린다. 양성성androgyne은 캠프 감수성에서 중요한 이미지 가운데 하나다. 예를 들면, 라파엘 전파 회화와 시에 등장하는 졸도할 듯 가녀린 곡선으로 이루어진 인물, 아르누보 판화와 포스터의 여리고 흐르는 듯한 무성적 신체, 램프나 재떨이에 양각으로 표현된 형태, 그레타 가르보의 완벽한 아름다움 이면의 매혹적인 양성적 공허 등. 취향에 관한, 잘 인정되지 않았던 진리가 캠프 취향이 바탕이 된다. 가장 정제된 형태의 성저 매력(그리고 가장 정제된 형태의 성적 쾌락)은 본래 성을 거스르는 데 있다는 것. 남성적 남성에게서 가장 아름다운 요소는 여성적인 것이고, 여성적 여성에게서 가장 아름다운 요소는 남성적인 것이다…. 캠프의 양성성과 밀접하게 연결된 것으로, 얼핏 이것과 반대인 듯 보이지만 사실 그렇지 않은 것이 있다. 성적 특징이나 성격적 매너리즘의 과장이다. 가장 좋은 예는 영화 배우들에게서 찾을 수 있다. 제이 맨스핔드, 지나 롤로브리지다, 제이 러셀, 버지니아

메이오의 진부하면서 화려한 여성스러움. 스티브 리브스, 빅터 머추어의 과장된 남성스러움. 베티 데이비스, 바버라 스탠윅, 털룰라 뱅크헤드, 에드비주 푀예르 등 기질과 매너리즘의 스타일리스트들.

10. 캠프는 모든 것을 따옴표 안에 넣고 본다. 램프가 아니라 '램프'다. 여자가 아니라 '여자'다. 사물이나 사람에서 캠프를 인지하는 것은 존재가 역할을 수행하는 것으로 이해하는 것이다. 삶을 연극에 비유하는 감수성의 가장 극단적인 확장이다.

11. 캠프는 양성적 스타일의 승리다(남자와 여자, 사람과 사물이 서로 변환할 수 있다). 그러나 사실 모든 스타일, 모든 인위성은 궁극적으로 양성적이다. 반면 삶은 스타일리시하지 않다. 자연도 그렇다.

12. 문제는 '왜 희화화, 사칭, 연극성인가가 아니라' 희화화, 사칭, 연극성이 어떨 때 캠프라는 특별한 풍미를 띠게 되는가다. 왜 셰익스피어 희극(예를 들면 『뜻대로 하세요』)의 분위기는 양성적이지 않은데 〈장미의 기사Der Rosenkavalier〉리하르트 슈트라우스의 코믹 오페라— 옮긴이는 양성적인가?

13. 그 구분선은 18세기에 시작된 듯하다. 이 시기에서 캠프 취향의 기원을 찾을 수 있다(고딕소설, 중국풍, 캐리커처, 인공 폐허 등). 그러나 이때 자연과 맺는 관계는 지금과는 크게 달랐다. 18세기에는 취향을 지닌 사람들이 자연을 보존하거나(스트로베리 힐호러스 월폴이 1749년부터 고딕 양식을 되살려 지은 건물. 고딕 복고 양식의 대표적 사례다— 옮긴이) 자연을 인위적으로 재탄생시키려 했다(베르

사유 궁전). 또 과거를 열렬히 옹호했다. 오늘날의 캠프는 자연을 지우거나 대놓고 부정한다. 과거와의 관계는 극도로 감상적이다.

14. 캠프의 간략한 역사는 물론 훨씬 이전으로 거슬러 올라갈 수 있다. 폰토르모, 로소, 카라바조 같은 매너리즘 화가나 조르주 드 라투르의 극히 연극적인 회화, 문학에서는 (존 릴리 등의) 과식체誇飾體 등이 있었다. 그렇긴 하나 가장 확고한 출발점은 17세기 후반에서 18세기 초로 볼 수 있다. 이 시기에 인위성·외형·대칭성에 대한 특별한 감각, 생생하고 짜릿한 것에 대한 취향, 즉각적 감정과 인물의 완전한 존재감을 재현하는 우아한 관습 등이 문학에서는 경구와 각운을 맞춘 2행 연구로, 음악과 몸짓에서는 화려한 장식적 표현으로 나타났다. 17세기 후반과 18세기 초는 위대한 캠프의 시대였다. 영국 작가 알렉산더 포프, 윌리엄 콩그리브, 호러스 월폴 등(조너선 스위프트는 여기에 들어가지 않는다), 프랑스의 레 프레시외les précieux 사조, 뮌헨의 로코코 양식 교회, 이탈리아 작곡가 조반니 바티스타 페르골레시 등. 그리고 얼마 후에 나온 모차르트의 여러 작품도 여기 들어간다. 그러나 19세기에는 고급문화 전반에 걸쳐 있던 캠프적 요소가 특별한 취향이 되어 날카롭고, 비밀스럽고, 비뚤어진 음조를 띠게 된다. 영국만 한정해서 보면 캠프는 19세기 탐미주의로 명맥을 이어오다가(에드워드 번존스, 월터 페이터, 러스킨, 앨프리드 테니슨) 시각·장식 예술에서 아르누보 사조와 함께 절정에 달하고 와일드나 퍼뱅크 등의 위트 있는 재사才士들이 의식적 사상가 역할을 한다.

15. 물론 이 모든 것이 캠프라고 말한다고 해서 그냥 그렇

게 정의되는 것은 아니다. 예를 들면 아르누보를 철저히 분석하면서 단순히 캠프와 등치할 수는 없다. 그렇지만 캠프로 경험될 수 있는 측면을 무시하고 아르누보를 분석할 수도 없다. 아르누보는 '내용'이 풍부하고 정치적·도덕적인 내용도 담고 있다. 아르누보는 (윌리엄 모리스와 바우하우스 그룹 사이 어딘가에 자리하는) 유토피아적 전망에서 촉발된 혁명적 예술 운동으로 정치와 취향이 유기적으로 통합되어 있었다. 그렇긴 하나 아르누보 오브제는 초탈하고 가벼운 탐미주의자의 관점도 담고 있다. 이 점이 아르누보에 관해 그리고 내용을 감추는 캠프의 관점에 관해 중요한 사실을 말해준다.

16. 따라서 캠프 감수성은 어떤 사물이 이중적으로 인식되는 방식을 포착하는 것이다. 문자 그대로의 의미와 상징적 의미라는 익숙한 구분으로 이루어진다는 말은 아니다. 그보다는 무언가를 의미하는 사물과 순전한 인공물인 사물 사이의 차이라고 하겠다.

17. 캠프를 흔히 동사로, '캠프하다'라고 사용할 때도 이중성이 뚜렷이 드러난다. '캠프한다'는 것은 두 가지로 해석할 수 있는 화려한 매너리즘을 사용하는 유혹의 방식이다. 아는 사람에게는 위트로 인식되고 외부인에게는 단순히 사물로 여겨지는 중의성이 넘치는 제스처다. 마찬가지로 이 단어가 명사가 되어, 어떤 사람이나 사물을 '캠프'라고 칭할 때도 이중성이 개입한다. 어떤 것의 '있는 그대로'의 일반적 의미 뒤에서 사적이고 엉뚱한 경험을 찾아냈다는 의미다.

자연스럽게 군다는 것은 정말 유지하기 힘든 자세다.

— 『이상적 남편An Ideal Husband』

18. 순진한 캠프와 의도적 캠프를 구분해야 한다. 순수한 캠프는 언제나 순진하다. 스스로 캠프임을 의식하는('캠프하는') 캠프는 그만큼 만족스럽지 않을 수 있다.

19. 캠프의 순수한 사례는 의도된 것이 아니다. 매우 진지하다. 뱀이 둘둘 감긴 램프를 만드는 아르누보 장인은 장난을 치는 것도 아니고 가벼운 재미를 주려는 것도 아니다. 정색을 하고 이렇게 말하는 것이다. 보시오! 동양의 정취를! 진정한 캠프는, 이를테면 버스비 버클리가 워너브라더스에서 1930년대 초에 제작한 뮤지컬 영화들(〈42번가〉, 〈1933년의 황금광들〉, 〈1935년의 황금광들〉, 〈1937년의 황금광들〉 등)은 웃기려는 **의도**가 없다. 그렇지만 캠핑은, 예컨대 노엘 카워드의 연극은 의도적으로 웃음을 유발한다. 전통 오페라 레퍼토리가 이렇듯 만족스러운 캠프가 될 수 있었던 것은 작곡가들이 오페라의 멜로드라마적이고 터무니없는 플롯을 진지하게 다루었기 때문이다. 예술가의 개인적 의도를 알 필요는 없다. 작품이 모든 것을 말해준다(19세기의 전형적인 오페라와 의도적이고 계산된 캠프의 사례인 미국 작곡가 새뮤얼 바버의 오페라 〈바네사Vanessa〉(1958년 초연)를 비교해보면 차이가 확연히 드러난다).

20. 일부러 캠프가 되려 하면 오히려 해로운 듯하다. 가장 위대한 캠프 영화로 꼽히는 〈천국의 말썽Trouble in Paradise〉(1932)과 〈말타의 매〉(1941)의 완벽함은 톤을 자연스럽고 매끄럽게 유지

하는 데서 온다. 1950년대 캠프를 지향하는 영화들인 〈이브의 모든 것〉이나 〈비트 더 데블〉 등은 그렇지 못하다. 이 두 영화에도 훌륭한 부분이 있지만, 〈이브의 모든 것〉은 너무 미끈하고 〈비트 더 데블〉은 너무 히스테릭하다. 너무 캠피해지고 싶은 나머지 계속 리듬을 놓친다…. 어쩌면 문제는 의도하지 않은 효과와 의식적인 의도 사이의 차이가 아니라 캠프의 패러디와 자기 패러디 사이의 미묘한 관계에 있을 수 있다. 히치콕의 영화가 이런 문제를 잘 보여준다. 자기 패러디가 활기를 잃고 자신이 다루는 주제나 재료에 대한 경멸을 (간헐적으로라도) 드러낼 때(〈나는 결백하다〉, 〈이창〉, 〈북북서로 진로를 돌려라〉) 억지스럽고 어설프고 캠프와는 거리가 먼 결과물이 나온다. 성공적인 캠프(마르셀 카르네의 〈이상한 드라마 Drole de Drame〉, 메이 웨스트와 에드워드 에버렛 호튼의 연기, 〈군 쇼〉의 일부 등)라면 자기 패러디를 할 때도 자기애가 느껴진다.

21. 그러니, 다시 말하지만 캠프는 순수함을 바탕으로 한다. 캠프는 순수함을 드러내기도 하지만, 그럴 수 있을 때는 그것을 타락시키기도 한다는 뜻이다. 사물은 사물이기 때문에 캠프적 시선의 주목을 받는다고 해도 달라지지 않는다. 그렇지만 사람은 관객에게 반응한다. 사람은 '캠프하기'를 시작한다. 메이 웨스트, 비 릴리, 라 루페, 〈구명선〉의 털룰라 뱅크헤드, 〈이브의 모든 것〉의 베티 데이비스처럼(심지어는 자기도 모르게 캠프를 하게 될 수도 있다. 예를 들어 펠리니가 〈달콤한 인생〉에서 아니타 에크베르그가 자기 자신을 패러디하게 했던 것처럼).

22. 조금 덜 엄격하게 보면 캠프는 완전히 순진하거나 철

저히 의식적일 수 있다(의도적으로 캠피하게 행동할 때라든가). 후자의 사례: 와일드의 경구들.

> 사람을 좋은 사람과 나쁜 사람으로 나누는 것은 터무니없다.
> 사람은 매력적이거나 아니면 따분할 뿐이다.
> ─『레이디 윈더미어의 부채Lady Windermere's Fan』

23. 순진하거나 순수한 캠프에서 본질적 요소는 진지함, 곧 결국 실패하는 진지함이다. 물론 실패한 진지함이 전부 캠프라는 이름으로 구제될 수 있는 것은 아니다. 과장, 환상, 열정, 순진함이 적절히 섞여 있어야만 한다.

24. 어떤 것이 (캠프가 아니고) 그냥 나쁘기만 하다면, 야망이 너무 변변치 않은 탓일 때가 많다. 예술가가 진정으로 기이한 시도를 하지 않은 경우다("너무 과해", "너무 황당해", "믿을 수 없어" 등이 캠프의 열정을 드러내는 표준 문구다).

25. 캠프의 특징적 징표는 호사스러움이다. 캠프는 300만 개의 깃털로 만든 드레스를 입고 돌아다니는 여자다. 캠프는 카를로 크리벨리의 그림이다. 크리벨리는 회화에 진짜 보석을 박고 트롱프뢰유 기법으로 곤충을 그리고 석재의 균열까지 그렸다. 캠프는 스턴버그가 미국에서 디트리히와 함께 찍은 영화 여섯 편, 특히 마지막 영화인 〈악마는 여자다The Devil Is a Woman〉에서 보여주는 터무니없는 탐미주의다…. 캠프에는 작품의 스타일뿐 아니라 야망에서도 과도한démesuré 면이 있다. 이를테면 바르셀로나에 있

는 가우디의 화려하고 아름다운 건물들은(대표적으로 사그라다 파밀리아 대성당) 스타일뿐 아니라 완성하려면 한 세대와 한 문화 전체가 필요한 일을 한 사람이 해내려고 한 야망의 산물이라는 점에서도 캠프라고 할 수 있다.

26. 캠프는 진지하게 제시되지만 '너무 과하기' 때문에 완전히 진지하게 받아들일 수 없는 예술이다. 셰익스피어의 『타이터스 앤드로니커스』나 오닐의 『이상한 막간극』은 캠프에 가깝고, 아니라도 캠프로 연출될 수 있다. 샤를 드골의 대중적 매너와 수사도 순수한 캠프일 때가 많다.

27. 어떤 작품은 캠프에 근접하지만, 성공한 탓에 캠프가 되지 못한다. 예이젠시테인의 영화는 과장되어 있지만 과잉 없이 (극적으로) 성공하기 때문에 캠프가 아니다. 약간만 더 삐딱했다면 위대한 캠프가 될 수 있었을 것이다. 특히 〈이반대제〉 1편과 2편. 윌리엄 블레이크의 기이하고 양식화된 드로잉과 그림도 마찬가지로 캠프는 아니다. 블레이크의 영향을 받은 아르누보는 캠프지만. 일관성 없고 열정이 부족한 방식으로 호사스러운 것은 캠프가 아니다. 또 억누를 수 없고 통제할 수 없는 감수성에서 나온 듯 보이지 않는 것은 캠프가 아니다. 열정이 없으면 가짜 캠프다. 장식적이고, 안전하고, 그냥 멋진 것일 뿐이다. 캠프의 척박한 가장자리에 몇 가지 매력적인 것이 있다. 예를 들면 달리의 세련된 환상, 장 가브리엘 알비코코의 영화 〈황금빛 눈의 여인 La fille aux yeux d'or〉의 오트 쿠튀르 같은 과도한 고상함이라든가. 그렇지만 캠프와 고상함을 혼동해서는 안 된다.

28. 또한 캠프는 무언가 비범한 것을 하려는 시도다. 특별하고 화려하다는 의미에서 비범하다(우아한 곡선, 화려한 제스처). 단순히 노력 측면에서 비범하다는 말은 아니다. 이를테면 '리플리의 믿거나 말거나Ripley's Believe-It-Or-Not' 시리즈에 소개되는 아이템 같은 것은 캠피하지 않다. 여기 실리는 아이템들은 자연적 기이함(머리가 두 개인 수탉, 십자가 모양의 가지)이든 엄청난 노력의 결과(물구나무로 여기서 중국까지 걸어간 남자, 핀 대가리에 신약 성경을 새긴 여자)든 캠프의 특징인 과장된 화려함, 연극성 등의 시각적 보상을 갖추고 있지 못하다.

29. 〈그날이 오면〉(1959) 같은 영화와 『와인즈버그, 오하이오』나 『누구를 위하여 종은 울리나』 같은 소설은 웃음이 터져 나올 정도로 나쁘지만 순수하게 즐길 수 있을 만큼 나쁘지는 않다. 너무 고집스럽고 허세스럽기 때문이다. 환상이 없다. 〈프로디갈〉이나 〈삼손과 데릴라〉 같은 망한 영화, 마치스테Maciste라는 슈퍼 영웅이 등장하는 이탈리아 컬러 영화 시리즈, 일본 SF 영화(〈라돈〉, 〈지구방위군〉, 〈미녀와 액체 인간〉)에는 캠프가 있다. 이런 영화는 상대적으로 허세가 없고 통속적이어서 환상이 더욱 극단적이고 무책임하게 뻗어나가기 때문에 감동적이고 즐거운 작품이 된다.

30. 물론 캠프의 정전canon은 바뀐다. 시간이 중요한 역할을 한다. 단순히 고집스럽고 환상이 부족해 보이는 것도 시간이 흐르면 캠프가 될 수 있다. 지금은 우리와 너무 가깝고 일상적 환상과 너무 닮아서 환상적인 면을 인식하지 못하지만, 멀어져서 우리 것이 아니게 되면 환상을 환상으로서 더 잘 즐길 수 있다.

31. 그렇기에 캠프 취향으로 추앙받는 것은 종종 구식이고 시대에 뒤떨어진 것일 때가 많다. 그냥 오래된 것에 대한 사랑이 아니다. 노화와 쇠락을 겪으면 거리를 둘 수 있게 되거나 공감을 불러일으키기 때문에 캠프로 여겨질 수 있다. 중요하고 현대적인 주제를 다루는 예술 작품이 실패하면 분노를 유발할 수 있으나, 시간은 그것도 바꾸어놓는다. 시간은 예술 작품을 도덕적 맥락에서 해방해 캠프 감수성으로 보내준다…. 또 다른 효과로, 시간은 진부함의 영역을 축소한다(진부함은 엄밀히 말하면 언제나 동시대적인 범주다). 진부했던 것도 시간이 흐르면 환상적인 것이 될 수 있다. 루디 밸리 스타일을 되살린 영국 팝 그룹 템퍼런스 세븐The Temperance Seven의 노래를 요즘 많은 사람이 즐겁게 듣지만, 이 사람들도 루디 밸리 전성기에는 신물을 냈을 것이다.

따라서 어떤 것은 낡았을 때가 아니라 멀어졌을 때, 실패에 짜증이 나는 게 아니라 실패를 즐길 수 있을 때 캠피해진다. 하지만 시간의 효과는 예측하기 어렵다. 언젠가는 (제임스 딘, 로드 스타이거, 워런 비티의) '메소드' 연기가 요즘 루비 킬러의 연기나 사라 베르나르 경력 말기의 연기처럼 캠프로 여겨질지도 모른다. 아닐 수도 있고.

32. 캠프는 '캐릭터'의 찬미다. 무슨 주장을 하느냐는 중요하지 않다. 물론 그 주장을 하는 사람들(무용가 로이 풀러, 가우디, 세실 B. 드밀, 크리벨리, 드골 등) 본인에게는 중요하겠지만. 캠프의 감식안이 높이 평가하는 것은 사람의 통일성과 기세다. 나이 든 마사 그레이엄이 몸짓 하나하나로 자신이 마사 그레이엄임을 드

러낸다든가 기타 등등. 캠프 취향의 위대한 우상 그레타 가르보도 명확히 보여준다. 배우로서 가르보의 부족함(적어도 깊이는 부족하다)이 오히려 가르보의 아름다움을 돋보이게 한다. 가르보는 언제나 가르보다.

33. 캠프 취향은 '즉석 캐릭터'에 반응한다(이것은 매우 18세기적인 개념이다). 뒤집어 말하면, 캐릭터의 발전이라는 개념에는 반응하지 않는다. 캐릭터는 끝없이 작열하는 상태로 이해된다. 사람은 매우 강렬한 존재가 된다. 캐릭터에 대한 이런 태도가 캠프 감수성에서 구현되는 연극성의 핵심 요소다. 또 오페라나 발레가 캠프의 풍부한 보고로 간주되는 까닭도 이런 관점에서 설명할 수 있다. 오페라나 발레는 인간 본성의 복잡성을 쉽사리 표현할 수 없기 때문이다. 캐릭터가 발전하면, 캠프는 약화된다. 오페라에서는, 예를 들어 (인물이 약간 발전하는) 〈라 트라비아타〉는 (인물이 전혀 발전하지 않는) 〈일 트로바토레〉보다 덜 캠피하다.

> 삶은 진지하게 논하기에는 너무 중요하다.
> —『베라, 또는 허무주의자들 Vera, or The Nihilists』

34. 캠프 취향은 일반적 미적 판단에서 좋고 나쁨을 가르는 기준을 거부한다. 캠프가 좋고 나쁜 것을 뒤집는다는 말은 아니다. 좋은 것이 나쁘고 나쁜 것이 좋다고 주장하지는 않는다. 캠프는 예술(그리고 삶)에 무언가 다른, 보완적인 기준을 제시한다.

35. 일반적으로 우리는 진지하고 품위 있는 성취를 이루

는 예술 작품을 높이 평가한다. 그것이 그 자체로서, 또 이면의 의도를 실현하는 데 성공했기 때문에 가치를 부여한다. 우리는 의도와 실행 사이에 적절하고 직접적인 관계가 있다고 생각한다. 이런 기준에 따라 『일리아스』, 아리스토파네스의 희곡, 바흐의 푸가, 『미들마치』, 렘브란트의 회화, 샤르트르 대성당, 존 던의 시, 『신곡』, 베토벤 4중주 그리고 사람으로는 소크라테스, 예수, 성 프란체스코, 나폴레옹, 사보나롤라 같은 인물을 드높인다. 이런 것들이 진리, 아름다움, 진지함으로 이루어진 고급문화의 판테온이다.

36. 그러나 고급문화에서 볼 수 있는 (비극적이든 희극적이든) 진지함이나 사람에 대한 고상한 평가 방식 말고도 다른 창의적 감수성이 존재한다. 만약 사람이 자신은 고급문화만 **존중**한다면서 한편으로 몰래 다른 취향이나 경험에 몰두한다면 자신을 기만하는 것이다.

예를 들어 고통, 잔인함, 광기가 특징인 진지함이 있다. 우리는 이 영역에서는 의도와 결과의 불일치를 받아들인다. 나는 물론 예술의 스타일뿐 아니라 개인적 존재 방식까지 포괄해 이야기하고 있지만, 예술에서 사례를 가져오는 게 가장 적절할 듯싶다. 보슈, 사드, 랭보, 알프레드 자리, 카프카, 아르토 등을 떠올려보라. 20세기 가장 중요한 예술 작품들을 생각해보라. 조화를 추구하는 것이 아니라 매체의 한계를 극단으로 몰아붙이고 점점 더 격렬하고 해소 불가능한 주제를 끌어오는 예술들. 이 감수성은 전통적 의미의 전작全作 개념을 (예술뿐 아니라 삶에서도) 거부한다. 오직 '파편'만이 가능할 뿐이다…. 여기에는 분명히 전통적 고급문화와는 다른 기준이 적용된다. 무엇이 좋다면 어떤 성취를 이루었기 때문이 아니라 인간 상황에 대한 진실, 인간이란 무엇인가에 관한 다른 경험, 다시 말해 또 다른 유효한 감수성을 드러냈기 때문에 좋은 것이다.

중요한 창조적 감수성 가운데 세 번째는 캠프다. 캠프는 실패한 진지함 그리고 경험을 극화劇化하는 감수성이다. 캠프는 전통적인 진지한 조화도 극단적인 감정에 완전히 몰입하는 위험도 거부한다.

37. 첫 번째 창조적 감수성인 고급문화의 감수성은 기본적으로 도덕적이다. 두 번째 감수성은 극단적인 감정 상태의 감수성으로 여러 현대 아방가르드 예술에 나타나며 도덕적 열정과 심미적 열정 사이의 긴장에서 힘을 얻는다. 세 번째인 캠프는 전적으로 심미적이다.

38. 캠프는 일관되게 심미적인 경험이다. 내용에 대한 스타일의 승리, 도덕성에 대한 심미성의 승리, 비극에 대한 아이러니의 승리를 구현한다.

39. 캠프와 비극은 대립항이다. 캠프에도 진지함이 있고 (예술가의 몰입 정도에 따른 진지함) 종종 비애감도 있다. 극심한 고통도 캠프의 정조 가운데 하나다. 헨리 제임스의 여러 소설(『유럽인The Europeans』, 『사춘기The Awkward Age』, 『비둘기의 날개』 등)에는 이런 극심한 고통의 정조가 있고 그래서 캠프의 요소로 느껴진다. 그렇지만 캠프에는 비극이 절대, 결코 존재할 수 없다.

40. 스타일이 전부다. 예를 들어 주네의 사상은 확실한 캠

프다. 주네는 "행위를 판단하는 유일한 기준은 우아함이다"♦라고 했는데, "중대한 문제에서 핵심 요소는 진정성이 아니라 스타일이다"라는 와일드의 말과 거의 같다. 결국 중요한 것은 생각을 표현하는 스타일이다. 이를테면 와일드의 『레이디 윈더미어의 부채』나 조지 버나드 쇼의 『바버라 소령 Major Barbara』에 담긴 도덕성과 정치에 관한 생각은 캠프인데, 그 생각의 본질이 그렇기 때문만은 아니다. 이 생각을 독특하게 장난스러운 방식으로 표현하기 때문이다. 반면 주네의 『꽃피는 노트르담』은 캠프적 생각을 너무 음울하게 다루고 글쓰기 자체가 너무 성공적으로 고양된 데다 진지해서 캠프로 보기에는 적합하지 않다.

41. 캠프의 핵심은 진지함을 왕좌에서 끌어내리는 데 있다. 캠프는 장난스럽고, 진지함에 반대한다. 더 정확히 말하면 캠프는 '진지함'과 새롭고 더 복잡한 관계를 형성한다. 경박함에 대해 진지할 수 있고, 진지함에 대해 경박할 수도 있다.

42. 우리가 캠프에 끌리는 것은 '진정성'만으로는 충분하지 않음을 깨달을 때다. 진정성이 단순한 속물주의나 지적 편협함일 때도 있다.

43. 진지함을 넘어서는 전통적 수단(아이러니, 풍자)은 문화적으로 과포화된 매체에서 현대적 감수성이 길러지는 오늘날에는 나약하고 불충분하게 느껴진다. 캠프는 인위성, 연극성을 이상

♦ 사르트르는 『성 주네』에서 이 말을 이렇게 해석한다. "우아함이란 존재의 가장 큰 부분을 외형으로 변환시키는 행위의 특질이다."

으로 삼는 새로운 기준을 도입한다.

44. 캠프는 세상에 대한 희극적 관점을 제시한다. 그렇지만 쓸쓸하고 논쟁적인 희극은 아니다. 비극이 과도한 몰입의 경험이라면 희극은 과소 몰입, 초연함의 경험이다.

> 나는 단순한 기쁨을 좋아한다.
> 그것은 복잡한 것으로부터의 마지막 피난처다.
> ―『보잘것없는 여인A Woman of No Importance』

45. 초연함은 엘리트의 특권이다. 19세기 댄디가 문화에서 귀족을 대신했듯이, 캠프는 현대의 댄디즘이다. 캠프는 대중문화의 시대에 어떻게 댄디가 될 것인가라는 문제에 대한 해답이다.

46. 댄디는 과도하게 갈고닦아졌다. 기본자세가 경멸 또는 권태다. 대중의 손이 닿지 않은 희귀한 감각을 추구한다(모델: 조리스-카를 위스망스『거꾸로』의 주인공 월터 데 제셍트, 페이터의『쾌락주의자 마리우스Marius the Epicurean』, 폴 발레리의『테스트 씨』). 댄디는 '좋은 취향'에 몰두한다.

캠프를 즐기는 사람은 그보다 더 기발한 즐거움을 찾아낸다. 라틴어 시구나 고급 와인, 벨벳 재킷이 아니라 가장 조악하고 가장 흔한 대중예술에서 즐거움을 찾는다. 쾌락의 대상이 흔히 사용되는 물건이라고 해서 가치를 잃지는 않는다. 캠프를 즐기는 사람은 특별한 방식으로 그것을 소유하는 법을 알기 때문이다. 캠프(대중문화 시대의 댄디즘)는 독특한 사물과 대량 생산된 사물을 구분하지 않는다. 캠프 취향은 복제품에 대한 혐오감을 초월한다.

47. 와일드는 과도기적 인물이다. 처음 런던에 왔을 때 와일드는 벨벳 베레모, 레이스 셔츠, 벨베틴 반바지, 검은색 실크 스타킹을 신었고 평생 구식 댄디의 도락에서 크게 벗어나지 않았다. 이런 보수성이 『도리언 그레이의 초상』에도 나타난다. 그렇지만 와일드의 태도에는 더욱 모던한 무언가가 상당히 있다. 와일드는 캠프 감수성의 중요한 요소(모든 사물이 동등한 가치를 지닌다는 개념)를 확립했다. 자신의 청백색 도자기에 '걸맞게' 살겠다고 밝히거나, 문손잡이가 회화 작품만큼 훌륭할 수 있다고 선언하기도 했다. 넥타이, 부토니에르남자 정장에 다는 꽃장식 — 옮긴이, 의자 등의 중요성을 천명하면서 와일드는 캠프의 민주적 정신을 예견했다.

48. 구식 댄디는 통속적인 것을 싫어했다. 새로운 댄디, 캠프 애호가는 통속성을 높이 평가한다. 댄디는 한없는 불쾌감과 따분함을 느낄 곳에서 캠프 애호가는 무한한 재미와 기쁨을 느낀다. 댄디는 기절할 듯 굴면서 향수 뿌린 손수건을 코에 갖다 대지만 캠프 애호가는 악취를 맡으면서 자신의 강한 비위를 자랑한다.

49. 물론 하나의 위업이다. 궁극적으로는 따분함에 대한 위협이 부추긴 위업이다. 따분함과 캠프 취향의 관계는 매우 중요하게 강조되어야 한다. 캠프 취향은 본질적으로 풍요로운 사회, 풍요로움으로 인한 정신병리를 경험할 수 있는 사회나 집단에만 있을 수 있다.

삶에서 비정상으로 여겨지는 것이 예술과는 정상적 관계를 이룬다. 삶에서 오직 비정상인 것만이 예술과 정상적으로 연결된다.

─「과잉교육을 받은 사람들을 위한 몇 가지 격언
A Few Maxims for the Instruction of the Over-Educated」

50. 귀족성이란 (권력에 대한 입장뿐 아니라) 문화에 대한 입장이기도 하고, 캠프 취향의 역사는 상류층인 척하는 취향의 역사에 속한다. 그러나 특별한 취향을 지원하는 전통적 의미의 귀족이 존재하지 않는 오늘날 누가 그런 역할을 할까? 답: 주로 동성애자이며 자신을 취향의 귀족으로 여기는 즉흥적이고 자발적으로 구성된 계급이다.

51. 캠프 취향과 동성애 사이의 독특한 관계를 살펴보아야 한다. 캠프 취향이 **곧** 동성애적 취향은 아니지만 둘 사이에 어떤 친연성이나 겹치는 부분이 있음은 분명하다. 진보주의자가 전부 유대인은 아니지만 유대인은 진보나 개혁에 친연성을 보여왔다. 마찬가지로 모든 동성애자가 캠프 취향을 지닌 것은 아니나, 그러나 대체로 동성애자가 캠프의 선봉이자 가장 분명한 소비 계층을 구성한다(별생각 없이 유대인과 동성애자를 서로 빗댄 것은 아니다. 유대인과 동성애자는 현대 도시 문화에서 두드러지는 창조적 소수다. 이들은 감수성을 만들어내기 때문에 진정한 의미에서 창조적이라고 할 수 있다. 현대 감수성을 선도하는 두 가지 힘은 유대인의 도덕적 진지함과 동성애적 탐미주의와 아이러니다).

52. 동성애자들 사이에서 귀족적 태도가 부상한 이유도

유대인의 사례와 유사해 보인다. 모든 감수성은 그것을 조장하는 집단의 이익에 봉사한다. 유대인의 진보주의는 자기 정당화의 제스처다. 캠프 취향에도 선전적인 요소가 분명히 있다. 당연한 이야기지만 캠프의 선전은 정반대 방향으로 작동한다. 유대인은 도덕의식을 드높여 현대사회에 통합되기를 희망했다. 동성애자는 심미적 의식을 드높여 사회에 통합되려 한다. 캠프는 도덕성을 녹이는 용매다. 도덕적 분노를 중화하고 유희성을 부추긴다.

53. 동성애자가 선봉에 서긴 했으나 그렇다고 캠프 취향이 동성애적 취향에만 머물지는 않는다. 삶을 연극으로 보는 은유가 동성애자의 특정 상황을 반영하고 정당화하는 데 특히 적합하긴 하다('진지하지 않음'과 유희를 강조하는 캠프의 성향은 젊은이로 남아 있으려는 동성애자의 욕망과 연결된다). 그렇지만 동성애자가 캠프를 만들어내지 않았더라도 누군가가 그렇게 했을 것이다. 문화에 대한 귀족적 태도는 사라지지 않는다. 점점 더 자의적이고 기발한 방식으로 이어질 수는 있지만. 캠프는 (다시 말하지만) 어떤 스타일을 채택한다는 것 자체가 전적으로 의문시되는 시대에 스타일과 맺는 관계다(노골적으로 시대착오적인 것이 아닌 한, 현대에 새로운 스타일은 반드시 반反스타일로 등장한다).

> 어린 넬의 죽음 이야기넬은 디킨스의 『오래된 골동품 가게』에 나오는 고아 소녀로 추적자들을 피해 할아버지를 무사히 피신시키고 결국 죽는다— 옮긴이를 웃지 않고 읽으려면 돌처럼 단단한 심장이 있

어야 한다.

— 대화에서

54. 캠프의 경험은 고급문화의 감수성이 세련됨을 독점할 수 없다는 중대한 깨달음을 바탕으로 한다. 캠프는 좋은 취향만 좋은 취향인 게 아니라 나쁜 취향 가운데에도 좋은 취향이 있다고 주장한다(주네도 『꽃피는 노트르담』에서 그런 이야기를 한다). 나쁜 취향에서 좋은 취향을 발견하면 큰 해방감을 누릴 수 있다. 고급스럽고 진지한 즐거움만 고집하고 무엇을 즐길지를 지속적으로 제한하면 다른 즐거움을 잃는다. 좋은 취향만 계속 고수하다 보면 결국 '너무 비싸서 접근하지 못하는' 상태가 된다. 여기에서 캠프 취향이 좋은 취향을 누르고 대담하고 기지 넘치는 쾌락주의로 등장한다. 캠프는 좋은 취향을 지닌 사람을 즐겁게 만들어 만성적 좌절의 위험에서 구해준다. 소화에도 좋다.

55. 캠프 취향은 무엇보다 판별이 아니라 즐기고 감상하는 방식이다. 캠프는 관대하다. 즐기기를 바란다. 겉으로만 악의나 냉소로 보일 뿐이다(또는 냉소라고 할지라도 잔인한 냉소가 아니라 다정한 냉소). 캠프 취향은 진지함이 나쁜 취향이라고 주장하지 않는다. 진지하게 제대로 극적인 사람을 비웃지 않는다. 캠프 취향은 열렬한 실패에서 성공을 찾아낸다.

56. 캠프 취향은 일종의 사랑, 인간 본성에 대한 사랑이다. '성격'의 작은 승리와 어색한 열렬함을 비판하지 않고 즐긴다…. 캠프 취향은 즐기는 대상과 스스로를 동일시한다. 이런 감수성을

공유하는 사람은 '캠프'라고 이름 붙인 대상을 비웃지 않고 즐긴다. 캠프는 **다정한** 감정이다(이 맥락에서 캠프를 팝아트와 비교할 수 있는데, 팝아트는 (단순히 캠프가 아닐 때) 캠프와 관련 있는 태도를 구현하지만 그래도 상당히 다르다. 팝아트는 더 무감하고 건조하고 진지하고 무심하며 궁극적으로 허무주의적이다).

57. 캠프 취향은 어떤 사물이나 개인적 스타일에 대한 애정에서 양분을 얻는다. 이런 애정이 없으므로『페이튼 플레이스 Peyton Place』그레이스 메탈리어스의 1956년 베스트셀러 소설 — 옮긴이나 티시먼 빌딩1958년 뉴욕에 지어진 건물로 알루미늄 패널로 덮여 있어 빛을 반사하며 꼭대기 쪽에 번지수인 '666'이 두드러지게 박혀 있었다 — 옮긴이 같은 키치적 아이템은 캠프가 아닌 것이다.

58. 궁극적인 캠프의 선언: 그것은 끔찍하기 **때문에** 좋은 것이다…. 물론 어디에나 적용될 수 있는 것은 아니다. 어떤 조건에서만 가능한데, 내가 이 글에서 대략 제시하려 한 것이 그런 조건들이다.

(1964)

하나의 문화와 새로운 감수성

지난 몇 해 동안 약 두 세기 전 산업혁명의 도래와 함께 대두한 '두 문화'(문학-예술 문화와 과학 문화)의 간극이 열띤 논쟁으로 이어졌다. 이 진단에 따르면 지적이고 생각이 뚜렷한 현대인이라면 둘 중 하나에만 속할 가능성이 크다. 어느 쪽에 속하느냐에 따라 저마다 다른 문헌을 읽고, 다른 방법론을 따르고, 다른 문제에 몰두하며, 다른 언어를 사용한다. 더욱 중요한 점은, 각각의 문화에 통달하는 데 필요한 노력의 종류가 크게 다르다는 것이다. 문학·예술 문화는 일반적 문화로 이해된다. 인간인 이상 영향을 받지 않을 수 없는 것이고, 오르테가 이 가세트가 정의한 문화 또는 이 문화를 촉진하는 것이다. 오르테가 이 가세트는 문화란 사람이 자기가 읽은 것을 전부 잊었을 때 남아 있는 것이라고 했다. 반면 과학 문화는 전문가의 문화다. 기억에 기반을 두며 이해하고자 하는 노력에 전적으로 헌신하게 되어 있다. 문학-예술 문화가 내면화와 흡수, 곧 교양을 목표로 한다면, 과학 문화는 문제 해결을 위한 복잡한 도구와 숙달을 위한 구체적 기술을 축적하고 외면화하는 것을 목표로 한다.

T.S. 엘리엇은 유명한 글에서 17세기에 시작된 '감수성의 분리'를 언급하며 두 문화 사이의 간극이 더 먼 시기에서 유래한 것으로 봤으나, 이 문제는 산업혁명과 연결하는 편이 적절한 듯하다. 역사적으로 문인과 예술가들은 현대사회를 특징짓는 변화, 특히 산업화와 그로 인한 거대한 비인격적 도시의 출현과 도시 생활양식의 익명성 등에 반감을 표현해왔다. 현대 '과학'의 피조물인 산업화를 19세기와 20세기 초의 모델, 즉 시끄럽고 연기를 뿜으며 자연을 더럽히고 문화를 표준화하는 인공적 과정으로 바라보든 또는 20세기 전반에 나타난 깨끗하고 자동화된 기술이라는 새로운 모델로 바라보든 다르지 않았다. 대체로 같은 비판이 가해졌다. 문인들은 인간의 지위 자체가 새로 등장한 과학과 기술에 위협을 받는다고 느끼고 변화를 혐오하고 개탄했다. 그렇지만 19세기의 에머슨·소로·러스킨이든, 20세기에 현대사회를 이해할 수 없고 '소외된' 것으로 묘사하는 문인들이든, 이들은 방어적 입장일 수밖에 없었다. 이들도 과학 문화와 기계의 도래를 막을 수 없음을 알았다.

'두 문화' 문제(몇 해 전 C.P. 스노의 유명한 강연에서 이 문제를 거칠고 범속한 진술로 제기하기 수십 년 전부터 이어져 온 논쟁이다)에 대한 표준 반응은 대체로 두 가지 형태로 나타났다. 첫째는 점점 더 모호해지는 '인문주의'라는 이데올로기의 관점에서 예술의 기능을 손쉽게 옹호하는 것이고, 둘째는 예술의 기능을 성급하게 과학에 복속시키는 것이다. 두 번째 반응이 예술을 부정확하고 사실이 아니며 기껏해야 장난감에 불과한 것으로 치부하는 과학자(그리고 이들에 동조하는 일부 예술가와 철학자)의 속물주의를 가리키는 것은 아니다. 이보다는 예술에 열렬히 몰두하는 사람들 사이에서 피어오르는 심각한 회의를 말하는 것이다. 즐거움을 주고 양심과 감수성을 함양하려는 목적으로 고유한 작품을 만들어낸다는 개별 예술가의 역할이 계속 의문시되고 있다. 일부 문인과 예술가는 예술 활동이라는 것 자체가 궁극적으로 사라질 것이라고 예언하기도 했다. 자동화된 과학 사회에서 예술은 기능도 쓸모도 없는 것이 되리라고.

그렇지만 이런 결론은 명백히 부당하다. 문제 제기 자체가 지나치게 허술하다. '두 문화'에 대한 논쟁은 과학과 기술은 변하고 움직이지만 예술은 고정되어 있고 어떤 영구하고 보편적인 기능(위안? 교화? 오락?)을 수행한다고 가정한다. 이렇게 가정이 잘못되었기 때문에 예술이 쓸모없어질 위험에 처했다는 결론을 내리게 된다.

예술은, 과학과 기술이 진보하는 것처럼 진보하지는 않는다. 그렇지만 예술도 발전하고 변화한다. 예를 들어 우리 시대에 예술은 점점 더 전문가의 영역이 되고 있다. 요즘 가장 흥미롭고 창의적인 예술은 전문적인 언어를 사용하므로 일반 교육을 받은 사람은 쉽게 접근할 수 없고 특별한 노력이 필요하다. 밀턴 배빗과 모턴 펠드먼의 음악, 마크 로스코와 프랭크 스텔라의 회화, 머스 커닝햄과 제임스 워링의 춤을 이해하려면 물리학이나 공학을 배우는 어려움에 비견할 만큼 어렵고 장기적인 감수성 교육과 훈련이 필요하다(예술 가운데에서는 소설만이, 적어도 미국에서는, 이와 비슷한 사례를 내놓지 못하고 있다). 현대예술의 난해함과 현대과학의 난해함 사이에는 뚜렷한 유사성이 있다. 과학과 현대예술의 또 다른 유사성으로 역사의식도 들 수 있다. 현대예술에서 특히 흥미로운 작품 중에는 매체의 역사를 언급하는 것이 많다. 과거의 예술을 언급하기 때문에 관람객에게 적어도 최근 역사에 관한 지식을 갖출 것을 요구한다. 해럴드 로젠버그가 지적했듯이 현대회화는 창작이기도 하지만 그 자체로 비평이기도 하다. 현대의 영화, 음악, 무용, 시, (유럽의) 문학에 관해서도 같은 이야기를 할 수 있다. 다시 과학과의 유사성, 여기에서는 축적된다는 점에서 유사성을 발견할 수 있다.

'두 문화' 사이의 갈등은 사실 착각이다. 중대하고 혼란스러운 역사적 변화가 일어나는 시기에 나타나는 일시적 현상이다. 우리가 보고 있는 것은 문화 사이의 충돌이라기보다는 새로운 (잠재적으로 통합적인) 감수성의 등장이다. 새로운 감수성은 마땅히 **우리**의 경험에 뿌리내리고 있다. 극단적인 사회적·물리적 이동성, 인간 삶의 밀집성(아찔한 속도로 증가하는 인구와 상품), 속도(비행기 여행의 물리적 속도, 영화의 이미지 속도) 등과 같은 새로운 감각의 등장, 예술 작품의 대량 복제를 통해 가능해진 예술의 범문화적 관점 등 인류 역사상 전례 없는 경험이다.

우리에게 닥친 것은 예술의 소멸이 아니라 예술의 기능 변화다. 인간 사회에서 마술-종교적 행위로 시작된 예술은 세속적 현실을 묘사하거나 언급하는 기법으로 존재하던 시기를 거쳐 우리 시대에는 새로운 기능을 차지했다. 종교적인 기능 또는 세속화된 종교적인 기능도 아니고, 단순히 세속적이거나 불경한(반대 개념인 '종교적'이고 '신성한' 것이 쇠퇴하면 이런 개념도 무너진다) 것도 아니다. 오늘날 예술은 의식을 변화시키고 새로운 감수성을 조직하는 도구가 되었다. 예술을 실천하는 수단은 급진적으로 확장되었다. 이런 (뚜렷이 표현되었다기보다는 강하게 느껴지는) 새로운 기능에 따라 예술가들은 자의식적인 미학자가 되어 자신이 사용하는 수단, 재료, 방식에 끝없이 도전해야 했다. 그래서 '비예술'의 세계에서(예를 들면 산업 기술, 상업적 프로세스와 이미지, 순전히 개인적이고 주관적인 환상과 꿈에서) 가져온 새로운 재료와 방식을 정복하고 활용하는 것이 예술가들의 주된 과제가 된 듯하다. 화가가 쓰는 재료는 캔버스와 물감에 국한되지 않고 머리카락, 사진, 밀랍, 모래, 자전거 바퀴, 자기가 쓰던 칫솔과 양말 등으로 확장된다. 음악가들도 전통적 악기의 소리를 넘어서 개조된 악기를 쓰거나 합성 음향, 산업 소음 등을 녹음해서 쓰기도 한다.

그리하여 전통적으로 받아들여졌던 모든 경계가 도전받게 되었다. '과학적'인 것과 '문학-예술적' 문화의 경계나 '예술'과 '비예술'의 경계뿐 아니라 문화 안에 확립되어 있던 여러 구분, 즉 형식과 내용, 경박함과 진지함, (문인들이 중시하는) '고급'문화와 '저급'문화의 구분도 마찬가지다.

'고급'문화와 '저급'(또는 '대량 생산', '대중')문화 사이의 구분은 특별한 물건과 대량 생산된 물건 사이의 가치 차이에 기반한다. 대량 기술 복제가 이루어지는 시대에 진지한 예술가의 작품은 그것이 유일하며 개인적이고 개별적인 인장이 찍혀 있기 때문에 특별한 가치를 지닌다. 대중문화 작품(오랫동안 영화도 이 범주에 포함되었다)은 개별적 특징이 없는 제조된 물건, 차별화되지 않은 대상을 위해 집단적으로 만들어진 물건이기 때문에 가치가 없는 것으로 간주되었다. 그렇지만 현대예술의 관점에서 보면 이런 구분은 극히 피상적이다. 최근 수십 년 사이에 나타난 여러 진지한 예술 작품은 확실히 비개성적인 특징을 지닌다. 이제는 예술 작품이 '개별화된 개인적 표현'이라기보다 '사물'로서(심지어 대중예술에 영감을 받아 제조되었거나 대량 생산된 사물로서) 존재를 주장한다.

현대예술에서 비개인적 (그리고 초개인적) 요소의 탐구는 새로운 고전주의다. 최소한 낭만주의 정신에 대한 반발이 오늘날 흥미로운 예술의 상당 부분을 차지한다. 오늘날 예술은 냉정함을 고수하고 감상주의로 여겨지는 것을 배격하고 정확성을 추구하고 '연구'와 '문제'에 대한 감각이 있어 전통적 의미에서 예술보다는 과학의 정신에 더 가깝다. 예술 작품이 어떤 사상이나 개념일 때가 많다. 건축에서도 흔히 볼 수 있는 접근법이다. 르네상스 시대 화가들이 그림 일부를 제자들이 완성하도록 남겨두었던 일이나, 협주곡 융성기에 1악장 끝부분의 카덴차를 독주자의 창의성과 재량에 맡기곤 했던 것이 떠오른다. 그러나 오늘날 낭만주의 이후 시대에는 이런 관행이 더욱 논쟁적 의미를 지닌다. 요제프 알베르스, 엘즈워스 켈리, 앤디 워홀 같은 화가들은 작품 일부, 이를테면 채색 작업을 친구나 동네 정원사에게 맡기기도 했다. 음악가

슈토크하우젠, 존 케이지, 루이지 노노는 무작위적 효과, 악보 순서 바꾸기, 즉흥 연주 등의 기회를 통해 연주자의 협업을 유도했다. 우리가 예술 작품의 기본 원칙으로 여기는 것을 바꾸는 사례들이다. 이들은 예술이 어떠해야 하는 건 아니라고 말한다. 적어도 반드시 그럴 필요는 없다는 것이다.

새로운 감수성의 가장 큰 특징은 그 감수성의 전형적 산물이 문학이 아니며 특히 소설이 아니라는 점이다. 오늘날에는 새로운 비문학적 문화가 등장했다. 그런데 대부분 문인은 그 중요성은 말할 것도 없고 존재 자체를 인지하지 못한다. 새로운 문화에는 몇몇 화가, 조각가, 건축가, 사회 계획자, 영화 제작자, TV 기술자, 신경학자, 음악가, 전기공학자, 무용가, 철학자, 사회학자 들이 포함된다(시인과 산문 작가도 몇 명 포함할 수 있다). 이 새로운 문화적 편대의 기본 텍스트는 니체, 비트겐슈타인, 앙토냉 아르토, 찰스 스콧 셰링턴, 버크민스터 풀러, 마셜 매클루언, 존 케이지, 앙드레 브르통, 롤랑 바르트, 클로드 레비스트로스, 지그프리트 기디온, 노먼 O. 브라운, 케페슈 죄르지Kepes Gyorgy 등이다.

두 문화의 간극을 우려하는 사람들, 다시 말해 영국과 미국의 대다수 문인은 재검토가 반드시 필요한 문화에 대한 개념을 당연하게 받아들인다. 문화 행위의 중심은 문학 생산이며 문학은 곧 문화 비평이라고 봤던 매슈 아널드가 이런 오래된 개념을 가장 잘 표현했다고 할 수 있다. 다른 예술 분야의 중요하고 매혹적인 (이른바 '아방가르드'라고 불리는) 발전에 무지한 채 낡은 문화 개념을 고수하다 보니 여전히 문학만을 창조적 진술의 모델로 보고 매달린다.

      문학이 우위를 차지하게 된 것은 보도reportage의 성격과 도덕적 판단을 포함하는 '내용'이라는 무거운 짐을 지고 있기 때문이다(영미권 비평가는 대체로 문학 작품을 사회와 문화를 진단하기 위한 텍스트나 도구로 이용하므로, 소설이나 희곡 작품의 예술적 특성에는 제대로 주목하지 않는다). 그러나 우리 시대의 전형적 예술은 내용이 훨씬 적고 도덕적 판단에서도 훨씬 냉정하다. 음악, 영화, 무용, 건축, 회화, 조각 등이 그렇다. 이런 예술은 과학과 기술을 풍부하고 자연스럽고 거리낌 없이 이용하며 새로운 감수성이 드러나는 장소가 되었다.

      간단히 말해 '두 문화'라는 문제는 오늘날 문화적 상황에 대한 무지하고 낡은 이해에 기반하고 있는 것이다. 문인들(그리고 과학자 겸 소설가인 C.P. 스노처럼 예술을 피상적으로만 이해하는 과학자들)이 새로운 문화, 새로운 감수성을 알지 못하는 탓이다. 사실 과학과 기술 그리고 예술은 분리될 수 없다. 예술과 사회적 삶의 형태가 분리될 수 없는 것과 마찬가지다. 예술 작품, 심리적 형식, 사회적 형식은 전부 서로를 반영하며 함께 변화한다. 물론 사람들은 이런 변화를 더디게 받아들인다. 특히 지금처럼 전례 없는 속도로 세상이 바뀔 때는 더욱 그렇다. 마셜 매클루언은 인간의 역사를 인간 능력의 기술적 확장의 연쇄라고 묘사했다. 이런 확장은 우리의 환경, 사고, 감정, 가치 체계에 근원적 변화를 불러온다. 매클루언은 과거의 환경을 예술 형태로 격상시키고(산업화 시대에 자연이 미적·정신적 가치를 담고 있다고 이상화되었듯이) "새로운 조건은 부패하고 타락한 것으로 간주하는" 경향을 지적한다. 어떤 시대에든 "당대의 환경에 직접적으로 접할 수 있는 자원과 용기를 지닌 예술가는 소수다. … 그래서 '시대를 앞서가는' 것처럼 보인다. … 더 소심한 사람은… 이전 환경의 가치를 자기 시대에도 계속되는 현실로 받아들이려 한다. 사람은 자연스럽게 지니게 된 편견 때문에 새로운 장치(예를 들면 자동화)를 이전 윤리적 질서에 꿰맞출 수 있는 것으로 여기려 한다." '두 문화'의 문제를 매클루언이 '이전 윤리적 질서'라고 부른 관점에서 바라보기 때문에 진짜 문제로 여겨지는 것이다. 오늘날의 창의적 예술가들(이 가운데 소설가는 극소수에 불과하다)에게는 문제로 여겨지지 않을 것이다. 예술가들은 대부분 의식적으로든 무의식적으로든 매슈 아널드의 문화 개념에서 벗어났고 이미 그것을 역사적·인간적으로 시대에 뒤떨어진 것으로 간주하기 때문이다.

　　매슈 아널드의 문화 개념은 예술을 삶의 비평으로 정의한다. 예술은 도덕적·사회적·정치적 아이디어를 제시하는 행위로 이해된다. 그러나 새로운 감수성은 예술을 삶의 확장으로, (새로운) 활력의 양식을 표현하는 것으로 본다. 그렇다고 도덕적 평가의 역할을 부인할 필요는 없다. 단지 규모가 바뀌었을 뿐이다. 덜 노골적이게 되었고 담론적 명료성이 줄어든 대신 정확성과 잠재적 힘을 얻게 되었다. 우리가 머릿속에 저장한 아이디어 세트가 아니라 우리가 보는(듣는, 맛보는, 냄새 맡는, 느끼는) 것이 우리를 형성하기 때문이다. 물론 '두 문화' 위기를 주창하는 사람들은 난해하고 도덕적으로 중립적인 과학기술과 도덕적이고 인간적인 예술 사이에서 극단적 대비를 본다. 그러나 문제는 그렇게 간단하지 않고 그랬던 적도 없다. 위대한 예술 작품은 결코 단순히 (또는 주로) 사상이나 도덕적 정서의 매개체가 아니었다. 예술은 무엇보다 우리의 의식과 감수성을 변화시키고 온갖 구체적 생각과 정서에 양분을 공급하는 부엽토의 구성을 조금이나마 바꾸는 사물이다. 분노한 인문주의자들이여, 안심하길. 걱정할 필요가 없다. 예술 작품은 인간의 의식에서 결코 사라지지 않을 것이다. 도덕적 양심이 의식의 기능 가운데 하나에 불과하다는 점을 이해한다면.

감각, 감정, 추상적 형식과 감수성의 스타일이 중요하다. 현대예술은 바로 이런 것을 다룬다. 현대예술의 기본 단위는 생각이 아니라 감각의 분석과 확장이다(또는 예술이 어떤 '생각'이라면, 감수성의 형식에 관한 생각이다). 릴케는 예술가를 "개별 감각 영역을 확장하려고" 애쓰는 사람이라고 했고, 매클루언은 "감각적 인식의 전문가"라고 했다. 현대예술에서 가장 흥미로운 작업은 (프랑스 상징주의 시까지 거슬러 올라갈 수 있다) 감각의 모험, 새로운 '감각 혼합'의 탐구다. 이런 예술은 원칙적으로 실험적이다. 다수 대중이 접근할 수 있는 것을 경멸하는 엘리트주의라는 의미가 아니라 과학이 실험적이라는 의미에서 그렇다. 이런 예술은 두드러지게 비정치적이고 비교훈적이고, 좀 더 정확히 말하자면 저교훈적 infra-didactic이라고 하겠다.

1920년대 초에 오르테가 이 가세트는 유명한 에세이 『예술의 비인간화』에서 현대예술의 특징(비개인성, 파토스 배제, 과거에 대한 적대감, 유희성, 의도적 스타일화, 윤리적·정치적 헌신의 부재)이

이 시대를 지배하는 청년 정신에 기인한다고 설명했다.♦ 돌이켜 보면 이런 '비인간화'는 어린아이 같은 순수함의 회복이라기보다는 극히 어른스럽고 자각적인 반응이었다. 우리 시대의 사회적 혼란과 대량 학살, (그리고 그만큼이나 감수성에 큰 영향을 미쳤으나 덜 언급되는) 변화, 즉 우리 환경을 지배하는 것이 이해할 수 있고 볼 수 있는 것에서 이해하기 어렵고 보이지 않는 것으로 바뀌어가는 전례 없는 변화에 직면해 고뇌 그리고 그에 이어지는 무감함, 이후에 위트나 지성을 감정보다 중요시하는 것 말고 다른 어떤 반응이 가능했겠는가? 감수성과 양심을 교화하고 기르기 위한 도구였던 예술이, 이제는 감각으로 파악할 수 없는 환경에서 작동한다.

버크민스터 풀러는 이렇게 썼다.

> 제1차 세계대전 동안 산업이 눈에 보이는 토대에서 보이지 않는 토대로, 궤적이 있는 것에서 없는 것으로, 유선에서 무선으로, 가시적 구조에서 합금과 같은 비가시적 구조로 순식간에 바뀌었다. 제1차 세계대전의 중대한 영향은 혁신을 평가하는 주요 기준이 인간 **감각의 스펙트럼에서 영원히 벗어났다**는 것이다. … 제1차 세계대전 이후 모든 주요한 발전은 전자기 스펙트럼의 초감각 주파수 영역에서 이루어졌다. 오늘날 모든 중요한 기술적 활동은 눈에 보이지 않는다. … 감각주의자였던 과거의 장인匠人들

♦ 이 글에서 오르테가는 이렇게 말한다. "예술이 인간을 구원할 수 있다면, 오직 삶의 심각함에서 구원해 예상하지 못한 소년성으로 회복시킴으로써 그럴 수 있다."

은 감각으로 통제할 수 없는 현상이라는 판도라의 상자를 열고도 오늘날까지 그 사실을 인정하기를 피했다. … 이들은 무슨 일이 벌어지고 있는지 이해하지 못하게 되면서 갑자기 전문성을 잃었다. 이해하지 못하면 통달할 수가 없다. … 제1차 세계대전 이후 과거의 장인은 소멸했다. …

그러나 물론 예술은 감각과 영구적으로 연결되어 있다. 공중에 색을 띄울 수는 없듯이(화가한테는 캔버스 같은 어떤 표면이 필요하다. 중립적이고 질감이 없는 것일지라도), 인간 감각 체계에 영향을 미치지 않는 예술 작품은 있을 수 없다. 하지만 인간의 감각 지각은 생물학적 요인뿐 아니라 구체적 역사에도 영향을 받음을 인식해야 한다. 문화마다 특정 감각은 중시하고 다른 감각은 억압한다(인간의 주요 감정 범위도 마찬가지로 중시하거나 억압한다). 이 지점에서 예술이 등장하며, 따라서 우리 시대의 흥미로운 예술은 아무리 장난스럽고 추상적이고 도덕적으로 중립으로 보일지라도 고뇌와 위기의 느낌을 동반한다. 서구 사회는 최소 산업혁명 이후로 대규모 감각적 마비를 겪어왔다고 할 수 있다(막스 베버가 '관료적 합리화'라고 부른 과정에 따른 것이다). 현대예술은 일종의 충격 요법으로 작용하며 우리 감각을 교란하거나 다시 깨어나게 한다.

새로운 감수성에 따라 (매슈 아널드의 문화 개념을 버릴 때) 나타나는 중요한 결과는, 이미 언급했듯이 '고급'문화와 '저급'문화의 구분이 점점 의미를 잃어간다는 것이다. (매슈 아널드의 체계와 떼어 생각할 수 없는) 이런 구분은 감각을 프로그램하는 데 몰두하고 예술을 도덕적 저널리즘으로 여기지 않는 예술가와 과학자들의 창의적인 공동체에서는 더 이상 타당하지 않다. 사실 예술은 언제나 그런 것 이상이었으니까.

현대 문화적 상황의 창조적인 측면을 설명하려면 쾌락에 대한 새로운 태도를 언급하는 것이 좋겠다. 어떤 면에서 새로운 예술과 새로운 감수성은 쾌락을 다소 불분명하게 바라본다(위대한 현대 프랑스 작곡가 피에르 불레즈는 12년 전에 「음악의 쾌락주의에 반하여Against Hedonism in Music」라는 중요한 에세이를 썼다). 현대예술의 진지함은 익숙한 의미에서의 쾌락을 배제한다. 이를테면 콘서트홀을 떠나서도 흥얼거릴 수 있는 가락, 알아보고 공감하고 심리적 동기를 분석할 수 있는 소설이나 연극의 등장인물, 화폭에 묘사된 아름다운 풍경이나 극적인 순간이 주는 즐거움 등. 쾌락주의가 우리가 예술에서 즐거움을 발견하는 기존의 방식(익숙한 감각적·심리적 방식)을 유지하는 것이라면, 새로운 예술은 반反쾌락주의라고 하겠다. 감각 체계가 도전받거나 억지로 늘려지면 고통스럽다. 새로 등장한 진지한 음악은 귀를 아프게 하고, 새로운 회화는 시각에 만족스러운 보상을 주지 않고, 새로운 영화와 새로운 산문은 쉽게 소화되지 않는다. 안토니오니의 영화나 베케트·버로스 등의 글에 가장 흔히 제기되는 불평은 보기 힘들다, 지루하다는 것이다. 그렇지만 지루하다는 비판은 사실 위선적이다. 어떻게 보면 지루함이란 것은 실제로 존재하지 않는다. 지루함은 어떤 좌절감을 일컫는 다른 이름일 뿐이다. 그런데 오늘날 흥미로운 예술이 사용하는 새로운 언어가 배웠다고 하는 많은 사람들의 감수성에 좌절감을 안겨주는 것이다.

그러나 예술의 목적은 궁극적으로 즐거움을 주는 것이다. 다만 우리의 감수성이 당대 예술이 제공하는 즐거움에 적응하는 데 시간이 걸릴 수 있다. 또한 진지한 현대예술이 표면적으로는 쾌락주의를 거부하는 듯 보이지만, 현대 감수성은 이전 어느 때보다 친숙한 의미의 쾌락에 몰입되어 있다고 할 수 있다. 새로운 감수성은 예술에서 '내용'에 덜 의존하고 '형식'과 스타일의 기쁨에 더 열려 있기 때문이다. 또한 예술에서 얻는 기쁨이 반드시 교화와 연결되어야 한다고 하지 않는 점에서 덜 오만하고 덜 도덕적이라고 할 수 있다. 예술을 감정의 훈련과 감각의 프로그래밍으로 이해한다면, 라우션버그의 회화가 주는 감정(또는 감각)은 슈프림스(다이애나 로스 등을 멤버로 1959년 결성한 미국 걸그룹 ― 옮긴이)의 노래가 주는 것과 같다고 할 수 있다. 버드 보티거의 영화 〈렉스 다이아몬드의 흥망성쇠The Rise and Fall of Legs Diamond〉의 활력과 우아함이나 가수 디온 워릭의 가창 스타일은 복잡하고 즐거운 경험으로 즐길 수 있다. 어떤 우월 의식 없이 느낄 수 있는 감상이다.

이 점은 강조할 가치가 있다고 본다. 여러 젊은 예술가와 지식인이 대중예술에 애정을 갖는 것은 (일반적으로 가해지는 비난처럼) 신종 세속주의가 아니고 반反지성주의나 문화의 포기일 수도 없음을 알아야 한다. 예를 들어 여러 진지한 미국 화가가 대중음악의 '새로운 사운드'를 좋아하는 것은 단순히 오락거리나 기분전환을 원해서가 아니다. 말하자면 쇤베르크가 테니스를 치는 것과는 다르다. 이런 현상은 우리 세상과 사물을 보는 새롭고 열린 관점을 반영한다. 모든 기준을 버린다는 의미가 아니다. 수준 낮은 대중음악도 있고, 마찬가지로 저열하고 가식적인 '아방가르드' 회화·영화·음악도 있다. 핵심은 새로운 기준이 있다는 것이다. 아름다움과 스타일과 취향을 바라보는 새로운 기준. 새로운 감수성은 대담할 정도로 다원적이다. 고통스러울 정도의 진지함과 함께 재미와 위트와 노스탤지어 모두에 몰두한다. 또 강한 역사의식을 지니고 있기도 하다. 매우 빠른 속도로 왕성하게 흡수하고, 또 그만큼 정신없이 그 열정을 밀어낸다. 새로운 감수성의 관점에서는 기계의 아름다움, 수학 문제 해법의 우아함, 재스퍼 존스의 회화, 장뤼크 고다르의 영화, 비틀스의 개성과 음악까지 모든 것에 동등하게 접근하고 감상할 수 있다.

(1965)

감사의 말

「사르트르의 『성 주네』Sartre's Saint Genet」, 「비극의 죽음The Death of Tragedy」, 「나탈리 사로트와 소설Nathalie Sarraute and the Novel」, 「극장 가기 등Going to Theater, etc.」, 「'캠프'에 관한 노트Notes on 'Camp'」, 「마라/사드/아르토Marat/Sade/Artaud」, 「스타일에 관하여On Style」는 원래 《파르티잔 리뷰Partisan Review》에 실렸던 것이다.

「시몬 베유Simone Weil」, 「카뮈의 『작가 수첩』Camus' Notebooks」, 「미셸 레리스의 『성년』Michel Leiris' Manhood」, 「영웅으로서의 인류학자The Anthropologist as Hero」, 「이오네스코Ionesco」는 《뉴욕 리뷰 오브 북스The New York Review of Books》에 실렸다.

「루카치의 문학 비평The iterary Criticism of Georg Lukács」과 「『대리인』고찰Reflections on The Deputy」은 《북 위크Book Week》에

실렸고, 「해석에 반하여Against Interpretation」는 《에버그린 리뷰Evergreen Review》에 실렸다.

「내용 없는 경건Piety Without Content」, 「고통받는 사람의 본보기로서 예술가The Artist as Exemplary Sufferer」, 「해프닝: 극단적 병치의 예술Happenings: An Art of Radical Juxtaposition」은 《세컨드 커밍The Second Coming》에 실렸다.

「고다르의 〈비브르 사 비〉Godard's Vivre Sa Vie」는 《무비고어Moviegoer》에, 「하나의 문화와 새로운 감수성One Culture and the New Sensibility」은 짧은 버전으로 《마드무아젤Mademoiselle》에, 「잭 스미스의 〈황홀한 피조물들〉Jack Smith's Flaming Creatures」은 《네이션The Nation》에, 「브레송 영화의 정신적 스타일Spiritual Style in the Films of Robert Bresson」은 《세븐스 아트The Seventh Art》에 먼저 개재되었다.

「소설과 영화에 관한 소고A Note on Novels and Films」와 「정신분석과 노먼 O. 브라운의 『죽음에 맞선 삶』Psychoanalysis and Norman O. Brown's Life Against Death」은 《서플리먼트The Supplement》에, 「재앙에 관한 상상력The Imagination of Disaster」은 《코멘터리Commentary》에 실렸던 글이다(몇몇 글은 다른 제목으로 실렸다). 재수록을 허락해준 해당 잡지 편집자들에게 감사드린다.

내 말에 동의하지 않을 때가 많으면서도 아낌없는 격려를 보내준 윌리엄 필립스에게 감사할 기회가 생겨서 기쁘다. 애넷 마이컬슨은 지난 7년 동안 나와 대화하며 학식과 취향을 나누어주었다. 리처드 하워드는 감사하게도 여기 실린 에세이 대부분을 읽고 사실과 수사적 오류를 여럿 짚어주었다.

마지막으로 지난해 연구비를 지원해준 록펠러재단에 감사드린다. 그 덕에 난생처음 풀타임으로 글을 쓸 자유를 얻었고 그 기간에 쓴 글 몇 편이 여기 수록되었다.

S.S.

옮긴이의 말

이 책을 번역하는 동안 주위에서 "그래 수전 손택이 어째서 그렇게 대단하다는 거야?"라는 질문을 종종 들었다. 그럴 때 떠올리는 이미지가 있다. 1960년대 뉴욕, 담배 연기가 자욱한 방, 남자 비평가, 출판업자, 학자들이 모여 자기들끼리 대화를 나누는 방으로, 청바지를 입은♦ 수전 손택이 성큼성큼 들어선다. 시그리드 누네즈가 선하는 수전 손택의 젊은 시절 일화에서 상상해본 장면이다. 파라 스트로스 앤드 지루 출판사 대표인 스트로스의 집에서 디너파티가 있을 때 식사가 끝나면 의례적으로 남녀가 나뉘어 각각 다른 방으로 갔다고 한다. 남자는 남자들끼리, 여자는 여자들끼리 대화를 나누라고. 이 파티에 처음 초대받아 참석한 손택은

♦ 손택은 "풀 먹인 속치마와 허리를 죄는 거들이 일반적인 옷차림이었을 때"부터 청바지를 입었다. "여자가 입기에 창피한 옷차림이었다고 해도 과언이 아니었다." 『수전 손택. 영혼과 매혹』, 나니넬 슈라이버, 한채호 옮김, 글항아리, 2020, 81쪽.

"잠깐 어리둥절하다가 상황을 파악하고" "성큼성큼 남자들이 있는 방으로 갔다."◆

라이어널 트릴링을 필두로, 문학적 교양과 도덕적 진지함을 온몸에 두른 견고한 지성계가 있다. 엘리자베스 하드윅, 메리 매카시 같은 여자 비평가들이 한둘씩 철옹성에 발을 들여놓고 매서운 펜으로 조금씩 균열을 냈지만, 이들도 기존 담론과 제도 안에서 말하고 움직일 수밖에 없었다. 그러다가 1964년, 갓 서른을 넘긴 수전 손택이 느닷없이 「'캠프'에 관한 노트」를 들고 등장했다. 도덕, 교양, 정치가 아니라 대중문화, 캠프, 키치, 동성애 감성, 감각, 스타일을 전면에 내세우는 글이었다. 이어 1966년 출간된 『해석에 반하여』는 이 젊은 비평가가 얼마나 박식하고 거침없고 패기가 넘치는지 유감없이 보여주었다. 이 책은 제목을 포함해 처음부터 끝까지 도전적이다. 손택은 카뮈, 루카치, 사르트르 등 당대 최고의 지성에게 사정없이 칼날을 갖다대고 신랄하게 비판한다. 그러면서 고다르, 브레송 등의 영화는 물론 B급 영화까지 같은 선상에서 진지하게 논한다. 나로서는 30대 손택이 지닌 방대한 지식과 독서량과 거침없는 자신감의 발치도 따라가지 못하지만 그 이전에 남자들이 있는 방으로 혼자 가는 것조차 실패했을 것이다.

그렇다면 손택이 여자였기 때문에 대단하다는 것이냐고 물을지도 모르겠다(여자라는 이유로 실제보다 과대평가된다는 뉘앙스를 담아서). 그 말에 대해서라면 맞다, 하지만 여자라는 이유로 드

◆ 『우리가 사는 방식』, 시그리드 누네즈, 홍한별 옮김, 코쿤북스, 43쪽.

높여야 한다는 이야기가 아니라 여자라는 이유로 제대로 평가받지 못했을 터이기 때문에 여자라는 점을 강조할 수밖에 없다고 답해야 할 것 같다. 당시 여자 비평가란 무시되면서 동시에 '토큰'으로서 소중한 존재였을 것이다. 찬탄과 경계를, 숭배와 비웃음을 동시에 일으키고, 진지한 비평가로 고려되기보다는 팝 아이콘처럼 소비되고, 학문적 계승의 대상이 아니라 화젯거리로 취급되었다. 1969년 손택이 첫 영화를 만들었을 때 나온 기사 제목은 충격적이게도 '소녀 지성인girl intellectual이 스웨덴 영화감독으로 성공할 수 있을까?'였다.[♦♦] 1979년의 한 대담에서, 노먼 메일러가 다이애나 트릴링을 '여성 비평가lady critic'라고 지칭하자 손택이 분개하는 동영상 클립도 유튜브에서 볼 수 있다.[♦♦♦] 누네즈는 또 다른 재미있는 일화를 들려준다. "내가 (엘리자베스) 하드윅과 여성 작가들에 관해 이야기하다가 수전의 이름을 입에 올렸을 때 하드윅은 이렇게 말했다. '그 사람은 사실 여자가 아니야.'"[♦♦♦♦] 손택은 '여자'로 인식되지 않기 위해서 기를 썼지만, 언제나 여자로 지칭되있다. 압도적 나수가 남성으로 구성된 사회에서 살아남기 위해 손택은 그들의 언어로 논지를 펼쳤고, 초기 에세이집인 『해석에 반하여』의 일부 글에서는 여성에 대한 왜곡된 인식을 반복하는 한

♦♦ Rowes, Barbara Gail (October 11, 1969). "Can a girl intellectual make it as a Swedish movie director?". The Toronto Star. Toronto, Ontario, Canada. p. 77.

♦♦♦ https://youtu.be/-10SlauBzSE

♦♦♦♦ 『우리가 사는 방식』, 50쪽.

계가 드러나기도 한다. 예를 들어 '작가' 자체를 남성으로 설정하고 그들을 남편과 애인으로 나눠 설명하는 식의 글은 오늘의 관점에서 보면 지나치게 고리타분하다.

시대의 한계는 있겠으나, 그럼에도 수전 손택은 1960년대라는 시대 조건 안에서 믿기지 않을 만큼 앞서나간 인물이었다. 대중문화를 진지하게 비평하며 새로운 감수성의 사제로 자리매김했고, 민감한 정치적 현안에 대해 목소리를 내며 늘 논란의 중심에 섰다. 손택이 남긴 글보다 이미지가 더 커져버린 지금, 그의 초기작을 다시 읽으며 젊은 비평가가 견고한 틀을 깨며 주장했던 바가 무엇이었는지 귀를 기울이는 일은 그래서 더욱 중요하다.

책의 표제작인 「해석에 반하여」는 예술작품을 대할 때 내용을 우선시하며 텍스트 이면에 있는 숨은 뜻을 해석하려는 경향, 그리하여 작품을 직접적으로 경험하며 그 에너지와 관능성을 누리지 못하는 경향에 중대한 문제제기를 한다. 예술에서 중요한 것은 소화하기 쉽도록 매끈하게 해석하고 정리한 의미나 교훈이 아니다. 거칠고 길들지 않은 표면을 몸으로 경험해야 한다. 손택은 예술 그 자체의 존재가치를 옹호하며, '좋기 때문에 좋은 것이다, 가짜가 아니기에 좋은 것이다'라고 명료하게 이야기한다. "우리는 더 많이 보고, 더 많이 듣고, 더 많이 느끼는 법을 배워야 한다"고 말한 손택은 자신도 평생 열렬히 읽고, 보고, 듣고, 느끼며 살았다. 몸이 없는 그림, 글, 음악, 너무 쉬운 콘텐츠가 난무하는 지금, 손택의 말은 더욱 통렬하게 다가온다.

홍한별

수전 손택 Susan Sontag

에세이스트, 소설가, 예술평론가, 연극 연출가, 영화감독. 20세기 가장 강력하고 독보적인 지성의 목소리. 1933년 뉴욕 유대계 집안에서 태어난 손택은 이미 세 살 무렵 글 읽는 법을 배웠고, 다섯 살에 마담 퀴리의 자서전을 읽고 생화학자가 되어 노벨상을 받기를 꿈꿨을 만큼 비범한 아이였다. 1949년 열여섯 살에 시카고대학교에 입학해 철학과 고대사, 문학을 공부했고, 열일곱 살에 결혼해 열아홉 살에 아들 데이비드 리프를 출산한다. 하버드대학교에서 철학 석사 학위를 받은 뒤 옥스퍼드대학교와 소르본대학교 등지에서도 수학했다. 1958년 이혼 후 아들과 함께 뉴욕으로 이주해 뉴욕대학교 등에서 강의를 하며 본격적으로 글을 쓰는 생활을 시작한다.

1963년 첫 소설 『은인』을 출간했고, 이듬해 《파르티잔 리뷰》에 「'캠프'에 관한 노트」를 발표하며 문단의 주목을 받는다. 1966년 "해석은 지성이 예술에 가하는 복수다"라는 선언으로 유명한 초기 대표작 『해석에 반하여』를 통해 고급문화와 대중문화를 나누는 낡은 구분을 허물고, 새로운 사유와 감수성의 시대를 열었다. 이 책은 단숨에 현대 문화비평의 고전으로 자리 잡았다. 이후 『사진에 관하여』, 『은유로서의 질병』, 『타인의 고통』 등 현대 사회를 사유하는 탁월한 에세이들을 발표하며 세계적인 명성을 쌓았다.

"작가란 세계에 관심을 기울이는 사람"이라고 말한 손택은 20년 넘게 인권운동가로도 활동했다. 미국 펜 클럽 위원장을 맡았던 1987년부터 1989년에는 탄압받는 작가들을 위한 여러 구명운동을 벌였으며, 한국을 방문해 구속 문인의 석방을 촉구하기도 했다. 1993년에는 전쟁 중인 사라예보에서 연극 「고도를 기다리며」를 연출하며 세계의 관심을 촉구했고, 2003년 미국의 이라크 침공을 공개적으로 비판하는 등 행동하는 지식인으로서의 목소리를 끝까지 놓지 않았다.

네 편의 장편소설과 한 권의 단편집, 아홉 권의 에세이집을 남겼으며, 여러 편의 연극을 연출했고 네 편의 영화를 감독했다. 그의 책은 32개 언어로 번역되었다. 2001년 전작에 대한 공로로 예루살렘상을 수상했고, 2003년에는 아스투리아스 왕세자 문학상과 독일출판협회 평화상을 받았다. 2004년 12월 뉴욕에서 타계했다.

옮긴이

홍한별

글을 읽고 쓰고 옮기면서 산다. 『이처럼 사소한 것들』, 『클라라와 태양』, 『상실』, 『나는 가해자의 엄마입니다』, 『천 척의 배』 등의 책을 옮겼다. 『밀크맨』으로 제14회 유영번역상을 수상했다. 저서로는 『흰 고래의 힘에 대하여』, 『아무튼, 사전』, 『우리는 아름답게 어긋나지』(공저), 『돌봄과 작업』(공저) 등이 있다.

수전 손택 더 텍스트
해석에 반하여

펴낸날 초판 1쇄 2025년 12월 31일
　　　　초판 2쇄 2026년 1월 5일
지은이 수전 손택
옮긴이 홍한별
펴낸이 이주애, 홍영완
편집장 최혜리
편집2팀 홍은비, 최서영
편집 박효주, 강민우, 안형욱, 김혜원, 송현근
윌북주니어 도건홍, 한수정, 이은일
디자인 기조숙, 윤소정, 박정원, 이현진, 박소현
홍보마케팅 김준영, 김태윤, 백지혜, 박영채
콘텐츠 양혜영, 이태은, 조유진
해외기획 정수림
펴낸곳 (주)윌북　**출판등록** 제2006-000017호
주소 서울특별시 마포구 동교로19길 28(서교동 448-9)
홈페이지 willbookspub.com　**전화** 02-323-3777　**팩스** 02-323-3778
블로그 blog.naver.com/willbooks　**트위터** @onwillbooks　**인스타그램** @willbooks_pub
ISBN 979-11-5581-883-1 (03840)

- 책값은 뒤표지에 있습니다.
- 잘못 만들어진 책은 구입하신 서점에서 바꿔드립니다.
- 이 책의 내용은 저작권자의 허락 없이 AI 트레이닝에 사용할 수 없습니다.